普通高等教育规划教材

Gaoji　Wuliuxue
高级物流学

（第三版）

董千里　著

人民交通出版社股份有限公司
China Communications Press Co.,Ltd.

内 容 提 要

高级物流学(Advanced Logistics)是基于现代技术、经济、组织和管理为背景,以物流系统设计、运营和监控为主要研究对象的物流集成知识、理论和管理体系。其内容包括物流高级化发展理论、企业物流及其运作模式、第三方物流及其运作模式、项目物流及其运作模式、产业联动物流运作模式、物流战略管理、物流集成的价值流分析及设计方法、物流系统化组织设计理论、区域物流枢纽规划及其评价、国际物流系统及协同运营组织、一体化物流服务协同运作管理、物流增值服务及风险控制与管理、物流服务质量控制与管理、物流成本及时间控制与管理、物流高级化发展动态及趋势。第三版融进了物流集成场理论、制造业与物流业联动和国内外最新理论与实践的内容。

本书适用于物流管理、物流工程、交通运输、工商管理、国际贸易等专业的本科生及物流工程与管理、交通运输规划与管理等学科研究生教学,也可以用作物流管理专业和行政管理人员的培训教材或参考书。

图书在版编目(CIP)数据

高级物流学/董千里著. —3 版. —北京:人民交通出版社股份有限公司,2015.2
ISBN 978-7-114-12064-0

Ⅰ.①高… Ⅱ.①董… Ⅲ.①物流—经济理论 Ⅳ.①F252

中国版本图书馆 CIP 数据核字(2015)第 030355 号

书　　名:	高级物流学(第三版)
著　作　者:	董千里
责任编辑:	夏　犨
出版发行:	人民交通出版社股份有限公司
地　　址:	(100011)北京市朝阳区安定门外外馆斜街 3 号
网　　址:	http://www.ccpress.com.cn
销售电话:	(010)59757973
总　经　销:	人民交通出版社股份有限公司发行部
经　　销:	各地新华书店
印　　刷:	北京市密东印刷有限公司
开　　本:	787×1092　1/16
印　　张:	18.5
字　　数:	452 千
版　　次:	1999 年 4 月　第 1 版 2006 年 11 月　第 2 版 2015 年 2 月　第 3 版
印　　次:	2015 年 2 月　第 1 次印刷
书　　号:	ISBN 978-7-114-12064-0
定　　价:	42.00 元

(有印刷、装订质量问题的图书由本公司负责调换)

前言 Qianyan

《高级物流学》自1999年第一版、2006年第二版,到2015年第三版,在这15年间,我国物流类专业和学科从无到有,2002年物流管理等专业设为教育部目录外专业,在2012年已将其设置为物流管理与工程一级学科下的物流管理和物流工程专业。2004年,作者所工作的长安大学申报"物流工程与管理"学科列为国家重点学科交通运输工程一级学科下的自设二级学科,并于2012年3月再次通过专家论证评审和教育部学科平台网上公示。《高级物流学》是体现该专业、学科领先理念的专著性教材,随着学科建设中的不断积淀和专业实践验证,该著作积累着学科理论升华和实践基础上的理论创新。

1999年出版的《高级物流学》建立了基于集成理论和当代信息技术的一种新的物流学知识内容和体系结构,形成了以物流链为物流集成的表现形式,所提出的物流集成、物流系统化等理念已经普及应用,所倡导物流集成方案设计是创造价值和实现增值的前端理论,已经被许多著作、教材所引用。2000年时任中国物流与采购联合会副会长的丁俊发先生在其所著《中国物流》一书中,将《高级物流学》列为改革开放以来最有影响的十八本物流著作之一。2001年9月该著作被陕西省教育委员会授予"陕西省高校科技进步三等奖"。2003年"高级物流学"课程被评为校级精品课程,2004年被评为省级精品课程,2014年作为省级精品资源共享课程《高级物流学》进行建设❶。其中收录了作者以往对物流理论研究的部分成果,特别是结合了澳大利亚运输与物流管理理论学习、实践考察体会的总结。

《高级物流学》(2006年版)体现了作者将国内外物流发展前沿理论与国内物流实践相结合的经验总结和体会。在这一过程中作者始终在"物流工程与管理"、"交通运输规划与管理"学科教学、科研的第一线,亲自考察过许多家国内外企业物流和第三方物流的实际运作和发展情况,撰稿并亲自参与了《物流现代化实践》教学片现场拍摄,撰写了《供应链管理》《物流工程学》《物流市场营销》《物流运作管理》等著作、教材,与制造企业和物流企业管理者进行过广泛的交流和探讨,以及探讨物流管理专业本科生、物流工程与管理专业硕士生的就

---

❶ 省级精品资源共享课程《高级物流学》,网址:http://jpkc.chd.edu.cn/gjwlx/。

业选择等,作者参加了众多物流规划、建设方案的可行性论证会议,结合对本科生、研究生多年物流教学和科研工作中的感受,使得本著作对物流高级化发展的内涵理解更为丰富和深刻。

《高级物流学》(第三版)进一步完善了基于物流集成理论的整体布局,收录了作者近年来在物流管理与工程学科基础研究的理论积累、理论创新等方面的成果,包括所主持教育部项目《物流集成理论及实现机制》、国家社科项目《基于集成场理论的制造业与物流联动发展模式研究》等的研究成果,通过对典型案例验证、分析、提炼并上升到理论的成果。进一步丰富了领先的集成物流商作为集成体主导的物流链形成,以及切入和融合供应链过程的理论、作用和实现方式;充实了物流基地作为基核的物流集成运作中的理论;阐述了物流通道等作为联接键构建的基础内容体系;增加了基于云计算、大数据和物联网技术背景的物流智能化、物流战略管理的新思考。通过物流集成、集成场等理论结合一线物流实践的进一步深入研究、提炼和创新,力图能够深刻解释中国物流现象,解决中国物流问题,形成物流与供应链管理研究中国化的理论基础,探讨指导实践途径。

本书由长安大学董千里教授著,刘德智副教授参与了其中第 14 章部分内容的更新;吕桂新、常向华、王雅、张建嬬、苏立亭、刘海静、陈雨、李玉田、张嫚、李苗等参与了本书的校稿。全书内容编排中考虑到作为本科生、研究生学习的需要、专业知识体系中与其他课程分工的需要,使本书能够适合于不同层次的读者阅读,涉及较多学科新概念且需要一定数学基础的节、目和小标题均打上"*",供有兴趣的读者、本科生、研究生选读;一般读者可以跳过这些内容,这并不影响他们对整个高级物流学内容体系的认识和理解。

值此著作完成之际,谨对在写作和完成过程中提供支持和帮助的单位、个人、参考文献作者等致以衷心的谢意。由于作者水平有限,对物流高级化这一领域涉及的知识和内容研究还需深入,创新理论及一些观点可能不够成熟,在本书表述中若发现缺点和谬误,敬请各位专家、读者提出批评意见并能及时反馈,以便逐步完善。

董千里

2014 年 9 月于西安

目 录

Mulu

第1章　高级物流学概述 ··· 1
  1.1　物流业的性质和特点 ··· 1
  1.2　物流学发展阶段 ··· 5
  1.3　高级物流学的理论体系 ··· 9
  1.4　高级物流学的研究方法 ·· 15

第2章　物流高级化发展理论 ··· 19
  2.1　物流高级化的基本理论及特征 ·· 19
  2.2　物流集成理论 ·· 22
  2.3　集成场理论视角的物流分析* ··· 27
  2.4　物流企业技术创新理论 ·· 35

第3章　企业物流及其运作模式 ··· 37
  3.1　物流类型与环节 ·· 37
  3.2　供应链渠道关系分析 ·· 39
  3.3　企业正向物流过程 ·· 40
  3.4　企业反向物流过程 ·· 42
  3.5　企业物流系统化技术 ·· 46
  3.6　集团物流的企业化运作模式 ·· 51

第4章　第三方物流及其运作模式 ··· 52
  4.1　第三方物流的形成 ·· 52
  4.2　第三方物流企业 ·· 55
  4.3　物流企业的业务运作模式 ·· 58
  4.4　作为物流链主导者的物流集成体 ·· 63

第5章　项目物流及其运作模式 ··· 66
  5.1　项目物流概述 ·· 66
  5.2　公路项目物流及运作模式 ·· 69
  5.3　水电、化工大件项目物流运作 ·· 72

第6章　产业联动物流运作模式 ··· 82
  6.1　产业联动物流的含义和作用 ·· 82
  6.2　两业联动发展的模式结构 ·· 87
  6.3　两业联动模式应用与发展阶段的关系 ···································· 91

  6.4 集成场两业网链形成及其联动机理 …………………………………… 96
  6.5 典型案例分析:基于集成场视角的两业联动模式创新 ………………… 98

第7章 物流战略管理 …………………………………………………………… 100
  7.1 物流战略研究与设计概述 ……………………………………………… 100
  7.2 物流战略构成与设计思路 ……………………………………………… 101
  7.3 一体化物流战略要点 …………………………………………………… 103
  7.4 第三方物流战略管理 …………………………………………………… 111

第8章 物流集成的价值流分析及设计方法 …………………………………… 117
  8.1 价值流及其流程重新设计 ……………………………………………… 117
  8.2 价值工程概念与特点 …………………………………………………… 121
  8.3 应用于物流系统的工作程序 …………………………………………… 123
  8.4 功能评价与价值分析方法 ……………………………………………… 126

第9章 物流系统化组织设计理论 …………………………………………… 133
  9.1 物流系统化的思想 ……………………………………………………… 133
  9.2 物流系统的典型模式 …………………………………………………… 134
  9.3 物流系统化设计的目的和要求 ………………………………………… 138
  9.4 物流系统化组织设计的内容与思路 …………………………………… 140
  9.5 物流标准化工作 ………………………………………………………… 142
  9.6 物流系统合理化 ………………………………………………………… 145

第10章 区域物流枢纽规划及其评价 ………………………………………… 147
  10.1 区域物流设施布局规划综述 ………………………………………… 147
  10.2 物流设施功能规划 …………………………………………………… 152
  10.3 物流系统项目评价概述 ……………………………………………… 155
  10.4 AHP-F隶属度合成法及其在物流项目评价中应用 ………………… 158

第11章 国际物流系统及协同运营组织 ……………………………………… 168
  11.1 国际物流系统 ………………………………………………………… 168
  11.2 国际集装箱多式联运与集散 ………………………………………… 175
  11.3 多式联运组织的改善 ………………………………………………… 179
  11.4 电子口岸与区域通关 ………………………………………………… 181
  11.5 物流集成运作优化技术 ……………………………………………… 182

第12章 一体化物流服务协同运作管理 ……………………………………… 188
  12.1 采购系统形成与运作 ………………………………………………… 188
  12.2 仓储及库存控制与管理 ……………………………………………… 194
  12.3 配送组织与管理 ……………………………………………………… 205

第13章 物流增值服务及风险控制与管理 …………………………………… 210
  13.1 流通加工及其组织设计 ……………………………………………… 210
  13.2 流通加工作业排序与任务分配* ……………………………………… 213
  13.3 包装及其组织技术 …………………………………………………… 219
  13.4 物流金融增值服务及风险控制 ……………………………………… 224

第14章 物流服务质量控制与管理 …………………………………………… 230

14.1 物流服务质量综述……230
14.2 物流服务质量变异及控制方法……234
14.3 质量成本控制……241
14.4 质量认证的形式与内容……246
14.5 物流服务质量持续改进……249

第15章 物流成本及时间控制与管理 254
15.1 物流成本及分类……254
15.2 典型系统的物流成本分析……256
15.3 物流系统成本核算及分析方法……259
15.4 物流系统成本控制……265
15.5 物流时间控制方法……267

第16章 物流高级化发展动态及趋势 271
16.1 电子信息技术及其在物流系统中的应用……271
16.2 全球定位导航与智能物流系统发展与应用……276
16.3 物流高级化发展趋势展望……281

参考文献……285

第1章　高级物流学概述

> 由微电子和计算机技术相结合所产生的一系列计算机化的制造技术、信息技术及其发展,促进了云计算、大数据、物联网等信息技术的集成运用,这些不仅是电子商务等新业态的支撑,而且奠定了当今时代经济社会的物质技术基础。在这样的背景下,物流由单一"点"、"线"为基础的运作,转向"网"、"链"为基础的运作,由分散的资源、功能物流服务转向一体化的集成物流服务,体现了物流业转型升级过程,是物流高级化发展的主导过程。
>
> **本章研讨重点:**
> (1)物流集成的动因、物流概念比较和应用。
> (2)物流高级化发展的启示。
> (3)认识、研究物流的理念平台。
> (4)高级物流学的结构体系和研究方法。

1.1　物流业的性质和特点

1.1.1　物流业及其高级化发展

高级物流学主要服务的产业范畴是物流业,具体涉及该领域的物流理论形成、发展的基础理论和科学,并指导物流运作与关联产业协同发展的实践活动。

1. 物流业内涵及性质

物流业是融合运输、仓储、货代、信息等产业的新兴的复合型服务业。所谓复合型是指根据客户所处产业需求提供运输业、仓储业、配送业等功能服务,体现的是多种服务性功能产业的集成。所谓新兴的是指综合运用当代信息技术和集成管理思想、方法,诸如移动通信技术等在集成管理理论指导下实现全程监控的手段,是在新的技术基础之上的复合型产业。伴随着信息技术和计算机科学的升级,基于集成物流服务的水准也在升级。物流业作为国民经济的重要组成部分,涉及领域广,促进生产、拉动消费作用大,在促进产业结构调整、转变经济发展方式和增强国民经济竞争力等方面发挥着重要作用。物流业是现代市场经济发展的充分必要条件,它在经济社会运行中发挥着衔接、输送和增值等连接性功能,在国民经济体系中具有基础性、战略性作用。

2. 物流业运行特点

物流业在国民经济发展中具有渗透性、衔接性和跨界性服务等基本特点。这些渗透、衔接和跨界都带有整合资源、集成运作的内涵。

(1) 物流业的服务性质,说明其业务具有非独立的基本特点。物流业产品依据其服务对象的存在而存在,在国民经济基础设施体系中,专业化、信息化和网络化的基础设施条件,以及载运工具等作业设备、器具和技术,这些硬件条件能够支持其实现集成化、个性化的服务。

(2) 物流业的渗透性特点,表现在所服务的各个产业中都能看到物流业提供的装卸、运输、仓储、配送等基本功能。

(3) 物流业的衔接性特点,表现在其将所服务的不同产业实体的业务过程衔接起来,构成一个产业或产品供应链完整过程。

(4) 物流业的跨界性运行特点,这使得衔接点与点的过境、跨界运作过程不仅有着物流通道等硬件支持,而且有着制度、规章和文化等软件环境支持,才能更为有效地运行起来。

3. 物流业转型升级的基本要求

物流业具有连接、支撑的作用。随着所连接、支持产业转型升级,其自身功能以及起连接作用环节的技术、组织和管理手段也需要升级,也在持续地进行物流业转型升级和物流高级化发展进程。

(1) 物流专业化的质量、效率和经济性。物流专业化运作的服务水准一般高于通用化,而通用化对物流服务商而言,其规模经济一般比较好。

(2) 物流信息化的准确沟通、监控和组织管理。信息化是支持网络化、集成化的必要条件,是充分利用资源的前提条件。

(3) 物流网络化的协作运行是实现大范围规模经济和运行优化的基础。例如,甩挂运输组织的网络优化效果比单一专线的组织方式效果好。

(4) 物流集成化的定制服务体系。产业集聚、产业融合都是集成,在专业化基础上的集成必须有物流业的支持。

1.1.2 物流的含义形成、引入和比较

1. 集成是先进物流理念的形成之源

主导物流集成过程的经营实体称之为物流集成体❶,它由主体单元(重点指决策智能结构)与客体单元(主要指可支配的经营资源)结合形成,集成体具有战略主体、行为主体和利益主体性质。集成体现了领先、先进物流理念的起源和发展。集成须有集成体主导才能形成,并具有其运行和发展机制。物流正是以两个基本动因形成了今天的物流理念,一个是军事动因,一个是经济动因,综合体现了战争胜利必要性与经济运行可行性的结合。

1905年琼西·贝克(Chauncey B. Baker)在《军队和物资的运输》一书中称"与战术部门相关的军备移动与供应称之为物流",这就是人们今天所熟悉的"Logistics"(后勤)。后勤保障对于战争和军事胜利的重要性是不言而喻的,军事后勤(Military Logistics)广泛应用于企业形成企业后勤(Business Logistics),最初指原材料、协作件供应并进入企业的过程,构成了企业物料管理部分。这就是物流概念形成的军事动因。

---

❶ 参见:董千里、鄢飞《物流集成理论及实现机制》北京:社会科学文献出版社,2011:第187-121页。物流集成体(Integrator)也是物流集成场中最重要的合成场元,在物流集成实践中,具有主导物流集成过程的龙头企业可以看作是具有集成体性质、地位和功能的实体。

1915年阿奇·萧（Arch Shaw）在其著作《市场流通中的若干问题》中提出了"Physical Distribution"（直译为：实物配送）概念，指出"物流（Physical Distribution of Goods）是与创造需求不同的一个问题。流通活动中的重大失误都是因为创造需求与物流之间缺乏协调造成的。"资本主义经济危机促进了营销理论与实践活动的发展。到20世纪30年代初，美国营销领域更多地使用了"Physical Distribution"一词，由此构成了市场营销学分销渠道的主要内容，主要指企业产成品到消费者的流通渠道。这也是20世纪70年代末中国学者从日本引进的物流概念。这就是物流形成的经济动因。

20世纪90年代，计算机、移动通信、网络等信息技术已经成为现代社会的技术基础。随着管理学前沿理论的研究与发展，学者们提出了战略管理、集成管理等一系列新理论和方法。在此基础上，原先侧重于原材料供应的物料管理（Materiel Management）和侧重于产品到消费者的实物分销（Physical Distribution）进一步整合为"物流"。此时物流应理解为集成物流（Integrated Logistics），但在经济活动中人们仍习惯用Logistics一词表示物流活动。因此，今天的物流（Logistics）是带有集成内涵、以信息技术作为基本支撑的，并与实物分销、原料供应有密切联系，而其内涵及外延都可以提升，是物流高级化发展的一种具体形式，即集成物流或一体化物流（Integrated Logistics）。

2. 物流概念引入需要市场经济

中国是从日本引入物流这一概念的，这一特殊过程以及两国文化渊源上的联系，直接影响到我们对物流的理解。1956年日本向美国派出"流通技术专业考察团"，在美国学习的考察报告中对Physical Distribution（P.D.）进行了介绍，这一概念引起了日本产业界的重视，日本人就把P.D.译成日文"物の流"或物的流通，后来简化为"物流"。中国自20世纪70年代末由日本引入这一概念，在一些部门和领域进行了初步实践。

1990年以后Logistics（日文：ロジスティクス）也频频出现在日本和许多其他国家与物流研究的有关刊物中，其原意为军事后勤，是为确保战争顺利进行的与军需有关的运输、仓储、包装、装卸等供应链管理。第二次世界大战后被广泛引入企业管理中，称为Logistics或Business Logistics（企业后勤，日文：ビジネス・ロジスティクス）。20世纪90年代，日本所称的"物流"和"Logistics"都在其学术研究和实践中广泛运用，有时在同一篇学术文章中两者也反复出现，显然其间的内涵还是有所差别的。例如，村川腾彦（日经ロジスティクス编辑会长）认为，物流根据用户要求"流动物资"。也就是说，根据生产工厂的要求将制品运达仓库，根据接受订货的销售商的要求送达零售商。这种理解比较接近中国"物资配送"的概念。而ロジスティクス（后勤，或ビジネス・ロジスティクス，企业后勤）则被认为是，将必需的物品，按必需的时间和必需的数量，送到必需的场所的系统。如运输企业与啤酒酿造厂合作，将煤炭在规定的供货时间、地点，按规定的数量，准时送到酿造厂的煤炭提升机的煤斗中。然而，在日本的学术刊物中也经常出现两者混用现象，如"物流センター"（物流中心）和"ロジスティクスセンター"（物流中心），可见两者内涵又存在着很大的重叠范围。欧洲、澳洲的货物运输企业则侧重于后者术语内涵的运用。目前在日本，物流的内涵也在不断丰富和发展，并有"Logistics"取代"Physical Distribution"的趋势。从实践的角度出发，对物流的理解和认识不宜过分咬文嚼字，可根据具体情况、背景及其发展进行翻译、理解和应用。而后者Logistics对第三方物流经营者，例如，营业性运输企业、港站企业、货运枢纽站场、零担货运站、货运代理、储运公司、营业性仓库等作为外部组织参与用户全部或部分的物流活动更具有实践意义。本书的物流概念正是建立在"Integrated Logistics"及其发展基础上的。

3. 国内外物流概念比较的焦点在管理

《物流术语》(GB/T 18354—2006)给物流的定义是"物品从供应地向接收地的实体流动过程。根据实际需要,将运输、储存、装卸、搬运、包装、流通加工、配送、信息处理等基本功能实施有机结合"。仅从物流的定义来看,《物流术语》中的物流虽是以"Logistics"表述,但是与实物配送"Physical Distribution"没有本质上的区别,只是后面的解释体现了一定的整合含义,即"在实际运作中可以根据实际需要,将运输、储存、装卸、包装、流通加工、配送、信息处理等基本功能实施有机结合"。在国内外企业或物流企业的物流实践中,往往包含了更多、更具体的内容。例如,与采购相衔接的物流服务活动,这些是由客户需求的价值和价值增值所决定的。

英国学者马丁·克里斯托弗的定义是,物流是通过组织和它的营销渠道战略性地管理材料、零件和产品(包括相关信息流)的获得、运输和储存,以求通过有效成本完成订单达到当前和未来盈利能力最大化。其中,订单(Orders)指明要满足客户需求,盈利能力最大化(Profitability are Maximized)反映了系统追求的价值,战略性地管理(Strategically Managing)反映了长期、全面和根本利益管理。

美国物流管理协会(The Council of Logistics Management,CLM)曾多次修改物流定义,其1998年的定义是,物流是供应链运作中,以满足客户需要为目的的,对货物、服务和相关信息在产出地和销售地之间实现高效率和高效益的正向和反向的流动和储存所进行的计划、执行和控制过程。CLM 1998版定义修改的主要内容,反映了随着供应链管理思想的出现,美国物流界对物流的认识更加深入:强调"物流是供应链的一部分";并从"反向物流"角度进一步拓展了物流的内涵与外延。

德国学者R.尤尼曼认为"物流是研究对系统(企业、地区、国家、国际)的物料流及有关的信息流进行规划与管理的科学理论"。企业、地区、国家、国际各类系统物料流及相关信息流规划、设计和管理是物流管理价值决定的最前端。

中国、日本两国物流概念比较接近,这是物流概念经日本引进的原因。而美国、英国、德国物流定义明确地包括管理的内涵,而中国《物流术语》是将物流和物流管理分开定义的。其将物流管理(Logistics Management)的定义为:为达到既定目标,对物流的全过程进行计划、组织、协调与控制。显然,将物流和物流管理的含义结合起来才相当于美国、英国、德国物流的含义。随着中国经济融入全球,经济市场化、市场一体化和竞争国际化的趋势不可避免,从全球竞争者的视角把握物流含义更具重要地位和意义。

通过中国、日本、美国、英国等国关于物流术语的比较分析,可以得到这样的结论:物流应与物流管理结合起来。因此,可将其定义表述为,物流是为物品及其相关信息流动提供系统设计、协调运作和监控管理等的综合服务过程。其强调了:①系统设计是首要的,是决定系统运作质量、效率和成本的重要前提;②协调运作是按照预设方案进行有关资源整合的运作活动;③一体化运作过程的监控管理需要相应信息技术等的支持;④综合服务过程表明物流活动不是独立的,必须有其服务对象才能运作起来。根据物流的含义,董千里提出物流链是将传统概念上的两点(城市、货运站、运输枢纽等)之间的货物位移与两端点上的延伸服务(如订货、取货、分拣、包装、仓储、装卸、配送、咨询及信息服务等)紧密结合为一体,使货物(物品)从最初供应者到最终用户间各个物流环节成为完整的链❶。物流链过程超出单一

---

❶ 董千里,闫敏.物流战略管理研究[J].西安公路交通大学学报,1997(01):93-96.

企业业务范围,是物流业组织化过程的表现形式,它必须与其对接的供应链过程衔接、融合❶才能很好地运作和发展,实现协同发展、共享价值。因为物流基本功能、资源等都是市场已有的,而物流集成需要有主导物流链形成的主导者——物流集成体,对物流系统进行设计或重新设计,依据战略有计划地整合社会物流功能、物流资源,服务于特定对象。所以,集成物流服务价值的高端首先是系统规划设计,其很大程度取决了物流系统价值和价值增值;然后是协调运营、监控管理,这一过程能够解决设计不到位的缺陷;最后才是实务运作。否则有可能进入物流理解和实践的误区。

1.1.3 物流概念的应用

物流类学科(如物流工程与管理学科),物流类专业(如物流管理、物流工程专业),分别在学科、专业发展中承负着不同的职责,前者更注重一般指导性的理论,后者更关注具体理论的落地,融于实践之中。

1. 物流概念在企业的应用

物流概念在企业的应用涉及多个环节、多种层次。从第三方物流提供商的角度分析,物流分别反映在企业纵向高层的战略研究、中层的管理职能和基层的运作监控,参见表1-1。

物流企业的"物流"概念运用重点　　　　表1-1

系统层级	战略规划	市场开发	系统设计	运营监控	实务运作
(高层)战略层	△△△	△△	△△	△△	△
(中层)职能层	△△	△△	△△△	△△△	△△
(基层)运作层	△	△	△	△	△△△

注:△△△——重点参与;△△——主要参与;△——一般参与。

2. 物流知识在行业中的应用

企业涉及物流的职位较多,比较典型的有:物流总监、供应链总监、物流经理、供应链经理、库存管理部经理、仓库/运营部经理、行政管理部经理、行政管理分析/规划者、运输管理者、客户服务经理和顾问等,还有许多职位广泛涉及物流知识和技能。例如,美国企业中高级物流管理人员有:分析员、咨询员、顾客服务经理、国际物流经理、库存控制经理、物流工程师、供应商管理库存(VMI)协调员、仓库运营经理、物流经理、物流服务销售员、物流软件经理、物料经理、生产经理、采购经理、供应链经理、信息系统支持经理、运输经理等。

1.2 物流学发展阶段

物流业是一个传统又现代的行业,这种表述正说明物流业正处于转型升级的过程之中。物流学是新兴的正在不断积淀和发展中的科学,高级物流学体现了学科发展特色和趋势,应承担起指导和促进产业转型升级的专业知识传播的职能和作用。

1.2.1 物流学的发展阶段

1. 物流学发展阶段的认识

(1)高级物流学的发展是与物流实践紧密联系在一起的。一些国外学者对各国物流发

---

❶ 董千里.基于集成场理论的制造业与物流业网链融合发展机理研究.物流技术,2013(03):1-3,8.

展分别做了划分,其中,英国学者克里斯托弗将物流划分为三个发展阶段:①Transport(运输)管理;②Physical Distribution(实物配送)管理;③Logistics(物流或后勤)管理。显然,就广义的物流活动实践内容和发展过程而言,克里斯托弗的划分中后者均包括了前者的内容,较深刻地表明了物流在继承和发展中的关系。对总结物流高级化发展过程具有指导和参考作用。Alfred J. Battaglia 将美国物流发展分成四个阶段:第一阶段(20 世纪 60 年代以前),企业物流活动处于离散状态;第二阶段(20 世纪 60~70 年代),离散的物流活动逐步整合成生产制造之前的物料管理和生产制造之后的实物分配这两大功能性活动;第三阶段(20 世纪 80~90 年代),物料管理和实物分配又逐步整合为物流(Logistics);第四阶段(从 21 世纪开始至今),经过 20 世纪 90 年代物流与战略规划、信息技术、市场营销和销售等功能的再整合,美国物流进入了供应链管理(Supply Chain Management)的时代。其中,第一、第二阶段可以看作是物流发展初级阶段,第三、第四阶段为物流发展高级阶段。

(2)物流从初级走向高级的发展过程的本质是集成。集成体现了企业供应链管理的内外集成过程,可见体现这一发展和演变过程的核心概念是"集成"。图 1-1 反映了分割管理、渐进集成和完全集成的企业内部供应链形成过程。

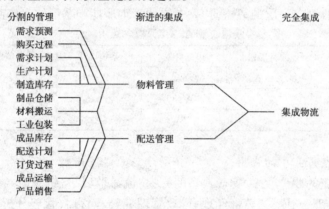

图 1-1 企业内部供应链的形成过程

(3)集成是在专业化、信息化和网络化基础上进行的。根据物流实践的内容、应用技术、实现手段和方式等,从国际视角观察,可以将物流活动的发展划分为两大发展阶段:

①初级阶段以手工作业、机械作业为主的分散作业环节,重视物流的各项功能。从物流整体发展过程分析,初级物流时间阶段为 20 世纪 40 年代末至 80 年代中期,其中还可以进一步划分为若干时期。主要特点是专业化、机械化,以提高运输、仓储、配送、外购等各种物流环节的效率、效益为重点。

②高级阶段以电子信息技术和集成管理理论为基础,注重服务、人员、技术、信息和管理的综合集成,是现代生产方式、现代管理手段、电子信息技术相结合在物流领域中的体现。主要特点是信息化、网络化,特别是第三方物流的出现和发展,经营主体更加重视物流要素之间、物流要素与经营、物流要素与物流管理的集成关系,并在应用技术、组织方面也能为物流活动集成化提供支持手段。

可见,物流高级化发展也是一个产业高度化发展过程,中国应以高起点、大战略、长远眼光看待和发展物流业。

2. 物流发展初级与高级阶段之间的关系

物流初级阶段是以个别孤立的、分散的经营主体,单一或小散规模的点线业务为主的运作，通常称为传统物流；物流高级阶段则是以主导物流链形成的集成物流商为经营主体，以电子商务和信息技术为手段，以物流网络和供应链管理运营和需求的集成物流服务为基础，习惯上称为现代物流或先进物流(Advanced Logistics)❶。在学术研究方面，与物流有关概念对应的有：日本物流文献中出现了物流高度化、高度物流、新物流等词汇；美国出现了合同物流(Contract Logistics)、先进物流、领先物流(Leading Logistics)、高级供应链系统(Advanced Supply Chain System)等概念；澳大利亚、欧洲与物流相关的词汇也体现了一种发展趋势，如：Transportation and Distribution(运输与配送)等；经济合作与发展组织(OECD)运用了 Advanced Logistics(先进物流、高级物流)、Integrated Advanced Logistics(集成化的高级物流)等术语；国外有些高校直接用 Advanced Logistics and Supply Chain 来命名课程。这些都反映了物流的内涵和实践确实发生了变化，并将继续发生变化。理论和实践都要求将物流领域的最新发展系统地总结起来，形成完整的学科体系。

从学术角度分析，高级物流学(Advanced Logistics)的内涵要比现代物流学(Modern Logistics)的概念更为确切。物流从初级阶段发展到高级阶段的过程体现了物流发展内涵的积淀、提升和发展，而不仅仅是一个以时间为划分标志的内容差异、阶段划分；能够更好地体现从个别物流环节扩展到整个物流系统过程；体现物流技术、组织和管理手段的变革；体现物流服务内容的创新，可以突出集成过程、一体化物流的价值增值过程。

物流高级化的发展趋势是，同一物流通道各运作主体依托电子信息技术，使物流活动有效地在企业内部、多企业之间、区域、全国乃至国际范围展开经营活动，体现了跨越传统边界的集成运作过程。物流学作为一门独立的学科进行系统研究只有几十年时间，中国运用物流理论指导物流活动的实践时间更短。随着人们在物流实践中逐步加深对物流战略本质的认识，从个别物流环节扩展到整个物流系统、从经验感知提高到理论总结、从一般现象上升到规律和本质研讨，也促进了物流向高级化方向发展。所以，高级物流学的产生并不是一个孤立事件，它是与现代技术基础，如电子信息技术、准时生产制(JIT)、计算机集成制造系统(CIMS)等，与现代经营管理，如市场营销、战略管理、全面质量管理等相互影响、相互促进的过程中发展起来的，是现代技术基础、电子信息技术群和现代管理理论综合应用的产物。

3．物流理论在部门专业化中的应用和意义

物流理论在中国不同部门(行业)的专业化应用很有特色。例如，在物资流通领域多体现为"物资配送制"、在建筑领域多体现为"建筑工业化"、在运输领域多体现为"运输集散一体化"等，以产品为对象的物流也呈现出其高级专业化特点，例如成品油从桶装油、罐装油到管道运输，水泥从袋装储运到散装化运作，粮食呈现散装、散运、散储、散卸以及信息化、网络化和电子化管理。其实质是相同的，并体现在追求物流系统化、物流合理化过程之中的运行效率和综合效益。一般而言，物流合理化的领域越宽、范围越大，业务量同时也足够大时，物流专业化的对象越具体、措施越得力，相应的作业效率、综合效益也就越大。

1.2.2 物流高级化发展及其特征

1．物流本身是一个动态发展和渐进完善的概念

鲜明的时代技术基础和前沿管理相结合的特征，需求多样化、经济市场化、市场一体化

---

❶ 本书用 Advanced Logistics(先进物流、高级物流学)的词汇表达现代物流、现代物流学的含义，因为其内涵更确切。相关的词汇还有：Integrated Logistics(集成物流)、Unified Logistics(一体化物流)等。

和竞争国际化的物流高级化发展原动力,是高级物流学产生的社会需求背景,产业科技化、信息产业化、系统智能化和管理集成化是高级物流学产生的技术背景。从物流发展的高级阶段来认识物流,历史和逻辑的联系,使得物流高级化不能与初级物流活动截然分开,其赋予了物流实践活动更多的新内容,并体现在服务项目、营销观念、物流技术和经营组织等诸多方面。其发展过程特征表现为:服务项目多样化、服务范围区域化、服务响应实时化、物流技术标准化、管理过程集成化、物流系统合理化。物流高级化要求物流理论与实践跨部门、跨产业应用,要求技术、组织和管理的标准化,以及标准化基础上的跨部门、跨产业范围的协作。市场经济体制和第三方物流经营者的成长有利于这种环境的形成。

2. 从点—线为主的功能物流走向网—链协同的集成物流

"点"指物流节点,如仓库、货运站、配送中心、物流中心、物流园区、海港和陆港等的物流基地;"线"指物流通道,包括不同运输基础设施、航道、线路构成节点间的联接键。点、线是物流运作基本的场所和承载的基础形式。"网"指多个点、多条线连接的基础设施体系,是物流网络的基础设施构成的载体;"链"指不同运营主体由供需结构结成的业务、价值等的传递网链结构。物流网络需要基础设施网络、业务网络和主体网络构成,供应链需要有上下游企业由供需关系构成网链结构,这些都是建立在现代信息技术、集成管理理论基础上的物流与供应链体系。网、链是物流高端的发展形式,其内涵受专业化、信息化、网络化和集成化发展规律所支配。

1.2.3 高级物流学的形成

高级物流学[1]是对基于现代信息技术和管理前沿理论的物流形成机理、运作实践和发展规律进行概括、总结和提升的学科。

现代社会需求和服务的多样性发展,使得物流活动过程与延伸服务的关系更加密切,特别是第三方物流的出现和迅猛发展,使物流经营者与用户的关系在悄悄地发生着深刻变化。在此知识经济为主导的时代,推动物流实践活动需要物流知识创新,高级物流学将是其中的典型一例。

(1)用户需求的发展。用户从单一性的需求发展到多样性的需求,其中一部分新增服务项目的需求与实现,是与现代高新技术应用联系起来的。例如,运用EDI(电子数据交换)技术能对用户货物运输需要发展到运输前后的集散一体化服务。

(2)市场竞争的需要。物流企业需要有稳定的货源,通过各种方式建立竞争优势。运用高新技术,如计算机网络,与用户建立长期合作关系,是取得战略优势的必要条件之一。

(3)现代科技的发展。高级化的物流实践活动所需的运输通道、设施条件、车辆条件、装卸设备和通信手段有了很大改善。特别是基于电子信息技术的移动通信技术、计算机网络技术、全球定位系统(GPS)等能够对高级物流学的第三方物流、物流管理等理论与实践提供最有力的技术支持。

(4)物流组织的变革。伴随着电子通信和互联网的发展,计算机网络应用的逐步深入,有效管理幅度的扩大使组织结构发生着巨大变化,传统的金字塔似的组织结构,正向网络化

---

[1] "高级的"与英文"Advanced"对应,有其特定的内涵,即包括继承、发展以前先进的内容。与"Modern"("现代的"、"时髦的")一词侧重时间概念比较,其内涵更确切,不易产生歧义。用高级物流学概括基于现代信息技术和前沿管理理论的物流理论和实践内容并上升到学科角度来研究,应当是比较恰当的。

组织方向发展。适应现代市场经济和高级化物流活动的需要,一些区域性的、国际性的物流企业网络组织已经形成,许多组织正处在完善之中。

(5) 物流标准的完善。标准化已是在现代市场竞争中取得成功的要素之一。物流经营者特别是国际物流经营者,掌握和运用标准化手段,是竞争取胜的关键。近年来,中国参照国际标准制定了许多国家标准、行业标准,这对物流国际化和物流高级化发展有积极的促进作用。

(6) 从业人员素质的提高。近年来随着第三方物流的发展,从业人员对自身知识结构、业务技能提高的要求越来越迫切,仅仅熟悉运输、装卸、仓储、配送等单一领域、单一环节已经远远不够了。许多从业人员开始重新学习、继续学习,包括计算机化业务处理与物流管理等方面的知识内容。更新知识,是活跃和提高生产力的要求,也是促进高级物流学产生的原因之一。

综上所述,引入物流及相关学科领域新概念,使有关物流的学习、研究和实践更为方便、深入进行。因此,高级物流学的产生就意味着它要承担这一继承和发展的重任。

1.3 高级物流学的理论体系

物流实践向高级化发展导致了高级物流学的形成,准确认识和把握高级物流学的含义与特点,是构筑高级物流学理论结构的基础,也是引导现代物流活动发展的理论基础。

1.3.1 认识物流的理念平台

近几年在国内物流发展实际运用中存在着三个主要物流理念平台:物流战略论、物流集成论和物流产业论,尽管人们对于这三种物流理念的认可程度不甚相同,但它们确实影响着中国物流事业的发展进程。物流理念平台支撑和交织着不同的物流经营思想、运作行为和管理过程,影响着物流业升级的高级化发展过程。

1. 物流战略论

物流是为物品及相关信息流动进行系统设计、运作、全程监控和管理过程。物流可以从企业内部认识,即企业物流,也可以从企业外部认识,即第三方物流。而战略(Strategy)是指企业面对未来复杂多变的环境作出的涉及其根本利益的谋划及实现其谋划的策略体系,在市场经济中占据极为重要的地位。企业的生存与发展依赖于正确的战略,以物流作为战略,是20世纪80年代末到90年代初,在欧洲国际贸易壁垒拆除、运输系统开放、运输规划协调和环境问题凸显背景下,企业跨国经营的一种战略选择。物流战略是企业运用物流理念设计系统,并进行运作、监控和管理的根本性谋划及策略。物流战略除了一般的战略特性以外,还体现了不同行业特点。将物流作为战略纳入企业管理,这标志着利用信息技术和管理前沿理论,实现跨企业、跨区域、跨部门和跨国界的网络构建和资源整合,提升物流运作和服务水平,符合产业转型升级的高级化发展趋势。

区别于初级物流的业务平台基础,体现集成、高级化发展理念的物流首先是作为一种战略引入改革开放后的中国。物流战略应用的微观主体是企业,包括各类物流企业、制造企业、商业企业等,由于涉及跨区域、跨部门的资源整合,各级政府及行业主管部门也在进行区域物流发展战略的制定,成为宏观领域的规划主体。不同主体所涉及的战略环境和战略条件不同,所选择的战略类型也不同。

市场机制的环境是使企业走向战略管理的必要条件,这正是高级物流与初级物流划分的一个重要的环境因素,只有企业走向战略管理才会有物流战略的需求,不同行业的物流战略有所不同。例如,"货运集散一体化"战略就是为运输企业制定的物流战略;建立"仓储配送体制"战略就是为物资仓储企业制定物流战略;粮食行业物流战略基于实现信息化为基础的散装、散卸、散运、散存系统建设,以及全过程的质量监控;桶装油→罐装油→管道运输的改革;水泥散装化运输战略等,这些专项物流战略都涉及运输基础设施、载运工具、承载器具、仓储设施设备以及工艺流程、技术和组织重新设计。

物流战略由战略宗旨、战略目标、战略要点、战略步骤和战略措施构成,具有不同的战略类型。物流战略理念指导经营主体在不同范围和对象系统的层面上展开物流活动,诸如,国际物流、国家物流、区域物流和企业物流,专项物流和综合物流等。近年来一些企业热衷于改名、业务转型,这反映了物流战略确实能够给企业带来一定的战略利益。

企业实施物流战略需要获得战略能力,开发和实现一种独特的物流资源整合能力是获得物流竞争优势的基础,其中包括物流方案设计能力、物流动态监控能力、物流资源整合能力和物流服务响应能力。其中,物流企业业务的获得要靠物流项目竞标能力,而物流项目竞标能力则需要通过具有专业知识、技能的人才来体现这一层次能力,物流服务响应能力是满足客户需求最外在的综合表现,是通过一系列内在的资源整合和全程监控能力来体现的。

2. 物流集成论

从军事后勤到企业后勤所逐步形成物料管理(Material Management)和从市场营销中的销售渠道形成实物配送(Physical Distribution),这两个子系统相互融合形成的集成物流,构成了企业供应链管理系统。所谓集成(Integration)是指集成体为实现特定目标,将两个或多种资源、功能或过程整合成为一个整体的行为和过程,有时也用于表达这种整合的结果。故物流集成称为整合资源、功能和过程的物流集成过程,而集成物流往往指一体化过程的物流成果。物流集成涉及多个方面,首先是市场需求集成的物流服务,而后是实现物流需求的服务集成。物流功能的集成来源于市场的统一,即分割的市场形成统一的市场,加之国内经济体制改革使企业能够破除部门障碍、区域壁垒,铺设实现集成服务(Integrated Service)的网络。物流系统集成类型包括系统内部的技术、组织集成,也包括系统外部的资源整合。集成管理理论在物流领域中的应用是用来指导物流服务、物流技术、物流组织等趋向整合的理论平台,其目的是通过系统网络优化设计和集成运作,通过市场机制、企业机制整合资源才能够很好地发掘其集成的价值。因此,集成物流是物流业升级和高级化发展的一种具体形式。

物流集成运作的微观主体是各类企业,物流集成化运作的环境基础是市场机制。考察市场经济国家一些企业的业务运作,能够依赖市场机制的功能将不同运输方式有效地整合起来,显然只有在市场经济体制下才可能实现这一物流理念。物流集成在企业运作中表现在物流服务功能集成、技术集成、信息集成和组织集成等方面,是一套实现战略的手段体系。

物流集成化运作要求高水准的一体化物流方案构思和设计,这是一般传统运输企业、仓储企业所缺乏的能力。因此,真正意义的第三方物流企业应当具有集成物流服务的方案设计能力和提供能力。集成物流需要一系列技术和网络支撑,其中最重要的就是信息技术,而网络则包括运输通道网络、信息网络和组织网络。

物流一体化具体体现在产品、企业、行业等层次上,形成产品供应链、企业供应链、产业供应链过程。集成物流服务质量体现了服务项目、设施设备和人员素质的综合指标,需要物流企业人才、资源、技术、组织、文化、管理等密切结合的知识体系。基于运输网络、仓储网络、组织网络、信息网络等在内的集成物流网络为基础的集成物流方案设计,需将集成物流战略与企业文化、组织、管理、技术等相互结合起来,脱离了企业资源整合能力就不是一个可行的方案。由于物流功能实践与物流集成理论要求上的差距,理论在物流作业实践过程有一段时间要求,急于求成会使这一理念在人们的认识和实践中产生"曲高和寡"的现象。真正能够提供集成物流服务的企业相对来讲还比较少,于是放宽了物流企业定义,增加了运输型和仓储型物流企业。集成是物流高级化发展的核心概念,今天的物流不再是简单的运输、仓储、装卸等作业功能。正是因为"集成"使得今天使用"物流"这个概念才更有意义,随着集成的范围扩展,其难度也在增加,需要经过一段时间才能够看到物流集成论在实践应用中的效果。

3. 物流产业论

产业(Industry)一般多指三次产业。有时也将产业称为行业,一般指同类企业的集合,从事物流业务经营活动的企业集合构成所谓的物流业。物流企业是物流专业化运营的主体,不包括制造企业、商业企业等。物流业属于第三产业,对于物流是不是一个独立的产业,人们一直有诸多的讨论。因为物流包括诸多行业职能:运输、仓储、包装、装卸搬运、流通加工、配送、信息等,社会经济中生产、流通、消费等环节都涉及物流作业过程。随着现代科学技术、管理技术在物流领域中的应用,原来分散于不同经济领域和环节的相对独立的物流功能的集成,可以整合为统一的综合物流系统。这使物流业发展成为别于传统运输、仓储行业的新兴行业——集成物流服务。目前,物流业或物流行业在理论上不像物流战略理论和物流集成理论那样成熟,诸如物流业的内涵和边界尚未得到广泛的认可,但在物流所涉及的运输、仓储、信息、配送等子行业之间通过经营主体利用信息技术进行整合所形成的经营机制和运作效果是被广泛认同的。物流业的形成和发展是渐进的动态过程,它反映了产业集聚、相互渗透以及可持续发展的产业发展趋势。显然,支持这一产业升级发展要比讨论物流是不是一个独立的产业更为重要。"九部委文件"指出的"物流业是一个新兴的复合性的产业",以及先前的"六部委文件"对物流的表述,无疑为物流业发展奠定了一个重要的平台。

与物流战略论、物流集成论所体现的思想、管理内涵不同,物流产业论更侧重于产业实体运作过程的政策平台建设;与物流战略论、物流集成论所体现的企业主体不同,物流企业微观运作能力、服务水平构成了物流业的宏观走向和产业发展趋势。物流业涉及面很广,既与基础设施有关,例如港口、车站、机场、仓库等,也与装卸装备、载运工具和信息技术有密切的关系,这些需要大量资本投入,所得到的效益是运行效率提升,运行成本下降。由于基础设施建设投资回收期比较长,物流业往往需要政府的政策支持。物流产业论是各地政府制定区域物流园区规划、制定物流发展政策的理论依据。

4. 三大理念平台支撑物流业转型升级

物流的本质是集成,集成的本质是优化管理,物流集成体现了主动优化的管理思想。在战略上体现的就是物流系统整体构思和谋划,涉及物流系统的设计、运作和监控。物流集成管理体现了物流高级化发展的基本要求,具体在方法上的表现就是物流集成论,表现形式上体现为物流资源在企业内部、企业外部,跨企业、跨行业、跨区域和跨国界等过程的整合。在物流资源整合过程中,需要一种平台实现信息共享、实现企业竞争与合作机制,因此需要用一种复合性产业的理念来制定产业政策,促进产业技术升级。可见,在三大物流理念平台之间存在着交互影响关系。概括地说就是,对所有企业而言,物流"战略论"是指导企业战略制胜的一种思想、谋略,物流"集成论"是实现手段和方式,制造企业、商业企业都可以将物流业务按照这一理念要求运作物流过程,也可以整体外包给第三方物流企业,物流"产业论"是运作平台,物流园区的建设就是依托物流产业论这一理论基础,物流产业的微观主体只是物流企业,其专业化和服务水平体现了物流业升级和高级化发展趋势。

物流战略论是物流发展的指导思想,体现了物流从初级发展到高级阶段的实践过程,物流战略理念主要解决企业发展的根本性认识问题并能很快应用到实践领域,是最容易被接受的理念。而真正体现物流本质内涵的是物流集成论,在实际运作中集成论的重点是解决方法论、管理科学应用等问题。这是短时间比较难接受的理念,如果人员素质尚不到位,实施集成方式是有一定难度的。最能够引起各级政府重视的是物流产业论,这是各级政府能够施展其政府职能的领域,也是实务操作比较具体的范畴和理念平台,正是在这个大平台上通过物流业发展"部际协调机制"、"联席会议制度"等能够实现跨部门、跨区域、跨行业的物流战略和资源集成促进机制。因此,物流战略论、物流集成论和物流产业论三个理念平台并不相互排斥,具有一定的兼容性,可以利用它们指导物流业进行融合、集成,促进产业升级。

物流业服务的特殊性在于追求集成的个性化批量服务,是根据客户的特殊需要为客户提供个性化的批量生产。这种个性化的批量服务包括大中小批量服务,为了体现企业竞争的差异性就有相应的物流竞争战略,会从企业竞争优势发展到产业竞争优势。

物流业的子行业相互作用形成了物流业发展的平台。从区域经济发展的角度看,各级政府关注区域物流发展战略和规划,因此从物流战略理念、集成理念发展到物流产业层次平台来认识物流,物流内部子行业集成是提升产业效率的重要途径,因而成为物流业发展更为关心的领域。物流业升级和高级化发展是增强关联子行业联系集成,在一定程度上决定着国家的经济转换能力和经济实力的强弱。实践证明,物流业经营主体在信息技术、网络组织基础上进行产业升级才能充分发挥物流系统结构的整体效益。

物流集成论拓展了物流资源整合的服务、技术、组织、区域、产业范畴、层次和实现途径,物流战略论激发了企业利用集成手段的创新动力,通过物流资源整合提高经济资源配置效率。物流业增长不仅取决于资本、技术和劳动的投入,更重要的还取决于各种经济资源的优化配置,物流业技术、组织发展状态和进程很大程度上决定了社会经济资源配置能力。物流业升级是支持经济系统运作质量和效率的基础,物流产业升级能够更好地促进经济资源在产业间合理流动,能够保证社会经济资源高效运转、提高资源配置效率和降低运作成本。

1.3.2 高级物流学的内涵、性质与特点

1. 高级物流学的内涵

高级物流学(Advanced Logistics)是在现代社会技术基础上,研究社会经济活动和人们生活中,各类物质资料在生产、流通和消费过程的流动和综合集成的规律,以及相应系统规划、设计、运营、组织与管理规律的综合性、应用性的学科。高级物流学是基于物流组织、技术和管理成果积淀发展到高水平一体化物流的理论方法系统,是在物流发展过程中,集先进理念、技术和运作模式的积淀、提升并能指导物流实践的完整科学技术体系。这种积淀是基于物流发展过程中先进理论、技术和运作模式;提升是基于对物流实践和经验总结。将先进的物流理论与实践积淀、提升的高水平一体化物流用"高级物流学"进行概括,是指导物流高级化实践、避免重蹈误区的重要手段与途径。基于传统运作模式的初级阶段向高级阶段发展是必然趋势,即由个别环节为主的物流学,走向一体化物流体系的物流学,并明确信息技术指导物流高级化正确、健康发展是十分必要的。随着大量初级的物流活动充斥市场,优

胜劣汰的竞争机制发生作用,当一轮新的物流资源整合开始时,人们将会认识到以高级物流学理念指导物流发展的重要性和必要性。

2. 高级物流学的性质

高级物流学以物的动态流动过程作为研究对象,揭示了物流活动的内在联系,如多个物流环节的集成化运作,已成为一门独立的研究领域和学科范围。高级物流学应用了系统学、运输学、经济学、统计学、管理学、计算机网络等方面的最新成果和内容,也应用了现代科学方法论,是社会科学与自然科学、经济科学与技术科学的交叉,属于一门交叉或边缘学科。高级物流学的目的在于掌握和利用物流活动与发展的客观规律,有效地规划、设计、构筑物流系统,科学地组织物流活动和进行物流管理,直接服务于不同层次范围的物流实践。因此,高级物流学是一门应用性学科。

3. 高级物流学的特点

高级物流学拓宽了研究范围,吸收了相关学科发展的新概念,结合自身在发展中形成的理论体系,用系统学、现代应用数学等作为研究手段,构筑了高级物流学内容体系。其主要特点如下:

(1)研究对象。高级物流学不仅对各环节内部进行研究,而且重视各环节之间的联系研究,即物流要素、物流技术、物流组织、物流管理等的集成及集成关系研究。例如,运输与集散一体化,物流经营与战略同盟关系构筑,包装、运输、装卸、仓储与库存控制、流通加工、配送、物流信息等作业环节的集成运作,物流、商流、信息流的"三流"集成研究等。高级物流学侧重于不同层次物流管理,一些物流企业可以实现物流管理的一部分或物流全过程的一体化管理。高级物流学不仅重视研究物流要素运作,而且重视研究区域化或更大范围的物流信息网的构造与形成,并依托电子信息技术进行物流系统运作控制与经营管理。

(2)理论体系。高级物流学的基础理论是运输学、物流学、管理学等。一部分理论是从相关学科的最新发展中吸收的,如综合集成理论、技术创新理论、服务营销理论、关系营销理论、社会营销理论、国际竞争新要素理论等。一部分理论是在第三方物流经营活动适应现代市场与竞争环境需要逐步发展完善起来的,如第三方物流理论、供应链管理理论、物流全面质量管理(TQM)、作业成本法(ABC)等。还有一部分是在物流高级化管理工作中创造发展的,如物流高级化、物流系统化、物流综合信息系统、区域物流以及物流系统规划与评价等。高级物流学更重视在物流业务标准化、程序化、信息化和新技术支持的基础上,实现大范围物流系统化的研究,从中获得更大的综合集成效率和综合效益。

(3)运作手段。电子信息技术特别是现代通信技术、计算机网络技术、EDI 技术等是物流高级化的技术支持。物流高级化除采用一般贸易交易方式外,还将采用贸易电子化的最新成果,使无纸化交易逐步成为物流高级阶段作业的主要形式之一,并在电子信息技术应用方面,使贸易电子化与物流运行电子化相结合,促进"三流"集成并实现与国际惯例接轨。

(4)研究方法。高级物流学理论综合运用系统工程学、价值流设计、综合集成方法、案例研究、数理统计、模糊数学、俘获策略技术、AHP-F 隶属度合成法、流程分析法、活性指数分析、活动成本法、现代应用数学等工具或方法进行研究。

总之,高级物流学是对物流学继承和发展的成果。现代物流实践活动的成果,也是高级物流学继续深入研究的基石和台阶。其中在第三方物流理论、物流系统化、物流系统规划、物流管理、物流全面质量管理及重新设计等理论体系中,融进了更多的现代电子通信、计算机网络技术知识等内容。在这个层次上,"综合就是创造"得到充分的体现,这是高级物流学不可忽略的基本前提。高级物流学只能在第三方物流迅速发展、物流高级化与电子信息技术发展到综合集成水平后才能产生。

1.3.3 高级物流学的内容

作为一门课程,它培养的是人。而作为物流专业人员,要想学习和掌握这门课程的内容,应当举一反三,触类旁通。基于这一思路,高级物流学内容设计包括以下主要内容。

(1)物流业转型升级、高级化发展基础理论(第1、2章):涉及物流业转型升级的内涵,物流高级化发展的基本动力、追求的目的、核心概念、核心技术、价值增值的重要手段等;物流服务营销理论、物流集成理论及集成场理论;物流链的谈判渠道、产权渠道、融资渠道、物流渠道、信息渠道等。

(2)物流基本运作模式及系统构建理论(第3、4、5、6章):企业物流、第三方物流、项目物流、产业联动及其物流运作模式等。

(3)物流战略规划及物流系统化组织管理理论(第7、8、9章):物流战略设计,不同层次物流系统的形成与发展理论、物流系统化理论、区域物流理论、价值流设计、物流标准化、物流体制、物流系统构造与运行机制、物流系统规划及设计理论等;物流组织设计原理与方法;物流系统评价及方法;物流功能、价值分析方法。

(4)区域物流枢纽及物流项目规划综合评价(第10章):物流中心的职能、选址、筹建与运营管理,物流规划项目、方案的Fuzzy综合评判法、层次分析法、AHP-F隶属度合成法的原理与应用等。

(5)物流集成运营系统与过程(第11、12、13章):国际物流系统协同运营组织,采购、仓储和配送物流系统协同组织,物流金融增值服务以及相应的技术、组织和风险管控等。

(6)物流服务质量、效率和成本管理理论、技术与方法(第14、15章):质量控制、成本控制、时间控制以及相应的作业成本法,集成物流服务质量控制与管理(TQM)。

(7)物流业转型及高级化发展趋势(第16章):体现在物流系统化、信息化、电子化、智能化的发展;物流经营组织以及固定设施、移动设施、营运技术的发展等方面。

集成场视角的集成体、基核、联接键及其构成的场线等合成场元❶及其作用机理,用物流集成理论贯穿起来,形成了高级物流学理论体系。其中集成体的形象代表有物流链龙头企业或供应链核心企业等;基核的形象代表可以是以陆港、空港、海港、物流园区等物流基地为载体,提供物流功能,以及报关、通关、保税等基本服务和工商、信贷、金融等延伸服务的平台体系;联接键的形象展示主要有:以信息系统、设施设备、物流功能、新兴技术、服务过程等作为不同企业及其业务间相对稳定的业务对接、长期合作的对接手段,这种对接手段可以是综合信息平台、标准化的设备系统、软件集成系统、典型业务模式、网络交易关系等;场线通常是物流或运输作业轨迹等代表的综合绩效。

---

❶ 合成场元是物流集成场中场元的耦合关系形成的稳定结构,是物流集成场考察的基本单元,是物流集成场通过场元合成机理形成的基本研究范畴。合成场元的性质体现在资源结构合成性、功能相对稳定性、类型作用多样性等几个方面。参见董千里.物流集成场:国际陆港理论与实践.北京:社会科学文献出版社,2012.第74-76页。

1.4 高级物流学的研究方法

高级物流学作为一门独立的学科,有特定的研究对象、研究理论。虽然它是综合性的应用学科,但是有一些相应的研究方法。

1.4.1 学习与研究的基本观点

系统学是学习研究高级物流学的基本思想方法。高级物流学是把研究对象看成一个系统,用系统学的思想理论方法确立现代物流研究方向,分析研究物流管理的深层次问题。物流集成系统涉及的因素众多,因素间作用的关系比较复杂。不同部门、不同层次的人们看待同一物流有关事物的观点很难完全统一,有时还可能存在比较尖锐的矛盾。所以,高级物流学的研究应遵循以下基本观点:

(1) 系统的观点。系统论是物流系统分析的基本理论。物流是服务于社会生产和生活的,物流总是与其他事物相互联系、相互作用,物流系统是人工大系统,研究物流一体化管理必须采用系统的观点。例如,考察物流系统要用总物流费用的方法等。选择研究课题,分析存在问题,发现其内在规律和进行系统优化的途径和方法,都应寻求整体效果最为满意或达到最佳效益。

(2) 权衡的观点。进行物流系统设计、运作和管理,常常遇到两难选择,通常称之为"二律背反"现象,诸如,物流质量与成本、服务水平与资源耗费、内向物流成本与外向物流成本、运输批量与库存量、预防鉴定成本与内外部故障成本、效率与效益、经济与环保等。需要在比较、交替作用过程中进行权衡与选择,选择的基本观点是系统整体绩效评价。

(3) 发展的观点。现代技术基础在发展中完善,不会停留在一个水平上,物流环节的集成和实践活动及系统运行同样如此。因此,对物流系统的理论和实践研究也要本着发展的观点,适时把握物流发展的前沿。否则,今天在课本中学的知识,也许过若干年后,到实践中已经落伍,甚至被淘汰。

(4) 融合的观点。高级物流学是边缘学科,既不能完全采用理论经济学的抽象推理、定性论证的方法,也不能完全采用技术科学经常采用的技术设计、实验、推导的方法,而是要兼收并蓄,相互融合,注重多学科知识的融合并与物流战略研究、物流系统规划、组织设计等有机结合。

(5) 实践的观点。作为一门应用型学科,国内外的物流实践是深入研究的基础,因此要注意理论联系实际,注重实际操作、现场指挥、沟通协调、全程监控,物流过程的细节往往决定系统的成败。要结合中国国情,进行理论和实践研究。

(6) 超前的观点。高级物流学依据的技术基础发展很快,实践需紧紧跟着现代技术的发展。虽然中国在某些现代技术应用领域还落后于一些发达国家,但是,在排除社会属性的影响下,结合中国国情,研究一些发达国家企业物流的成功或失败实践案例会给我们今后的实践提供可参考的事实依据。而且,现代电子信息技术应用使我们完全有可能采用跳跃式发展模式或途径,即抛掉即将过时的部分而直接采用最新、最适用的技术是完全可行的。所以,超前研究的观点是必要的。

学习和研究高级物流学的理论应保持一定的超前性,注重实践性,才能对中国不同层次物流实践活动有一定的指导作用。

1.4.2 研究高级物流学的基本原则

研究高级物流学必须以中国的物流实践为基础,广泛吸纳各国经验,以系统学的思想方法作指导,采用恰当方式寻求整体效果最为满意或达到最佳。在此过程中,以下基本原则应当遵循。

1. 理论联系实际的原则

高级物流学是一门基本原理、原则和方法都源于物流高级化活动实践的知识体系。许多理论、方法就是从国内外物流活动实践中总结出来的。由于中国社会主义市场经济体制下的物流活动实践时间较短,指导物流实践的理论尚不充分,加之物流理论学习必须注重实践,所以学习物流理论要和物流管理实践结合起来,注意在实践中总结,在实践中提高,在实践中随时修正理论上的不足。总而言之,纸上得来终觉浅,绝知此事要躬行。

2. 国内经验和国外经验相结合的原则

物流高级化和市场经济体制、现代高科技结合得十分紧密。物流高级化经营思想、方法在中国的研究与应用水平还不高,一方面需要大量的宣传教育,认识到自己的差距和努力方向;另一方面也需要有胆识的企业家敢于实践。国外物流经营有较长历史,电子信息技术应用较为成熟,学习国外的先进经验有助于我们缩短学习时间。在实践中总结经验,反过来又会有助于我们提高理论研究水平。

3. 注重系统顶层设计原则

物流系统化是一个过程,而且是物流集成的主动优化过程。新物流系统设计需要做好顶层设计,旧物流系统改造也需要做好顶层分析,抓住最主要的问题进行分析研究,进行再设计、再组织工作。

4. 定量分析与定性分析相结合的原则

物流与供应链管理活动是发掘蕴藏在物流过程利润的有效途径。在研究高级物流学理论中既有质的规定性,又有量的规定性。在物流系统质与量的分析中,定性分析是基础,它一般决定着物流战略研究的方向。在定性分析中结合定量分析,进一步提高物流与供应链设计的合理性,两者交互使用,可以使分析结论更为科学、可靠。

1.4.3 主要研究方法

高级物流学理论需要运用综合集成方法、集成场视角的顶层分析与设计方法、总物流成本法、案例分析研究、数理统计方法和模糊数学等工具与方法进行研究。

1. 综合集成方法

综合集成方法是采用多种研究框架、方法互补的研究方法。它既是软科学研究的一般方法论,也是物流系统研究的具体方法。解决物流系统的规划、战略、政策、措施等问题涉猎范围较广。就物流系统而言,存在物流系统中的灰色性、物流系统中的隐变量、隐结构,物流系统中存在的软约束,物流系统中的模糊性,群体认识的分散性等问题。对同一物流系统规划决策和运行中,群体中的个体认识往往不一致,甚至意见、主张十分分散,需要特定的组织、程序及方法集中正确的意见。为解决上述问题,运用综合集成法研究物流系统规划、设计、运行与组织往往带有一定的艺术性。综合集成方法也为实施民主集中制提供了物流系统科学规划与决策的方法,而民主集中制则为运用综合集成方法提供了组织制度上的保证,从而为提高物流系统规划决策质量奠定了基础。

2. 集成场视角的顶层分析及设计方法

运用集成场理论进行顶层分析设计,抓住重要的合成场元:集成体、基核、联接键等所涉及的关键内容与联系,进行重点规划设计、监控管理,从顶层设计角度精铸物流系统。规划设计物流系统时应当关注以下几点。

(1) 树立物流集成体意识。将先进物流理念贯彻于物流业全过程,突出领先的集成物流商作为物流集成体的主动优化意识、方法和过程。

(2) 健全物流基核功能体系。形成国际物流网络节点体系,强化具有物流枢纽功能的物流基核建设,强化物流集成引力,形成集聚经济,通过吸引与整合的物流功能、物流资源,提升物流在全球、全国和区域的集聚和辐射能力。

(3) 设计和运作恰当的联接键。在战略管理中关注新型技术的应用,在具有规模经济、范围经济的产业中,在不同类型企业主导的物流链与供应链融合过程的集成体、基核间形成更紧密的协同运作关系。

(4) 关注全程物流场线组织能力。提高全球、全国和区域物流的全程物流场线效率、全程供应链价值,其中包括了点、线、网为基础的物流链切入全球供应链的运作过程。

3. 物流系统总成本研究法

以物流系统各个环节的总成本节约作为研究的决策准则。因此需要结合系统的观点、权衡的观点,从整个物流系统出发,从整个物流系统价值增值的角度,权衡各个不同物流功能环节的资源分配,全程物流质量与成本、效率与效益、局部与总体的关系。诸如,利用计划评审技术设计运输方案、利用里程节约法制定配送方案等,都应当考虑系统总成本研究方法。运输方案的设计涉及不同运输工具的选择,需要在时间、成本等方面进行比较分析,寻求订货周期最短、总费用最低的方案。其中所涉及物流方案设计的作业项目、运输工具、技术设备等的选择和应用,也应当从时间、费用比较的关键线路,具有缓冲时间的非关键线路。例如,在不改变关键线路的前提下,减少资源的投入,这些都可以为订货周期及其总费用提供决策依据。

4. 案例分析研究法

案例分析研究法实质上是一种行之有效的以个别案例提供的背景及具体实践经验研究为主的方法。这种方法形象具体,容易调动研究者的主动性思维和分析激情,有利于提高实战模拟和操作能力。成功的案例往往能给许多人们在模仿中进行创造的想象空间。由于每一个案例有其特定的背景,即使用于实践中的模仿,也要在实践中结合具体情况进行分析、改造和创新。在高级物流学的学习研究中,仅根据少数案例研究得出一般性的概念、理论,其依据往往是不足的。但是,案例研究方法毕竟能给我们很多具体的启示、指导或可借鉴的模式,在此基础上,应用数理统计学的统计推断方法,如假设检验可以作为对案例研究方法缺陷的补充。

5. 数理统计分析方法[*]

数理统计是以概率论为理论基础,根据试验或观察所得到的数据,对研究对象的客观规律做出种种合理的估计和推断。数理统计应用在物流系统中主要有:预测与控制、参数估计、假设检验、方差分析等内容。物流系统构成环节多、涉及因素多,不同环节的物流经营管理人员对物流管理观念和方法认识有较大差异,揭示一般性的原理、规律需要用数理统计方法进行统计分析、进行统计推断。例如,以运用假设检验的方法,从备选的信息提示中以去粗取精、去伪存真提取可靠的经营观念用于指导物流管理。这种方法有较强的科学性,应用范围广。

6. 模糊(Fuzzy)数学方法[*]

模糊数学是用数学方法研究和处理具有模糊性现象的数学。模糊数学诞生于1965年,在以后的实践中得到迅速发展。特别是对复杂的大系统其作用尤为突出。不相容原理指出:当一个系统复杂性增大时,我们使它精确化的能力将减小,在达到一定阈值(即限度)之上时,复杂性和精确性将相互排斥。模糊数学在物流系统中常用的有隶属函数、隶属度、模糊贴近度等概念和模糊综合评判等方法。

7. 层次分析法(AHP)和AHP-F隶属度合成法[*]

层次分析法(AHP)是美国运筹学家、匹兹堡大学教授A. L. Saaty提出来的。AHP把复杂问题中的各种因素通过划分相互联系的有序层次使之条理化,根据对一定的客观现实的判断就每一层次的相对重要性给予定量表示,利用数学方法确定表达每一层次的全部元素的相对重要性次序权重值,并通过排序结果分析和解决有关评价与决策问题。层次分析法(AHP)具有广泛的适用性。本书作者提出AHP-F隶属度合成法,结合了层次分析法和模糊数学隶属度、模糊综合评判的性质和特点,可用于大范围或复杂物流系统的综合评价。AHP-F主要的应用方面包括:①物流系统中定性指标的量化描述;②模糊事物的清晰刻画;③物流模糊系统分析与评价;④物流规划方案的综合评判;⑤其他物流系统分析与评判问题。

学习高级物流学理论、方法,掌握集成含义本质,是提高物流系统分析与决策能力、搞好物流与供应链管理实践的重要内容和途径。

1. 国内外物流管理协会、学者对物流概念的定义及认识比较是什么?
2. 物流高级化发展的背景是什么?如何通过三个理念平台来认识和理解物流本质的启示?
3. 物流发展的初级阶段与高级阶段的不同内容和特点是什么?
4. 高级物流学研究的基本观点有哪些?主要研究方法有哪些,怎样应用?

第2章 物流高级化发展理论

物流业转型升级除了有支撑其发展的社会技术基础以外,还有引导其发展的集成管理理论基础。特别是物流集成理论使得物流规划设计、运营监控和运作管理理论都有质的突破,并在实践中引发一系列价值导向的创新和发展。

本章研讨重点:
(1)物流高级化的基本理论及特征。
(2)物流集成理论、集成场理论。
(3)物流技术创新理论。

2.1 物流高级化的基本理论及特征

物流高级化是指物流业从初级向更高级阶段的发展过程,即物流业的产业升级过程。物流业转型是指运用相关政策措施,对物流业在结构、组织、技术等方面进行调整,使其发生显著变化的状态和过程。物流业转型是物流业升级的一种特定形式。物流高级化的主要特征体现在:市场需求是物流高级化的基本动力,价值是物流高级化追求的目的,集成是物流高级化的核心概念,信息技术是物流高级化的基本手段,创新是物流价值增值的主要途径。

2.1.1 需求是物流高级化发展的基本动力

物流高级化发展是由社会需求拉动的,社会物流需求越强烈,物流高级化发展的动力越强劲有力。由集成管理前沿理论导入,由信息技术支持其成长,物流高级化具有了其真正的内涵。因此,不能脱离市场需求而谈物流,不能脱离技术、能力和实际需要来谈物流高级化。

物流需求与物流供给两者是互动的,需求的层次要求、规模,使得物流供求关系在市场机制下达成一致。一定规模的高端物流需求推动了物流高级化,市场机制促进高级化运作和发展,一体化物流方案设计和实现能力等决定了物流集成过程价值的重要内容,使政府主持的区域物流发展规划也要关注市场机制及其在区域物流系统中的运作作用。企业利用市场机制整合物流资源,运用集成理论主导物流高级化的实践,这些案例在国内外屡见不鲜。近年来,国内制造业与物流业联动发展引导高端物流的市场需求,已经出现了不少典型实例。

2.1.2 价值是物流高级化追求的目的

物流集成的价值体现在宏观及微观物流领域的系统规划、项目建设、业务运作和监控管理过程中,具体体现在物流作业、技术、组织和管理体制等诸多方面。

在宏观方面,物流业体现的是国民经济基础价值,这是国家、地方政府和产业部门都非常关心的主要内容。

(1) 对国民经济运行起着价值支撑作用,诸如国际、区域物流枢纽的建设和运作,对进出口贸易、区域经济发展起着奠基和促进作用。一些国家或地区处于特定的地理位置或特定的产业结构条件下,物流业在国民经济和地区经济中能够发挥带动和支持国民经济运行的作用,能够成为国家或地区财政收入的主要来源,能形成主要就业领域。例如荷兰、新加坡、巴拿马等国家,上海、汉堡等一些港口城市。现在港口物流的作用正在向内陆延伸,使得陆港与海港形成国际物流快速通道的价值更是日益凸显。

(2) 对关联产业活动起着支持、推动作用。物流将成为科技进步的主要发源地和现代科技的应用领域,诸如集成物流对信息技术的需求,促进了高新技术的应用,软件技术的发展;对物流效率化的需求,促进了仓储机械、港口机械、运输工具的革新和发展,对物流机械制造业起到拉动作用。

(3) 对产业形态发展起着效率推动和价值增值作用。诸如,敏捷物流、快速响应,能够改变电子商务的物流"瓶颈",促进线上线下电商、电商连锁业等新型业态的发展。

物流集成价值更多体现在微观经济主体活动领域,特别是微观经济运行主体的价值追求,主要有以下几方面。

(1) 物流战略价值:物流战略能带来涉及全局、长远和根本性的利益。它更多地取自国家、区域、产业或企业竞争性的战略利益,战略利益既有可计量的,也有综合性的不易计量的利益。

(2) 物流集成价值:是由于物流功能、资源的系统化、集成化后消除不合理因素带来的利益,这种利益的取得与物流标准、运营机制、经济管理体制等也有密切的关系。集成物流价值是由系统化、集成化物流带来的整合后的利益。

(3) 物流时间价值:物流集成作业效率提高、时间缩短、准时服务等创造的时间价值,有时也包括延时创造的价值。例如,内地陆港到海港的直通达及时赶上班轮,可以大大提升商品的市场价值。这类价值直接来源于物流作业,如运输、仓储、配送等的设计与运作。

(4) 物流空间价值:物流基本作业或集成作业产生的位移或异地价值。利用物流信息网进行虚拟运作和实际的物流相结合,可以充分提升物资、商品的空间价值。

(5) 物流增值服务价值:通过物流服务创新带来的一系列的价值增值。物流增值服务的类型很多,有流通加工带来的价值增值,也有其他服务带来的价值增值,诸如,物流金融服务的价值增值等。

(6) 物流环境价值:通过运用低碳、绿色理念规划设计物流节点、运输通道,解决瓶颈问题,从而使得物流系统能够改善分散的、混乱的交通,减少交通阻塞及运输效率损失、降低污染、改善企业外部供应环境进而实现可持续发展。

还可以将有关物流价值形式综合起来,同时将上述两种及两种以上价值活动结合起来,给企业带来更多的利益。在企业既定物流服务水平下,为了带来物流总成本节约的利益,有时需要将"网链"的关系,变为更为畅通的"渠道"或"管道"方式。但是物流带来的综合价值有时不像利润额那样直观、简洁。

2.1.3 集成是物流高级化的核心概念

集成(Integration)可以理解为,将一些相关事物集中在一起构成一个有机整体;而集成化则是强调了实现构成这样一个有机整体的过程。集成是物流活动的主导者——集成体主动优化的理念、途径和过程,在经济活动中集成的实例很多,如跨界、合作、协作、整合、合成、融合、集团化、一体化等的实质就是集成。物流集成和集成物流在《高级物流学》(Advanced Logistics)(1999版)就有其特定的内涵,十几年来的运用与发展已经使其成为基本的术语。一些物流企业在转型实践中深刻认识到集成在物流发展中的本质特征,国内也不乏中远物流、招商物流之类的大企业,在物流集成的实践中作为物流集成体,主导物流链形成和运作,形成物流服务集成管理等创新模式。物流集成理论强调从物流链的高端为客户进行物流与供应系统设计、全球布局和服务定位,依托既有企业资源实力,通过投标等方式竞得长期合作联盟、物流服务大项目,并根据客户需求整合资源;也有宝供物流等中小企业以物流集成体意识为主导,以信息技术平台为联接键,从储运服务起步到供应链一体化的物流经营,逐步实现服务升级。

物流在发展过程中,实物配送(Physical Distribution)关联因素逐步集成,并与物料管理(Material Management)进一步整合,形成集成物流并贯穿企业供应、生产、销售、售后服务等系统过程,在集成管理等管理学前沿理论指导和在计算机网络、通信技术支持下走向全过程一体化运作,即供应链管理。基于一体化、强调整体价值的供应链管理是物流高级化的主要内容。物流从初级到高级阶段发展是一个理念、内容和实践经验的继承、扬弃(而不是排斥、抛弃)提升和整合过程。因此,表明物流高级化过程的核心概念是"集成"。"集成"在实际运作中有一些相同或相近的表述,如一体化、整合、融合等,集成化则是强调了实现集成(一体化),构成有机整体的这样一个过程。尽管集成物流管理会因客户需求不同,产生许多由不同的具体、细化服务项目构成的集成物流服务,但集成这一精髓思想贯穿于物流系统规划、方案设计、业务运作和动态监控工作始终。物流高级化表现为经营理念的高起点、经营活动的一体化运作和经营资源的市场整合,涉及物流要素、物流环节、物流过程以及物流环境等多种因素,在经营主体、经营理念、经营模式和应用技术等方面产生革新甚至是管理体制的彻底变革。

2.1.4 信息技术是物流高级化的核心技术

物流信息化是支持物流专业化、网络化、集成化运作和发展的基础和前提,物流设施、设备、技术和组织管理规范等标准选择的配合性要靠物流标准化,由于物流标准化大多体现为二次标准化,通过信息化是构建供应链物流网络中稳定衔接关系的重要基础。从国际物流、国内物流、区域物流、城市物流、多企业物流、单一企业物流等不同角度分析问题,都需要运用综合集成的方式来解决问题。所以,物流信息化是在专业化基础上构建网络系统的必要条件,是构成物流集成系统的一种方法,也是解决不通物流系统对接和集成管理的一种思想方法、系列管理技术。近十几年出现的CAD(计算机辅助设计)、CAM(计算机辅助制造)、FMS(柔性制造系统)、CIMS(计算机集成制造系统)Groupware(群件)等正是在信息、制造、管理等众多领域实现生产物流集成管理的技术手段;条码、RFID(无线射频)、POS(销售时点信息系统)、EOS(电子订货系统)、WMS(仓储管理系统)、物联网、大数据等信息技术和系统是物流集成管理关键的IT技术。基于internet/intranet/extranet平台,将GIS(地理信息系统)、GPS(全球卫星定位系统)与BDS(北斗卫星导航系统)、无线通信(Wireless)与因特网(Internet)技术集成一体,形成货物动态监控系统、车辆动态监控系统,并与相应的物流管理信息系统结合在一起应用于物流和供应链管理信息技术领域,不仅可以为企业提供全方位、多层次信息技术和集成物流管理方案,而且能够提供具体的实现途径和手段。这样信息技术为生产制造技术、物流运作技术、全程动态监控技术为第三方物流切入服务对象——不同行业、企业供应链物流服务要求提供了途径。

2.1.5 创新是物流价值增值的重要手段

学习集成理论、掌握创新内涵,履行综合集成过程的手段就是创新。以高级物流学理念提供的新思维、新观念、新方法分析、定位企业发展方向,设计与实现基于集成管理理论、物流信息技术提供的手段运作系统化、网络化的集成物流系统。物流创新理念应当贯穿一体化物流管理始终,而物流规划设计方案是起点,客户价值实现是终点,其内容涉及技术创新、服务创新、组织创新和制度创新等。物流企业转型或新建物流企业都应当有高起点、全视角、大手笔的胆略,在起步时就应注意抓住客户源头、利用信息技术、构建经营网络、整合物流资源,通过物流集成过程,实现集成服务,就是提升价值为目的的创新手段。在服务地域、业务规模、设备投资、技术水平、服务价格等方面应具备与外资物流服务商相抗衡的专业化、系统化、网络化物流竞争能力,落实到为客户服务的创新之中去。大型物流企业不仅要能以企业资源、能力竞标获得一揽子物流服务项目总承包,而且要能集成第三方物流自身组织要素、技术要素和运行机制,在整合物流资源、功能的过程中,使客户充分享受到全面、系统、和谐、统一的集成物流服务。

2.2 物流集成理论

2.2.1 物流集成理论的构架

物流集成理论是一组结构化的概念、定义和命题,用来解释和预测物流与供应链过程运行现象。理论须由三个要素构成组成:①概念框架;②说明各种特性或变量之间的关系的一组命题;③供验证的背景[1]。物流集成理论的研究涉及建立物流集成体、物流集成力、物流集成能等基本概念,还需反映概念、范畴之间的相互联系和作用,能够解释物流集成现象,并能用物流集成实践进行验证。

物流集成系统理论涉及物流集成单元、物流集成体、物流集成模式、物流集成条件、物流集成环境、物流集成场、物流集成实现机制等物流集成理论范畴。从场论角度分析,物流集成理论基本范畴有基核、场元、联接键、场线、场界等,这些物流集成要素相互联系,支持物流集成过程实现,并将物流集成系统纳入物流集成场理论的构架体系。如图2-1所示。

图2-1中物流集成体、物流集成力是物流集成理论的核心概念。物流集成单元、集成模式、集成环境以及集成机制等构成了描述物流集成条件主要方面。引入物流集成场这一时空范畴,将单一物流集成体、多个物流集成体以及物流集成系统,在资源集成、技术集成、能力集成、过程集成、组织集成和系统集成等方面协调起来,形成一个完整的理论体系。

---

[1] 李怀祖. 管理研究方法论. 西安:西安交通大学出版社,2000. 第66页.

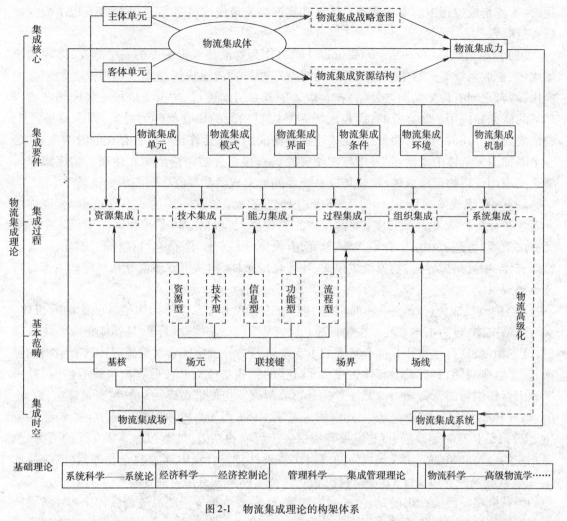

图 2-1 物流集成理论的构架体系

其核心部分是物流集成体理论,物流集成体是主体单元和客体单元的二元结构的有机体,物流集成体因主体单元与客体单元主体战略意图与客体资源结构的矛盾,以及与市场需求、资源和能力差异的动因,促成物流集成体成长和物流集成力形成。主体单元具有制定和实现物流集成战略意图目的,实施有目的的战略行动。物流集成体可获得源自物流市场状态到物流集成状态的物流集成力,体现物流集成过程的动力源。

物流市场状态相图到物流运作状态相图的映射关系,前者反映市场对物流服务的需求,后者反映物流服务通过物流集成过程的实现,这种过程可以由物流集成过程产出函数,进而可以推出产出效率的变化或变化率,即集成加速度。从而可以构成物流集成力表达式。

构建物流集成理论的基础理论涉及系统科学、经济科学、管理科学和物流科学等方面。一般系统论、信息论、控制论、突变论、耗散结构理论、协同论等,结合物流集成现象对物流集成理论进行解释,并通过这种解释使物流集成理论研究更加深入。

2.2.2 物流集成理论的基本范畴

满足客户需求的物流运作业务整合在管理过程的核心内容就是集成,物流集成过程可以看作一个系统化的过程,物流集成体在设计、构建和推动物流集成系统运作中起着重要作用,在物流集成过程中需要构建理论体系和实现物流集成的机制,其中主要涉及以下概念或研究范畴❶。

(1)物流集成场(Logistics Integration Field)作为物流集成理论中的一个分支,体现物流集成体、集成系统等进行集成活动所在的时空范畴。物流集成场是集成场理论在物流业的应用,两者之间有许多共同之处(将在本章2.3节专门阐述)。物流集成场是集成场在物流领域的研究和应用的时空范畴,而集成场则是以更一般的研究范畴为对象,即合成场元❷。物流集成场一词的用法有两种:一是描述物流集成体及其运作活动广泛存在的时空范畴,是一个既抽象又具体的概念;二是指与物流集成场直接相关的理论范畴和体系。物流集成场概念的应用使得物流集成体、物流集成系统之间的集成活动具有广阔的研究范畴。

(2)物流集成要素(Integrated Elements)是研究物流集成系统的基本理论单元,也称场元素。在分析物流集成系统时主要涉及物流集成单元,包括主体单元和客体单元。主体单元有决策者、管理者和操作者等,客体单元,有设备、设施、技术、信息、材料等。此外,还有物流集成体、物流集成界面、物流集成模式、物流集成条件、物流集成环境等基本范畴用于分析物流集成系统。

(3)物流集成体(Logistics -Integrator)是由主体单元与客体单元相结合的能动有机体,具有战略主体、行为主体和利益主体性质(即二元结构三主体性质)❸,是物流集成系统最积极、最主动、最富有创造性并拥有必要的可支配资源的经济实体。物流集成体具有清晰的界面,具有生命周期,具有支配其他集成单元过程的物流集成力和按照物流集成战略、运行机制做出运作执行的行为能力。要注意的是物流集成体与促进集成活动的物流集成主体(Integration Body)概念的内涵不尽相同。物流集成主体(例如一些政府部门成立的"物流办公室"等)只是具有制定政策、促进发展等提供经济势能的功能,是不拥有其所支配的资源、没有相应的经济利益的。物流集成体的典型代表是具有整合资源能力的企业等,物流企业评定A级就涉及企业可支配的资源,物流企业在特定领域的资质评定也反映了其在特定领域中的经营资格。需要指出的是,为了发展物流业,需要政策等势能通过企业转化为经济动能去促进物流集成目标价值的实现。有的地方政府成立了物流办公室,这类机构是物流集成主体,表示政府主管部门起着指导和激励作用,制定政策的单位级别越高,其政策势能的能级也就越高。

(4)物流集成动因(Integrated Motivation)可以归纳为物流集成体自身动因及其参与物流集成场的物流集成活动动因,主要由外部和内部两方面因素相互作用决定,包括:市场动因、资源动因和能力动因,其中市场动因是最根本动因,市场规模大小直接影响到组织规模大小,是形成物流集成力的主要动力。满足市场定位需要有相应资源,利用资源满足市场又涉及相关能力,资源和能力不足都涉及寻求集成动力。

(5)物流集成力(Logistics-Integrated-Power)是指物流集成体所体现的物流集成过程整合资源的能力,表现为物流集成体形成、成长和成熟的内在动力,以及吸引资源、推动物流集成过程的能力,也是物流集成体保持自身发展新功能的创造能力。物流集成力涉及集成力

---

❶ 董千里,鄢飞.物流集成理论及实现机制.北京:社会科学文献出版社,2011.
❷ 合成场元是集成场研究的基本范畴,是指由两个或多个场元素的合成的一个集成场中的考察对象。简化了研究场中的观察对象。
❸ 以下可称为"二元结构三主体特征",是合成场元中的具有主动性质的合成场元,即集成场中的"集成体"。

方向与大小。形成、维持和发展物流集成力,是物流集成体生命活动的源泉,也是推动物流集成力形成合力的关键因素。

(6)物流集成能(Logistics-Integration-Energy)是指物流集成体或物流集成主体支持和从事物流集成活动而积聚和形成的能量,它包括直接形成物流集成过程的集成动能和间接支持物流集成过程的势能。势能指具有政策支持作用的集成能量,在物流集成场的活动需要将其转化为物流集成动能,才能推动物流集成过程。

(7)物流集成模式和方式(Logistics Integration Mode)是指物流集成体进行物流集成的领域及其实现集成的方法和途径。物流集成可以发生在产业间,例如两业联动、将企业物流业务打包交由第三方物流企业运作;也可以发生在产业内集成,例如,统一集团的不同企业销售物流系统整合、采供物流系统整合等,物流集成运作模式可以有不同形式。

(8)物流集成机制(Integration Mechanism)是指物流集成系统及其各种要素集成的内在规律和实现方式,具体包括物流集成形成机制、运作机制、动力机制等。物流集成动因及集成机理决定了物流集成体、集成系统形成、发展和目标实现的物流集成机制。

(9)物流集成系统的设计与评价(Logistics Integrated System Design and Evaluation)主要涉及设计的对象和内容,评价的对象和方法。实践表明,物流集成体、物流集成力、物流集成系统及最终输出等都是设计与评价的主要对象。其中,物流集成体成长到一定水平时就具有价格选择、资源配置和协调交易的功能,成为市场微观结构的主要组成部分。因此,物流集成系统阶段性成果的评价理论和方法,成为测量物流集成体、物流集成力、物流集成系统和集成物流服务产出绩效的评价指标和评价方法。

可见促进物流集成实现的原理、规律和方式,包含来自物流集成体、物流集成主体、物流集成活动及物流集成系统的内部因素、外部环境影响等的综合作用。

2.2.3 物流集成理论与一体化物流实践

物流领域的活动不仅局限于最初的系统化过程,其中大多是二次系统化过程,物流系统集成化常常不得不受相关领域对集成影响和制约。

1. 以物流集成理论指导物流实践研究

应用集成理论研究物流的内容所形成的物流集成理论,不仅涉及物流系统本身的功能,而且涉及跨部门、跨企业、跨地区、跨国界的物流一体化运作,所涉及的集成问题不仅与物流实务运作有关,而且与物流管理(包括物流宏观管理)有关。

物流集成的内容包括:

(1)信息集成:供货信息、生产信息、销售信息、车(货)源信息、用户信息、道路信息、成本信息等与控制技术的集成;

(2)技术集成:通信技术、定位技术、载运技术、识别技术、装卸技术等与调度技术的集成;

(3)过程集成:运输集散过程、质量控制过程、成本控制过程、预测决策过程等的综合集成;

(4)系统集成:物流子系统、企业物流系统、区域物流系统,多式联运、清关及"二检"过程等的集成;

(5)环境集成:车、路、信息、交通控制、交通环境等的集成;

(6)其他集成:人与设备、组织、管理的综合集成等。

集成物流的基础是物流信息集成、物流技术集成和物流过程集成。

物流高级化过程体现了物流信息集成、物流技术集成、物流系统要素以及物流过程(包括人、物、技术及管理)高度集成之间的关系和实现方式。通过"一关两检"集成的"大通关"政策、电子报关方式、区域报关模式等设计和实施,就是集成理论的应用,可以实现国际物流高效率运行。通过国家部际联席会议制度、省域厅局协会联席会议制度等方式是更高层次的一种管理集成。

2. 物流集成理论研究的范围

一般集成理论应用于物流的研究,主要包括以下几个方面:

(1)物流集成的内容、形式、产生的条件和形成机制。人员集成、技术集成、信息集成、管理集成、过程集成、服务集成等集成形式在物流系统管理中都有所体现。综合集成在软科学研究中具有非常重要的作用。如完整意义上的物流中心体现了货物集散中心、物流信息中心和物流控制中心的集成。实现这些职能的集成,需要相应的人员结构、技术基础、组织机制、管理功能等的协调。区域物流系统中的各经营主体(货主企业、用户企业、物流企业)之间的业务、资产、信息等关系会影响到该区域物流系统运行机制的形成。

(2)物流集成的原理、规律和方法。如何实现物流过程集成,需要在技术实践、管理体制、组织结构等方面形成系列理论思路和实践措施。系统理论、协同学理论、突变理论、耗散结构理论等对区域物流、全国物流乃至国际物流及其运行规律都会产生影响。群体成员为了实现共同目标就必须进行合作,而合作需要成员之间步调一致、彼此配合,这种一致与配合需要通过多种协调手段来实现,合作与协调是建立在成员之间相互了解、相互信任和支持的基础之上,取决于成员之间的信息沟通。沟通是影响群体潜力发挥的最基本因素,沟通的有效性和及时性会影响到物流运行的效率和效益。

(3)物流信息、物流技术、物流一体化管理等各种集成之间的关系。现代物质技术基础对企业行为的影响,经济体制对企业行为的影响,国家对外政策的确定对企业行为的影响是相互作用的,每一方面可以说都是集成因素的作用,企业是实现物流过程集成的主体,其行为是综合集成因素影响的结果。

(4)物流标准化是构建物流集成的基础,岗位责任制到供应链机制是集成物流运营的桥梁,联席会议制度是构建国际物流、区域物流、企业物流和谐集成的框架,需要国际、国内、政府、企业以及行业协会组织的协同,才能构成物流集成的完整体系。

2.2.4 物流集成理论的应用

1. 从岗位责任制到供应链机制

在企业中建立供应链机制是一条基本的思路。在物流经理这个高度复杂和极具挑战性的职位上,往往具有技术专家和管理者的双重身份。作为技术专家,物流管理者必须懂得运费率、仓库的布局、库存分析、线路优化、采购与销售过程、生产与物流以及有关法规。作为物流管理者必须协调好所有物流职能、组织间的关系,因此,企业需要从岗位责任制进一步发展到供应链机制。

从集成物流服务的要求可以看到传统的岗位责任制的缺陷。岗位责任制强调了责权利相结合的关系,责任是核心,权力是条件,利益是动力。当人们运作自己的工作时,要尽快地移到下一工作环节,实现责任的转移。在这种机制下,又可能会产生每一个环节,或者每一个人做的都是正确的,但是最终所产生的结果却是错误的,此类实例在医院、工厂、政府部门等时有发生。当提高整个系统价值所需要的工作正处于边界状态,或者在边界状态不甚明确的情况下,可能由于双方或多方的推诿造成不当后果,因此需要引入供应链管理机制。供应链管理机制在不同的组织中应当是具体的、可操作的,诸如,政府或企业管理部门的"首问责任制",当客户咨询或打来电话,被问到的第一人必须解决或者引导到能够解决客户问题的部门或者人员那里,以提高整个系统的价值,也许这项工作并不在个人的岗位责任制范畴内。

2. 建立团队精神与构筑团队网络

突破岗位责任制的缺陷,需要引入团队、团队网络和系统价值等观念。所谓团队是指相互作用、相互依赖的两个或两个以上的人或群体为了共同的目标所组成的集合体。团队成员可以不在同一建制中,如物流TQM小组、价值流设计小组,团队成员可以为实现同一系统目标协同工作。网络则是指不同团队中的个人或群体为了共同目标,按照一定的方式(如企业内联网),为实现资源共享和技术互补所建立起来的相互关联的系统。例如,在医院住院病房实施的病人主管大夫负责制,当病人因故需要紧急救治时,而主管大夫及其医疗小组正在做其他手术不能离开,就可以运用团队机制,即不在这一医疗小组监制的团队成员,可以按有关方案实施紧急业务处理,使病人获得及时必要的救治,这样就可以实现整个系统的价值增值。

团队网络是一种组织理论,在实践中需要不断发展和完善,体现了局部分工、整体集成的管理思路,是实现现代化集成的一种组织形式,在物流系统的规划、设计、运营和控制过程中都需要这样的组织形式和运作方式。一体化物流过程运作和监管需要企业不同部门突破传统的职能组织边界,即岗位"份内"的事要管,岗位"份外"的事也要管,目标在于它能给整个系统创造价值。供应链一体化要求单位成员突破职能边界、组织边界和企业边界,建立供应链合作伙伴关系,形成供应链合作机制。物流管理者还是关系协调者,必须将物流与企业的其他经营活动以及物流与企业外的供货商和客户相联系。因此,团队精神和团队网络是物流系统设计过程不可缺少的,也是物流系统运营过程不可缺少的。团队的实质是智能结构的重组,体现了集体的共同努力实现系统价值增值。

(1)物流团队网络打破了传统组织的界限,虽然其成员可以不在同一建制组织中,但可以通过多种供应链渠道建立彼此沟通、相互信任和相互合作的关系,能够实现大系统价值增值。

(2)物流团队网络成员可以在资源和技术上进行共享和互补,并在这种共享和互补过程中取得协同效应,因特网(Internet)、内联网(Intranet)和其他计算机信息网络为此提供了很好的技术基础。

(3)物流团队网络成员之间还可以保持一定的相互独立性和竞争性,使组织及成员最大程度地发挥其潜力,这些都应当融入供应链管理机制之中。

综上所述,团队网络可以称之为一种通过组建团队及其网络来优化企业内部组织和扩大企业与外部合作关系,最终提高企业经营效率和竞争能力的一种组织形式。

2.3 集成场理论视角的物流分析*

2.3.1 集成场的含义与性质

1. 场与集成场的性质

场是物理量在空间领域的分布状态,力、电、磁等构成三大物理场。从物理学的力场、磁场和电场的性质看,这些场都是自然场。

集成场是考察集成体及其他合成场元在场中受集成引力和集成力作用的分布和运动规律的时空范畴。这是一个人工场。自然场与人工场两者差异迥然,也存在一定的场及哲学理论的联系。合成场元是集成场研究的基本范畴,它是指由两个或多个场元素合成的一个考察对象。运用合成场元作为考察对象,简化了研究场中的观察对象种类和数量,便于人们抓住重点、抓主要矛盾,进行顶层分析和设计。

集成是人们的主动行为,场是物质受场力的分布作用状态,集成场是有人参与的大系统,是人工场,其性质与自然场有重要差异。集成场体现了人的意志及其与资源结合形成集成力作用和规律的研究范畴。集成场作为一个场的范畴,有相关的场理论联系。人工场是由人工系统构造的场元素分布形成的场。由于物理场与人工场统一于物质、能源、信息交换性,其运动规律具有密切联系和一定的相似性,有如传统"天人合一"、中医"黑箱原理"的整体哲学观,本质上符合《实践论》❶、《矛盾论》❷的思想,可以考虑利用同态原理分析,构建同构模型进行相应分析和研究,进而可以利用集成场理论的研究平台,研究更一般的合成场元及其运动规律,诸如,产业联动集成场,从而获得新的研究思路,获得深入浅出的分析和研究结论。

2. 场元素及合成场元

场元素是集成场分布和运动的基本要素单元,不易混淆情况下可简称场元。根据其能动性质分为主动性场元和被动性场元。主动性场元中最重要的是决策者或决策群体智能结构,诸如,决策机构、管理人员等具有主动整合意图和组织能力的基本单元,在集成体中称为主体单元。设备、技术、货物等均为被动性场元,在集成体中将它们看成为可支配的资源,并称其为客体单元。集成场所考察的基本要素一般都是合成场元。从一般场元素到合成场元的关系,参见图2-2观察其一般关系。

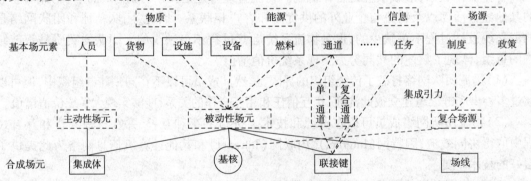

图 2-2 场元素与合成场元的关系

其中,合成场元有主动性和被动性两种。主动性的合成场元是各类集成体,在物流业的是物流集成体,在制造业的是制造集成体,在陆港园区的整体平台维护运营的是平台集成体。每一类集成体都是以人、特别是决策者的智能结构在其起的主导作用,同时考虑了可支配性资源,体现了人工大系统认识体系的特征。

3. 集成场典型合成场元及其内涵

合成场元是集成场考察分析的基本单元。典型的合成场元有集成体、基核、联接键、场线等。根据场元素合成机理,可以将集成体、基核、联接键和场线等作为集成场的基本考察对象,大大降低了集成场考察对象纷繁复杂程度,有利于抓主要矛盾和主要问题,提纲挈领地进行物流系统顶层设计。集成场基本范畴及其性质、特征和主要关系如图2-3所示。

---

❶ 毛泽东:《实践论 论认识与实践的关系——知和行的关系》1937年7月,载《毛泽东选集》一卷本,1964年版,第259—273页。

❷ 毛泽东:《矛盾论》1937年8月,载《毛泽东选集》一卷本,1964年版,第274—311页。

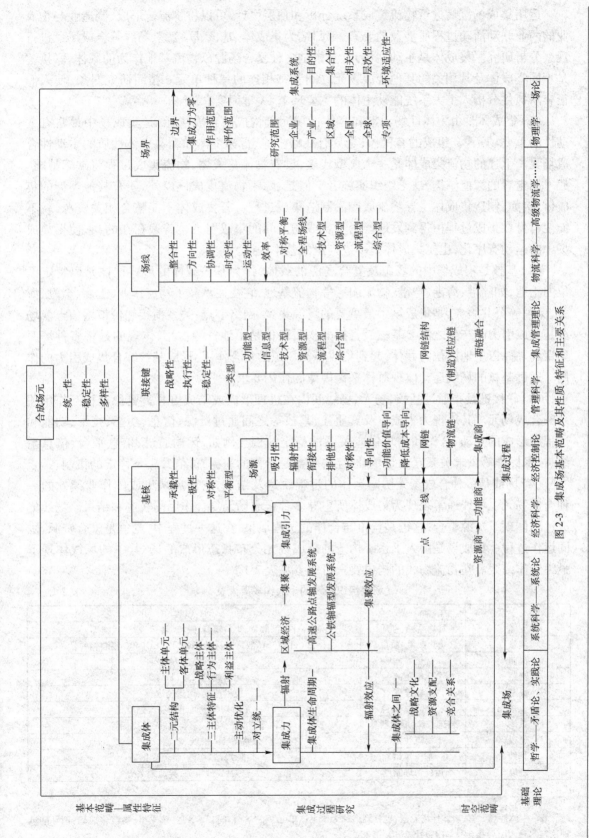

图 2-3 集成场基本范畴及其性质、特征和主要关系

运用集成场范畴进行物流集成系统分析和顶层设计,可以将物流链形成、制造业与物流业的两业联动活动过程所涉及的要素,都归结为集成体、基核、联接键、场线等合成场元进行观察分析研究。集成体是主动性场元,基核是多种复合场源以物流基地作为的载体,联接键是不同集成体及其相关的其他合成场元之间紧密相连的一种单元。精简研究对象,使人们很容易抓住分析人工大系统能动主体的主要环节、关键因素。

(1)集成体是由主体性场元素和客体性场元素构成的合成场元,是集成场中最富有主动性的重要场元❶。组成的有机体,是具有战略主体、行为主体和利益主体性质的主动性合成场元。上述的物流集成体是一个典型代表,没有物流集成体,物流集成过程将缺乏战略、战术制定者的智能结构,缺乏组织实施者。但是,除了物流集成体以外,还有其他类型的集成体,例如,制造集成体主导物流或产品制造集成过程。若集成体不能整合相关资源,就不能使自身在集成过程中得到发展。由于合成场元间的集成引力是普遍存在的,它使得集成场中的运动有序化,也使集成体呈不进则退的基本规律。

(2)基核是集成场中的场源及复合场源的载体,作为基核载体的形式往往是以特定区位的土地,如陆港、海港、空港、物流园区等物流基地,它往往承载了物流作业、工商、金融、海关、保税等公共服务,是集成场中最重要的场源集聚、网络节点、关系衔接和价值增值点。场源是集成引力的产生之源。基核最直接的物质条件是土地资源占用,体现的是将多种场源集聚起来并以土地区位为载体,起到集成各类场源的复合作用,形成基核综合集成引力的作用。通过基核的场线运动体现对称平衡规律的作用要求。

(3)联接键是指通过基核、场元、场线间内在机理形成或结成更紧密更稳定相互作用关系的合成场元。其表现为集成体及其业务、基核等之间通过资源、信息、功能、技术、功能和过程所形成的互动、合作和需求供应关系的稳定结构。例如,运输通道、信息平台、信息系统、技术标准等供求关系互动是基础,经济利益是合作的前提,价值共赢是稳定的机制。

(4)场线是多种合成场元协同运作的过程轨迹及结果,它是反映集成体作业绩效的一种合成场元。场线通常表现为集成体所主导多种合成场元复合作用的轨迹和结果。场线集成过程体现了资源整合,这也是竞争与合作的过程成果,在这一过程中,竞争是整合资源、协同运作过程。集成场是由人工系统构造的合成场元分布状态形成的场,其中的场线体现了最终运作绩效。在物流场线的构成要素可以参见表2-1。

场线组织涉及的十大构成要素表　　　　表2-1

要　素	内　涵　要　点	举　例　说　明
流体	货物品种、性质	件货、散货、集装箱等;过境、转运、通运货物等
流量	货物数量、质量	件(件货)、t(散货)、标箱(TEU)、FEU(40ft 集装箱)等
流向	货运方向	射线、回路的方向等
流距	运输距离	运输线路长度(km)等
流速	运输速度	技术速度、运送速度等
流效	物流效率	一定时期物流通道的物流强度
载体	载运工具、承载器具	汽车、机车、飞机、集装箱船、散货船等
通道	物流线路	公路、铁路、航线、航道、管道等
基地	基核作用	陆港、海港、空港、物流园区等
制度	运行管理制度	大通关;属地报关、异地通关等

---

❶ 主体性场元素、客体性场元素,也分别俗称为"主体单元"和"客体单元",参见:董千里.物流集成场:国际陆港理论与实践.北京:社会科学出版社,2012.第79页.

物流运作轨迹和绩效所形成的场线,表现为从发货人到收货人之间的轨迹;在国际物流场线中,连接了陆港、海港、境外海港和境外陆港等全过程;场线作为绩效分步、分段逐渐形成了企业、区域和国际物流全过程的集成物流服务。

2.3.2 集成场基本范畴及形成运作机理

(1)场元素合成机理。场元素合成机理简化了场元的种类和数量,合成场元作为集成场中具有稳定结构的基本要素单元,便于依此进行更加深入的分析研究,有利于研究成果深入浅出,便于人们理解和掌握。通过场元合成机理构建合成场元,这是简化集成场分析复杂性的重要理论和方法。集成场理论可以用于供应链、物流集成系统集成顶层设计,分析合成场元布局、集成力和集成引力在物流集成、产业联动中的关键要点和解决途径。

(2)场源与基核机理。场源是物流集成场具有吸引与辐射极性作用的场元。由于场源具有极性,单一场源与其他场源功能的叠加呈现同样极性,形成基核整体特征。异地的基核与基核可以通过联接键形成一个完整的集成体,体现同一极性整体功能。通常是国际物流过程必经的重要业务环节,诸如海关、检验局(商检、卫检和动植物检验)等功能机构,起到平台服务功能。场源具有极性,其正极具有辐射作用,具有矢量性质的场线从这里发出,其负极具有吸引作用。复合场源的载体是基核,集成场的场源通过基核体现其极性作用,基核通过土地资源形成排他性作用。

(3)集成体主导机理。集成体是集成场具有主动性的合成场元,是物流集成场运动的主角,但不同类型集成体的功能不同,其中最具代表的是物流集成体,主导物流链的形成,这是物流业有序化、组织化的一种典型形式。以物流集成体理论、平台集成体理论为例,前者主要体现物流集成实体、物流集成力及其作用规律,后者主要体现服务平台场所构成的实体,即基核集成引力及其作用规律。

(4)场线绩效机理。场线是由若干场元连接而成的一组关系,是场元在物流集成场运动的形式。场线可以是同一地域同一产业运作形成的,也可以是跨地域、跨产业运作形成的,但都是物流集成的资源整合过程,表现为对物通量实现过程的支撑。物流场线至少涉及10种场元组成的合成场元运动过程,其形式上是物流集成体主导、平台集成体支持等作用形成的物流集成过程,实质上是物流集成体利用物流集成力,通过物流基核整合资源的综合过程。其中,内陆货物的货主→国际陆港→(境内)海港→(境外)海港→(境外)陆港→(境外)收货人是一个基本国际物流过程,在物流集成场中的活动轨迹体现为典型的场线过程。在内陆地区出口的货物一般要经历公路运输、公铁联运等方式到达海港集中,其运输过程是陆港—海港间的典型场线。不同运输方式的运输通道是基础设施形态的场元,各种运输方式的载运工具是移动设备形态场元,国际货代、多式联运经营人是物流集成体,是主动性场元,场线是在物流集成体的作用下,各种场元之间构成的相互关系,并形成沿物流集成力方向的场线。

(5)联接键机理。联接键机理体现了差异和联系之间的关系,并用一个合成场元的形式将其稳定下来,这个稳定形式的合成场元就是联接键。物流集成场中的集成体都是合成场元,集成体之间协同合作是供应链物流集成的重要前提和基础。集成体如何能够在集成场形成紧密联系和作用关系,需要应用联接键。联接键体现了功能叠加性质和作用,能够使集成体、集成体把握的资源、主导的场线通过各种类型的联接键连接起来,诸如把基核连接起来,把场线连接起来。"键"本身具有将多样化的功能进行一键化集成的作用,在不同类型键,如技术型、信息型、资源型、功能型、过程型等联接键中涵盖关联功能具有一定的交集。键型名称是用其最典型、最具代表性的功能术语进行命名的。

【案例 2-1】 电商与物流之间的联接键断裂

一个电子商务因物流联接键断裂的案例,反映了电子商务供应链流程顶层设计存在的问题。首先是快递环节断裂,剖析其原因是信息孤岛造成"信息型联接键"的缺失,再者是快递人员失控(节假日无人送货,该订单又是货到付款方式,所以干脆将货物退回),该组织网络联接键发生断裂。这一案例表明,构建电子商务与顾客之间的快递联接键需要建立在三个层次上:①信息联接键对接(据该电商公司称其与物流公司是电邮联系方式,所以无法告知是西安哪家快递公司承运);②实物运作联接键对接;③组织网络联接键对接(快递公司速递员都提前回家过年,快递自身组织失灵,故第二次订单交给邮政系统处理)。

(6)物通量理论。场线体现了在物流集成场中场元关系组织及其分布运动过程。物流通道是场线中诸场元要素集成运动承载体,而物流集成场起作用效能,也就是绩效是通过物流通道的物通量反映的。物通量起源于各基核的物流节点,受相关基核的极性作用,在物流通道之间具有对称性特点,具有平衡性要求。物通量客观地反映了物流基础设施(物流通道、节点)、载运工具(不同运输方式)、经营人(各类集成体)、系统资源要素(各类场元)等的综合集成过程。物流量需求导致物流业发展,异地物通量差异会形成物流业务量差异,会带来发展动力,但是,追求平衡往往是一个长期过程,只有当物通量平衡,方能使物流通道两端集成体共享效率和效益,双方基核功能对称,并实现长足发展。

2.3.3 集成场理论的应用领域

供应链物流集成过程是集成场理论的基本研究和应用领域。集成场研究对象的边界是相对的,企业部门、企业、多个企业、行业、产业、区域和全球都可以看作是集成理论的应用领域。例如,根据物流集成研究目的和要求,可以重点分析研究相关层次的物流集成的集成体、基核、联接键、场线等和物流集成力的关系。

集成体在物流集成场中具有重要角色的是物流集成体,其运营主要源自市场机制,诸如组织国际物流场线过程。在物流集成过程提供服务平台的集成体是平台集成体,其运作机制大多主要取决于体制制度规定,诸如所规定的海关职能。物流集成体主导物流集成过程,与平台集成体及其他制造集成体、商贸集成体等合作形成联动关系,并能与其他物流集成体形成竞争或竞合关系,构成了更大的、乃至全球物流集成场,及其主要关系如图 2-4 所示❶。

针对物流集成过程考察,物流集成体是物流集成力产生、作用的运作经济实体;平台集成体是关注物流集成引力产生、作用场所的支持服务实体。在物流集成体、平台集成体形成和作用过程中,基核与基核之间构成联接键有利于促进场线运作绩效。在不同类型的集成体之间存在集成力、集成引力等的交互作用。物流集成体起主导物流集成过程、整合有关场元作用,同时也受物流集成场场源、基核的吸引与辐射,从而组织场线,实现场线运动过程,在物流通道形成物通量。在形成联接键时有时还需有外力支持,诸如政府政策支持形成的物流集成势能等。

---

❶ 董千里.物流集成场:国际物流港理论与实践.北京:社会科学出版社,2011.第 12—19 页.

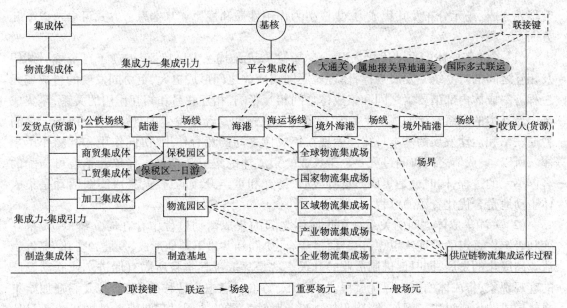

图 2-4 物流集成场理论框架体系

2.3.4 顶层设计视角及分析思考方式

1. 集成场分析物流集成系统的视角

集成场应用于物流领域,提供了物流与供应链、两业联动过程等系统顶层设计的视角。这一视角所构成的思维方法和研究过程与系统工程方法的顶层设计思路和方法并不矛盾。集成场强调了集成体之间、合成场元之间、集成力与集成引力之间的关系,两业联动发展的联接键构建、产出场线形成等是其中作用关系的表现形式。集成场帮助我们识别什么是最重要的因素、对什么对象进行分析构建整体的设计框架,系统工程方法可以针对其关键的合成场元等进行精心设计,体现为系统工程方法在内部系统设计中的应用。以物流系统价值增值为目的,一般需要研究由此产生的三个相互关联的问题:谁是集成体(如何构成一个集成体)?哪些是集成对象(对什么业务进行集成和管理集成)?怎样实现集成过程(集成的途径和方法)?物流系统的价值流、价值链理论以及流程重新设计部分涉及这一领域的集成问题,这就是为什么要特别强调一体化物流系统规划设计、全程监控管理的增值功能。从集成设计、全程监控寻求价值增值,从而在一体化实务运作中寻求效率提高和成本降低,这要比从单一物流环节寻求作业效果改善要更加有效。

2. 集成场分析思考方式

以国际物流视角观察一般物流过程:从内陆企业→陆港→境内海港→境外境海→陆港→客户,是一个跨地区、跨国界的物流集成过程,涉及堆场(集装箱集运作业)、海关(一关两检)、码头(装船、卸船、运输)等国际物流业务必经环节,涉及"大通关"、"属地报关,异地通关"等制度、政策,形成了秩序化运作体系。物流高级化的实践的核心内容是集成过程❶,体现为物流集成体在集成场中将多种场元(含合成场元)整合成为服务于一个战略意图或规划方案,处于实施物流集成力或受物流集成引力作用的时间、空间范畴。物流集成场是以物流集成体及其他合成场元在物流集成过程的分布和运动规律为主要观察对象的人工场,研

---

❶ 董千里,鄢飞.物流集成理论及实现机制.北京:社会科学出版社,2011.第 32 页、第 45—48 页.

究场元合成、场元分布及其集成力、集成引力作用性质和规律。基本思考方式可参考以下几方面。

(1)关注集成体的主动优化意识。集成体"二元结构三主体特征"体现了自身统一结构及相互之间的对立统一发展规律,体现着不同集成体之间形成更大、更协同发展的合成场元过程。集成体内部诸要素之间和集成体之间相互影响、相互联系和相互作用的关系,是集成场中最基本的联系。诸如"二律背反"现象在集成过程是经常发生的,体现了合成场元之间普遍联系和运动发展的基本规律。表现在集成体之间的竞合作用、协同作用和共赢作用规律。所以,集成体之间协同过程要趋于集成。集成体的集成活动是主体单元整合可支配的客体单元的过程,同时也是集成体自身汲取、扬弃和重组升级的过程,集成实践活动是集成体主动地整合优化资源的过程。

(2)关注集成体之间的关系。在集成体之间的集成活动过程中存在对立统一、质量互变和否定之否定的辩证法思想,正是通过竞合、协同和共赢不断地形成、发展和变化,促进物流业高级化的发展,同时促进制造业的升级。这是集成过程本身所固有促进产业联动发展的客观现象,集成体的自主寻优过程,是不以人的主观意志为转移的,也不是人们强加给集成体形成的集成过程。例如,制造业与物流业联动发展的协同过程是有条件的。一般是从不稳定的、偶然的关系,发展到相对稳定的关系,并通过一定方式加以稳定,这就是联接键。当特定条件变化,联接键也可能发生变化。供应链具有集成过程的一般性,包括物流过程;专业化的物流过程经过整合后形成的物流链,具有与供应链物流衔接的必要条件;制造业与物流业联动发展的必要性,引起了物流链形成,这是物流业有序化、组织化过程,进而促进物流链与(制造)供应链对接、衔接和融合的条件性,具体表现为物流集成体主导的物流链与制造集成体主导的供应链对接、融合发展过程,形成更高级的供应链。主导两链的集成体、集成过程之间的相互制约,相互联系的集成活动彼此互为条件,达到相对稳定平衡条件,可以通过构建、维持联接键表现出来。

(3)通过联接键形成更稳定的合作关系。集成关系的普遍性包含着两方面的含义:①物流链内部资源整合过程,反映了内部诸要素的相互联系;②物流链切入供应链整合外部资源以实现供应链目标所涉及诸要素之间的相互联系。这种集成构成的联系是多样的。事物联系的基本形式可分为内部联系与外部联系、本质联系与非本质联系、直接联系与间接联系等。

针对不同的行业特点,两业联动对物流链的需求特点是相对性、差异性或个别性。不同行业的物流集成过程或物流链切入供应链过程的具体形式各有其特点;同一行业物流过程的运作,在不同的发展阶段各有其特点;构成每一行业的企业生产过程诸多特征以及构成每一不同方面各有不同的性质、地位和作用以及不同的解决形式,有根本问题和非根本问题,主要问题和次要问题,集成的主要方面和次要方面;解决集成的形式又关系到形成新关系的一个新事物,诸如联接键。联接键作用的普遍性和特殊性的关系就是共性和个性、一般和个别的关系。所以要针对具体问题进行具体分析,选择具体的联接键类型。

(4)物流集成目标选择的多样性。进一步强化集成场分析过程中集成体的主体性和能动性,体现在从两业联动到两链融合的目标选择具有多样性。诸如,创造供应链主导功能价值的功能,优化供应链集成体的主体功能,降低供应链运作成本。集成所反映的矛盾斗争性是相互之间的资源整合、兼容和融合,而不是排斥、破坏和毁灭。所以在集成过程中的竞合关系是将相应资源为集成体所用。

(5)寻求全程场线效率的整体提升。整个集成场就是一个统一有机联系的合成场元分布场。联系的观点与系统的观点在本质上是一致的。唯物辩证法的联系观点为系统论提供了科学的世界观和方法论,系统论则进一步证实和丰富了唯物辩证法的联系观。

显然,在分析思考过程中,物流集成活动必须符合自然和经济规律,主动优化的集成与自然界有着内在的紧密联系。一个物流作业"点"(仓库、货场、物流中心、物流园区、陆港、海港等)的活动都可以看作是场元素在空间的分布和运动过程。一条物流作业"线",是物流作业"点"与"点"之间的连接,这些物流作业过程可以用"场线"表示。点与线之间的联系,表明了其间有"点"集成引力的存在,及场线组织者、物流集成体、物流集成力的作用。

2.4 物流企业技术创新理论

物流集成就是综合,综合就是要创造,创造就需要创新。进行知识创新、技术创新是实现物流高级化的必要条件和基本措施。

2.4.1 技术创新的含义与内容

技术创新最初是由美籍奥地利著名经济学家熊比特提出来的,他把技术创新置于他的经济发展理论的核心地位。许多中国学者对此也作了深入研究,一般认为:技术创新是一个以市场为导向,以科技为支柱,以产品(服务)开发为龙头,以提高经济效益为目标,加速创新成果进入商业化或尽快转化为生产力的经济发展模式。

技术创新是市场经济条件下推动产业经济发展的一项重要手段,加速中国道路运输产业科技化的战略是解决物流方式中现代科技含量低的基本指导纲领。技术创新(Technology Innovation)与技术革新(Technology Renovation)不同。从企业技术创新活动过程分析,技术创新是由观念创新(包括构想出新的战略、策略、计划、组织、制度和设计等)、运作创新(包括有效运用新的原料、材料、能源、工艺、装备、人力和资金等)和实效创新(包括开拓新的产品、服务、市场和人才等)三阶段(环节)组成的科技、经济与社会的综合活动和持续过程。技术创新不仅研究技术革新所代表的渐进型和质变型创新,还研究由此必须进行的组织与管理上的变革。与此相关的另一术语是技术转移(或技术扩散),它是指科学技术在国家之间、地区之间、行业之间、军民之间、科学与生产之间及科技自身之间的输出输入活动,是获得创新技术的一种简便途径。它的特点是通过购买等引进方式把创新技术直接拿来运用,或将创新技术作进一步改进,从而为市场提供更具竞争力的服务。物流系统应运用此种途径进行技术创新,物流企业应考虑充分利用技术转移方式进行技术创新,并应根据技术创新能力与水平来确定企业自身在行业及市场中的战略地位:领先者、挑战者、追随者还是补缺者。

2.4.2 物流企业技术创新的条件和重点

1. 物流企业技术创新的条件

第三方物流企业实现技术创新的目标与要求,一般必须具备三个条件:

(1)在生产经营上具有发展与应用的潜力。通过物流企业的创新活动,能够形成企业在生产、经营和技术上的战略优势。

(2)企业创新内容具有潜在的或明显的生产需要或市场需求。企业创新成果具有商业化用途,能够吸引用户企业加入物流系统的战略联盟。

(3)通过创新主体的努力和设备技术能把创新技术、物流技术与生产需要或市场需求,物流供应者与购买者有效地结合起来。

2. 物流企业技术创新的重点

物流企业为社会、市场所提供的是物流及相关服务,由于物流的硬件(车辆设备、通信设备、基础设施、信息系统硬件等)均产自其他行业、其他企业,一般也不构成其服务项目的内容实体。因此,技术转移(或技术扩散)在第三方物流企业技术创新中具有特别重要的地位和作用。第三方物流企业技术创新的重点体现在以下几方面:

(1)突出技术创新在物流服务项目、物流组织结构、物流运行机制、物流服务规范和制度与现状的差异,突出有吸引力的新物流服务项目。

(2)突出物流系统要素技术创新的商业化目的。通过技术创新可以提高物流服务活动效率,并取得满意的经济回报。

(3)突出技术创新内容与创新活动的协同效应。通过技术创新使人员素质、组织结构、物流过程、管理水平等本身得到发展。

第三方物流企业的创新活动是一个包括知识创新、服务创新、技术创新、组织创新、管理创新和制度创新在内的综合创新体系。它的最终的、外在形式的体现是服务创新,这是由运输业的基本特征决定的,而它的基础是技术创新,就其内容体系而言,它包括了业务创新、组织创新和管理创新。

2.4.3　物流企业技术创新的途径

第三方物流企业利用信息技术进行技术创新的途径主要有以下六个方面:①国家组织开发,有关部门推广使用;②部门组织开发,转让企业使用;③企业组织开发,企业自身使用;④多企业联合开发与运用;⑤高新技术企业组织开发、转让用户(部门、企业等)使用;⑥直接租用现有公用技术设施。在微观物流系统建设中,公用程控电话网、增值网、各类信息网等技术设施,大型或专用设备,物流经营用先进设备等均可以考虑采用这类方法。

为了确保运输企业有进行创新的动力源泉及运行机制,其软环境的创新也是必要的,即制度创新,严峻的国际竞争现实要求我们进行技术创新已时不我待,否则,有可能使中国物流业和其他相关产业丧失既有市场或失去极好的发展机遇。因此,必须重视物流企业技术创新这个跨世纪的战略性问题,促使中国不同层次物流事业在整体上有新的发展。

1. 物流高级化发展的理论基础包括哪些内容?
2. 为什么说集成是物流高级化发展的核心概念?
3. 集成场理论对分析和观察物流系统提供了什么思路?
4. 什么是集成,什么是集成化? 集成理论在物流管理中的应用有哪些?
5. 什么是技术创新? 第三方物流企业和企业物流技术创新的重点体现在哪些方面?

第3章 企业物流及其运作模式

企业物流是围绕其经营活动所发生的物流活动。由于物流类型不同,企业可以采用不同的运作方式;由于物流在不同行业的企业经营活动中的地位和作用不同,企业物流可以根据其需要采用相应的运作模式,实现企业经营战略和目标。

本章研讨重点:
(1)物流的类型、企业供应链渠道关系。
(2)从正向物流和反向物流角度讨论企业物流及其运作方式。
(3)企业物流与供应链管理及物流系统化技术。

由于生产和流通企业的经营过程不同,企业物流在经营活动中的地位和作用不同。认识物流类型能够帮助企业选择相应的物流运作模式和方式。

3.1 物流类型与环节

3.1.1 物流的基本类型

按物流活动的范围分类,主要有企业物流、城市物流、区域物流和国际物流。在此,全国物流可以被看作是扩大的区域物流。企业物流(Industrial Logistics)是指生产或流通企业围绕其经营活动所发生的物流活动。它不仅限于企业或集团企业内部,还涉及相关的外部物流活动,如原料供应和产品销售市场。企业物流活动往往需要考虑供应物流与生产物流、销售物流与生产物流的协调,以及供应物流、生产物流和销售物流的一体化经营。企业物流一般可以以生产企业为代表,根据其所发生的位置、业务性质、构成内容等进行分类。

1. 按物流发生的位置分类

按物流发生的位置可以分为企业内部物流、企业外部物流。企业内部物流是指企业所需原材料、能源、配套协作件的购进、储存、加工直至形成半成品、成品最终进入成品库的物料、产品流动的全过程。企业外部物流主要指从成品库到各级经销商,最后送达最终用户的物流过程,也包括物料、协作件从供应者所在地到生产者仓库为止的物流过程。

2. 按物流运行的性质分类

按物流业务性质可以划分为供应物流、生产物流、销售物流、回收物流和废弃物物流,其相互间关系如图3-1所示。

(1)供应物流(Supply Logistics)是提供原材料、零部件或其他物料时所发生的物流活动。一般指从原材料、外协件等的订货、购买开始,通过运输等中间环节,直到收货人收货、入库为止的物流过程。供应物流是通过采购行为,使物资从供货单位转移到用户单位所形成的物流,此类物资主要是生产所需要的原材料、燃料、辅助材料、机械设备、外协件、工具等。

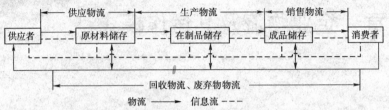

图 3-1　各类物流之间的关系

(2) 生产物流(Production Logistics)是企业生产过程中发生的原材料、在制品产成品等的物流活动。一般指原材料从仓库投入生产起,经过下料、加工、装配、检验、包装等作业直至成品入库为止的物流过程。生产物流基本上是在企业(工厂)内部完成的,主要是原材料、在制品、产成品等在工厂范围内的仓库与车间、车间与车间、车间内各工序之间流动,它贯穿于企业基本生产、辅助生产、附属生产等生产工艺流程的全过程,是保证生产正常进行的必要条件。生产物流的运作主体是生产经营者,部分生产物流业务可以延伸到流通领域进行,如流通加工。

(3) 销售物流(Distribution Logistics)是企业在出售商品过程中所发生的物流活动。一般指成品由成品库(或企业)向外部用户出售,或经过各级经销商直到最终用户为止的物流过程。销售物流发生在生产物流系统的输出端,销售物流运作的经营主体可以是销售者、生产者,也可以是第三方物流经营者。

(4) 回收物流(Return Logistics)是退货、返修物品和周转使用的包装容器等从需方返回供方所引发的物流活动。一般指物品运输、配送、安装等过程中所使用的包装容器、装载器具、工具及其他可以再利用的废旧物资的回收过程中发生的物流活动。回收物流对象主要包括边角余料、金属屑,报废的设备、工具形成的废金属,失去价值的辅助材料等。

(5) 废弃物物流(Waste Material Logistics)是将经济活动中失去原有使用价值的物品,根据实际需要进行收集、分类、加工、包装、搬运、储存等,并分送到专门处理场所的物流活动。一般指伴随产品生产过程产生的副产品、废弃物等,以及生活消费过程中产生的废弃杂物等的收集、运输、分类、处理等过程中产生的物流。废弃物物流一般需要专门的经营者经营,国外有第三方物流经营者参与其物流作业过程的实例。

从以上的物流分类可以看到,第三方物流经营者的物流业务范围较广。

3. 按物流构成的内容分类

按物流活动的内容分类主要有专项物流、项目物流和综合物流活动。

(1) 专项物流(Special Logistics)是以某一产品或物料为核心内容的物流活动。常见的有粮食、煤炭、水泥、石油、天然气等的物流过程。专项物流往往有专用设施、专用设备与相应物流过程的配套运作。

(2) 项目物流(Item Logistics, Project Logistics)是以项目为主要对象的物流活动,项目是为了达到一定目的的资源组合。项目通常只作一次,一般是不重复的,所以,项目是一种独特的过程,需要在限定的时间、成本费用、人力资源及资财等项目参数内完成的。项目物流包括工程项目物流、大件项目物流、会展物流等,不同的项目物流在运作技术、方式和组织等方面各不相同(详见第5章)。

（3）综合物流（Synthetical Logistics）包括社会多方经营主体及多种类产品、物料构成的复合物流过程。

从不同角度加深对物流性质、过程的理解和认识,有利于物流系统的规划、设计、运营、组织与管理。

3.1.2 物流的基本环节

就构成物流系统的基本环节而言,具有完整的物流系统过程的任何类型物流,一般包括:运输、仓储、装卸搬运、包装、配送、流通加工、物流信息服务等物流环节和物流作业活动。

3.2 供应链渠道关系分析

物流业务可以由企业自己运作、部分委托外部企业运作,也可以将相关物流整体由招标的专业企业运作。企业应是集成体,集成体却不一定是企业。企业树立了集成体意识,正确地认识企业战略、价值与物流的关系,并主动地设计和选择企业物流的最佳运作方式,才能够体现作为集成体的战略利益。物流是供应链的组成部分,在供应链成员企业供需关系中涉及多种渠道,渠道是供应链关系的基本通道,是供应链管理的基础。重要的供应链关系包括谈判渠道、产权渠道、融资渠道、物流渠道、信息渠道等。

3.2.1 供应链谈判渠道

谈判渠道是构成企业物流业务外包、合作的必要条件,也是第三方物流企业获取订单的基本途径,谈判主体、企业文化融合性、资源互补性、竞争实力等是谈判渠道的基本要素,物流服务合同的达成是企业文化、企业实力、竞争合作及其网络达到动态平衡的一种标志。无论企业与合作伙伴、竞争对手的竞合关系如何,都需要保留和维持谈判渠道,这是企业供应链竞合关系所必需的,也是第三方物流获取业务、运营和售后服务的重要沟通渠道。

3.2.2 供应链产权渠道

产权渠道是在供应链物流运作过程中,实物运作对象的产权归属关系,它表明物流对象的资金占用方、垫支方,也往往是物流运营资金风险的承担方。产权渠道涉及供应链物流不同主体的地位、作用以及物流运营过程的技术、组织、监管和保险等深层次问题。在供应链成员单位之间并不是一个深层次的平等关系,处于主导、核心或支配地位企业往往具有优越的地位。

3.2.3 供应链融资渠道

融资渠道是支撑供应链物流过程的血脉,资金是企业运作的血液,企业缺乏资金就可能导致资金链的断裂,融资能力的强弱很大程度关系到物流系统能否正常运营,如果资金链发生断裂将引起物流过程停滞甚至造成企业的倒闭。所以,在物流系统运作中的一些环节出现资金借贷、占用和回收问题,一些市场托运部会出现"人间蒸发"现象,这就是资金链断裂过程中转移风险的逃债行为。物流过程需要大量资金,借贷、占用和回收的任一环节出问题,都有可能影响到物流正常运营。物流仓储环节的货物仓单质押监管管理,是在此方面的一项增值服务,企业能否具有足够的资金支持物流运作是一个十分关键的问题。一些物流企业承担外包业务时,最初的费用垫支数额是十分巨大的。

3.2.4 供应链物流渠道

物流渠道是物流系统的重要组成部分,供应链物流基于四个网络的集成运作,即设施网络、运输网络、组织网络和信息网络运作的集成。这些网络涉及公共基础设施的建设,例如交通运输基础设施网络、公共通信网络的建设和构成,同时涉及企业自己与合作者的网络布局和运作机制,以及企业调度社会资源的能力。在一体化物流运作过程中,物流网络必不可少,四个网络缺一不可,但是,物流运营更关切的是企业的物流网络,即企业的网点分布、协同运作的能力。物流渠道的畅通、合理运作,是物流运营机制的重要体现。

3.2.5 供应链信息渠道

信息渠道是供应链物流运作过程中的信息获取、传输、储存、处理和信息共享能力,需要专用物流信息技术和综合物流信息系统进行支持,信息渠道是物流系统神经网络的重要基础。综合物流信息系统要能够将信息技术、运营技术和管理技术集成起来。

3.3 企业正向物流过程

正向物流是指由最初供应源到最终消费者之间的原料、半成品、制成品和相关信息所进行的一系列计划、实施和控制的过程,以达到满足客户需求的目的。模式(Pattern)是指某种事物的标准式样,其作用是进行模式识别、模式引导、模式应用和模式创新。正向物流系统一般可以概括为:供应物流系统模式、生产物流系统模式和销售物流系统模式三种典型模式。

3.3.1 供应物流系统模式

供应物流系统是涉及供货企业的典型物流系统,它除了有一般物流系统的基本特点外,还涉及采购、包装、运输、装卸、验货、入库、保管、供货信息与系统控制等环节。

1. 供应物流系统的构成

供应物流系统包括供货单位、收货单位、仓库、运输通道、物流信息等,涉及咨询、协商价格及供货条件、选择物资运输方式、选择运输经营者、验货标准、仓储供应等物流业务范围。

2. 供应物流系统形成所涉及的因素

供应物流系统设计需要考虑供应商与生产商之间的关系。供应物流系统服务的基本对象是生产者市场,也称中间消费市场,其用户(顾客)包括了农业、采掘业、制造业、建筑业、运输业、金融业、服务业等领域的购买者,用户购买是为了生产其他产品,有极强的盈利性动机。直接重购、修正重购和新购(初次购买)是较典型的购买方式。供应物流系统形成主要考虑以下因素:①包括供货对象、供货品种、供货数量、供货渠道、供货频数、供货成本等在内的供应物流系统设计;②供货仓库规划与布局;③运输方式与工具;④供货信息发布;⑤包装标准化;⑥供应物流服务项目设计与实现;⑦装卸搬运设备;⑧供货系统运行机制;⑨供应物流经营费用;⑩物流信息网及支持技术。

3.3.2 生产物流系统模式

生产物流系统除了具有一般物流系统模式基本特征外,还具有生产企业的一些特点。

1. 生产物流系统的构成

生产物流系统包括厂址、土地、设备、资金、信息、产品等要素在内,涉及原材料、外购件采购,从生产车间加工、装配、成品检验、入库到销售为止的综合物流过程。生产物流系统运作的主要内容有:原材料与外购件的采购、运输、储存;向车间送料、搬运;在制品的流转、检验;成品的组装、分类、拣选、检验、包装、搬运,一直到成品入库或送到消费者手中。这一完整的作业过程就是物流过程,它贯穿于整个生产全过程的始终(图3-2)。

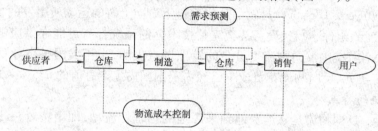

图 3-2　企业物流活动逻辑框图

2. 生产物流系统形成涉及的因素

生产物流系统的设计考虑的主要内容有以下方面:①原材料、外购件品种与数量的供应;②运输车辆的车型、数量配置;③仓库、仓储面积、货架布局;④装卸搬运车辆的配置;⑤车间之间及车间内部各工作地之间物流环节、距离等的设计,使得原材料、半成品等物流进出方便;⑥生产均衡性的保障;⑦传输设施设备、作业机械化;⑧安全生产的需要;⑨产品质量保障;⑩经营费用及信息集成管理技术等。

在生产物流系统中所构成的要素主要有:交货时间、交货频率、交货数量、订货量、截止时间、提前期等,这些要素的组成和合理化运作形成了生产物流系统。

3.3.3 销售物流系统模式

销售物流系统也是一种典型的物流系统模式,它所面对的大部分用户是各级销售商和最终用户,即消费市场。它除了具有一般物流系统模式的基本特点外,还具有销售企业的一些特点。

1. 销售物流系统的构成

销售物流系统一般包括物流据点,如物流中心或仓库等的选择;商品的采购、运输、验收、储存;流通加工、包装、装卸搬运;分拣、备货、配送服务,一直到零售商店或消费者手中的物流过程。初期物流概念更多地侧重于销售领域,有些工厂自行销售商品,生产与销售结合在一起,其销售系统物流与此有所不同。

2. 销售物流系统形成主要因素

销售物流系统的设计主要考虑以下因素:①商品仓库的选址、仓库规模的设计、仓库的结构与布局、固定设施的设置;②分拣自动化、仓库服务系统、仓库保安系统;③库存控制与配送、运输配送车辆配置;④包装标准化、装卸搬运机械化;⑤销售渠道设计、构筑与主要用户的长期关系;⑥经营费用;⑦销售信息网络;⑧商流、信息流与物流的计算机化集成管理技术等。销售物流系统的形成,还要考虑到这些因素之间的配套与协调运作等问题。

销售物流系统要依其服务的对象不同形成专门化的物流系统,建立将需要的商品,按需要的时间、需要的地点、准确运送到目的地的物流系统。在某些情况下,一些学者变换观察分析的角度,将供应物流看作是销售物流的一个类型。

3.4 企业反向物流过程

3.4.1 反向物流及其特点

1. 反向物流的含义

反向物流(Reverse Logistics)是物品从供应链下游向上游的运动所引发的物流活动。也称逆向物流。产品、组件、原料、设备甚至完整技术上的系统都有可能在供应链中向相反的方向流动。1999年,美国反向物流委员会的专项调查表明,当年美国各企业反向物流的成本超过了350亿美元,反向物流花费成本已经占美国国内生产总值的0.5%~1%。

2. 反向物流的特点

(1)逆向性。反向物流是从消费地到来源地的物理性流动,即消费者→零售商→分销商→制造商→供应商,与传统的物流方向正好相反。

(2)分散性。废旧物资流可能产生于任何领域,例如生产领域、流通领域或生活消费领域,涉及任何部门、任何个人,日夜不停地出现在社会的每个角落。正是这种多元性使其具有分散性。

(3)缓慢性。人们不难发现,开始的时候反向物流数量少,种类多,只有在不断汇集的情况下才能形成较大的流动规模。废旧物资的产生也往往不能立即满足人们的某些需要,它需要经过加工、改造等环节,甚至只能作为原料回收使用,这一系列过程的时间是较长的。同时,废旧物资的收集和整理也是一个较复杂的过程。这一切都决定了废旧物资缓慢性这一特点。

(4)混杂性。回收的产品在进入反向物流系统时往往难以划分,因为不同种类、不同状况的废旧物资常常是混杂在一起的。当回收产品经过检查、分类后,反向物流的混杂性随之逐渐降低。

(5)多变性。由于反向物流的分散性及消费者对回收政策的滥用,使得企业很难控制产品的回收时间与空间,这就导致了多变性。

3. 反向物流与正向物流的比较

反向物流与正向物流一样都具备其构成要素和物流职能,即具有包装、装卸、运输、储存、加工等功能。但反向物流作为企业价值链中特殊的一环,与正向物流相比,有明显的不同。

(1)反向物流与正向物流运作的起始点完全相反,反向物流更加趋向于反应性的行为与活动,其中实物和信息的流动基本都是由供应链尾端的成员或最终消费者引起。

(2)由于退回的物品有各种不同的原因,反向物流产生的地点、时间和数量是难以预见的;正向物流则不然,按量、准时和指定发货点是其基本要求,并且在运输中力图发挥规模经济收益;再次,发生反向物流的地点较为分散、无序,不可能集中或一次向接收点转移。

(3)反向物流的处理系统与方式复杂多样,不同处理手段对恢复资源价值贡献的显著程度不同,另外还要考虑制造商对于返回商品的处理的一些特殊规定,如在二级市场转卖的商品去除标识,撤销原有的铭牌等,这些因素都使得在反向物流中对商品的处理选择众多,方向不明。

综上所述,反向物流和传统的正向物流在实际运行操作中有许多的不同之处,而这些不同最直接体现在物流的管理成本中:在正向物流中,决定成本的因素相对比较稳定,成本的计算直接且可控制性强;而在反向物流中的产品所涉及的成本内容广泛,而且由于产品"返回"的原因各不相同,对于各种产品的价格与成本的核算标准也就不尽相同,另外对于部分产品,在逆向渠道中还要进行适当的处理之后才能够再次出售,这又会生成一部分的附加成本,因此对于反向物流的成本核算十分复杂且可控制性较弱。

4.研究反向物流的意义

(1)提升企业竞争力,维持市场竞争优势。在以顾客满意为导向的市场环境下,厂商不仅仅要设立专门机构对付退回产品,而且需要借助信息技术建立专门的反向物流系统,对反向物流活动和正向物流活动进行全面协调,提高效率,节约成本。目前,采用一个高效的反向物流系统已成为企业的战略选择。

(2)加强环境保护的社会责任和能力。随着政府出台一系列关于环境保护方面的严格法规,企业必须自己承担废品处理的费用,而不能将之转嫁给公众,以牺牲环境为代价,这样迫使厂商对废旧产品进行回收处理。另外除了经济利益的因素,由于社会责任感的增强,许多企业为了形成致力于保护环境的良好形象,也有动力投资建立反向物流系统。

(3)促进新的产业形成。就相关领域进行研究和实践,可以促进一些绿色产业的产生和发展。一些发达国家已经开始有关的实践活动。

(4)建立更完善的供应链物流循环系统,促进可持续发展。供应链中的反向物流流动是沿着从消费者→分销商→制造商→供应商→供应商的路线流动。反向物流有退货和回收两个过程。退货反向物流是指下游顾客将不符合要求的产品退回给上游供应商。回收反向物流是指将最终顾客所持有的废旧物品回收到供应链上各节点企业。这样反向物流和正向物流一起构成了一个更完整的供应链物流循环,进行该方面研究对于可持续发展具有重要的意义。

3.4.2 退货物流

越来越多的企业认识到退货物流管理的重要性,从而积极采取措施提高顾客满意度。企业已经认识到退货管理对客户关系、品牌忠诚度和净收益的重要影响,因此企业如何处置退货,实际上已成为企业一项标新立异的竞争战略,并能以此开拓提高市场份额和运作效率的全新领域。退货问题关系到消费者对企业的信心,如果处理不好就会影响到企业的信誉和发展。由于所有的退货不能以同样的方式处理,而且退货产品占所有售出产品的20%,所以退货管理对大多数企业来说还是一个棘手的问题。

1.退货物流的分类

按照反向物流的退货来源,退货物流可以分为五种:制造业退回(Manufacturing Returns)、商业退回(Commercial returns)、产品召回(Product recalls)、保修退回(Service returns)、终端使用退回(End-of-Use returns)。

2.几种关键的退货管理技术

(1)起始点控制技术。自由退货作为一种营销手段,可以提高顾客满意度,比如L. L. Bean这样的零售商就是因为其愿意回收破损衣物并给予顾客充分的信任而闻名。但是顾客也可能会滥用退货政策,会给提供自由退货服务的零售商带来很大的经营风险,长期如此便不利于企业的发展。因此企业必须建立有效的起始点控制。比如基于电子商务下的退货管理系统,企业可以基于网站的起始点控制,顾客在网上创建退货商品授权码(RMA),然后提交给退货系统,待系统确认后方可实行退货。

(2) 电子数据交换(EDI)。基于电子商务下的退货管理系统可以采用电子数据交换技术。XML/EDI 以其出色的优点将广泛地应用于反向物流外包处理过程的信息交换。XML/EDI 比传统的 EDI 具有以下优点:①引入的成本更低廉;②由于定义了文件的格式和转换方式,对程序和接受设备没有特定要求;③可以与传统的 EDI 进行数据交换和与现有系统兼容;④网上传输的彩色图片、图表、声音文件更清晰和成本更低廉,减少不必要的退货和处理时间。

(3) 销售点控制系统(POS)。对一般企业来说,产品只有在一定的期限内才能退货,制造商必须依赖零售商提供这些信息。零售商利用 POS 登记系统,在出售产品时扫描产品的条形码得到产品序列号、销售日期和出售产品的商店名字等信息,并通过 EDI 传递给制造商,制造商随时更新自己的退货产品数据库。为此制造商虽然要支付一定的费用,或提供一些优惠给零售商,但最终利润还是大于费用。

(4) 二维条形码(Two-Dimensional Bar Code)及无线射频识别技术(RFID)。二维条形码具有高密度、高可靠性的特点,除了存储数据外,还可以存储产品描述和图像信息等,能够离线存储商品在供应链中各环节的信息,减少对网络的依赖,适应反向物流信息更新的要求,同时能够作为 EDI 数据库的备份。RFID 是一种非接触式的自动识别技术,包括标签和信号接收器,不同的产品发出不同的信号并通过接收器接收,可以很好地追踪退回产品的来源地和流向。但是,目前缺乏一套通用的标准,由此阻碍了 RFID 的广泛应用。

3. 典型的退货解决方案——曼哈顿的退货解决方案

为了帮助消费者处理不同的退货情况,曼哈顿合伙企业——美国亚特兰大一家供应链提供商与其他的软件提供商设计了新的解决方案。大多数企业都有自己处理退货的方针,要遵循许多的供应商规则,因此制定这些方案不简单。并且每一个企业都会制定自己退货产品的处理政策,但是由于每一个企业的政策不同,需要操作人员熟悉企业的退货政策。

曼哈顿合伙企业的"退回供应商"模型能够把所有供应商退货管理的政策纳入计划。比如说,一个 DVD 制造商要求每次退回的 DVD 数量为 20,那意味着企业必须搁置 19 件,直到第 20 件到来才能处理。然而,曼哈顿的"退回供应商"模型可以自动生成一个拣选票据,并且能够把票据传输给仓储管理系统。这样就可以避免退货管理中经常出现的问题。

此外,曼哈顿合伙企业的退货政策可以防止不符合条件产品的退回。例如,一个制造商可能与一家批发商签订协议,不管是否是质量问题,都只允许一定比例的退货。在这种情况下,企业就必须实时掌握退货的数量。一些企业只允许批发商每季进行一次退货,另一些企业的退货数量与产品的生命周期有关。不管哪种情况,都按照退货处理政策,以关系、产品或环境为基础,动态地解决各种情况,自主决策。

3.4.3 回收物流

回收物流是指对生产和消费中的废旧物品,经过收集、分类、加工、供应等环节,一直到转化为新的生产要素(有用物品)全过程的物流活动。回收物流是反向物流的一种,当前学者一般是在循环经济背景下研究回收物流系统,而不是单纯研究传统的回收系统。回收物流是重新利用被利用后的产品及其附属品（如运输容器、包装）的残余价值，或者以对最终废弃物进行恰当处理为目的，而将这些产品、产品运输容器、包装材料从其最终消费地、使用地沿供应链向生产地"逆向"传递的过程。

1. 回收物流的几种重新利用方式

Thierry M(1995)将回收物品重新利用的方式划分为四种：直接再使用(Reusing)、修理(Repairing)、再循环(Recycling)、再制造(Remanufacturing)，通常称为4Rs。

2. 回收物流系统体系

回收物流系统的主要任务是回收或适当处理废弃物，回收品既可以重新进入原制造商的供应链，也有可能作为社会资源进入其他企业的生产流程。回收物流系统的社会经济意义主要在于：①废旧物资回收利用，既可节约，又可开源，据资料统计，全世界钢产量中约45%是由废钢铁冶炼的，铜产量中约40%是由废铜冶炼的，铝产量中约50%是由废铝冶炼的；②回收物流使"废旧物"重新投入生产利用，减少了很多物化劳动和活劳动的消耗，据资料介绍，建设中小型电炉炼钢厂时，用废旧钢铁炼钢比用新开发的资源炼钢，每吨建设成本可以节约80%；③废旧物资回收利用，可以减少或消除原材料的开采、加工、运输等时间，不仅减少了生产资料的流通时间，也减少了其生产时间，从而体现了社会生产的时间节约规律。

3.4.4 废弃物物流

废弃物物流不同于回收物流，废弃物物流中回收的废旧物品是没有回收利用价值的，是针对环境保护提出来的。

1. 废弃物物流的含义

废弃物是指在生产、流通和消费过程中产生的基本上或完全失去使用价值，无法再重新利用的最终排放物。废弃物物流(Waste material logistics)是将经济活动中失去原有使用价值的物品，根据实际需要进行收集、分类、加工、包装、搬运、储存等，并分送到专门处理场所时所形成的物品实体流动。废弃物物流的对象是废弃物，如钢渣、煤矸石、垃圾等。其物流活动主要是废弃物的收集、装卸、运输、处理等，并形成自身的物流过程。随着经济发展、科技进步和人民生活水平的提高，各种废弃物的数量迅速增加，对社会生产、环境卫生和人类的身体健康造成日益严重的威胁。例如，工业烟尘排放使大气严重污染；工业废水特别是化工业污水，造成江河、地下水资源严重污染；城市垃圾毒化卫生等，导致自然界生态破坏，危及自然界中动植物和人类的生存，甚至有的已造成严重灾难。因此，废弃物物流日益受到重视，成为现代物流系统的重要类型之一，并具有很大的发展前景。

2. 企业废弃物物流的合理化

企业处理废弃物的几种物流方式为废弃物掩埋、垃圾焚烧、垃圾堆放、净化处理加工等。企业对废弃物物流的合理化必须从能源、资源及生态环境保护三个战略高度进行综合考虑，形成一个将废弃物的所有发生源包括在内的广泛物流系统。废弃物物流系统实际包括三个方面：一是尽可能减少废弃物的排放量；二是对废弃物排放前的预处理，减少对环境的污染；三是废弃物的最终排放处理。

（1）生产过程中产生的废弃物的物流合理化，需要四个方面：①建立一个对废弃物收集、处理的管理体系；②在设计、研制及产品开发时，要考虑到废弃物的收集及无害化处理的问题；③加强每个生产工序变废为宝的利用，并鼓励职工群策群力；④尽可能将企业产生的废弃物在厂内合理化处理。

(2) 产品进入流通、消费领域产生的废弃物的物流合理化,需要三个方面:① 遵守政府有关法律法规等;② 要求消费者对产品包装废弃物纳入到企业废弃物的回收系统;③ 教育企业职工增强环保意识,改变价值观念。

(3) 企业排放废弃物的物流合理化,需要五个方面:① 建立一个能被居民和职工接受,并符合当地商品流通环境的收集系统;② 通过高效的收集和搬运废弃物,努力做到节约运输量;③ 在焚烧废弃物的处理方式中,尽可能防止二次污染;④ 对于最终填埋的废弃物,要尽可能减少它的数量和体积,使之无害化,从而保护处理场地周围的环境;⑤ 在处理最终废弃物的过程中,尽可能变换处理方式,把不能回收的部分转换成其他用途。

3. 废弃物资源开发利用

废弃物资源开发利用是指对大量固体废弃物的开发利用。中国有数量巨大的固体废弃物资源,对这些废弃物进行开发利用,既能改善环境,又能取得社会经济效益。据有关资料介绍,中国工业废渣(包括煤矸石、粉煤灰、锅炉渣、冶炼渣、化工渣等)和尾矿的年产生量约5亿t,占用大量土地;全国城市人口年排出的垃圾和粪便达2.5亿t。这些废弃物的相当部分堆弃在城郊,排入江河或农田,不仅占用土地,而且污染环境,传染疾病。消除固体废弃物的根本途径,是进行综合开发利用。例如:工业废渣可以制作各种建材,垃圾分类处理后也可有多种用途。据资料介绍,英国很重视废弃物资源的开发利用,每年从中新创财富价值达10亿英磅。中国 20 世纪 80 年代高炉废渣的 80% 制作水泥混合材料,一年创造价值达6.5亿元,节约资金1亿多元,节约煤炭200万t。

3.5 企业物流系统化技术

3.5.1 准时生产制(JIT)

1. 准时生产制的含义

JIT 是日本丰田公司在20世纪50年代提出的。JIT 的基本原则是在正确的时间,生产所需的正确数量的零部件或产品。JIT 的创始人认为,生产工艺的改进对于降低生产成本固然重要,但当各企业在生产工艺方面不存在很大差异时,只有合理配置和使用设备、人员、材料等资源才能较大地降低成本。JIT 是以准时生产为出发点,首先暴露出生产方面过量的浪费,进而暴露出其他方面的浪费(如设备布局不当、人员过多等),然后对设备、人员等资源进行调整。如此循环地进行改进,计划与控制水平也随之不断简化与提高,成本也在不断降低。

2. 准时生产制的优点与应用

1961 年丰田公司通过全面实施推广 JIT,使丰田公司生产经营系统有了很大改进,到1976 年,该公司的年流动资金周转率高达63次,为日本企业平均水平的8.85倍,为美国企业平均水平的10倍多。现在 JIT 已经成为日本工业竞争战略的重要组成部分。20世纪80年代以来,西方许多国家十分重视对 JIT 的研究,90 年代以来,美国大多数的公司都应用了 JIT。

JIT 方法十分重视生产资源的利用。它所运用的一个基本思想是要求人们"不要把正在'忙'与正在'生产'混为一谈"。若只是进行"忙",而不是进行"生产活动",那就是在做无效劳动。现有的未经价值流分析的物流过程中的无效劳动很多。杜绝无效劳动,进行操作增值分析,实际上就是在改善物流系统。

在物流管理中运用 JIT 可能带来的优点是:①无滞留时间,减少库存;②无制品积压;③有利于提高操作者积极性;④有利于生产管理功能整体优化;⑤有利于提高企业整体效益;⑥JIT 生产方式的管理既可采用计算机系统,也可采用人工系统。

3. 运用 JIT 的效果

运用 JIT 需要在整个生产过程中按"鼓点"节奏作业,这是一种要求很严的管理方法。虽然,JIT 不是用于减少库存的一种举措,然而减少库存却是成功实施 JIT 的效果。企业的应用实践还说明,JIT 是一种必须在企业内部大力提倡的概念和哲学,从这个意义上讲,JIT 几乎适用于任何企业。对于物流企业而言,JIT 是一种旨在取得竞争优势、杜绝无效劳动、规范增值作业的理念和方法,也是设计特定物流服务项目的准则,对物流运作与管理提出了更高的要求。

3.5.2 基于从 MRP、MRP Ⅱ 到 ERP 的物流集成管理过程

信息技术是物流高级化发展的核心技术,自 20 世纪 60 年代以来,企业经历了基于 MRP、MRP Ⅱ 到 ERP 的思想、流程和管理方式的变革,这一过程不仅是信息系统的革命,而且是从局部物流范畴扩展到供应链范畴,从物料管理发展到供应链管理的不断继承、扬弃、集成和创新过程。

1. MRP 与 MRP Ⅱ 的内涵

物料需求计划(Material Requirements Planning,MRP)是 20 世纪 60 年代初期在美国出现的。MRP 是应用计算机计算物料需求和制订生产作业计划的一种方法。特别是 70 年代之后,计算机技术得到迅速发展,MRP 在制造业中的应用日益广泛,并在应用中得到进一步发展,成为制造业全面生产管理系统—制造资源计划 MRP Ⅱ (Manufacturing Resources Planning Ⅱ)。

在 MRP 广泛应用之前,制造业通常采用的物料库存计划与控制的方法是:定期订购法和定量订购法。这两种库存控制方法主要适用于对独立需求物料(或商品等)的控制,即一项物料的需求与其他项需求无关。而制造业的物料需求却主要表现为相关需求,并不能看作是独立需求。所以,借助于计算机技术手段,MRP Ⅱ 得到了迅速发展。

制造资源计划 MRP Ⅱ 在企业内部将销售、采购、制造和财务等子系统连成一个闭环系统。还有一些 MRP Ⅱ 软件也融汇了 JIT 方法。MRP Ⅱ 遵循这样一种程序:公司首先做出生产计划,接着执行计划,并且反馈计划的执行情况。MRP Ⅱ 系统运作过程框图如图 3-3 所示。

MRP Ⅱ 侧重对企业内部人、财、物等资源的管理,

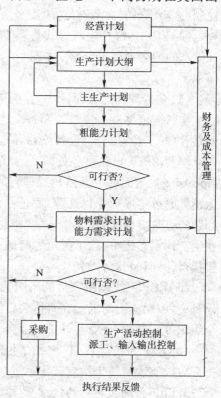

图 3-3 MRP Ⅱ 体系框图

将经营、财务与生产系统相结合,并且具有模拟功能,因此它不仅能对生产过程进行有效的管理和控制,还能够对整个企业计划的经济效果进行模拟,对企业高级管理人员的决策提供辅助支持。在减少库存、提高生产效率、降低成本、改善用户服务、保障按期交货等方面取得显著经济效益。总之,MRP Ⅱ的功能主要体现在:提供了支持整个生产经营管理的通信和决策系统;提供了运用计算机将一个企业所需的主要信息集中存储与存取的方法;提供了协调工业企业工艺、生产和物料管理等的功能。MRP Ⅱ是解决现代化生产物流管理的有效方法,MRP Ⅱ的吸引力不仅在于它对生产决策的支持作用,而且更重要的是它在生产组织一体化中所起的作用。MRP Ⅱ以计算机为工具,是物流高级化发展中的重要信息技术及流程再造工具,适用于批量生产、按用户订单生产、产品多变等不同的生产环境。

2. 企业资源计划(ERP)的基本内容

企业资源计划(Enterprise Resources Planning,ERP)的产生及核心思想是供应链管理。ERP在MRP Ⅱ的基础上通过反馈的物流、信息流和资金流,把客户需求和企业内部的生产活动以及供应商的制造资源整合在一起,体现完全按客户需求制造的一种供应链管理思想的功能网络结构模式。ERP强调企业间的合作和对市场需求快速反应、高度柔性的战略管理以及降低风险成本、实现高收益目标等优势,从集成化的角度管理供应链问题,并根据ERP的核心管理思想实现对整个供应链的有效管理。不同软件公司开发的系统在功能上还有很大的差异,但在总体上,ERP主要内容体现在以下六个方面:

(1) ERP系统提出了供应链的概念,在供应链上有物流、资金流、信息流、增值流、工作流在流动,它把客户需求和企业内部的制造活动以及供应商的制造资源整合在一起,并对供应链上的所有环节进行有效的管理。这些环节包括订单、采购、库存、计划、生产制造、质量控制、运输、分销、服务与维护、财务管理、人事管理、实验室管理、项目管理、配方管理等。

(2) ERP系统在生产方式管理方面能很好地支持和管理多品种、小批量生产以及看板式生产的混合型制造环境,体现了精益生产、敏捷制造的思想,满足了企业多元化经营的需求。

(3)在管理功能方面,ERP在制造、分销、财务管理功能基础上,还增加了支持整个供应链上物料流通体系中供、产、需各个环节之间的运输管理和仓库管理;支持生产保障体系的质量管理、实验室管理、设备维修和备品备件管理;支持对工作流(业务处理流程)的管理。

(4) ERP系统在事务处理控制方面,能够支持在线分析处理 OLAP(On-line Analytical Processing)、售后服务及质量反馈,强调企业的事前控制能力。它可以将设计、制造、销售、运输等通过集成来并行处理,使企业具备了对质量、变化的适应性、客户满意度、绩效等关键问题的实时分析能力。ERP系统将财务计划功能和价值控制功能集成到整个供应链上,如在生产计划系统中,除了保留原有的主生产计划、物料需求计划和能力计划外,还扩展了销售执行计划和利润计划。

(5) ERP系统运用完善的组织架构,从而可以支持跨国经营的多国家地区、多工厂、多语种、多币制应用需求。在跨国(或地区)经营和物流事务处理方面,ERP使得企业内部各个组织单元之间、企业与外部的业务单元之间的协调变越来越频繁、重要。

(6) ERP系统随着IT技术的飞速发展,网络通信技术的应用,在计算机信息处理技术方面可以实现对整个供应链信息进行集成管理。

3. ERP系统在集成物流管理方面的特征

ERP系统在集成物流管理的主要特征体现在以下四个方面:

（1）ERP 是一个面向供应链管理（Supply Chain Management）的管理信息集成。ERP 除了 MRPⅡ系统的制造、供销、财务功能外，在功能上还增加了支持物料流通体系的运输管理、仓库管理（供应链上供、产、需各个环节之间都有运输和仓储的管理问题）；支持在线分析处理（Online Analytical Processing,OLAP）、售后服务及质量反馈时准确地掌握市场需求的脉搏；支持生产保障体系的质量管理、实验室管理、设备维修和备品备件管理；支持跨国经营的多国家地区、多工厂、多语种、多币制需求；支持多种生产类型或混合型的制造企业，汇合了离散型生产、流水作业生产和流程型生产的特点；支持远程通信、Web/Internet/Intranet/Extranet、电子商务（E-commerce、E-business）和电子数据交换（EDl）；支持工作流（业务流程）动态模型变化与信息处理程序命令的集成。

（2）ERP 采用了网络通信技术，更广泛地满足了各类客户的需要。ERP 除了已经普遍采用的诸如图形用户界面技术（GUI）、SQL 结构化查询语言、关系数据库管理系统（RDBMS）、面向对象技术（OOT）、第四代语言/计算机辅助软件工程、客户机/服务器（C/S）和分布式数据处理系统等技术之外，还实现了更为开放的不同平台互操作，采用了适用于网络技术的编程软件，结合了浏览器/服务器（B/S）结构，加强了用户自定义的灵活性和可配置性功能，以适应不同行业用户的需要，甚至对一些专业第三方物流软件也提出了挑战。

（3）ERP 系统体现了集成管理思想，将企业流程设计与企业业务流程重组（BPR, Business Process Reengineering）密切结合起来。使企业业务流程重组从企业内部走向供应链，将供应链上的供需双方合作伙伴集成进来，系统考虑整个供应链的业务流程和组织机构的重组。

（4）ERP 长期发展历史使得其系统有更规范的流程和系统接口，方便与合作伙伴较好链接，以形成长期战略合作伙伴关系。一些企业花巨资建立 ERP 系统，就是力图运用 ERP 作为与自己客户合作的基础，以争取长期的客户与合作伙伴，使其成为供应链管理的基础支撑。

4. 从 MRP、MRPⅡ到 ERP 的物流管理分析

就企业物流角度分析，MRP 是在产品结构的基础上，运用网络计划原理，根据产品结构各层次物料的从属和数量关系，以每个物料为计划对象，以完工日期为时间基准倒排计划，按提前期长短区别各个物料，下达计划时间的先后顺序。它不仅说明了供需之间品种和数量的关系，而且说明了供需之间的时间关系。MRPⅡ是在 MRP 基础上考虑了其他所有与生产经营活动直接相关的工作和资源（如财务计划），把物料流动和资金流动结合起来，形成一个完整的经营生产信息系统，即人力、物料、设备、能源、资金、空间和时间等各种资源以"信息"的形式表现，并通过信息集成，对企业有限的各种制造资源进行有效的计划，合理运用，以提高企业的竞争力，实现企业管理的系统化。而 ERP 又是在 MRPⅡ的基础上通过反馈的物流、信息流和资金流，把客户需求和企业内部的生产活动以及供应商的制造资源整合在一起，形成了一种完全按客户需求制造的供应链管理思想的功能网络结构模式。它强调通过企业间的合作，强调对市场需求快速反应、高度柔性的战略管理以及降低风险成本、实现高收益目标等优势，从集成化的角度管理供应链问题。

从 MRP 到 MRPⅡ发展历史中可以看出，制造业企业系统观念的发展基本上是沿着两个方向延伸：一是资源概念内涵的不断扩大；二是企业计划闭环的形成。它在发展的同时没有摆脱两个局限，即资源仅仅局限于企业内部和倾向明显的决策的结构化。如前所述，ERP 发展已经突破了上述局限。首先是集成理念，ERP 的计划范围已经不局限在企业内部，而

是把供需链的供应商等外部资源也看作是受控对象被集成起来；其次是实时技术，ERP将时间作为一项关键的技术来考虑，使企业在传统的功能方面向实时化方向推进了一大步；再者是决策支持，DSS（决策支持系统）被看作是ERP中不可缺少的一部分，而使ERP能够解决半结构化和非结构化的问题。由此看来，ERP系统融入了集成管理、信息技术和流程再造内容，随着信息技术和管理思想的发展，ERP的内容和技术还会不断扩展和提升。

3.5.3 最优化技术（OPT）

1. 最优化技术（OPT）的含义

最优化技术（OPT）是一种计划与调度的工具。OPT作为一种技术，可以广泛应用于MRP和JIT中优化生产系统；作为OPT应用的成果，即优化的生产计划，可以将MRP和JIT系统的优点结合起来。埃利·哥德拉特（ELi Godratt）提出，OPT应用的重点在于确定系统的瓶颈，并更注重整个大系统的功效，而非各子系统的功效。所谓瓶颈是指制约系统产量的关键。在物流系统分析中运用OPT时，必须分清物流系统的瓶颈资源和非瓶颈资源。OPT的基本思想正是通过分析生产现场出现的瓶颈现象，以及装卸时间、批量、优先级、随机因素对生产的影响，改善生产现场管理，以达到增加产量、减少库存、降低消耗，取得最佳经济效益的目的，这一思想方法对物流系统规划、设计很实用。

2. 最优化技术的应用原则

哥德拉特所提出的OPT技术九项基本原则构成了OPT的核心，其中要点如下：

（1）平衡物流而非能力，并不要求全部设备都满负荷运转。

（2）根据瓶颈资源等制约因素确定非瓶颈资源的应用，而不是由非瓶颈部分本身来决定其应用。

（3）对于非瓶颈资源应区别开动工时与可利用工时的不同之处。

（4）在瓶颈操作上损失1h能力，即是整个系统损失了1h能力。

（5）在非瓶颈资源上节约了1h能力，对整个系统不起任何作用。

（6）瓶颈控制着系统的产出及库存量。

（7）运输批量在多数情况下不等于生产批量。

（8）生产批量应是可变的，在不同时间、不同操作、不同设备上可采用不同值。

（9）作业计划应该在考虑了整个系统所有约束条件以后，再进行安排。

OPT的目标之一是减少瓶颈，而非瓶颈资源的无限制增加生产，无限制增加生产反而会给瓶颈施加更大的压力，造成库存积压和资源浪费，甚至会进一步加剧系统的恶性循环。OPT的思想方法和技术可以用于物流系统的规划、物流作业增值分析。

3.5.4 计算机集成制造系统（CIMS）*

1. 计算机集成制造系统（CIMS）的含义

约瑟夫·哈林顿（1973年）提出CIM（计算机集成制造）时，美国制造工程师协会（SME）认为CIM只是一种概念、一种方法论，而不是一种产品。经过20余年的研究与发展，CIMS已经成为一种技术、设备、信息、人员、管理等高度集成的体系结构，尽管各国企业的CIMS各有特色，但被广泛接受并得以应用已成不争的事实。CIMS一般由管理信息分系统、技术信息分系统、制造自动化分系统、计算机辅助质量管理分系统组成。计算机集成制造系统（CIMS）运用系统工程的整体优化观点，将现代信息技术与生产技术结合起来，从信息技术和组织上,将生产全过程的各个工作系统和信息连接起来,以便有效地提高企业对市场需求的响应能力和生产率。CIMS 的出现是计算机工程、信息处理技术、通信技术、管理科学、生产自动化、自动控制、自动检测等多种科学技术综合发展和应用的结果。

2. CIMS 的作用

以 MRP 物料需求计划为核心的计算机生产管理系统 MRP Ⅱ、JIT 准时生产与供货方法、追求物流平衡的 OPT 最佳生产技术、全面质量管理(TQM)等先进管理思想和方法,都是 CIMS 产生的管理基础。生产过程自动化、数控机床、柔性制造单元、柔性加工中心、传感技术、自动化仓库和自动化物料传输等,以及生产信息处理自动化则是 CIMS 产生的生产技术基础。CIMS 带动了整个工业企业实现生产经营全过程的集成和优化。

CIMS 涉及的自动化是工厂各环节的自动化或计算机化的有机集成,它包含了一个企业从市场预测、产品设计、加工制造,直到产品售后服务的全部生产经营活动的功能。当前世界上许多国家和企业都将 CIMS 作为自己的发展战略,CIMS 将是 21 世纪合理化生产的主要模式。物流企业要注意这一发展动向,关注当今世界高新技术,特别是电子信息技术在物流与供应链管理领域中的开发与应用。

3.6 集团物流的企业化运作模式

由于历史原因,一些企业集团其下属的企业物流往往采用各自独立的分散化运作方式,因而其模式没有起到集团整合企业物流资源、优化物流系统的作用。因此,在物流高级化理论日已被接受的今天,集团物流等领域往往是物流人才大展身手的领域,其特点是特定产业领域中的物流再集成过程。

企业集团通常在销售物流和供应物流模式的优化中,可以进行企业销售流程和采购流程再造。诸如,可以将分散在几十个企业的采购或同一产品的销售,由一个物流企业统一进行采购或销售物流运作。这种将诸多企业分散采购体系转变为由物流企业进行集中采购的方式,是一种集团物流企业化运作的模式。通过采购或销售物流集成化运作,可以开拓市场,降低物流成本,能够更好地实现集团发展战略。

1. 物流的类型有哪些? 不同类型的物流的含义是什么?
2. 供应链的渠道关系类型有哪些? 各种渠道的具体作用是什么?
3. 供应物流系统、生产物流系统与销售物流系统的区别与联系是什么?
4. 反向物流与正向物流的区别有哪些? 各有哪些特点?
5. 退货物流、回收物流、废弃物流的含义及它们之间的区别是什么?
6. 企业物流一体化技术有哪些? 各自的应用领域是什么?

第4章 第三方物流及其运作模式

> 物流企业是市场中物流服务的提供者,第三方物流企业是以物流专业化、信息化、网络化、系统化为基础,提供个性化、集成化物流服务的主力军,其中集成物流商代表着物流服务水平和转型升级发展方向。第三方物流企业以市场需求、竞争国际化为基准确立其运作和发展目标,必须充分发挥不同层次的物流集成体的作用,否则,只能作为物流功能或资源提供者被其他集成体整合。
>
> **本章研讨重点:**
> (1)第三方物流的形成、含义及特点。
> (2)第三方物流企业的含义及类型。
> (3)典型的第三方物流企业运作模式。

4.1 第三方物流的形成

企业将自己的物流业务外包或者以外购的方式运营,形成了物流专业化运作,这是第三方物流形成与发展的前提。第三方物流是社会分工和物流专业化的产物,随着社会信息技术与管理学前沿理论的发展和应用,第三方物流业务运作将具有广阔的发展前景。

4.1.1 物流专业化的产生

进入21世纪以来,利用现代技术、经济关系和管理手段,提供专业化、集成化、个性化服务的第三方物流正在迅速形成和发展,成为物流市场中专业化经营的主体力量。

第三方物流企业成功的关键是拥有先进的理念、先进的计算机通信技术、有效的组织网络、良好的运作系统以及出色的员工为客户服务。物流企业的服务网络与制造商的网络不同,它可以为不同客户提供物流服务的专业化、信息化、集成化、可视化的物流网络。物流企业支持供应链的关键是网络,为此在物流一体化解决方案中构筑了四大因素网络体系,即运输、仓储、货源、信息以实现第三方物流集成商运营体系。根据国内外物流企业的实践经验,在中国培育和发展第三方物流必须重视经营理念、设计思路和运行方法。在设计和运营物流系统的指导思想、经营理念方面的关键因素有:了解掌握客户的经营知识,以客户需求为导向;树立物流通道的系统观点,建立价值观一致的目标体系,确立物流过程控制和绩效评价标准;掌握经营者的外部环境知识,强调长期经营的互惠关系,各方努力建立能够分享利益和共担风险的运作系统。

第三方物流作为专业化的经营主体是物流高级化发展阶段的鲜明特点。国家和地方政府、行业与市场管理部门在制定规划政策时,应当充分考虑第三方物流的经营特点和第三方物流形成与发展所需的外部条件和要求,努力做好规划、协调和服务工作,培育第三方物流市场,促进传统运输和仓储经营方式的改造与转换。

4.1.2 第三方物流

1. 第三方物流的含义

第三方物流作为人们对物流活动的一种新认识、一种特定的经营方式,成为各国专家学者关注和研究的对象。

J. Bonney 在 1993 年提出,第三方物流是指"利用外部企业为另一企业提供全部或部分的物料管理或产品配送服务"。Lieb,Millen 等人认为,第三方物流与外部采办和合同物流(后勤保障)相似。一些学者认为,企业物流功能的全部或部分的外部采办功能相当于基础服务,而合同物流包括了提供更复杂、更广泛的服务功能作用,并以长期的、更多互惠关系作为其特征。也有学者(S. E. Leahy 等)认为,传统的外部采办倾向于特别的物流功能,如运输公司提供的运输服务,仓储公司提供的仓储服务等,现代第三方物流还应包括参与企业的长期承诺、提供物料供应链过程的多种功能管理,而合同物流包括了这些内容。

第三方物流(Third Party Logistics,TPL,3PL) 是"独立于供需双方以外,接受客户委托,为其提供专项或全面的物流系统设计或系统运营的物流服务模式"。第三方物流要能够充分利用现代技术、系统管理理论、现代经济关系等优势。所谓利用现代技术,主要体现在基于电子信息技术的技术体系的应用;管理理论主要指战略管理、集成管理等前沿理论和方法;现代经济关系主要是指第三方物流经营主体与客户的关系是基于合同的长期合作、战略联盟、虚拟经营等关系。因此,第三方物流体现的要点是:物流经营主体是独立于供需双方的第三方物流服务提供者;第三方物流提供的物流服务建立在现代电子信息技术的基础上;第三方物流与客户是以双方长期合同为导向的一系列个性化、系统化的物流服务关系。由于第三方物流利用现代技术并与客户通过长期合同进行合作,诸如签订 3~5 年甚至更长时间的合同,能够为客户提供所需个性化、专业化、系列化、网络化的物流服务。

2. 第三方物流的特点

借鉴第三方物流研究成果,并结合中国的物流实践,理解第三方物流有以下几个相关要点:

(1)第三方物流服务提供的主体是第三方,即非生产者自身或货主、也非最终用户,它所提供服务的产品或设备并不是自己所有的。

(2)第三方物流服务是建立在现代技术基础上的物流活动,信息技术特别是指基于电子计算机和移动通信的电子信息技术,是支持集成化物流、个性化物流管理的技术依托,诸如基于互联网(Internet)、内联网(Intranet)、外联网(Extranet)技术平台的移动通信(Mobile Communication)、全球定位系统(GPS)、数据交换技术(EDI)、电子商务(EC)、条形码(bar-code)技术等,它们能够充分满足客户所需全部或部分物流需求的集成运作、可视化监控、个性化服务等过程的技术要求。

(3)第三方物流提供者与客户方之间是现代经济关系,并以合同这一法律形式为基础调整和约束现代经济活动行为和关系。现代经济关系包括个性化服务、合作双方或多方建立企业间战略联盟或业务联盟等形式,采用合同规范双方或多方的长期合作伙伴关系,一般可建立1~5年或更长时间的合作关系。例如Ryder专用物流公司(Ryder Dedicated Logistics,RDL)和Whirlpool公司签订的一份为期五年的合同,该合同包括了为Whirlpool公司设计、管理和运营内部材料物流系统的内容。RDL公司和Whirlpool公司达成一致的潜在利益包括信息管理、物流活动及资金周转时间改善的同时使物流总成本减少。在国内的第三方物流方案实施中,相关双方/多方采取签订长期合作协议和每年续签合同的方式较为普遍。

(4)第三方物流为客户提供个性化、系统化的物流服务。在物流运作过程中可以根据客户要求提供量身定制的物流服务。为了提高物流服务水平,第三方物流服务提供商要提升自身方案的设计能力以及对物流运作的动态监控能力。

第三方物流发展呈现企业经营的专业化、高级化、一体化,物流增值服务的系统化、个性化和物流业务运作规模化、网络化。如果物流企业仅从广义的第三方物流角度进行物流业务,很可能由于缺乏一体化的物流方案规划设计能力而处于被动地位,因此还必须从狭义的第三方物流视角建立物流企业竞争策略。

3. 第三方物流与客户企业的关系

第三方物流最有代表性的业务模式是个性化、一体化的物流服务模式,能够利用自身专业的物流功能,或一系列的代理服务,为客户提供优质高效的"一条龙"物流服务。国内的第三方物流企业有中远物流、招商局物流之类大企业,也有新科安达、宝供物流、全方物流之类的中小企业。所以,在不混淆的情况下,第三方物流可以指物流业务模式,也可以指第三方物流企业。第三方物流是伴随着客户企业(货主企业)将物流业务整体地外包给外部企业成长发展起来的。第三方物流承接物流业务的整体委托,并以第三方物流运作模式实现客户企业物流需求目标,提供系统规划设计和物流资源整合,客户企业从功能外购物流业务发展到整体外包物流业务,分析第三方物流形成的综合因素,规划设计和构筑一体化物流系统。

4. 第三方物流经营的特点

第三方物流服务的组织特点主要有以下几方面:

(1)从事第三方物流的经营者是一个庞大的群体,规模不一,实力强弱不等。

(2)第三方物流经营者的资产所有关系和组织结构比较复杂。仅资产而言,通常将其分为拥有经营资产和不拥有经营资产两大类。物流设施并非是物流经营者自己所有,这一实践对中国破除行业、部门界限,充分利用现有物流设施(包括跨行业、部门利用物流设施)在市场机制下进行物流系统化资源重组,组建物流中心提供了实际依据。

(3)第三方物流因其在物流链中的地位、功能和作用,其经营组织的规模差别较大。

(4)经营者所提供的服务项目数普遍较多,平均为18个,这说明细化物流服务项目是提高物流服务质量的基础。据调查,在美国所提供的第三方服务共同部分最多的服务项目(占被调查者的百分比)主要有:配送战略与系统的研制(97.3%)、运用EDI能力(91.9%)、物流运作绩效报告(89.2%)、取货拼装(86.5%)、选择服务提供者包括运输者、货运代理、通关经纪人(86.5%)、信息管理(81.1%)、仓储(81.1%)、运费支付服务(75.7%)、运费协商(75.7%)等。所提供的第三方物流项目中共同部分最少的物流服务项目(占被调查者的百分比)主要有:海外采办(18.9%)、国际电子通信(18.9%)、出口许可证(18.9%)、信用证交易(13.5%)等。据调查第三方物流经营者与用户企业关系的满意程度平均为(百分制)82.5分,普遍认为与用户的关系在较好水平以上。

4.1.3 第三方物流关系理论

成功经营第三方物流服务最重要的因素之一是建立好第三方物流关系,其决定因素是树立第三方物流经营者的观念。根据 S. E. Leahy 等人所作调查结果主要内容如下:

(1) 很重要的因素。按重要程度(得分值大小递减)排序有:顾客导向、可靠性、创新性、时间性、便利性、控制和绩效评价、改进服务、相互信任和体谅、集中于核心能力、组织全面参与、顾客经营的知识、节约成本、长期关系、管理专家、分享相关信息、采用新技术、财务实力。

(2) 一般重要的因素。按重要程度排序有:通道观点、分担共同目标、解决争议方针的制订、所提供的服务项目数、分享利益和分担风险、外部环境的供应者的知识、保障生存的退路。

(3) 稍重要的因素。稍重要的因素是:共享设备和人力。

4.2 第三方物流企业

第三方物流一般用来指物流专业化的一种典型业务模式,有时也用来称从事第三方物流业务的经营者,即通常所指的第三方物流企业。以经营第三方物流业务为基本业务模式的企业是第三方物流企业,一般统称为物流企业。

4.2.1 物流企业的含义

1. 物流企业及应具备的条件

企业是依法自主经营、独立核算、自负盈亏的商品生产和经营单位,物流企业是以从事物流活动为主营业务的企业。作为物流企业除了具备一般企业的必要条件以外,还应具备或租用必要的运输工具和仓储设施,至少具有从事运输(或运输代理)和仓储两种以上经营范围,能够提供运输、代理、仓储、装卸、加工、整理、配送等一体化服务,并具有与自身业务相适应的信息管理系统。物流企业是物流市场的供方主体,物流基本功能及其关联服务和管理是企业行为和为客户服务的手段,其产品就是物流实体运作和物流管理服务。尽管物流企业有多种类型,作为代表物流发展方向的第三方物流企业来说,还必须具备专业化、网络化、规模化和信息化经营等方面的基本条件,集约化、网络化、协同化、全球化是物流企业重要的发展方向。

(1) 专业化经营是指物流企业在海、陆、空、邮、集装箱、多式联运、储存、分拨、配送、信息处理等方面拥有大量经验丰富、业务娴熟的专业人才和高级管理人员,使整个物流市场运转流畅、操作规范。

(2) 网络化经营是指物流企业在国内外各大城市、港口有自己的分支机构或有可信赖的相互代理关系的网点,网络化经营可以支持客户的制造、销售物流网络体系。

(3) 规模化经营是指物流企业在人、财、物方面应具有相当的实力,是可以集船代、货代、航运、铁运、空运、汽运、仓储于一身的综合型物流企业,规模化经营可以获得规模经济效果。

(4) 信息化经营是指物流企业能够依托 Internet/Intranet 等信息技术建立综合物流信息网络进行物流业务运作,并能够通过多种信息技术提供充分的信息服务,以计算机之间的联接网络为基础对内、对外信息及其物流活动等进行监控和管理。物流信息流动与处理的工作质量的高低,关系到物流及其服务质量的好坏和物流企业的形象和声誉。

2. 构建物流企业物流系统的要素

物流网络(Logistics Network)是物流过程中相互联系的组织与设施的集合。第三方物流服务系统的建立和运行需要有大量技术装备手段,构建物流网络包括基础设施、运营组织和物流信息网络。实现物流网络系统运行的要素主要有物流设施、物流装备、物流工具、信息技术及网络、组织及管理等。组织与管理是物流网络的"软件",起着联接、调运、运筹、协调、指挥其他各要素以保障物流系统目的的实现。

3. 物流企业的类型

一体化物流运作涉及采购、运输、仓储、包装、分类、流通加工、装卸搬运、配送和信息服务等多个环节,受传统体制的影响,目前物流企业多是在从事物流过程某一环节业务的基础上进行拓展的,诸如分别以仓储、运输、货运信息等为基础发展起来的一部分增值业务。因此,也可以根据物流企业的主要业务将其划分为:运输型物流企业、仓储型物流企业和综合型物流企业,并把物流企业共分为五个等级,按照不同类型企业评估指标标准分为1A、2A、3A、4A、5A。其中5A级为最高,依次降低,详细内容可见《物流企业分类与评估指标》(GB/T 19680—2013),其中最具有物流专业化代表性的是能将若干业务集成起来运作的第三方物流企业。

物流企业的盈利模式是集中服务于特定客户的物流业务和面向市场不同货主的公共物流业务,为客户企业、货主、承运商提供信息增值服务。第三方物流企业也逐渐自建仓库或租用仓库,便于将更多的货物集中和准时配送。物流企业作为物流服务提供商,其种类较多,根据提供商所拥有的资产及服务内容一般可以划分为以下几种:

(1)物流资源服务提供商。主要提供仓库、停车场、车辆、设备的出租等服务。其主要经营资产为货车车队、仓库或两者都有。这类企业一般使用自有物流资产来为客户提供单一或部分物流资源服务。

(2)物流功能服务提供商。就提供物流功能服务而言,除了仓储等物流服务以外,还有公路运输等运输服务,其中包括专线物流服务和网络物流服务提供商。

专线物流服务商主要提供部分线路快件货物、冷藏货物、集装箱货物的干线运输和仓储业务等。除冷藏、集装箱运输需要投入较多的硬件之外,这一层次的物流服务市场进入壁垒一般比较低,服务方式极易被模仿,参与竞争的经营者很多且从事相近的服务项目,极易受市场波动冲击。

网络物流提供商是通过所掌握的运输网络组织、网络信息技术、物流据点网络和物流管理信息系统等资源,为客户提供网络化的物流服务、数据库与咨询服务、管理服务,各运输或仓储环节的物流经营资产一般并非自己拥有,但能通过合同、租赁、联盟等方式获得使用权或将业务转包出去。这一层次的物流服务市场进入壁垒相对较高,能利用自己的网络或联盟力量参与竞争者相对少一些,受市场冲击力相对较轻。

(3)集成物流服务提供商,有时也称系统物流服务提供商。这类企业拥有集成物流信息系统和一定的物流经营资产如货车、仓库等,能够为特定客户提供基于网络化、系统化的物流服务。这类服务注重专门的服务对象,特别强调有效的客户响应,注重与客户长期关系的建立和维持。集成物流服务提供商与客户的关系通过信息技术、信息共享等实现,甚至可以做到客户的业务发展到哪里,基于供应链管理中的物流服务就提供到哪里。这类服务需要供需双方建立稳定的合作关系,一旦合作成功受市场冲击比较小。有时因业务需要物流企业也得向其他物流业承租设施、设备或转包业务,但是能够利用其所掌握的信息技术来调度、控制相关物流资源向客户企业提供系统的物流服务。

4.2.2 第三方物流企业运作模型及业务特征

1. 第三方物流企业运作模型

结合第三方物流本身性质、特点、运作要求和上述启示,第三方物流在实际经营过程中要能够提供第三方物流的管理咨询、方案设计和实务运作能力服务。鉴于第三方物流企业有多种类型,作为第三方物流企业可以利用外部资源提升第三方物流运作能力,其运作的结构模型如图4-1所示。

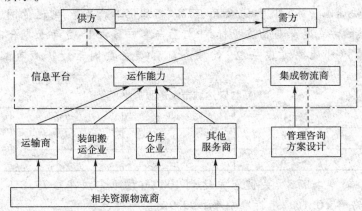

图4-1 第三方物流运作及其调动外部资源的结构模型

2. 物流企业业务特征

物流企业和典型的货物运输企业的关键区别在于:第三方物流创造的最大附加值是基于集成物流功能、信息和知识的增值,而不是依靠提供最低价格的一般性无差异服务。

(1)能够为客户提供全程物流服务。第三方物流企业应当提供客户企业所需健全的物流网络功能支持,这种网络功能包括仓储网络、信息网络和组织网络,无论构成这些网络的物质基础是否属于物流商所有,但是有效利用与控制却是集成物流提供商的核心能力,是其经营成功的关键因素。

(2)以最低的成本实现一体化物流价值增值。即设计和选择恰当的物流管理模式。第三方物流在管理模式方面一定要优化,尽可能地采用新的技术和更有效的管理方法来满足客户在这方面的要求。

(3)建立强大的物流网络体系。第三方物流具有强大的网络化经营及实时资源和状态控制能力,才能做到准时、快捷、低成本地提供物流服务功能,得到客户的长期青睐。

【案例4-1】 新科安达的第三方物流运作模式

新科安达位于深圳市蛇口,是中国深圳招商局与新加坡合资企业,中国第一家由外方控股管理的物流公司。1998年底公司在北京、天津、上海、广州、武汉、成都等地建立了6个区域配送中心;在宁波、上海外高桥、北京怀柔、沈阳、乌鲁木齐建立了16个配送中心,送达城市273个。到2000年公司拥有20个区域配送中心(网络作业点)、6个仓储作业点、6个运输协调点、4个准备发展的点,送达城市延伸到350个。新科安达依托物流综合信息系统(ILIS)构筑物流运作网络,形成全国、区域配送中心体系。拥有145000m^{2}仓库,一部分仓库是利用社会资源进行改造的。新飞科达通过合同形式确定运输业务合作的运输车队,并能够提供整套的物流(后勤)服务,包括:收货、存货、发货、订单处理、质量控制、盘点、增值服务等。所谓增值服务主要包括支持捆绑销售的促销服务、贴标签、保存、回收服务(过期产品、退货、产品质量问题等)、代收货款、保险、其他咨询服务等。

建立综合物流信息系统、电子网络跟踪系统、电子物流系统等。综合物流信息系统具有仓库管理、运输调度、决策分析等八个功能模块;具有计算机辅助决策支持系统,可以利用计算机进行运输配载优化、物流流程优化。根据货物和客户要求,货物管理精细到批号管理,包括某一个批号货物发往何处。建立计算机化的仓储管理系统,具有成熟的保质期管理、接泊作业管理,像药品物流管理等精细的要求都可以满足。建立自己的关键客户群,具有业务量大、长期合作、对企业的生存与发展影响程度大等特点。目前有46家客户,主要是三资企业,主要产品有快速消费品、日用品、食品、药品、石油化工产品等,配送范围达到全国598个城市。承接订单的方式是参与物流投标,中标后与客户签订1~5年长期合同。物流投标除了考虑基本因素以外还要考虑安全、健康和环保等主要因素。其城市配送服务水平见表4-1。

新科安达城市配送服务水平　　　　　　　　　　表4-1

送达时间	≤24h	≤48h	≤72h	>72h
城市数量(个)	163	171	168	45
所占比重(%)	29.8	31.28	30.71	8.23

其中配送准时率≥97%,关键客户达到100%;订单完成率≥79.8%,关键客户达到99.9%;破损盗窃率<0.1%;库存准确率≥99.9%。

新科安达第三方物流经营中的重要思路是跟品牌公司走,大客户、长期合作伙伴等客户需要什么服务,就提供什么服务;注重企业文化的一致性,文化上的差异往往导致合约上的不完满。营销中不允许使用对方的名称进行推销活动,对客户的主要竞争对手采取回避原则,即不能同时为主要竞争者提供物流服务。

4.3 物流企业的业务运作模式

物流企业实务运作与企业资产实力、资金实力、资源整合力、信息技术能力等有关系,从不同角度概括典型的运作模式。

4.3.1 物流服务的项目和类型

1. 物流企业的服务项目

物流企业的实际运作是根据客户需要设计物流服务项目,目前国内大多数物流企业从事的物流服务属于传统运输、仓储等业务基础上拓展性的物流增值服务业务。中国加入WTO后,国内外有关调查研究的结论能够给我们提供细化的物流服务项目,从而可以对物流市场进行定位,在物流国际市场上展开竞争。

欧洲物流企业最常采用的物流服务主要是:联运、仓库管理、车队管理、产品回收、搬运作业、再包装/贴标签、物流信息系统、订单履行、产品装配/安装、估价谈判、库存补充、订单处理、客户备用零件和其他等。

中国仓储协会组织的中国工商企业物流任务"外包"情况调查表明,当前国内生产企业的外包物流主要集中在干线运输,其次是市内配送和仓储,再次是包装;商业企业的外包物流在市内配送、仓储和干线发运方面比例大致均等,说明生产企业和商业企业利用外包物流的侧重点不同。从这里也可以看出,中国物流的服务内容大部分集中于传统意义上的运输、仓储范畴之内,运输、仓储企业对这些服务内容有着比较深刻的理解,对每个单项的服务内容都有一定的经验,关键是如何根据客户需求细化服务项目,并将这些单项的服务内容有机地整合起来,提供集成物流的整体方案。

2. 物流服务的类型

从物流企业提供的业务模式分析,物流企业的物流服务形式可分为四种不同类型。

(1)基本功能的物流服务,主要提供运输、仓储等单一或少数物流功能的组合服务项目。这一服务层次是以一次性服务为特点,不一定建立在长期物流合同的基础上,一般不要求提供很多的协调服务。大部分营业性物流企业的公共物流业务基本上属于这一服务层次,可以看作是物流服务的初级形式。

(2)基于功能集成的物流服务,建立在长期物流合同基础上,客户要求提供实物运输、配送、分销、流通加工、采购、收款、咨询、信息以及其他增值作业等功能集成的服务,双方合作期限一般在1年以上,多至3~5五年或更长时间。其主要业务特点是基于从供应方到需求方物品流动的全程或主要流程的运作与管理。

(3)基于集成管理活动的物流服务,建立在物流管理合同基础上,除了物流业务还包括运输管理、库存控制、货物跟踪、需求预测、网络管理、供应链IT支持、物流行政管理,将某些仓库及车队交给物流企业统筹管理。这种模式需要一定的信息系统集成、业务流程重组和经营组织变革,是物流服务中需要管理咨询、系统集成、虚拟经营等电脑和技术支持的一种典型形式。

(4)基于集成物流方案的服务,是客户与物流企业建立在长期物流合同的基础上,形成一体化供应链物流方案,根据集成方案将所有的物流运作以及管理业务全部外包给物流企业。其中,物流企业参与设计、咨询、提供集成物流管理方案,参与供应链采购、产品开发、制造、销售等策略制定和实施等活动,形成双方一定范围、程度上的信息共享制度。这是物流企业整合内外部资源,提供商流、物流、信息流和资金流一体化运作的集成供应链管理形式。

在实际运作中,同一物流服务提供商也有不同类型服务对象、方式和内容的交叉。例如,既有稳定的长期客户,也有阶段性的客户;既有基于实物的物流服务,也有基于管理的物流服务。一般将利用信息技术,基于长期合作关系提供个性化物流服务的模式称之为第三方物流服务。大多数物流企业都正在朝着集成的合同物流服务公司努力。而采用合同物流服务方式,物流企业可获得的收益包括降低成本、提高顾客服务水平、增加企业柔性、提高生产效率、集中主要业务和提高物流专业水平等。

3. 集成物流商在物流链中的地位和作用

物流链是由集成物流商根据客户需要,将物流功能商、资源商等通过物流活动关系组成的网链结构。其主导者是集成物流商,其内容表达形式是由相互衔接的物流活动构成一体化物流运作过程[1]。"链"这一概念体现了利用系统思想组织集成物流活动过程的形式和结果。从分散的低端物流服务走向集成的高端物流服务,具有集成体意识的集成物流商就需要走向物流链的高端,引领物流组织化过程。如图4-2所示,图4-2a)是指物流链形成前在各个第三方物流企业间的信息联系,显然,集成物流商处于结构洞的位置,具有主动选择的

---

[1] 董千里,等.物流运作管理.北京:北京大学出版社,2010.第3—4页.

优势地位;图 4-2b)是指以集成物流商主导的物流链切入集成制造商的过程。图中 ILS 指集成物流商,F 指物流功能商,R 指物流资源商,MI 指集成制造商。

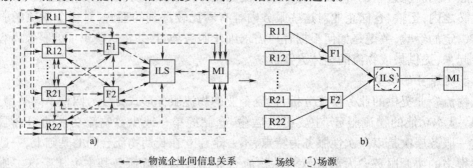

图 4-2　集成物流商在主导物流链中的位置

据美国田纳西州大学的一份研究报告称,大多数企业使用专业化物流企业服务可以获得以下好处:作业成本可降低 62%,服务水平可提高 62%,核心业务可集中 56%,雇员可减少 50%,资产可减少 48%。目前,使用物流企业为生产企业提供服务已成为不可逆转的趋势。1997 年,在美国主要市场(汽车、化学、计算机、日用品、医药品、医疗器械),物流企业提供的第三方物流利用率已达到 73%,还有 16% 的企业研究未来第三方物流的利用,两者超过了 89%。目前,国际上各大汽车厂商集中精力为发展核心业务,都把物流业务外包给专业的物流公司。

4.3.2　物流企业的运作方式及其要求

从物流企业的运作业务角度分析,可以将物流活动运作方式划分为以人工作业为主的运作方式、以机械化作业为主的运作方式和以自动化作业为主的运作方式。

物流企业提供的服务范围很广:它可以简单到只是帮助客户安排一批货物的运输,也可以复杂到设计、实施和运作一个企业的整个物流系统。物流企业的物流服务系统的成功运营应具有服务可靠性、灵活性、效率性、便利性、集成性和虚拟性等特性,物流企业可以根据需要利用虚拟经营方式调节物流资源,利用虚拟经营能力克服资源瓶颈和不足等问题。

4.3.3　物流企业实务运作的核心能力

1. 物流企业应具备的竞争力

提供系统物流服务所利用的是封闭式的物流服务系统,对客户呈现的是集成物流服务。物流企业需要拥有一定的物流经营资产,通过资产、技术、经济等关系形成较强的物流资源控制能力,为客户企业提供系统的集成物流服务。物流企业结合具体经营内容主要把握以下几方面的核心能力。

(1)运输配送车辆的实际调度能力。根据运输能力需求的不均衡性,物流企业不一定要拥有对所经营资产的所有权,可以通过采用转包合同等方式提高对运输、配送车辆的调度能力,与车主(单位)建立战略联盟很有必要,可以用经济合同规范参与者的经营和作业行为。

(2)物流信息管理与动态通信能力。完善主要单据、凭证并实现安全有效传输,必须掌握实时控制能力。较典型的适用技术是 EDI,目前中国已在重要的海港、机场、运输枢纽等方面采用了 EDI 技术,是国际物流衔接的必要工具。这一技术的应用需要将有关单据标准化,形成统一结构,而后采用计算机到计算机的传输手段。目前认为这一系统还是比较安全的,但是需要技术方指导,一次性投入较大。一旦有成熟产品可用,在经济条件许可下可考虑尽快采用。国内现在已采用 XML 开发物流信息交换系统,重要的是在国际物流中与 EDI 技术进行很好地接口运作,实现信息实时传输处理。尚不具备条件的企业,其权宜之计是利用传真、电话、计算机和互联网技术,需要关注的是单据传输过程的准确、安全、可靠、及时,以及具有的法律效应,这些需要与合作方、客户方达成共识后才能使用。

(3)在途车辆(货物)的监控能力。在途车辆(货物)的监控能力重点在于新技术的投入和掌握,最典型的是条形码技术结合 GIS 和 GPS 系统的应用,其重点是利用条形码跟踪货物、利用移动通信手段了解驾驶员所处位置,现在延伸开发了更多的内容。根据一些物流企业从事运输的经验,采用驾驶员配置手机方式解决问题。为了及时了解掌握运输配送进展的情况,参营驾驶员必须将手机号码在总调度室登记备案,管理信息系统中相关子系统要具有随时调取驾驶员手机号码的功能。

(4)投资与运作的经济实力。财务实力是保证物流经营者和客户的财务地位,确保资源承诺的实现和每一方所具有承担责任、义务和能力的经济条件。

目前国内处于领先地位的物流企业主要服务于带有外资性质的制造企业,主要原因是物流服务供需双方在意识上、行为上、利益上均能接受这种"双赢"的服务方式。

2. 物流企业成功经营的关键

随着物流市场的变化与物流业的发展,物流企业成功经营的关键要考虑制造商生产计划和运输的安排,并考虑如何降低成本来获取更多的利润,与销售商构筑流通渠道,实施快捷、低成本一体化物流。与生产商、销售商联手建立供应链战略联盟,以下几方面很关键:

(1)建立快速反应的体系。物流企业要将现有流程重新设计,利用实用信息技术把大量的运输、仓储、销售业务信息化,形成对生产企业、批发业、零售业等有用的数据和信息管理系统,能够准时、有效地调配物流资源,把顾客需求信息转化为对生产、运输、仓储与配送的指导,这样服务水平与库存量就可以同时得到改善。

(2)形成规模经济效益。由于拥有强大的购买力、货物配载能力、物流过程控制能力,物流企业可以通过资源整合能力、专业化服务得到比客户更为低廉的物流服务报价,并集中配载更多客户的货物,大幅度地降低单位运输、仓储、增值服务成本。物流市场定价一般采用成本加成法,依据合作对象、客户行业、服务内容、业务规模、合同期限等因素综合确定,一般为 10%~15% 或 15%~20%,通过与客户进行谈判合作后敲定。

(3)运用电子信息技术。许多物流企业与独立的软件供应商结盟开发了内部的信息系统,这使得他们能够最大限度地利用运输和分销网络,有效地进行多式联运的货物追踪,进行电子交易,实施多种仓储策略,生成提高供应链管理效率所必需的报表和进行其他相关的增值服务。因为许多物流企业已在信息技术方面进行了大量的投入,可以帮助他们的客户了解最有用处的技术,如何实施,如何跟上日新月异的物流管理技术发展。制造商、销售商与合适的物流企业合作可以使得企业以最低的投入充分享用更好的信息技术服务。

(4)有助于客户减少资本投入。制造商通过物流业务外包,可以降低因拥有运输设备、仓库和其他物流过程中所必需的投资,从而改善企业的经营状况,把更多的资金投在企业的核心业务上,最终降低整个供应链物流总成本。

(5)有助于客户进入新的市场。许多物流企业在国内外都有良好的运输和分销网络。这样就使希望拓展国际市场或其他地区市场以寻求发展的企业,可以借助第三方物流网络进入新的市场,开发新的业务。

(6)发挥物流经营的灵活性。把物流业务外包给物流企业可以使得企业的固定成本转化为可变成本。企业通常向物流供应商支付服务费用,而不需要自己内部维持物流基础设施、设备来满足这些需求。尤其对于那些业务量呈现季节性变化的企业来说,外包物流业务对企业盈利的影响更为明显。而物流供应商可以面向多用户服务,调节自身资源的利用效率。

3. 物流企业发展的思路

物流企业的出现是市场经济机制下现代制造企业、商业企业等的后勤保障社会化充分发展的结果,体现了物流业高级化发展的趋势和要求,它的成长也需要良好的市场环境。

由于物流对企业经营思想、运作技术、经营组织和运作机制等方面的变革、创新具有更强烈的要求,供应企业、生产企业和销售企业注重物流服务、后勤保障的社会化、专业化,在设计自身的高性能、高效率、低成本的物流系统中,应考虑购买、使用物流企业服务。在市场经济条件下,这样做往往是既经济又可靠的。大多数制造商、经销商已经认识到,使用物流企业的服务比使用自备设施、设备的自我后勤保障服务所支出的总费用低,非交通部门货运汽车队大量转向营业性经营就是很好的间接例证。所以,专业化物流企业所提供的物流服务在中国将会是一个发展和成长的领域。在物流供给方面对物流市场形成的关键是:

(1)加速培训基于供应链管理的物流经营管理专家。作为对传统运输、仓储服务的改造,物流管理专家应是具有跨行业知识的管理者,具有通才性质的特点。只有真正理解、了解并掌握客户成功经营的知识,才能帮助客户设计最称心的基于供应链的物流服务系统,提供最满意的服务。

(2)充分利用IT、计算机网络进行物流和供应链管理,并与客户建立起现代经济关系。电子计算机及信息网络技术促进电子化商务迅速发展,加速信息流的流动,实现物流少批量、多频率、高性能、快速度、低成本运行,以满足各类客户适应市场变化的需要。

(3)破除部门割据的经营障碍,学习客户的业务经营知识和物料流程,在互惠的前提下,用新的思路、方法和实现方式为客户进行物流系统重新设计,构筑更合理的物流管理系统。

(4)通过兼并、收购等方式重组物流企业资源,扩大企业经营规模,产生规模经济和范围经济效果。未来物流业务的高盈利将来自于那些注重知识及具有独特技能、技术诀窍并以比作为战略优势的企业。

【案例4-2】 埃森哲咨询公司与"第四方物流"

埃森哲咨询公司提出"第四方物流",并以埃森哲咨询、Ryder综合物流、i2软件技术和IBM等公司之间的联盟关系举例,说明第四方物流的地位和作用。埃森哲咨询公司认为对整个供应链解决方案进行管理与监控将是第四方物流的优势。但是,埃森哲咨询公司的联盟伙伴并不完全赞同这种观点。Ryder物流公司承认在这些公司之间存在这样的联盟,它给客户提供了一个全面的供应链解决方案。但是,Ryder并不认为埃森哲咨询(作为第四方物流)是联盟的管理者,虽然埃森哲咨询提供了与技术伙伴的投入精密配套的重要战略思想,但Ryder一直觉得他们自己在和客户的关系中,是先进的物流提供商。其他公司高层管理者也认为,作为集成物流服务提供商的管理模式是建立在与更多客户联系的基础上,没有理由在客户与第三方物流之间插入一个实体,并认为第四方物流是咨询公司业务向第三方物流市场延伸的一个尝试。

4.4 作为物流链主导者的物流集成体

集成物流商是物流链的形成之源,主导着物流链主要功能、资源等的整合,使物流链成为支持供应链、融于供应链并满足客户需要的完整的集成过程。

4.4.1 物流集成体在物流链的位置和作用

在网链结构中的集成体需要确立自己在网链结构变迁中主导集成的地位,在构成市场竞争优势中,除了自身的质量、成本和效率竞争力以外,还必须确立自身在网链结构位置优势[①]。

物流链不可能是一个封闭的独立链,客户需求是吸引各类物流经营者的场源,特别是稳定的大客户一体化物流服务需要,能够把握这些场源的集成体,或将其纳入基核的称之为高端物流集成体。伴随着物流专业化、信息化、网络化和集成化的发展,物流链集成体从低端走向高端,由高端物流集成体主导整个物流链过程,这是一个必然发展过程。在构成物流链不同支链的企业之间一般不存在直接联系,与大客户企业也难以建立直接联系。物流链由场线组成的网链结构如图4-3所示。

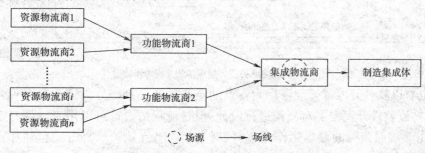

图4-3 物流集成体主导的物流链

从图4-3可以看出,集成物流商处于物流集成网链结构的高端位置,功能物流商处于物流集成网链结构的中端位置,资源物流商是物流集成网链结构的低端节点。高端物流集成体将场源建设纳入规划设计、资源整合、全程监控和集成管理,是建立集成体战略优势的重要手段。

4.4.2 物流集成体的持续学习能力作用过程

1. 持续学习掌握知识链

集成物流商作为物流集成体的持续学习和资源整合能力维持和提升过程如图4-4所示。

可见,满足市场客户的供应链物流服务要求需要集成物流商主导的物流链目标、物流集成力产出效率与其适应,而集成物流商的物流集成力取决于组织集成力、行为集成力和资源集成力的综合集成,与服务于客户供应链物流的知识链密切相关。

2. 从集成物流功能到集成物流管理服务的启示

第三方物流是一个发展中的概念,其服务内容与水平在不断提高和完善。第三方物流

---

① 根据结构洞理论,处在物流与供应链网链结构高端的往往具有优势,事实也是这样。

经营者要想自己不被市场取代，就要以狭义的第三方物流概念确立发展理念、战略目标和经营模式，不断提高自己的资源整合能力。其中比较重要的能力包括：集成物流方案设计能力、资源调度能力、状态控制能力和系统管理能力。

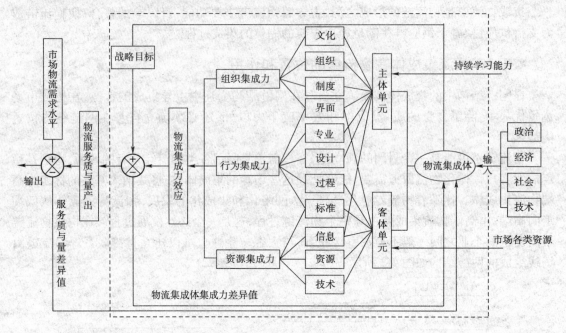

图 4-4　物流集成商作为集成体的集成力形成过程

国内也有以软件开发或管理咨询为背景的企业曾开发第四方物流业务，但往往做起来很难，因为物流软件开发需要对流程进行设计，但是流程的设计可以用于软件开发，并不意味着自己能够按照流程的要求运作起来，同时这类企业在物流管理方面也往往比较薄弱。管理咨询公司在物流方案设计、管理理论的传播、制度建立等方面具有优势，但缺乏对物流资源运作的实际控制力，这类企业缺乏相应的物流资源对用户直接提供物流服务，缺乏调集其他物流企业资源的能力和相应运作机制，缺乏进行有效监控的控制能力。

一个真正意义的第三方物流企业在进行业务招标、提供物流服务之前必须为客户设计完整的物流管理方案，如果企业不具备为客户设计完整的集成物流管理方案的能力，也不能有效地利用产学研合作方式改善这一能力，那么将会出现企业没有能力参与竞标，也难以向集成物流服务提供商或具有集成物流管理能力的企业方向转型。

当制造企业外包物流给第三方物流运作时，往往要有一些策略的考量，如果将全部业务交给一两个第三方物流企业来运作，通过建立长期关系寻求共赢对企业来讲可能比较省心，但需要预防由于业务、渠道等被少数企业垄断而对企业造成不利。当制造企业所使用的第三方物流数量较多时，虽然可以避免业务被少数企业垄断造成的不利，但管理起来就有一定难度。有时会起用一个公司，将有关第三方物流业务交给这个公司，由这个公司对企业物流资源或功能提供商进行管理，或与这个公司共同进行管理，这类公司实际上就是集成物流服务提供商，其在市场中的位置也是第三方物流。这类物流企业与软件开发、管理咨询为背景的企业不同在于其自身具有一体化物流方案设计能力，具有物流运作资源和整合能力，能够提供有关物流业务服务，而且能够调度其他的物流资源作为其能力不足部分的补充。因此，集成物流服务提供商在市场上是具有一定发展潜力的。

思考题

1. 第三方物流是怎样产生的,其含义和特点是什么?
2. 什么是物流企业?什么是第三方物流企业?物流企业的业务类型有哪些?
3. 物流企业的运作应具备哪些核心能力?其成功运营的关键是什么?
4. 集成物流商主导的物流链如何切入集成制造商主导的供应链?
5. 两业联动模式给第三方物流的集成能力的发展提供了哪些启示?

第5章 项目物流及其运作模式

项目物流是支持其项目实施而产生的专项物流活动,因具体项目不同,项目物流表现出多种形式,诸如工程物流、大件物流、会展物流等。由于项目是一次性的,因此其物流运作模式与其项目内容往往密切相关,需要进行方案设计,其运作模式更具系统性、专业性等特点。

本章研讨重点:
(1) 项目、项目管理与项目物流的含义及特点。
(2) 公路项目物流及其运作模式。
(3) 大件项目物流及其运作模式。

5.1 项目物流概述

5.1.1 与项目物流有关的概念

项目物流作为一种物流运作模式,是有一定理论指导和规律可循的,诸如定制物流。定制物流(Customized Logistics)就是根据用户的特定要求而专门为其设计、运作实施的物流服务模式。项目物流设计往往与定制物流服务过程及其实现联系在一起。

1. 项目与项目管理

项目是一种旨在创造某种独特产品或服务的一次性任务。项目将某些相互联系的活动结合起来,有明确的起点和终点,是一种独特的活动。项目的特点表现在以下几个方面:项目是为达到一定目的的资源组合;项目是在有限的时间、成本费用、人力资源及资财等项目参数内完成的;项目具有明确的目标,体现在以质量、效率和成本为主要内容的指标;项目的结果具备独特性。项目内容的组成包括五个要素:范围(项目的边界在哪里)、组织结构(用什么组织实现项目)、质量(用哪些指标衡量质量)、费用(用哪些指标衡量成本)及时间进度(用什么指标衡量进度)。在这五个要素中,项目的范围和项目的组织结构是最基本的,而质量、时间进度、费用依附于项目的界定和组织管理,在项目执行过程中是可以变化的。

项目管理是通过项目组织的努力,运用系统的理论和方法对项目及其资源进行全过程、全方位的计划、组织、协调、控制,是实现项目特定目标的一种管理方法体系。项目管理的目的是使工程项目在约定的时间和批准的预算内,按照要求的质量,实现最终的项目目标,成功完成项目;项目管理的核心内容包括项目界定、项目计划、项目执行、项目控制、项目结算等内容。综上所述,项目管理是针对一个整体一次性任务的一种管理方法体系,需要系统理论和思想指导,主要由项目经理执行,项目管理过程需要有一定的创造性。

2. 项目物流与运作主体

项目物流包含于项目之中,项目物流管理是项目管理的组成部分,是服务于特定项目的后勤保障服务系统。项目物流一般是一次性的物流活动,项目物流经营和运作过程具有一定的特殊性,需要有创新意识地进行工作。典型的项目物流有公路工程项目物流(高速公路、路基工程、路面工程等)、水电建设项目物流(三峡大坝、土方工程、建设工程、设备工程等)、大型建设项目物流、工程物流、会展物流等。

大型项目物流可以利用公路运输门到门的优势,与铁路、水路和航空形成多式联运的功能体系,为大型工程、厂家等提供专项设备的全程物流服务,是独具特色的服务项目。例如,为西康铁路线工程施工用的大型进口掘进设备(TBM)提供从报关、港口接运、铁路装车方案策划、上线运输到目的地转运配送、交验安装等全程物流服务。

项目物流的运作主体是工程项目的总承包方,或承揽项目物流的全部或某一段的第三方物流企业。承揽项目物流的主体必须具备对项目物流所需资源的调度、组织、运作以及监控能力,具体实际运作可以自己完成,也可委托其他主体来完成。实际运作主体必须利用自己的设备或租用相应的设备,这些设备中往往包含一些特殊设备。以水电工程项目为例,其工程项目可以划分为几个工程阶段:土方工程阶段、建筑工程阶段和设备工程阶段。各个阶段的物流管理各具特色:土方工程主要涉及土方作业及其工程车辆等;建筑工程主要涉及混凝土件浇筑、运输、吊装及其设备安装基础准备等;设备工程主要涉及大件运输过程及其吊装、运输装备和特种车辆,以及设备安装。在大型设备工程项目中,比较典型的是大件运输项目,涉及专用车辆设备,需要有专业技术人员进行组织。

3. 项目物流技术创新

开展国内外大型项目的工程设备物流需要有丰富的经验和超强的实力,要求物流企业能够提供方案设计、项目管理、内河运输、沿海运输、远洋运输、空运、清关、超大件运输、驳船转运、(自备)码头作业等一站式的服务。项目物流虽然因项目而异,但仍然可以通过技术创新提高物流运作效率和服务水平。中远物流开发了"公路大件运输计算机决策系统",通过这个系统,可以对大件运输全程进行计算机模拟,进行车辆纵向和横向的受力分析。如通过桥梁、弯道半径的受力分析等,避免了在运输过程中一些不必要的拆迁。通过这项技术,将过去的经验操作转变为科学化的程序操作,大大提高了货物运行的安全性和可靠性。

沿海一些地方没有大型的装卸机械,如果进行大型建设工程,需要几千万元建造码头、安装大吊,而工程完成后就闲置了,造成很大的浪费。大件运输项目可以利用滚装技术,把几百吨甚至上千吨的货物搬上岸或者搬上船。滚装技术就是利用潮汐变化,再配合压舱水的调整,来实现特大型货物的水平移动。中远物流的实践证明,采用滚装技术是非常安全经济的。

4. 项目物流外包

项目物流外包是物流企业基本的工作内容之一,由于项目的特殊性,物流企业往往不可能自己完成全部工作。很多物流资源,包括一些车队、船队并不要求都是自己的。在外包项目中,物流企业需要关注的是提供解决方案、控制和管理,并不需要每个环节都自己做。可以根据市场经济原则,进行从拥有到控制的决策转变。物流企业主要需要提升和强化管理能力,把握核心技术,提供一体化的物流解决方案以及技术和管理。

5.1.2 项目物流与项目"三控制"管理

项目物流管理涉及支持项目管理的物流管理活动。项目管理的质量、进度和成本目标界定了项目物流管理的主要内容,即"三控制、二管理、一协调",即进度控制、质量控制、成本控制、合同管理、采购管理、安全管理和组织协调。这里仅对工程项目施工物流管理中的"三控制"与采购管理的关系进行讨论,详细的物流服务质量控制与管理见第14章,物流成本及时间控制与管理见第15章。

1. 项目进度控制

项目物流进度控制的目的,是按照承包合同规定的进度和时间要求完成工程建设任务。施工项目实施阶段的进度控制"标准"是施工进度计划。施工进度计划是表示施工项目中各个单位、各个工种在施工中的衔接与配合,劳动力安排和物资的供应时间以及各分部、分项工程的计划安排。采购管理必须按照工程进度的要求,准时采购、准时送料。有时为保证合同工期,需对进度计划进行必要的调整和补充。施工进度的检查与进度计划的实施是融汇在一起的。施工进度计划的检查是计划执行情况的反馈,是调整和分析施工进度的依据。施工进度检查是进度控制中最重要的步骤,主要通过把实际进度与计划进度进行比较,从中找出项目实际执行情况与进度计划的偏差,以便及时进行修正和调整。施工进度计划编制形式主要有横道计划和网络计划两种。

2. 项目质量控制

原材料的质量控制工程所用建筑材料是形成工程实体的原料,也是工程质量形成的基本要素。保证建筑材料按质、按量的供应和使用是项目质量控制的重要内容。采购管理要对建筑材料采购的质量控制采用"三把关、四检验"的制度,即材料供应人员把关、技术质量检验人员把关、操作使用人员把关;检验规格、检验品种、检验质量、检验数量。加强预防、检测、鉴定工作,可以将质量事故消除在萌芽状态。因此,在确定施工方案时,选用先进的、可靠的、适用的、符合技术要求的设备,对保证和提高工程质量有着举足轻重的作用。特别是对带有计量性的设备,要定期进行检查和维护,使其达到额定性能,以满足工程质量检测的要求。质量控制最基本的内容是工序质量的控制,工序质量控制的目的就是要发现偏差和分析影响工序质量的制约因素,并消除制约因素,使工序质量控制在一定范围内,确保每道工序的质量。

施工项目物流的质量应从各个建设阶段进行控制,主要有可行性研究阶段、决策阶段、设计阶段、施工阶段和交工验收阶段。

3. 项目成本控制

施工项目成本是施工企业为完成施工项目的工程任务所耗费的各项生产费用的总和,它包括施工过程中所消耗的生产资料转移价值和工资补偿费的形式分配给劳动者个人的那部分劳动消耗所创造的价值。某公路施工单位的三项主要费用在施工总成本的比例是:材料费70%,机械使用费20%,人工及其他费用10%。项目采购管理在很大程度上决定或者影响了项目材料费用,可以通过设计科学合理的采购方案,选择合适的地料、建材和预制件供应商,进行科学合理的物流过程组织,加强采购及物资管理来降低项目材料费用。工程项目成本控制,就是在工程项目实施过程中,采用适当的技术和管理手段对施工生产过程中所消耗的生产资料转移价值和活劳动消耗创造的价值,其他费用开支和其他管理工作等进行计划、实施、监督、调节和控制,即按照预先制订的目标计划,对工程实施中已发生或将发生的费用支出进行检查、复核、纠偏,在保证工程质量和工期的前提下,最大限度地降低工程项目成本。将各个阶段连续进行控制时,既不能疏漏,也不能时紧时松,应使施工项目成本自始至终置于有效的控制之下。这个工作始于工程项目中标、确认之时,一直到工程项目竣工后的保修期结束才能终止。在整个施工过程中,为了做好成本的控制,应该对每一个工序和每一项经济活动进行严格的成本核算,确保一切开支都控制在计划成本内,并尽可能地减少消耗。

项目成本控制的方法主要有目标成本法、偏差控制法、定额成本控制法、进度—成本同步控制法等。

5.1.3 项目物流的设备租用与购买决策

公路工程、水电工程、化工建设等项目物流具有投资大、工期紧、质量要求高等特点,并且对设备的依赖程度越来越高。没有性能先进、配置合理的机械设备,要保质、保量地完成各项任务很困难。在项目物流过程中所使用的设备与一般产品生产过程所使用设备有所不同,项目物流业务重复性低、稳定性不高,因此设备使用率相对较低;而一般产品生产业务重复性高,设备使用率也较高。根据某公司机务管理统计资料,工程项目的沥青洒布车年利用率为6%,沥青混合料拌和设备为12.2%,摊铺机为46.5%。年利用率最高的18 t压路机也仅为66.7%,各型压路机年平均利用率不到40%。

鉴于项目物流的特点,项目承包商对新增设备应持谨慎的态度,企业如何顺应项目的变化,对机械设备进行有效的管理,最大限度地提高机械的完好率、利用率,从而降低使用成本,合理配置企业有限的资源,发挥出资源的最大经济效益,是项目物流管理的主要内容之一。为了提高项目物流设备的使用效率,减少设备闲置,减轻企业的资金压力,越来越多的企业采用设备租用决策。一般承包商自己拥有的设备仅占使用设备的34%,租用的则为66%。这样做可以提高机械利用率,加速资金周转并降低使用费用。因此,在公路工程、水电工程、大件运输等项目物流中的设备往往采纳租用管理方式,以减少设备闲置的消耗。即使企业采用设备租用方式,也要加强租用设备的管理工作,以提高设备的利用率,降低设备使用成本。

购买—租用决策是物流设备管理的基本决策。项目物流采用设备租用的形式,可以根据项目管理的需要,在一个主体工程基本完工后,将主要施工机械设备调往下一个项目使用,以此来满足项目物流的设备管理需要。在租用方式的基础上加强物流设备管理,可以获得以下益处:有利于集中优良机械设备,确保施工的需求;充分发挥机械设备效力,提高设备资产的利用率;适应市场竞争需要,改善机械设备管理方式。实行设备租赁管理把以传统建制(工程队)为单位的固定配属机械设备的管理方式,转变成按工程项目需求配置主要机械设备的租赁管理方式。这种管理方式可以集中解决过去机械设备在一些单位闲置或利用不充分,而在另一些单位中设备不能满足项目需要的矛盾,可以减少重复购置以及资产浪费。因此设备租用决策是克服项目物流设备机械利用率低、施工单位经济效益差的好办法。

5.2 公路项目物流及运作模式

5.2.1 公路项目物流管理概述

1. 公路项目物流含义

公路项目物流是支持公路项目施工的物料采购、储存保管和成本控制等管理技术和组织模式,是将公路项目施工物资流通过程的各个作业,包括运输、仓储、装卸搬运、包装、配送、流通加工及信息传递,按照有效的费用、较高的效率,安全及时地从始发地送达到目的地,以满足施工计划、实施、控制要求的过程。

公路项目施工过程,是一个长期而繁杂的过程,需要消耗大量的人力、财力和物力。它具有露天作业、受外界自然条件影响大、技术间歇强、配合交叉作业多、综合性强等特点。安全、质量、进度与效益是项目管理最为人们所关注的四个要素,衡量其工作是否收到良好的成效,就要看该工程的质量、工期、使用功能等主要目标是否得到圆满实现。而提高物流管理水平,需要在开工前认真对质量、安全、进度做详细的物流策划,制订并整合详细的施工方案,然后严格执行。这样才能降低整个项目流程的物流成本,使整个项目的效益达到最大化。

2. 公路项目中的物流管理

目前,中国公路项目物流整体水平较低,施工的材料费、机械使用费等在施工总成本中所占的比例较高,施工过程中各流程搭配不合理,项目物流成本较高,项目利润较小。物流理论几乎未在施工中体现,理论与实践脱节,组织不合理,管理不得法,施工质量、进度、成本意识不强;不能处理好内外部供应链竞合关系;未把整个项目集成为一个整体,不能围绕一个目标始终如一地为工程服务;未利用好线位资源,施工噪声较大,废料污染环境。随着市场竞争程度的不断提高和人们环保意识的逐渐增强,公路项目物流朝着各流程合理搭配、成本—效益优化的管理理念方向发展。

公路项目物流涉及地料、建材、施工设备等从起点至终点及相关信息有效流动的整个服务过程,根据施工目标需要将运输、仓储、装卸、加工、整理、送料、信息等方面进行有机结合,形成完整的项目施工供应链,为施工现场提供多功能、一体化的综合性物流服务。高效的物流管理模式及理念能够在保证质量的前提下,使人员、设备、资金实现最优化组合,加快施工进度、缩短施工工期,从而提高资源利用率、降低施工成本、满足客户需求、保护环境。因此项目物流管理模式与理念越来越受到公路施工项目经营者的重视。

3. 公路项目物流管理

公路项目物流是公路项目施工管理中的重要内容,在公路施工中具有重要的作用,可以概括为以下几个方面:提升公路施工项目的整体物流管理水平,降低公路施工项目物流成本;及时完善公路施工项目管理中的一些缺陷;坚持节约环保原则,在建设中注意节地、节料、节能,利用好线位资源,降低噪声和废料污染,发展交通循环经济,最大限度地保护生态和人居环境,为项目部在公路施工方面创造良好的内部和外部环境;利用物流管理理念合理使用项目各项资源,填补管理漏洞;解决施工中的物流突发事件,防范和化解可能出现的问题;提高公路施工项目经济效益和社会效益,实现科学有效的物流管理。

5.2.2 公路项目供应物流及其运作管理

1. 公路项目物流采购管理

项目采购要以最低的供应链总成本建立供给渠道,以最有竞争力的价格获得当前所需地料、水泥、钢材等物资,包括物资的品种、数量和质量。原材料采购价格与批量有关,由于施工场地限制必须控制库存的要求,采购周期较短。有时原材料的价格不断上涨,而施工过程中短期内经常出现资金短缺等问题,这就更加增大了采购的难度。

采购计划制订不当,会造成采购过量,占用有限的资金,使其他施工环节上出现资金短缺问题,也会由于采购不足,后续工程出现大量人员、设备停工问题。而施工设备租金较高,施工设备的购买费用高昂且折旧较快,这使得施工成本成倍地增加,施工单位的效益大减。施工单位运用JIT物流理念对各项原材料在使用期间可以进行合理的采购,既不多购(占用有限的资金)也不少购(出现由于原材料短缺),避免窝工现象的产生。在供应上,JIT送料可以实现少批量、多批次的运送并且能快速、及时、方便、灵活地将各项工程所需物资送往施工现场,保证工程的顺利进行。JIT理念还有助于制订施工项目的中长期物流管理计划和战略,实现施工项目采购物流、供应物流、仓储物流及整个施工项目的成本最小化及利润最大化。

2. 公路项目物流装卸、搬运及其运作模式

公路施工项目物流中,装卸搬运一般与作业同步,存在于货物运输、储存和配送等过程中,装卸搬运的好坏,直接影响到整个施工项目的效益和效率。目前项目物流装卸搬运已经成为项目发展的瓶颈。公路项目物流的主要装卸方式是铁路装卸和公路装卸。铁路装卸是对火车车皮的装进与卸出,特点是一次作业,即实现一车皮的装进或卸出,很少有仓库装卸时出现的整装零卸或零装整卸的情况。公路施工项目所用的立柱、防眩板、伸缩缝、钢筋、模板、水泥、沥青、施工设备等大型或大批量物品都可以用铁路装卸。公路装卸一般一次装卸批量不大,由于汽车的灵活性,可以减少或从根本上减去搬运活动,而实现直接、单纯利用装卸作业达到车与物流设施之间货物的过渡。

3. 公路项目运输管理

运输是公路施工项目物流中最重要的一个环节,公路项目物流的主要运输方式有公路和铁路。公路桥梁施工项目中,T型梁的运用一般较为广泛,使用架桥机安装T型梁时,应将T型梁运输至架桥机后跨内,以便架桥机安装T型梁。如50mT型梁运输采用在桥面上设运梁轨道,通过运梁平车进行运输的方式。在远距离运输T型梁时,运输速度很慢,此时可多加一套平车,平车转换时在桥面上设一台16T吊车,利用吊车起吊转换。

4. 公路项目仓储与设备管理

抓好原材料进货检验过程。公路施工企业项目物资设备部要会同质检工程师和试验师一起到业主提供的产品生产地进行取样抽验,并填写检验报告单报总工程师审批。材料进场后由物资部门进行外观包装检验,并进行数量检验,索取产品合格证、产品质量检验证明、产品出库单,填报产品验证记录,然后依据材料检验通知单通报试验室进行检验。检验合格后方可出库使用。把产品验证记录、材料检验通知单和试验室检验记录、产品质量检验证明和产品合格证一起归档保存。若检验有不合格产品出现,要及时通知业主与施工方检验人员一起重新检验,并及时对不合格产品进行封存并等待处理。

做好原材料的标识。产品进场后要进行产品标识,产品标识内容包括名称、规格、型号、产地、用途、进场时间、检验状态等,由物资部负责对原材料的标识。在订货时必须明确产品的标识要求。标识的式样统一用木板制作,标识的方法采用分区域堆放,挂标识牌。钢材按不同规格、型号、品种分区域堆放,标识牌标明生产地、钢号规格、用途、检验状态。原材料的标识由物资部保管员做标识记录,试验室根据检验试验结果提供原材料标识状态,项目部所有原材料没有标识不得使用。标识的分割、更改、作废工作必须由建立标识人进行,未经授权不得擅自对标识进行任何处理。

做好施工设备的选用计划。公路施工企业在科学制订施工计划的基础上,应合理制订机械设备需求及进出场计划,根据工期、分项工程开工的具体要求陆续进场,避免机械闲置。

在数量上按照满足要求、留有余地的原则配备,在同类机械选型上以及满足保证工程质量要求的前提下,尽量以小代大,以国产代进口。优化施工方案,合理划分施工段,按照工序流水的配置要求来配置机械,并形成不闲置的闭合循环,在满足工期要求的条件下,尽量减少机械使用。

5. 公路项目成本管理

公路施工项目物流成本管理是以公路施工项目物流为对象,按照价值形式,通过预测、计划、控制、核算、分析和考核等,运用一系列专门方法,对公路施工项目物流生产活动进行指导、协调、监督和控制的一种经济管理活动。其目的是在预定的时间、预定的质量前提下,通过不断改善项目管理工作,充分采用经济、技术、组织措施和挖掘降低成本的潜力,从而尽可能少的耗费,实现预定的目标成本。一般通过开源和节流使项目物流的净现金流(现金流入减去现金流出)最大化。在公路施工期,开源表现为扩大项目融资渠道,保证项目能够筹集足够的施工资金;节流是使融资成本或代价最低,控制项目施工成本。公路施工项目物流成本管理现金流分析采用的数据大都来自施工图估算和预测,具有一定的不确定性,可能造成项目物流的现金流入减少或现金流出增加。

5.2.3 公路施工项目绿色物流

公路建设施工环境问题是整个人类环境问题的一个重要组成部分,人们为发展经济修建公路,可能引起环境恶化,影响人类生产和生活,导致生活质量的下降,公路施工对环境的破坏在客观上是不可避免的。公路工程施工期间由于修筑路基,占用土地而破坏原有地面上的植被,开挖地表面或废弃土方会产生新的坡面,将恶化生物的局部栖息环境,增加水土流失量。筑路材料运输和拌和过程中会产生扬尘,对公路沿线空气环境产生污染,各种施工机具设备的噪声,将造成噪声污染,会对声源附近居民产生一定的影响。为减少公路建设对沿线环境的影响,对施工机械设备应加强管理,对筑路材料的运输、拌和要采取必要的防护措施,同时采取种草、植树绿化等防护措施,恢复路基边坡上的植被,使公路建设与周围环境相协调。施工期间要按设计要求和规定,做好挖方、填方过程中的临时排水设施,保证排水系统畅通。大型取土场要尽量减轻对原地面的破坏,用后按设计要求及时复垦,或植树种草覆盖。对施工临时用地,工程竣工后应尽快清场复垦。要加强对扬尘、易失散及污染物资的管理,露天堆放要采取覆盖措施,控制灰尘的散射。施工过程的环境保护涉及生态环保、噪声与振动防治、水污染防治等。

5.3 水电、化工大件项目物流运作

水力、电力和化工工程等都大量涉及大件物流过程。大件物流包含大件货物考察、物流方案设计、项目投标、特种运输设备租用、运输作业(装载、运输、卸载、安装)及其全程组织、监督和管理等过程。

5.3.1 大件运输及其特点

1. 大件货物

长大笨重货物(Bulky and Length Cargo、Heave Cargo)俗称大件或大型物件。大件(大型物件)包括超限设备(货物)和超重设备(货物)两个方面。超限设备(货物)是指装载轮

廓尺寸超过车辆限界标准;超重设备(货物)是指车辆总质量对桥梁的作用超过设计活载。上述设备(货物)均称为大件。不同运输方式往往对大件货物有更详细的规定。例如,公路货物运输中的超限货物是指符合下列条件之一的货物:①长度在14m以上、或宽度在3.5m以上、或高度在3m以上的货物。②质量在20t以上的单体货物或不可解体的成组(捆)货物。

一般来说,大件有以下特点:①装载后车与货的总质量超过所经路线桥涵、地下通道的限载标准。②货物宽度超过车辆界限。③载货车辆最小转弯半径大于所经路线设计弯道半径。④装载总高度超过5m,通过电气化铁路平交道口时,装载总高度超过4.2m;通过无轨电车线路时,装载总高度超过4m;通过立交桥和人行天桥时,装载总高度超过桥下净空限制高度。

2. 大件货物种类

大件是一个总称,包括不同种类,有的是超高货物,有的是超长货物,有的则是超重、超宽货物,这些货物对运输工具、运输组织的要求各异。为了保证运输安全和管理的需要,不同的运输方式要根据超限货物的主要特性进行分类。即中国公路运输主管部门现行规定,公路大件按其外形尺寸和质量分为四级,详见表5-1。

长大笨重货物分类范围及名称　　　　　　　　　　　表5-1

大型物件级别	质量(t)	长度(m)	宽度(m)	高度(m)
一	40~(100)	14~(20)	3.5~(4.0)	3.0~(3.5)
二	100~(180)	20~(25)	4.0~(4.5)	3.5~(4.0)
三	180~(300)	25~(40)	4.5~(5.5)	4.0~(5.0)
四	300以上	40以上	5.5以上	5.0以上

注:1. "括号数"表示该项参数不包括括号内的数值。
　　2. 货物的质量和外廓尺寸中,有一项达到表列参数,即为该级别的超限货物,货物同时在外廓尺寸和质量达到两种以上等级时,按高限级别确定超限级别。

3. 大件运输的特点

大件运输属于特种货物运输,它的特点是承运对象较为固定,技术操作难度大,运输周期长,运输风险系数高,运输成本投入大。因此相较其他运输类型而言,大件运输行业的利润也是相当巨大的。

大件运输的承运对象一般为国家电力、化工、石油、军工、机械、冶金等行业建设的项目物流中超长、超宽、超高、超重的设备,对国家基础能源等关系国计民生行业的发展建设有着重大影响。随着中国工业现代化进程的加快,大件货物运输所占比重越来越大。据不完全统计,1972~2004年中国部分大件运输企业承运过的大型物件中近80%达三级以上,其中:最大长度达83.7m(天津,乙烯工程蒸馏塔),最大宽度达12.3m(宝山,苯加氢模块),最大质量达900余吨,这些与国民经济关系重大的大型设备的安全运输,对支援农业,发展轻工业、化学工业和冶金工业都有十分重要的意义。

大件运输领域涉及大量技术问题,从第一个环节探路开始到最后一个环节运费结算结束,处处彰显着它的高难度、高风险特点。大件货物种类很多,基于超限货物的特点,其运输组织与一般货物运输应有所不同,具体体现在特殊装载要求、特殊运输条件、特殊安全要求等几个方面。

(1)超限货物运输对车辆和装载有特殊要求,一般情况下超重货物装载在超重型挂车上，用超重型牵引车牵引，而这种起重型车组是非常规的特种车组，车组装上超限货物后，往往质量、外形和尺寸都大大超过普通汽车和列车，因此，超重型挂车和牵引车都是用高强度钢材和大负荷轮胎制成，价格昂贵。

（2）超限货物运输条件有特殊要求，途经道路和空中设施必须满足所运货物车载负荷和外形储存的通行需要。道路要有足够的宽度、净空以及良好的曲度。桥涵要有足够的承载能力。这些要求在一般道路上往往难以满足，必须事先进行道路勘测，运前要对道路相关设施进行改造，如排除地空障碍、加固桥涵等，运输中采取一定的组织技术措施，采取分段封闭交通，方便大件车组顺利通行。

（3）大件设备一般均为国家重点工程的关键设备，因此超限货物运输必须确保安全。其运输是一项系统工程，要根据有关运输企业的申报报表，组织有关部门、单位对运输路线进行勘察筛选；对地空障碍进行排除；对超过设计荷载的桥涵进行加固；制订运输护送方案；在运输中，进行现场的调度，做好全程护送，协调处理发生的问题；所运大件价值高、运输难度大、牵涉面广，因此各级政府和领导、有关部门、有关单位和企业都应当对大件设备的运输予以高度重视。

4. 大件运输企业

目前中国大件运输企业主要采取两种方式：①对国家电力、化工、石油等行业的大型建设项目物流进行投标、竞标，中标之后负责部分或全部的物资承运，即总承包；②与设备制造厂建立合作关系，长期负责该厂的各类设备运输业务。

大件运输企业按经营实力和承运货物（外形尺寸与质量）能力，分为运输总承包企业和运输承包企业（各分为甲级、乙级）。

（1）运输总承包企业指能为电力建设项目单位所需的设备物资运输提供全方位服务，人员素质和管理水平较高，技术装备齐全，固定资产数额甲级2000万元以上、乙级1500万元以上的运输企业。

（2）运输承包企业是指能为电力建设项目单位所需的设备物资运输提供阶段性或部分服务的，人员素质和管理水平较高，有必需的技术装备、固定资产甲级1000万元以上、乙级500万元以上的运输企业。

运输总承包企业及运输承包企业都应具有铁路、公路、水路运输方面的专职管理人员，必须配有桥梁、起重、机械、装载加固和安全运行、保险索赔等方面的工程技术人员，并应具有运输方案的勘察设计、运输实务的组织管理、运输方式（包括铁路、公路、水路）的综合应用、运输技术的开发应用、运输业务的咨询监理等能力。

目前国内从事大件物流的企业有中远物流、中信物流、渤海石油运输公司、河北中电大件汽车运输公司、陕西大件汽车运输有限责任公司等，在硬性条件与行业管理方面已初具规模。近年来，国外大件运输企业也纷纷进入中国市场，如荷兰玛姆特公司（MAMMOET）已与陕西大件汽车运输有限责任公司等大件运输企业建立了战略合作关系。MAMMOET是目前全球最大、最具实力的大件及超大件起重吊装、运输的跨国工程公司，拥有全球最大的陆地吊机、最大的运输车辆以及全球系列最全的吊车。在货源市场方面，大件运输货物类型比较固定，主要有发电机定子、发动机转子、锅炉汽包、水冷壁、除氧水箱、大板梁等，上下机架、主轴、座环、导水机构、闸门启闭机、主变压器、化工反应器及一些常用军工设备（如歼击机部件等）。我国的一些大件物流公司在全国各地建立分公司，在大型口岸、港口设有办事处，并积极走出国门，拓展国际市场，开展国际大件物流业务。

5.3.2 大件货物运输组织过程

1. 大件物流运作的一般过程

随着现代运输设备与起吊设备的不断发展,大件设备物流已成为现代物流的一个重要组成部分。大件设备物流在运作环节上,通常包括以下几个过程(图5-1)。

图5-1 大件设备物流运作过程

大件设备的运作因其专业性较强,通常分为两大部分,由不同的第三方物流组织者来承担。第一部分的第三方物流组织者通常擅长国际或国内段的水路运输代理、货物报关、货物清关、货物过驳等专业业务。第二部分的第三方物流组织者,则擅长港口卸船或设备陆路水平运输,通常由码头卸船单位或陆路运输单位承担。

第三方物流组织者应积极捕捉周边地区新建工厂或改扩建工厂的设备到达信息,积极主动地与业主进行信息上的沟通。在接到业主的合作邀请以后,应立即着手开展以下工作:首先要获得设备的制造图样,便于了解设备的尺寸,关键的数据有设备的长度、宽度、高度、质量;若有可能,获得设备的运输图样,掌握设备的运输鞍座构造与分布;另外要了解设备的材质、设备的重心等资料,以核对设备在起吊与水平运输时是否有特殊的要求;同时还要对设备的运输线路进行考察,以确定设备在运输途中,现有的道路净高、净宽、载荷强度、最小转弯半径等是否能满足设备通行的要求。若现有道路条件不能满足设备通行要求,应对道路清障内容及费用做出初步评估。

2. 陆路运输商的选择

第三方物流组织者在获得上述业主提供的资料后,结合自己线路勘察的情况,应形成自己的初步工作文件,并着手进行设备陆路运输服务商的选择工作。

(1)初步选定具有运输资质的运输服务商范围。

(2)向上述运输服务商提供相关的设备资料。

(3)在道路运输条件比较苛刻的情况下,应要求运输服务商对运输线路进行实地勘察,以提高运输方案的可行性。

(4)运输服务商完成方案设计后,向第三方物流组织者提供运输方案。

(5)运输服务商提供与运输方案配套的商务报价。商务报价除常规审核外,第三方物流组织者与运输单位在运输线路通行条件上的责任界定也是非常重要的一项内容。

(6)第三方物流组织者在收到上述运输服务商提供的资料后,应利用自己的专业优势进行审核,以确定运输服务商提供的技术方案是否可行,在这里应把握以下要点:

对于超高的设备,道路净高是首要限制因素。第三方物流组织者应更多地关注服务商选用的车辆高度是否较低。在其他技术参数都能满足的条件下,选用车厢板较低的车辆,就有可能使现行的道路在无须或稍做清障的情况下,满足设备的净高通行要求;对于超重的设备,道路的载荷强度将成为运行中的主要限制因素。第三方物流组织者应侧重审核车辆的载荷能力,并关注轮胎的胎压计算值;对于超宽和超高的车辆,应重点关注车辆配载过程中,是否进行过稳性计算。事实上,设备运行途中的稳性,并不是唯一考虑的因素。在满足设备运行稳定的前提下,更多的还要考虑运行线路的通行条件以及施工工地的通行条件。

5.3.3 公路大件物流基本流程

依据大件运输的特殊性,其组织工作环节主要包括:前期准备过程(前期探路、制订运输方案、投标竞标、理货、签订运输合同)、运输组织过程及运输结算等项。

1. 前期准备工作

前期准备工作是大件运输最重要的工作,其核心工作是设计大件运输方案,获取承运资格,其主要工作包括以下内容:

(1)前期探路。对设备制造厂至目的地的若干条可行线路进行考察,查验运输沿线全部道路的路面、路基、纵向坡度、横向坡度及弯道超高处的横向坡度、道路的竖曲线半径、通道宽度及弯道半径,查验沿线桥梁涵洞、高空障碍,查看装卸货现场、倒载转运现场,了解沿线地理环境及气候情况,如实记录各种路况信息及数据。特别是对涵洞、隧道、桥梁、坡度、弯道、电线杆、收费站等硬性障碍进行重点考察,确定是否符合承运设备规格通行要求。

根据上述查验及记录数据结果预测作业时间,编制运行路线图,完成探路报告。探路是大件运输过程中的重要环节,在以往的运输过程中,因探路工作不到位,造成大件运输车辆卡死或道路不能通行而原路返回的情况时有发生,给企业造成了不必要的经济损失。

(2)理货。理货是大件运输企业对货物的几何形状、质量和中心位置事先进行了解,取得可靠数据和图样资料的工作过程。通过理货工作分析,可为确定超限货物级别及运输形式、制订运输方案提供依据。理货工作的主要内容包括:调查大型物件的几何形状和质量、调查大型物件的中心位置和质量分布情况、查明货物承载位置及装卸方式、查看特殊大型物件的有关技术经济资料以及完成书面形式的理货报告。

(3)设计运输方案和制作标书。在充分分析、研究大件设备参数信息及探路报告基础上,再制订安全可靠、可行的运输方案。主要内容包括:选择和配备牵引车、平板车及车组附件,确定最高限定车速,制订运行技术措施,配备辅助车辆,制订货物装卸与捆扎加固方案,制订和验算运输技术方案,完成运输方案书面文件。一般情况下,运输方案中的内容都会在标书中全部体现,所以制订运输方案的过程即制作标书的过程。

标书内容一般包含六个部分:投标函、法人代表授权书、投标人资格及资信证明文件、运输方案及组织设计(包括编制依据、编制原则、运输路线、工作范围、运输准备、运输车辆配置、装载加固图、设备就位方案等)、人员配置及质量安全保证系统、资质证书附件以及以往业绩图片展示。

(4)签订运输合同。根据托运方填写的委托运输文件及承运方进行理货分析、探路、制订运输方案的结果,承托双方签订书面形式的运输合同,其主要内容包括:明确托运与承运甲乙方、大型物件数据及运输车辆数据、运输起止点、运距与运输时间,明确合同生效时间、承托双方负责人、有关法律手续及运费结算方式、付款方式等。

2. 实际运输过程

(1)车辆装备运前维护工作。由于大件运输特殊安全性的特点,在车辆装备出发之前,都要进行大规模的检修维护,以确保出行安全。大件运输的常用车辆装备主要包括牵引车、板车、吊车及一些针对超大型非标准设备而设计的特种运输设备。

(2)按计划进行排障过程。排障是为了车辆能够安全顺利地通行,而对沿途有通行障碍的隧道、桥洞、桥梁、收费站、电线、大弯道等进行的排障处理。具体措施见表5-2。

沿途障碍的排障处理 表5-2

所遇障碍	常用排障措施	备 注
隧道	货物超高时,深挖隧道内路面	
桥梁	不能承压时,进行加固处理	
收费站	货物超宽时,收费站拆除或就近绕道	
电线	挑线通过	
大弯道	增添路面,扩大拐弯半径	

在一些超高、超长、超宽、超重的高难度设备运输中,排障环节显得尤为重要,具体操作过程繁杂,成本费用高,如陕西大件汽车运输有限责任公司曾为上海丙烯酸厂承运直径6.4m反应器,沿途拆除收费站26座,每座收费站的拆除费用在4万元左右。

(3)大件货物吊装加固、运输组织和卸车就位。大件运输的运输对象一般为电力、化工、机械、军工、石油、冶金等行业的大型仪器设备,有着精密、笨重、非标准、高价值的特点,在装卸、运输过程中,对于操作技术要求特别严格,稍有不慎,造成设备损坏,重新返厂加工,损失巨大。因此,做好吊装加固、卸车就位的操作工作非常重要。由于大件设备的非标准性,需在安全、经济的原则下根据设备尺寸、集中程度来选择承运的车辆装备。

①吊装。将车辆停放在制造车间内支撑设备基座旁的准确位置,用角木将车辆的前后轮封死,使之不能前后移动,并检查平板车前后左右是否在同一水平面,否则重新升降调整;利用横吊、汽车吊或履带吊将设备缓缓吊起至液压平板车上方,保持设备中心线与平板车中心线一致,若设备超重且集重,必须重心与板车中心一致;将设备缓缓下降,当设备底面与平板车接触的瞬间,停止下降,检查轮胎受压情况,暂停少许时间,在保证无异常状况之后,继续下降。如此重复操作,直到平板车彻底吃压为止。对于一些超级集重设备,在平板车彻底吃压之后,吊钩仍然不能脱离设备,需观察几小时并确认无误后,吊钩方可脱离。

②加固。大件运输中,倒链是常用的加固工具,在每个吊点用倒链将设备与平板车紧固在一起,其缺点是操作繁杂。在一些先进的进口板车上,附有专门用于加固的卡位装置,可直接将设备底部与板车面卡死,既牢固又方便。

③大件运输组织(详见3.线路运输组织工作)。

④卸车就位。卸车就位主要有水平滑移、直接吊卸等方式。因水平滑移法操作复杂,在此作详细介绍,具体操作步骤如下:装载设备的车辆停放在基座旁边的准确位置,用角木将车辆前后轮封死,使之不能前后移动。将平板车落至最低点,用80~90cm短枕木将平板车垫实,以防止设备移动时板车倾斜;搭枕木垛,枕木垛高度与平板车一致,解除设备捆扎封车设施;用千斤顶顶起设备,将钢轨抽去并撤离液压平板车,用千斤顶采取交叉收缩法抽去枕木,使设备底部高度同基座平面相一致;再次用千斤顶顶起设备,穿钢轨,用推力器将设备水平移动至基座平面上;调整设备使其中心线与基座中心线一致,就位完毕。卸车就位过程中,确保设备的边缘与枕木垛边缘的距离大于枕木垛上平面与地面的垂直距离。

3.线路运输组织工作

线路运输工作组织包括:建立临时性的大件运输工作领导小组,负责实施运输方案、执行运输合同和相应的外联。领导小组下设行车、机务、安全、后勤生活、材料供应等工作小组及工作岗位,并实行相关工作岗位责任制,组织大型物件运输工作所需牵引车驾驶员、板车操作工、修理工、装卸工、技术人员及安全员等,依照运输工作岗位责任及整体要求认真操作、协调工作,保证大件运输工作全面、准确完成。

大型超限设备的运输是特种运输,涉及面广,牵扯到沿途的公路、桥梁、公安、交通、通信、电力、政府等多家部门,是一项复杂的系统工程。为保证车辆的出行安全,设备的顺利运至施工现场,应做到以下要求:

(1) 运行中挂车及设备的四周要放置明显的标志,白天应悬挂三角旗,夜间车辆不允许在道路上停放。

(2) 车组通过交叉口、铁道口和繁华路段时,安全人员要配合当地交通警察疏导车辆,维护交通以便车组安全通过。

(3) 为保证设备在途中的运输安全,在大型运载车组前面要设一部模拟车兼架线车,模拟车两侧腰装有探测杆,杆的顶端设有接触触发信号装置,一旦碰到高空障碍,模拟杆的高度调整到行驶时设备的运行高度,模拟运载车辆能否顺利通过。车上还应配有架线杆和架线托架,沿途线缆高度不够时,随时进行托架。

(4) 穿越大城市应夜间进行,经过无轨电车线路的路段,要选择在23点至凌晨5点电车停运的时间内通过。

(5) 沿途更换轮胎等需要停车时,特别是在高速公路上停车,应在车尾放置安全标志(大型停车牌),并派安全人员在车后疏导过往车辆。

(6) 由于大型运载车组行驶速度较慢,在高速公路上行驶时,车组后方护卫车要打开警告灯,提示后面车辆注意,防止追尾事件发生。

(7) 为保证设备的绝对安全,大型运输车时速为平坦道路30km/h,车辆交会时,时速限制在8km/h,普通行驶时速20km/h,整个运输过程中严禁急制动、急加速。通过桥梁时,时速限制为5km/h,配有开道联络车随时监测道路情况,山路不允许停车,监护人员做好前后的防护。

(8) 为了保证车辆、设备、桥梁的安全,大型车组通过跨度较大的桥梁时,要断路通过,使桥上只行驶大型车辆,不准其他车辆同时在桥上行驶,车组在桥上时速5km/h,居中匀速慢行,不准加速,不准换挡,不准停车,以减少对桥梁的冲击载荷。

(9) 通过上下坡及弯道前,运行车辆必须进行全面的检查,尤其要保证制动系统良好,其他随车人员必须随车跟进,随时做好掩车准备。此外,开道安全人员必须做好封闭道路工作,以防止意外事件或中途停车。

(10) 沿途每隔50km,安全技术人员需要对行驶车辆进行检查,若发现问题须及时处理。

(11) 为保证运输车辆不出意外,运输过程中要请当地公安交警和路政部门派警车护送,特别是在上、下高速公路前后,经过人口密集地区派警车开道,以保证交通顺畅。

(12) 为保证运输车辆及货物的安全,必须为设备办理足额货物运输安全险;必须在运输前将货物用防水篷布完全包住,以防止在路上遇到大雨、下雪天气,对货物造成损坏;需在设备尾部安装三维冲击记录仪,因车辆后部振动最大,冲击仪装在此处记录的数据最准确,可以监测运输途中设备垂直、水平和侧向的速度。

4. 大件运输统计与结算

运输统计是完成公路大型物件运输工作的各项技术经济指标统计,运输结算即完成运输工作后按运输合同有关规定结算运输及相关费用。

综上所述,大件运输的组织过程相当复杂,程序繁多且运输周期较长,风险性极高,总的来说,大件运输是一项复杂的系统工程,细节决定成败,每个环节都是关键点。

【案例 5-1】 大件物流中的浮吊选择

大件物流项目在遇到以下情况的时候,需要浮吊配合卸货码头的岸吊进行卸船装车作业:①单件设备的质量已经超过了岸吊的最大起重能力。如南京扬子石化 8 号码头配备的桅杆吊,其最大起重能力为 600t,在此情形下,超过 600t 的设备卸船一律需要浮吊配合作业;②单件设备的质量虽然没有超过岸吊的最大起重能力,但设备的尺寸较大,岸吊在此幅度下进行起重作业,其最大起重能力小于设备的质量;③设备自身的质量较轻,但设备较长,且自身的壁厚较薄,为防止设备在起重作业过程中,设备在吊点处切断,需要多点起吊。该类型设备在工厂制造时,就规定了固定的吊点,并在吊点处进行了加强处理。岸吊的钩头间距基本固定,为满足设备多点起吊的要求,需要浮吊配合作业。综上所述,浮吊的租赁也是大件设备第三方物流组织者经常面临的工作之一。在浮吊的运用上,第三方物流组织者应着重处理好以下两部分内容:浮吊的技术参数确认与商务优化。

(1)浮吊的技术参数确认。浮吊的选用,首先必须满足起吊作业过程中的安全规定,明确浮吊的工作原理与总体配置是选择浮吊的前提。以 YPTC8 号码头为例,现有两件设备同时装载在一条驳船上,桅杆吊需要浮吊配合进行卸船装车作业。浮吊通常在驳船的另外一侧配合岸吊进行卸船作业,其工作示意图如图 5-2 所示。

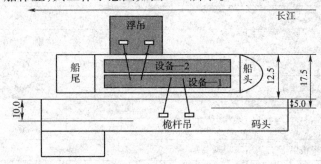

图 5-2 浮吊—岸吊配合设备卸船示意图(单位:m)

一些大型浮吊除配备起吊主钩以外,还配备了起吊中钩、起吊副钩。吊高是指钩底至水面的距离,吊距为钩头投影至船舷舷边的距离。一些浮吊考虑到船体本身的稳险,还会特别注明,在倾角小于 50°时不宜进行起重作业。大型浮吊的总体配置如图 5-3 所示。

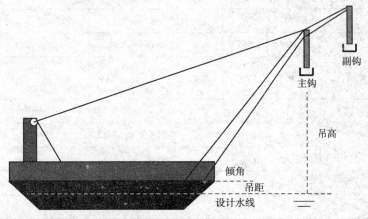

图 5-3 浮吊总体配置图

(2)获得精确的浮吊起重性能表。以江苏蛟龙集团配备的秦航工 4 号起重船为例,其起重性能表已知,假设第三方物流组织者拟采用秦航工 4 号起重船,配合 600t 桅杆吊在

YPTC8 号码头,对设备进行卸船装车作业,可通过设计以下表格,见表 5-3,计算设备尺寸、驳船尺寸、浮吊参数之间存在的内在关联关系,进行浮吊的参数校核。

综上所述,当业主提供了设备的尺寸与质量后,第三方物流组织者可以估计装载设备的驳船尺寸,推算所需要的浮吊类型。此时,若业主能提供较为精确的驳船尺寸,则满足起吊作业的浮吊参数是可以提前确定的。第三方物流组织者也可以向业主推荐或审核驳船的类型,以使设备起吊作业能够顺利进行。

600 吨桅杆吊海上浮式起重机主要技术参数表　　　　　　　　表 5-3

一、船体主尺度			
	总长		60.0m
	型宽		28.0m
	型深		5.0m
	作业吃水		2.1m
	总吨位		23421t
	净吨位		7021t

二、主要参数					
名　　称		单　位	主　钩	副　钩	索具钩
额定负载		t	2×300 – 2×70	60	15
变幅范围	变幅角度	DEG	72 – 33.6	72 – 33.6	72 – 33.6
	幅度	m	18.5 – 50	21.6 – 56.6	25.4 – 6.4
起升高度	甲板以上	m	70	80	85
	甲板以下	m		5	
起升速度		m/min	2.5	7.5	20
水面上全高		m	40(min) – 95(max)		

三、负荷状态表										
项目/状态		1	2	3	4	5	6	7	8	9
吊臂仰角	度	72	70	66	62	59	53	48	43	38
荷重	t	600	546	436	360	302	254	200	190	170
船舷到吊钩中心距	m	18.5	20	24	28	32	36	40	44	47

四、甲板机械			
	起锚机	液压绞车	液压绞车
驱动方式	液压	液压	液压
台数	2	2	2
容量(注)	10T	10T	10T

注:其中 T 表示起锚机和液压绞车的额定载荷,对于这些甲板机械来说可以将其称为容量,通常 10T 到 5000T 的绞车可以设计成液压绞车。

资料来源:2006 年《物流》杂志第三方物流进行大件运输的要领。

 思考题

1. 什么是项目物流？项目物流管理与项目管理是什么关系？
2. 项目物流管理如何体现了物流集成方案设计的关键环节？如何体现项目管理的"三控制"？
3. 简述公路项目物流的运作模式，它与一般的功能物流服务业务有哪些差异？
4. 大件物流的特殊性体现在哪些方面？如何组织公路大件物流？

第6章 产业联动物流运作模式

> 先进的制造业对物流业提出高端物流需求,有利于促进物流高级化发展。制造业与物流业联动发展是产业联动的典型形式,称之为两业联动❶,它体现了以物流集成体主导的物流链主动切入制造集成体主导的供应链的过程,形成了两业联动促进两链融合的供应链物流运作模式和发展机理。
>
> **本章研讨重点:**
> (1)物流集成体主导的物流链过程。
> (2)物流链切入制造供应链过程。
> (3)网链结构及联动融合过程。
> (4)两业网链的形成、融合的发展机理。

6.1 产业联动物流的含义和作用

制造业作为国民经济的支柱产业,在20世纪曾给美国、日本和欧洲带来了巨大的经济繁荣,日本的产业高度化、产业空穴化正是由于高速快捷的国际物流提供了重要支撑,因此,物流业始终是一个国家产业布局考虑的重要因素,产业联动的价值、质量和效率,会影响关联产业发展。

6.1.1 物流链形成及其作用

制造业与物流业联动是产业联动的典型类型。物流链形成、运作是物流业组织化、系统化的一种典型表现形式,它奠定了产业联动在专业化、系统化、组织化基础上的产业协同运作和发展。

1. 物流链及其形成

如第4章所述,物流链是由集成物流商根据客户需要,将物流功能商、资源商等通过物流活动关系组成的网链结构。这一网链结构表现为相互衔接的物流活动构成一体化物流运作过程。物流链是物流协同活动一般性的通用表述,根据其研讨的侧重点不同,可称之为物流作业链、物流服务链和物流价值链。面对作业的合理性是物流作业链,面对客户的合理性是物流服务链,面对价值传递和增值的合理性是物流价值链。因此,物流作业是基础,客户

---

❶ 制造业与物流业联动是产业联动的典型形式,这里称为"两业联动"。

服务是目的,价值追求是本质。

物流链所提供的是针对客户需要的集成物流服务,因此,物流链不是一个独立的"链",它必须和客户的需求结合起来。物流链的参与成员可以是运输、仓储、配送等的物流功能提供商,也可以是车辆、设备、仓库等的物流资源提供商,他们按照集成物流商物流方案实现的要求,按照业务逻辑关系组织起来。物流链的成员企业对自己是否进入物流链具有自主选择能力。这样,在集成物流商的主导下,物流链可以完成客户所需要的全部或部分业务系统化、集成化的物流服务全过程。

2. 物流链与供应链的联系与差异

史蒂文(Stevens)1989年认为"供应链是一个系统,包括通过前向物流和反向信息流连接在一起的原材料供应商、生产工厂、配送服务和顾客"。哈里森(Harrison)将供应链表述为:"供应链是执行采购原材料,将它们转换为中间产品和成品,并且将成品销售到用户的功能网链。"显然在这个功能网链中,涉及原材料到最终用户的全过程,也涉及供应链不同环节节点的成员企业。国内对供应链的定义是:"供应链是生产及流通过程中,涉及将产品或服务提供给最终用户活动的上游与下游企业所形成的网链结构。[1]"由于产品与服务的性质不同,产品供应链和服务供应链的性质也是不同。因为产品的实体性、可储存性等特征,产品供应链可以从原材料、制造、销售到最终客户独立存在,即供应链可以为之独立存在,其中不仅包括产品,而且包括服务。而物流链[2]则因服务的非实体性、不可存储性等一般特征[3],不具有独立存在的条件;物流链体现的是服务供应链的功能性质,必须有客户才能存在。

制造供应链是典型的供应链形式,体现为围绕核心企业进行产品制造过程。通过对产品制造信息流、物流、资金流的控制,从采购原材料开始,制成中间产品以及最终产品,而后经销售把产品送到消费者手中的全部功能网链结构。从物流链和供应链两者性质、关系分析,其主要关联与差异有以下几点:

(1)物流链内涵是物流服务供应链,具有一般服务的非实体性质,必须有客户才能形成物流链运作过程,因此,物流链融于产品制造过程的供应链是一种产业有序化、组织化的高级化发展趋势。

(2)物流链是物流业组织化的一种具体形式,体现了物流集成体主导的服务与客户需求的专业化、系统化和组织化过程,它的稳定性很大程度取决于其所服务的供应链产品市场需求、与制造核心企业关系等因素。

(3)物流链可以融入供应链中,成为供应链的组成部分,形成专业化程度更高,服务质量、效率和效益更好的产业联动合作关系。

3. 物流链在两业联动中的作用

制造业与物流业的两业联动是通过物流链与供应链两链融合过程实现的。功能型、资源型企业小、散的现象比较突出,提高物流业组织化是提升其集成服务能力的重要途径。物流链是以物流集成体为主导、以客户需求服务为目的的关联物流企业组成的网链结构。所谓"链"是物流系统化、组织化的表现形式。物流链是在物流专业化基础上的产业集聚、协同发展形式,是高端集成物流服务的实现方式之一。从集成场视角分析,物流链形成和运作

---

[1] 《物流术语》(GB/T 18354—2006)。
[2] 也可作为"物流服务链"、"物流服务供应链"的简称。
[3] 董千里,等. 物流市场营销学. 2版,北京:电子工业出版社,2010. 第23-24页.

的主要作用有以下几方面。

(1) 利用物流基地的基核集成引力作用集聚中小物流企业,为物流链形成提供有利条件,为供应链提供一定组织化水平物流服务。大量的中小物流企业可以利用公共型物流基地(诸如,陆、海、空港以及各类物流园区等)的基核集成引力作用,提高物流业组织化水平。

(2) 提高物流企业业务专业化,以及协同运作的组织化、有序化程度。物流业小企业数量较多,企业间内在业务联系相对松弛,其行业组织化程度较低,进而影响到物流企业的竞争力,物流链的形成有利于物流企业业务系统化、组织化程度的提高。

(3) 发挥物流集成体为满足客户需求设计定制化方案,并主导物流链形成和运作方式,提升物流专业化业务的组织化水平。大中企业可以通过物流集成体作用,引导物流链形成来提高物流业组织化水平。因此,完整意义上的供应链一般认为是独立的网链结构,物流链则不是独立的网链结构。

(4) 物流链作为供应链的子链,应当、也可以融于供应链之中,成为供应链网络结构中重要的功能部分。

6.1.2 产业联动的构成

产品制造过程的供应链节点成员之间关系,因其产品制造工艺等联系存在或容易形成较为紧密对接、衔接关系,所以,产品制造供应链成员内部联系相对紧密,产业组织化程度较高❶。

1. 产业联动的含义

联动是指若干个相关联的事物,当其中一个事物运动或变化时,其他的也跟着运动或变化,即事物间衔接、对接、互动和协同行为过程。衔接、对接、互动和协同行为就涉及联动发展事物间如何紧密衔接、精准对接,相互促进、协同发展等问题。制造业和物流业分别包含了其同类企业的集合,在制造集成体和物流集成体分别作用下,以物流集成体主导的物流链切入制造集成体主导的供应链过程,形成了物流专业化、信息化、网络化为基础的集成物流服务的供应链协同运作过程,也是提升供应链价值及其增值实现过程。制造业与物流业联动(有时简称两业联动)包含了相关产业的企业间物流与制造过程的衔接、对接及融入过程,形成产业协同、整合等联动发展过程。

2. 产业联动显现了高端物流需求

集成是通过复合、整合、重组和优化形成一个统一体的过程。物流集成体通过物流集成过程实现了以"点"、"线"为基础的初级物流向以"网"、"链"为特征的高级物流发展,其实质是物流业以主动优化的"集成"方式进入高端竞争和发展的过程。随着物流专业、学科的兴起与发展,以及产业转型、产业政策调整,一部分物流集成体开始主动寻求并直接参与两业联动实践。

【案例 6-1】 分析在两链融合过程中,物流集成体为何要采用主动行为?

在陕西省制造业与物流业联动发展座谈会上,制造业与物流业联动发展调研的典型对话是:物流企业要求制造企业将物流业务外包出来,释放出制造业的物流业务;而制造企业反问物流企业能做什么?由于当前产业组织结构特征,制造企业与物流企业在企业规模、数量、业务性质和人员学历等方面的综合因素,使得在制造业与物流业的两业联动中,物流业相对处于弱势地位。

---

❶ 以下将产品制造供应链称之为供应链。

分析其原因主要有:①物流服务业务市场常常不稳定,导致绝大多数物流企业,难以做得很大;②规模以上制造企业数量远远小于物流企业总体数量,制造企业人员平均学历的结构水平高于物流企业,制造企业技术、财务经济实力高于物流企业等;③物流企业在两业联动中的服务对象是变动的,需要掌握新的知识链与其对接,而不懂得如何与制造企业新的客户直接对接,也不懂得如何以物流集成体身份主导物流链直接切入制造集成体主导的供应链,为其提供集成物流服务过程;④物流集成体的主体单元缺乏主动优化意识和把握知识链的能力;⑤制造企业拥有实物产品核心技术、品牌信誉等,往往可以独立掌控供应链,在大多数供应链物流服务谈判中往往拥有较重的话语权。

这一案例说明,在两业联动过程中,物流企业要作为物流集成体积极了解所欲对接的供应链特征及其运营知识,了解客户所处产业产品供应、生产制造和成品销售的物流特点,掌握相关知识链,是争取主动切入供应链的前提条件。只有熟悉并能充分实现物流服务需求,熟悉并能切入、融合制造企业的文化等关键内容,才能体现出物流企业提供专业化物流服务的特点,物流链组织形式能够很好地实现这一内容。

6.1.3 两业联动集成场范畴

物流集成是根据集成体战略意志进行资源整合的过程。集成场理论连接了物流集成理论体系的不同系列内容,提供了一个更广阔的理论融合平台,为两业联动发展理论与实践问题研究奠定了基础。

1. 两业联动集成体间关系和特点

两业联动集成体主要涉及物流集成体和制造集成体,有时还涉及陆港、海港、空港、物流园区等平台集成体,以及商贸集成体等。

物流集成体可以通过集成过程形成更大规模的物流经营有机体,在物流集成过程中物流集成体自身在成长、变化和突变。物流集成体主导着物流链形成,引导着一些运输、仓储和有关设备资源等企业参与,客观上主导了一些物流企业有序化、组织化过程。由于物流链的服务性质,物流集成体为了获得稳定业务来源,需要在与制造业联动关系建立中采取主动,并以所获得的市场规模决定物流链形成的功能、资源整合程度和规模。制造集成体(Manufacturing Integrator)是制造集成主体单元与客体单元所主导制造品牌和产品的经营实体,是制造过程中产品供应链的主导者。制造集成体最主要的特征是具有形成最终产品的功能和生产能力,因此,制造集成体需要拥有品牌、制造网络和制造组装能力,其地位取决于产品特性、信誉及其市场规模,将非核心业务外包是制造集成体供应链管理的主要特色[1]。物流集成体与制造集成体的构成及其性质见表6-1。

物流集成体与制造集成体的构成及其性质　　　　　　　　表6-1

集成体类型	构成单元	简要说明	性质
物流集成体	主体单元	决策智能结构、执行能力、业务素质	市场竞争决定主体
	客体单元	可支配的业务资质、相关资源获得能力	市场机制
制造集成体	主体单元	战略设计、产品设计、开发决策人员	市场机制
	客体单元	可支配的产品生产设备、技术等生产资源	市场机制

---

[1] 在约定俗成的前提下,本书将制造供应链称为供应链,可以表示从原材料供应、产品制造、销售直到最终消费者的全链条过程。

两业联动形成机制往往体现在以下五个方面。

(1) 制造集成体集中于核心业务,提升核心竞争力,同时释放非核心的物流业务,打包交由更专业的集成物流商完成。

(2) 作为集成物流商的物流集成体要把握制造业相关知识链,采取主动优化方式为客户量身定制物流服务方案。物流集成体主导物流链的形成是相关企业有序化、组织化过程,是通过物流集成构建集成物流服务能力的过程。

(3) 物流链要主动切入供应链,其与供应链对接是物流服务能力和价值的实现过程。要形成稳定的两业联动过程,物流链需要融入供应链之中,成为供应链的组成部分,这是在高度专业化基础上的协同运作。

(4) 基核和联接键为两业联动集成体、业务运作奠定了关键要素。基核作为场源的载体,表现为土地资源的表现形式,往往具有排他性。联接键融入了资本、智力等因素,在集成体及其业务间可以形成更紧密、更稳定的关系,提高信誉、可靠性、效率和效益。

(5) 物流与制造集成体的利益分别代表了物流链和供应链的利益,双方合作共赢、共享利益是两业联动发展的重要机制。

2. 联接键及其类型

联接键是构建合成场元之间,如构建集成体与集成体、基核与基核、场线与场线,以及基核与场线之间紧密、稳定的作用关系的另一个合成场元。联接键可以具体表现为一种或多种连接型功能作用的人工合成场元,同时也是连接不同性质、功能场元的重要部件,可以由硬件组成或软件组成,也可以是软硬件共同作用形成。例如,可以是物流通道、信息平台、大通关政策等。在两业联动集成场中,联接键可以在战略层、职能层和执行层发挥加深理解、联系沟通和巩固关系等功能。

在日常的物流运作过程中涉及的联接键种类比较多,物流集成场中常见的联接键主要有以下五种:技术型联接键、资源型联接键、信息型联接键、功能型联接键和流程型联接键,在此基础上可以形成两个或多个类型复合的联接键。五种典型联接键的比较如表6-2,其中两种或两种以上类型的联接键的组合称之为综合型联接键。

几种典型的联接键及其应用比较　　　　　表6-2

联接键类型	内　涵	常见应用
技术型联接键	从技术层面将不同的场元、基核场线有机地结合在一起,使其形成快速、高效的物流集成场	网络技术搭建的信息平台、RFID等
资源型联接键	通过物流资源需求和供给关系连接起来的供应链物流或主体单元关系	仓储、装卸设施与设备、运输设备等资源
信息型联接键	用合同、专用或共用信息系统作为场元合成、联系等的基本方式,构成信息共享单元,使不同集成体、场线运作过程能够连接起来	供应商管理库存(VMI)、电子数据交换(EDI)等
功能型联接键	通过物流的运输、仓储、包装、装卸搬运、流通加工、配送、信息处理七大功能来实现不同物流场元、基核、场线的连接,加速各种物流资源在物流集成场中运转	运输、仓储、包装、信息、配送等服务功能等的衔接
流程型联接键	通过一定的方式方法将不同的场元、场线连接到一起,使其在物流集成场实现高效快捷的运转	多式联运、物流保税园区等

3. 基核及其间的关系

基核(Base Nuclear)是物流集成场的场源及复合场源的载体,其表现形式是占用的土地作为承载体,起到聚集复合场源的作用。基核具有产生物流集成引力、引导场线形成和支持场线辐射的作用。在两业联动发展过程中制造集成体与物流集成体分别主导的基核,表现在物流基地的区位上具有三种关系类型:融合型基核、连接型基核和公共型(分离型)基核。三种物流作业基地间关系如图6-1所示。

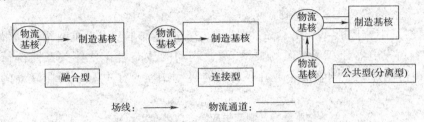

图6-1 制造集成体与物流集成体分别主导得基核间关系

利用集成体、基核(含场源)、联接键和场线等范畴,分析两业联动的典型案例,为进一步量化两业联动发展关系、深入剖析联动模式发展机理奠定了基础,也为联动模式创新提供了依据。

(1)案例分析表明,物流集成体"一对一"的联动模式基本是进厂物流以融合型基核关系为基础,有效地降低了生产过程中的不确定性,有益于提高准时制物流服务质量水平;但由于需求满足、市场供求和竞争环境变化,该模式在集成体之间信任和控制过程中可能潜藏了博弈关系的风险。

(2)物流集成体"一对多"联动发展模式体现了通用型服务要求和水平,该模式是以公共型基核关系为基础的,联动紧密、精准程度相对较低,加之联接键等专用投资不足,会导致合作关系不稳定。因此在其"一对多"模式下的供应链基核进行筛选,将其引力大、规模大的制造集成体作为"一对多"格局下的"一对一"模式运作,规避"一对多"模式的整体弱点。

结合两业联动发展所处的具体阶段,集成体要权衡联动模式优劣,在发挥优势、规避风险的同时,改善前景良好的供应链之间的基核、联接键关系,发挥联动发展模式优势,提高集成物流服务水平。

6.2 两业联动发展的模式结构

6.2.1 产业联动发展案例剖析

我国作为制造业大国,制造业的升级转型是一个重要趋势。物流业运作水平已成为制造业提高送料、配送效率,降低生产成本的重要因素。经典案例分析告诉我们,先进的制造业可以创造高端物流需求,在制造业与物流业联动过程中,制造业可以集中于自身核心业务能力的提升,将物流等非核心业务转由更专业的物流企业去完成,从而实现制造业与物流业发展的共赢。

【案例6-2】 需求导致供需双方紧密合作

新飞电器是我国著名的冰箱、冰柜生产企业,其在成立之初采用自营物流,然而在运营过程中自营物流暴露出种种问题。从1996年起,新飞电器将物流业务进行外包,原有一部分物流人员成立了新飞专运。新飞电器—新飞专运长达7年的战略合作,曾使新飞电器一跃从全国第三成为全国第二,其电器产品品牌风靡全国,在国外也有一定的影响。这一经典案例与长运物流—齐洛瓦电器案例进行比较分析,长运物流—齐洛瓦电器案例中的制造企业和物流企业的高层领导都曾经设想移植"新飞专运—新飞电器"物流战略联盟发展计划,由于种种原因未能实现。下面进行的两业联动的案例分析,可以得到一些有益的启示。

1. 需求导致供需双方紧密合作

新飞电器是中方控股49%的合资企业,原(中方)董事长曾以"血肉相连、唇齿相依、不可分割"形容新飞电器和新飞专运的关系,两业联动的战略合作伙伴关系使得新飞电器走向辉煌,也使得制造企业与物流企业在联动发展过程中实现了共赢。两业联动的案例分析见表6-3。

表6-3 物流链导入制造供应链的成败个案比较

案 例	集成场范畴	个性特点		共性特点	运行结果
		制造企业	物流企业		
新飞专运—新飞电器	集成体	中方控股;品牌大、市场规模较大	承诺高于能力方式导入;提升适应和整合能力	管理者价值、企业文化彼此认可	7年合作中,新飞品牌走向全国,部分产品走出国门;新飞专运形象大变,双方达成价值共享
	基核	融合型基核关系		以新飞专运资格进入新飞电器下线库区作业场	
	联接键	功能联接:冰箱下线的干线运输;制度联接:货损货差物流方先赔			
长运物流—齐洛瓦电器	集成体	制造企业最高管理者与中基层管理者价值观不一致;有一定品牌、市场效应	有一定企业规模,有运输实力;愿意展开深度合作	有成功的先例,双方高层管理者认可	没有成功的导入制造企业;制造企业品牌消失,企业走入困境;江西长运物流企业作为集团一部分成功上市
	基核	分离型基核关系:途经大桥(需交通行费)		需降低运营成本	
	联接键	面临利益格局调整,中层管理者有阻力	有完整方案;诚意充足	最高管理者之间认同合作	

新飞专运是新乡市汽车运输总公司第五分公司,作为物流集成体,初期以其承诺、诚信和契约保障等方式导入新飞电器产品下线后的干线运输。其业务从新飞电器厂门外以苇席围一块地方作业务点开始,逐步以其诚信和业务能力打动新飞电器,进而发展到以新飞专运员工穿新飞电器工作服的形式进驻新飞电器厂区办理业务,新飞电器为其配置了办公场所设备,这样新飞专运和新飞电器开展了长期战略合作。新飞电器下线冰箱产品的干线运输过程中,其业务峰谷值每天需要有200~600辆货车在途运行。新飞专运联合18家运输单位形成物流链组织结构。这一整合社会资源的物流链服务能力能够支持新飞电器高峰时约需600辆,低谷时约需200辆在途卡车的运输需求,图6-2所示。

新飞专运和新飞电器曾是我国物流行家与冰箱制造专家战略合作的典范,分析其走向鼎盛发展阶段的合作模式,可以集成场理论归纳以下特点和内容进行分析,见表6-4。

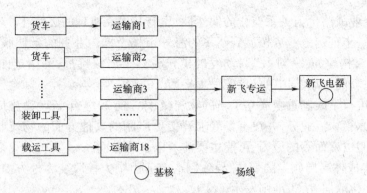

图 6-2 新飞专运主导的物流链示意图

新飞专运-新飞电器走向战略联盟的特点分析　　　　表 6-4

基本范畴	导入阶段	适应阶段	共享阶段	创新阶段	备注
集成体	企业战略、价值、文化相互认可;双方拥有共同企业文化:"今天工作不努力,明天努力找工作";社会控制与正式控制的恰当选择	价值差异的磨合,为深度合作作了多种探索;向"血肉相连、唇齿相依、不可分割"的合作关系发展;适应方式的选择	各自在相应领域都是出色者或佼佼者;利益分配机制;控制方式的选择	有供应链服务创新的想法,实际操作还不到位	制造企业最高领导因故变更;外资收购有力股份成为绝对控股方;企业成为外资控股企业
基核		融合型关系(产品下线入库和成品库作业区),基核区位间业务衔接紧密;可连续作业;具有较高作业装载效率;能较好控制场线辐射过程;信息化、动态监控等方面还存在不足		可持续创新不足	先进技术应用不足;集成体之间没有形成不可缺少的关系
联接键	制度性质量保障;服务质量、能力、效率有所保障	车厢改型以适应装两层冰箱;采用夹板叉车;强有力的资源整合能力;干线运输能力强;回程管理、降低成本机制尚不够突出		联接键建设尚没有形成不可或缺性	

显然,当双方达到了供应链价值共享阶段,但在集成体之间尚没有建立不可或缺关系。加之新飞电器董事长因病去世,外资方收购了新飞电器非国有部分的股权,外资方对新飞电器形成了绝对控股;制造集成体的决策核心人物发生了变化,企业战略、文化在发生变化,两业联动最初的供应链功能需求和价值决策准则已经在悄悄发生转变,成本持续降低已成为新飞电器供应链价值增值的凸显需求。而物流集成体"新飞专运"没有及时促进双方建立以基核为基础、信息系统等技术为稳定的联接键,因此,制造集成体改变原有运营模式的门槛很低。

2. 成本导致两业联动模式的发展

2002年11月,随着新飞电器集团2003年公路运输分区域招标开标,新飞专运一部分市场业务被取代。在新飞专运与新飞电器合作过程中,新飞专运"从一而终",单向的企业战略联盟关系在面对市场的招标中分解。新飞电器物流项目的中标者是以"价低者得"为准则的两家小企业。新飞专运单位运价比中标方高了0.03元,使得新飞电器在7个省、市、自治区的运输业务,以及新飞电器与新飞专运7年的战略合作伙伴格局发生突变。其中既有外界环境、企业战略价值关系变化的偶然性，也有其内在机理的必然性。当新飞专运高层在筹划如何进一步把运输业务拓展到新飞的海外市场及国内业务的延伸服务中时，原先的"从一而终"思维构建的"一对一"联动发展模式受到了严峻挑战，开始走向"一对多"的服务模式，这是在新的市场结构中寻求的一种平衡。

新飞专运进行了改制重组成立了新的物流集团。到2014年新运物流仍承担了新飞电器1/3左右的冰箱物流业务，并在市场寻求开拓更广阔的其他方面的物流业务。剖析两业企业间战略联盟由盛而衰的原因，可能主要涉及以下几方面：

(1) 制造集成体高层领导的变故，导致制造企业由中方控股变为外方控股；两个集成体之间的价值、文化取向、决策准则发生了变化。

(2) 制造集成体决策支持的判断准则发生改变，反映了物流需求满足是有阶段性特点的。诸如，从专业化打开市场为主，转变到降低物流成本为主。

(3) 集成体之间的信任与控制关系发生变化、合同期变化，会影响企业间合作过程的积极性、主动性和创造性。物流企业所产生的改变主要围绕着降低成本而展开，诸如，单车载运量的变化。

结合美的电器—安得物流案例分析，美的电器曾控股安得物流70%，所提供安得物流的业务量只占其业务量的50%，因此安得物流需要进一步面向社会拓展第三方物流服务能力，成为真正意义上的第三方物流。而美的电器控股降至30%的变化，客观地反映了两业联动集成体之间竞合博弈关系。这也是物流集成体与制造集成体从"一对一"服务为主到"一对多"服务模式转变，并达到动态平衡的原因之一。

6.2.2 两业联动发展模式构成

两业联动发展模式框架提供了基于集成场的两业联动模式识别体系。集成场范畴抓住了联动模式识别的关键因素，根据联动模式微观识别体系可以形成联动发展模式的基本结构，联动模式内涵结构模型参见下式。

×× 联动发展模式 = "？"基核 + "？"联接键 + 集成体"？"合作方式

由于基核、联接键和集成体之间的合作方式分别有选项，可以有相应的排列组合，如图 6-3 所示。

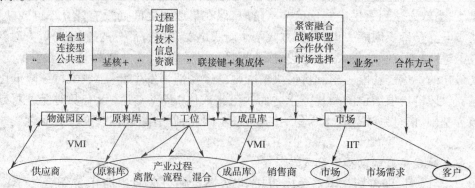

图 6-3　两业联动运作模式的选择组合

诸如，冰箱行业中的"新飞专运—新飞电器"联动模式可以概括为："融合型"基核 + "功能"联接键 + 集成体"紧密融合干线运输能力及控制"合作方式；"安得物流—美的电器"联动模式可以概括为："融合型 + 公共型"基核 + "信息 + 技术 + 功能等"综合型联接键 + 集成体"紧密融合运输仓储能力及控制"合作方式。这样可以准确有效地把握住同类行业两业联动模式在微观领域的归纳分析,便于识别、比较、创新设计和选择应用,对其共享或研究的模式可以冠以恰当的名称,在实际运用中具有很强的操作性。

对于行业差异较大个案也能够进行归纳和识别。诸如,"安泰达物流—小天鹅"等联动模式可以表示为:"公共型"基核+"信息+功能综合平台"联接键+集成体"战略联盟集成物流管理能力"合作方式;"通汇物流—陕重卡"的联动模式可以表示为:"融合型"基核+"信息系统为基础的综合型"联接键+集成体"战略联盟准时送料能力及监控管理"合作方式。显然,即使不是同一行业,用这一模式微观识别公式,也可以很容易地抓住个案要点对联动模式进行归纳、分析、总结和提升。

6.3 两业联动模式应用与发展阶段的关系

6.3.1 制造集成体与物流集成体关系

1. 制造集成体在供应链中的地位

供应链是制造企业协同运作的典型形式,制造集成体因其品牌、产品、市场等因素,处在供应链的主导即核心企业地位。制造集成体主导着供应链价值实现,它的价值追求在一定程度上也体现了供应链合作成员的共享价值基础。以 MI1 表示链主地位的制造集成体,M11、M12 代表总成(部件)供应商,M111、M112、M221、M222 等代表零部件供应商,CI 代表供应链产品(最终)客户,其离散型流程的供应链过程场线构成如图 6-4 所示。

可见,基核是制造集成体主导供应链的基础,可以将上游企业需求、产品品牌、技术资源、产品市场、物流服务等资源,通过这一复合场源载体创立供应链位置优势,是主导整个供应链过程的基石。而供应链产品客户需求和变化,又是制造集成体的重要场源,要精确把握、准时响应,维持其长久和巩固的发展机制。所以,一些制造企业在由产品制造者向供应链集成服务商转变,通过这一种联接键,把客户需求这一场源牢牢地留在其基核之中。

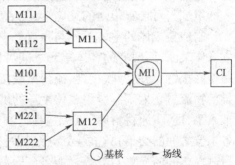

图 6-4 制造集成体主导的供应链过程

2. 基核是制造集成体的集成引力所在

两业联动的制造集成体与物流集成体具体的衔接点,可以根据其制造过程的离散型、连续型或混合型生产流程等,在原材料库、产成品库或工位过程进行衔接。显然只有高端物流集成体才可以与制造集成体主导的供应链直接连接。而制造集成体为了保障供应链产品质量对其各级供应链商提出要求,包括物流集成体的选择,必须把这些纳入供应链的一体化管理体系。

制造业瞄准市场需求制造产品,具有明显产品和服务导向场源,场源引力具有叠加性,场源越多,引力越强,产业集聚能力越强;市场反应越快,物流效率越高,拉式供应链特征越明显。

3. 物流集成体的战略选择

从物流集成场理论视角来看,两业联动发展的本质是制造集成体主导的供应链与物流集成体主导的物流链相互融合的过程,该过程主要表现为物流集成体主导的物流链切入到制造集成体主导的供应链过程,制造集成体与物流集成体之间既可以通过主体单元建立关系又可以通过客体单元建立关系,实现物流链与供应链的相互融合。制造集成体与物流集成体之间的关系如图6-5所示。

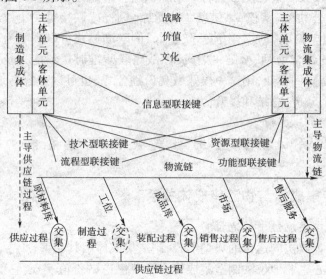

图 6-5　制造集成体与物流集成体关系

由图6-5可以看出,制造集成体主导的供应链是一个连续的过程,而物流集成体主导的物流链是一个分别对接的非连续过程,这就要求对物流集成体的资源、信息、技术、功能和过程的组织与对接有很强的准确性、灵活性和适应性。

制造集成体的主体单元与物流集成体的主体单元可以通过战略、价值与文化等要素建立合作关系,而两者的客体单元之间可以通过不同类型的联接键(例如,信息型联接键、资源型联接键、功能型联接键、流程型联接键、技术型联接键等)建立关系,实现物流集成体主导的物流链切入到制造集成体主导的供应链。物流链切入到供应链过程可以从以下五个环节入手,即:①原材料库(供应过程与制造过程之间的交集);②工位(制造过程与装配过程各工位之间的交集);③成品库(装配过程与销售过程之间的交集);④市场(销售过程与售后过程之间的交集);⑤售后服务(售后过程与消费者之间的交集)。

在两业联动发展过程中,制造集成体所组成的种群与物流集成体所组成的种群之间存在着博弈关系,其具体表现为物流集成体主导的物流链切入制造集成体主导的供应链过程。制造集成体所主导的供应链允许物流集成体主导的物流链介入,也可以不允许介入;物流集成体所主导的物流链可以选择介入制造集成体所主导的供应链,也可以选择不介入,制造集成体与物流集成体在相互博弈的过程中均会根据对方所选择的策略对自己的策略进行调整,以实现自身利益的最大化。

6.3.2　两链融合在制造流程的切入点

根据生产过程的不同可以将制造企业的制造过程分为离散型制造过程、连续型制造过程、混合型制造过程。

1. 离散型流程制造业

离散型生产流程,其加工装备生产制造的地理位置分散,零件加工和产品装配可以在不同的地区,甚至在不同的国家进行。由于零件繁多,加工工艺多样化,又涉及多种多样的加工单位、工人和设备,导致生产过程协作关系十分复杂,计划、组织、协调与控制任务十分繁重,造成生产管理十分复杂,因此,离散型生产流程企业是生产管理研究的重点。

生产制造特征:产品为构造性的,即由元件、配件、零件构成部件、组件再构成产品。生产过程中只发生形状的改变,没有质变。其制造产品有电子电器、家电、汽车配件及机械设备等。

2. 连续型流程制造业

连续型生产流程的企业中,物料是均匀的、连续的按一定工艺顺序运动的。特点是工艺过程的连续性,生产过程要保证连续供应原料,并确保每一个环节在工作期间必须正常运行。连续型生产制造包括钢铁、玻璃、冶金、化肥、石化、造纸、化工、炼油和食品等。

连续型生产制造特征是产品为非构造性的,即通过化学分解、合成或生物发酵使一种物质改变为另一种物质,且原物质不再存在。连续型生产流程特点:连续型工艺过程是连续进行的,不能中断。任何一个生产环节出现故障,就会引起整个生产过程的瘫痪;由于产品和生产工艺相对稳定,有条件采用各种自动化装置实现对生产过程的实时监控;劳动对象按照固定的工艺流程连续不断地通过一系列的设备和装备被加工处理成产品。

3. 混合型流程制造业

混合型生产流程是指离散和连续型混合成的混合式生产制造过程。生产制造特征:产品前半段为连续,后半段为离散。主要体现在产品成本的构成中,包装费用占了较大的比重。其制造产品有制药、食品加工、白酒、啤酒、化妆品、烟草等。

混合型流程制造业是指兼备离散型流程和连续型流程的生产特点,比如需要包装的连续型流程制造企业,如西安银桥乳业集团。从原材料的选择到产成品液体牛奶的过程,这一部分的生产流程为连续型,并且全程严格控制温度,安全无菌密封生产;从液体奶的形成到经过包装成为一件商品,还需要使液体奶有形化,这一过程需要灌入容器、包装、装箱等程序,这一个过程就离开了连续型的生产线,为离散型生产。因此其产品的完成,兼有连续型流程和离散型流程。

4. 两链融合的切入点

制造业供应链的流程是首先由上游供应商进行原材料、零部件等的供应,其次在生产制造企业进行加工处理工作,制成产成品后放到仓库再运输到下游的销售商,最后由销售商将成品出售给消费者,如果产品质量有问题,产品就会返回,进行相应的售后服务。物流企业要明确制造业供应链过程,选择合适的切入点,切入到制造企业供应链的过程中,实现两链融合,从而促进两业联动的发展。制造业供应链的切入点如图6-6所示。

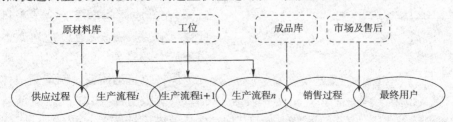

图6-6 制造供应链的可选切入点

对于连续型生产流程的切入点主要有原料库、产成品库和市场。原材料进入企业的衔接点是制造企业原材料库,产成品离开企业的衔接点是制造企业成品库;离散型流程即组装式生产过程,切入点主要有原材料、零部件。对于流水生产线而言,可以在组装过程衔接点即工位进行衔接;混合型生产流程切入点的选择主要是进厂物流和出厂物流的衔接点。

不同制造生产过程的企业与物流企业联动发展时切入点并不相同,连续型和混合型制造过程企业的切入点有原材料(零件)库和产成品库等,联合库存管理和供应商管理库存等就成为两业联动的联接键;离散型制造过程企业的切入点除原材料(零件)库和产成品库作为主要的切入点之外,还可以有工位切入点,准时供料管理系统就是物流业与制造业业务流程的联接键。

工位作为切入点的衔接方式更具有衔接性、专业性、效率性和联动性。可以把原料接收、仓储、备料、分拣、运输、配送、送料等作为制造业与物流业联动切入点;可以在原料入厂环节、工位准时配送环节、成品销售环节形成供应商、制造商、物流商、销售商共享信息衔接点;也可以通过物流商派人进驻制造企业形成以人为要素的衔接。制造企业对待物流企业时,应该采取"请进来"的态度,对待企业自身的物流业务时,应当采取"包出去"的态度。在合适的时候将物流业务外包给物流企业。物流企业进入制造企业的切入点主要有:原材料库、工位、成品库、市场等。

6.3.3 两业联动网链结构的价值导向场源

物流业具有连接性、衔接性等特性,渗透于关联产业之中,具有明显的服务导向场源,在物流网链内是伴随性知识链管理,在物流与产品供应链网链间是适应性知识链管理。理论上高端集成物流服务商主导的物流链与制造集成体主导的供应链各级成员在网链结构的点—场源—基核—场线关系,可以构成图6-7所示的网链关系。物流集成体在两业联动网链融合中的地位取决于物流集成体所能够整合的物流功能、资源的数量,以及与制造集成体所主导的供应链成员网链之间的关系。

可见,物流链与供应链融合的网链结构,集成体要求价值共享,形成价值导向的场源,并与制造、服务等场源复合嵌入基核载体,在集成体间形成竞合关系机制。因此,将场源纳入基核建设是物流集成体增强集成力的需要,也是巩固两业联动网链竞争优势位置的需要。制造集成体依附的基核具有吸引性、辐射性,与物流场线衔接承载了供应链物流过程的质量、效率和成本。两业联动发展涉及多种场元素包括:

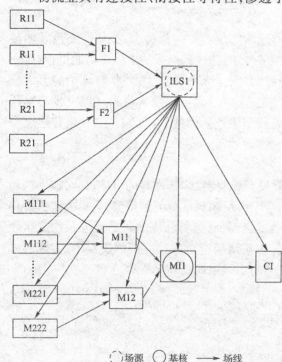

图6-7 物流集成体主导物流链与供应链理论对接模式
ILS1-集成物流服务商;R11～R21-物流资源提供商;F1、F2-功能物流提供商

场源、基核、联接键,需要集成体将其组成场线并按照物流集成场规律组织实现。

基核作为复合场源载体是场源自身完善需要,也是基核吸引场元,引导组织场线的源泉所在,具有主客观相结合的特点。在两业联动中,场源是产品,基核是产品形成的基地,是场源载体,流水线组织过程是场线形成过程。各类物流集成体形成、成长和发展涉及关联产业发展,而基核使得产业集聚区吸引产业链布局,并促成集成制造环境建设和实现。

6.3.4 两业联动模式应用与发展阶段的关系

两业联动发展模式的应用往往涉及物流集成体主导的物流链导入、适应、共享和创新四个阶段中,其能力、承诺的水平及发展,以及与制造集成体之间的彼此信任程度和控制方式,能力和承诺是基础,信任与控制这两方面是互动的关系,见表6-5。

物流链导入供应链的四个阶段　　　　　　　　　　表6-5

发展阶段	基本范畴	主要内容	要点与问题	注意事项
导入阶段	集成体 基核 联接键	战略及价值观的相互认可; 高度的承诺和一定准备的服务能力切入;信息系统及相关技术的衔接	能力与承诺的认可;对制造供应链核心需求掌握不足	有与供应链衔接的专有技术、软件等
适应阶段	集成体 基核 联接键	集成体间信任机制建立;保持承诺,提升能力满足供应链核心需求	信任与控制方式的匹配;被动适应或主动适应	形成和稳固联接键
共享阶段	集成体 基核 联接键	集成体间关系的稳固;在保障服务承诺的基础上,强调共享价值和增值	双方共享价值及其增值是此阶段的关键因素	共享价值的基础上,固化联接键
创新阶段	集成体 基核 联接键	思考集成体之间关系发展;跟随供应链升级而更新服务模式,提升物流服务水平	供应链升级与物流链协同服务互动	有创新地适应和满足制造业需求

有关案例研究表明,两业联动发展的不同阶段,集成体间关系及变化趋势不同,物流集成体应当选择恰当的策略,关注联接键等关键事项,建立能力与承诺、信任与控制等良好的互动关系。

集成场理论解释了以物流集成体与制造集成体在形成网链结构中的地位和作用,归纳了其所主导的网链是以场源、基核引力导向形成的机理。通过集成场视角观察两业联动的网链形成、网链融合都是以场源、基核为主导形成的场线,可以通过两业全程场线效率体现两业联动效率。根据集成场理论,制造集成体与物流集成体的竞合关系是通过网链的场源、基核和联接键形成稳定战略联盟的竞合关系。运用集成场理论可以在两业联动中体现顶层设计思想,从而抓住创新战略重点,以构筑场源—基核的联接键来谋求长期进步和发展。

6.3.5 两业联动发展模式演变路径

两业联动发展模式的演变是一个动态的过程,在该过程中集成体(制造集成体与物流集成体)、联接键以及基核(制造基核与物流基核)会随着两业联动发展关系以及供应链与物流链融合程度的变化而发生变化。不同的联动发展阶段,集成体、联接键、基核以及供应链与物流链融合程度的对应关系见表6-6。

同时,对不同阶段两业联动发展过程中联动模式的演变分析可以作出图6-8所示的两业联动发展模式演变路径图。

表 6-6 联动四个阶段与集成场范畴以及两链融合程度的对应关系

发展阶段	集成体间的关系	联接键	基核间关系	两链融合程度
导入阶段	缺乏了解、彼此不信任	构思单一或多功能联接键	多为"公共型"	融合度低
适应阶段	初步了解,信任程度低	开始构建单一或多功能联接键	"公共型"考虑"连接型"	向融合发展
共享阶段	相互了解,彼此信任	扩展、巩固和完善联接键	多为"连接型"	融合稳定或高度融合
创新阶段	完全信任,相互促进	完善综合型联接键	融合型	巩固融合绩效

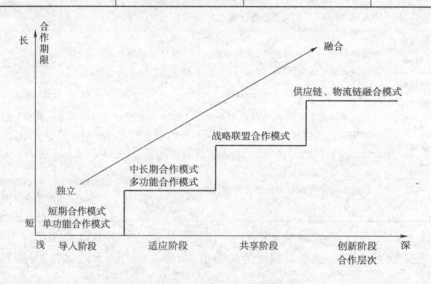

图 6-8 两业联动发展模式演变路径

由图 6-8 可以看出两业联动发展模式的动态演变过程,在导入阶段制造集成体与物流集成体之间比较独立,两者开始尝试合作,在此阶段联动的模式以短期合作模式和单功能合作模式为主;在适应阶段,制造集成体与物流集成体之间相对比较信任,两者关系也比较亲密,此时其联动发展模式以中长期合作模式和多功能合作模式为主;到共享阶段,制造集成体与物流集成体彼此完全信任,两者的联动发展实现共赢,此时其联动发展模式转变为战略联盟合作模式;经过前三个阶段的发展,在创新阶段实现了供应链与物流链的融合,其联动发展模式为供应链与物流链融合的合作模式。

6.4 集成场两业网链形成及其联动机理

6.4.1 依托场源构建物流链网链结构

集成场理论视角的物流链形成、布局、发展和稳固可以归纳以下几条机理。

(1) 物流链形成的需求场源机理。物流链网链是非独立存在的服务性网络,它是依赖于客户网链结构存在。因此,物流集成体获得业务能力及规模成为物流链资源整合、网链形成和完善的重要场源。

(2)物流链融入制造供应链机理。产品供应链是一个从原料供应到产品形成直至最后销售、消费的完整链条,物流链是供应链的子链,只有融入供应链,才能支持完善和提高供应链质量、效率和成本指标,实现供应链价值共享。

(3)物流链节点位置优势差异机理。处于物流链结构低端和高端的物流集成体信息沟通渠道不同,所占据的功能区位优势差异不同,高端集成体具有直接接触制造集成体渠道和竞争优势区位。在物流链网链结构中,高端集成体具有直接与制造集成体衔接机遇,而低端集成体缺乏直接衔接渠道。

(4)场源、基核向网链高端移位机理。向物流网链高端基核移位是物流集成体发展机遇。占据高端位置的物流集成体,需要加强场源、基核联系的联接键建设,提高连接、占有和应用基核等的排他壁垒。高端物流集成体不仅具有资源选择优势,而且具有基核位置的排他优势。

6.4.2 供应链基核的集成引力

两业联动的关键在于供应链效率,制造集成体主导的供应链运行机理可重点从以下两个方面归纳提炼。

(1)市场需求快速响应机理。两业联动发展需要引入场源、基核概念,以考察其集成引力和集成力在两业联动时集成体竞合理论体系建立和完善,进而可以从物流集成场视角构建物流集成体发展战略理论体系,并指导两业联动实践活动。

(2)产品、服务快速到位机理。供应链基核地位决定了制造集成体的竞争优势,强化基核核心竞争能力是制造集成体关心的主要内容,包括基核在整个供应链的地位。

6.4.3 集成场视角的两业联动机理提炼

从集成场理论视角分析,两业联动的关键是集成体之间的竞合关系,其竞合关系又由场源、基核的分布位置决定,导致集成体间竞合关系建立在不平等的地位上。因此,两业联动机理可以概括为以下几方面。

(1)物流集成体主动作用机理。其原因是制造集成体与物流集成体在两业联动的网链结构中地位不平等。制造集成体主导的供应链可以独立于物流集成体主导的物流链,是直接满足市场需求的场源;而物流链不可以独立于供应链,必须融于供应链才能够获得两业联动中的双赢。

(2)网链间对称适应衔接机理。由于网链结构中的不平等关系,在两业联动过程中要追求对称性、适用性原则。往往高端物流集成针对复杂供应链网链结构,中低端物流集成针对简单供应链过程。

(3)知识链推动联动发展机理。物流集成体应用知识链才能识别、设计和切入供应链,高端物流集成体强化适应性知识链管理,主动寻求制造集成体构建战略联盟关系和构建联接键。

(4)提升场源、基核引力机理。高端物流集成体加强自身网链建设必须稳定其场源、基核位置,具有维护场源、基核或直接与其连接的能力,强化场源与基核建立的竞争优势。

集成场理论的阐述是直观形象,其中部分机理也可以在结构洞理论中得到印证。

6.5 典型案例分析：基于集成场视角的两业联动模式创新

2014年5月28日，阿里巴巴集团、银泰集团联合复星集团、富春集团、顺丰集团、三通一达（申通、圆通、中通、韵达）、宅急送、汇通，以及相关金融机构共同宣布，"中国智能物流骨干网"（简称CSN）项目正式启动，合作各方共同组建的"菜鸟网络科技有限公司"正式成立。马云任董事长，沈国军任首席执行官。2013年11月27日，"菜鸟网络"正式落户郑州。2013年12月10日，"菜鸟网络"与上海众萃物流联合，即将启动冷链物流平台。2013年12月29日，"菜鸟网络"对海尔进行约人民币22亿元的投资，合作设立日日顺物流公司。"智能骨干网"项目，主要通过以下两个方面的投资和整合布局物流业：一方面，中国智能骨干网要在物流的基础上搭建一套开放、共享、社会化的基础设施平台，平台搭建后，通过自建、共建、合作、改造等多种模式，在全中国范围内形成一套开放的社会化仓储设施网络。另一方面，通过大数据、云计算、物联网等新技术，建立开放、透明、共享的数据应用平台，为电子商务企业、物流公司、仓储企业、第三方物流服务商、供应链服务商等各类企业提供服务，实现信息共享。

菜鸟仓储设施网络将由8个左右大仓储节点，若干个重要节点和更多城市节点组成。大仓储节点将针对东北、华北、华东、华南、华中、西南和西北七大区域，选择中心位置进行仓储投资。华东节点最大仓在金华都市新区；华南节点最大仓则在广州萝岗区；华北节点最大仓将落户天津等。

菜鸟网络信息平台的第一个关键点是需求预测和库存计划。需求预测，即通过大数据对各个片区市场需求进行预测，客户下单之前就可以在各仓储节点铺货；库存计划，即利用大数据，基于商家市场需求，科学地进行库存计划，将是智能骨干网的关键，例如在双十一来临前，通过云计算、大数据等手段预测各区域需求，并提前将货物运达8大仓储节点。第二个关键点是物流信息平台，是菜鸟网络的一个核心枢纽，是基于大数据的中转中心或调度中心、结算中心。能够打通阿里内部系统与其他快递公司系统，通过转运中心，买家从不同卖家购买的商品包裹可合并，节省配送费用。其中，物流信息平台会根据以往的快递公司的表现、各个分段的报价、即时运力资源情况、该流向的即时件量等信息，进行相关的"大数据"分析；通过分析，得到优化线路选项，并对各个第三方物流公司进行优化组合配置，并将订单数据发送到各个环节，由第三方物流公司完成。这样，物流成本降到最低，时间做到最快。阿里既掌握了信息流，又掌握了物资流，并制定了规则。

例如，客户在淘宝店家购买iphone，淘宝店家在杭州，需要将货物配送至北京，物流信息平台将检测到最近的快递员（能对每个快递员进行GPS定位），比如申通快递员，平台将会通知申通公司让此快递员取货，并将货物按规定的时间送到中转仓。平台检测到圆通有从杭州即将发往北京的干线车辆，将通知圆通将此货取走。圆通将货物送达北京仓库，并入仓。平台将进一步计算出买家地方附近送货的快递员，比如顺丰的快递员，则平台会通知顺丰公司取货，完成整个配送过程。

从集成场的角度出发，菜鸟网络形成与运作体现了两业联动的模式创新。这一模式创新可以概括为：以电子商务信息平台（基核）作为可靠的货源、仓储、第三方支付质量保障等社会所关注的场源的载体，以网上交易与沟通作为厂商、客户和第三方物流商之间的联接键，从而形成产业、电商和物流联动发展模式。

(1)电商集成体与物流集成体之间的关系。体现为阿里巴巴集团、银泰集团、复星集团、富春集团、顺丰集团、三通一达等的联合,并形成菜鸟网络科技有限公司所主导的电商网络体系。

(2)以严谨的进货渠道、品牌、信誉仓储、第三方支付等质量保障为场源集中于电子商务信息平台这一基核,可以吸引、集聚广大的网购客户。这样有利于形成更大的市场规模。

(3)网上交易作为电商、客户与物流服务者之间的联接键,实现上下游产业和相关产业的整合,形成一体化物流运作模式。能够有效降低物流运作成本,吸引更多企业加入,最终形成以平台为支撑,交易为驱动的物流模式创新。

(4)形成电商交易、快递物流和售后服务全程场线监控体系。

思考题

1. 物流链形成的意义,在两业联动中物流集成体为何要主动,为何要为客户提供量身定制的优化方案?
2. 结合案例的进行比较分析,说明不同类型联接键的内涵和应用。
3. 基核(物流基地)间的距离反映了物流链与(制造)供应链对接的运作效率,在什么条件下是比较重要的?
4. 试述制造业与物流业联动模式应用与发展阶段的关系。
5. 从新飞电器—新飞专运案例中得到什么启示?进行案例调研和深度分析。

第7章 物流战略管理

物流作为跨企业内部职能边界、跨企业组织边界,以及跨产业、跨区域、跨国界的运作模式,涉及企业的长远利益和根本利益、与关联企业间的竞争与合作关系,以及提升企业的竞争力。因此,必须重视企业的物流战略设计、运作和管理过程。

本章研讨重点:
(1) 第三方物流战略的特点及作用,战略设计的理论及方法。
(2) 货运与集散一体化战略要点。
(3) 第三方物流战略管理的要点。

7.1 物流战略研究与设计概述

7.1.1 物流战略管理的内容

电子计算机及信息网络技术促进了电子商务的迅速发展和信息流的加速运动,进而实现物流少批量、多频率、高性能、快速度、低成本运行,满足各类用户,适应市场需要的变化。因此较高的盈利将来自那些具有独特技能、技术诀窍并以此作为战略优势的企业,它们能及时抢占市场制高点,扩大市场份额。此外,以往道路货运经营者苦于"面"上经营活动不可控的现象,在IT和前沿管理理论的支持下,已经在那些忙碌于传统业务的人们身边,悄悄地发生了巨大的变化,并将继续发生着深刻的变革。睿智的企业家将会从战略的高度认识到,未来企业发展的战略构思与设计必须尽早建立在已发生变革的社会技术基础之上。没有现代技术基础作依托,物流企业终将产生质的落伍。因此,制定战略并进行战略管理是物流企业快速有序发展的一个重要前提。

物流战略管理包括企业物流战略管理和第三方物流(企业)战略管理,涉及不同层次的战略设计、战略组织和战略过程。其中,第三方物流经营者在物流经营思想、经营方式、技术设施等方面更具现代物流意识和高级化特色,第三方物流战略更具代表性。物流战略制度化是战略管理行为、协同机制和运作机制的规范手段,也是企业减少物流战略管理成本的管理制度。供应企业、生产企业和销售企业在设计自身的高性能、高效率、低成本的物流系统时,也需要考虑购买和使用第三方物流服务。第三方物流经营者在战略设计理论、方法和实现方式等方面各具特色,对其他企业构建物流系统也具有重要的参考作用。

7.1.2 第三方物流战略的特点和作用

物流的战略内涵为物流系统的创建以及通过市场机制实现社会物流总费用的节约奠定了理论基础。强调第三方物流的战略含义、强调从物流业务管理到物流战略管理的转变,是基于以下几方面的认识。

(1)物流正在从单一企业范畴跨出去寻求更大的物流管理的运作范围,如区域物流、全国物流和国际物流。它们所追求的目标是社会物流合理化。这种从物流全过程合理化的角度追求物流费用节约,其影响力既是长远而深刻的,也是相对稳定的。

(2)物流系统在中国的运作,正孕育着技术基础上的突破。其依托于企业集团、区域、全国乃至全球的各类电子信息网络,加之高新技术的运用,已成为物流市场竞争制胜的秘诀。

(3)第三方物流质量依赖于支持原材料、物品等从最初供应者到最终用户间流动的各要素、环节组成的网络组织结构。因而,必须拥有驱动这一组织运转的动力和相应的经营机制。

(4)物流支持了企业从产品生产者到最终消费者的所有活动方式,追求的是协同运作效益,即实现整个物流系统的效益目标,同时也有利于各组织单位成员效益目标的实现。这里的组织单位成员既可以是物流战略经营单位,也可以进一步划分为物流战略经营单位。

(5)物流领域的标准化不仅为不同部门间的合作创造了前提,而且已经成为市场一体化、竞争国际化的制胜新要素。

(6)第三方物流经营者获得货源的优势在于,他们能创造出比供方和需方所采用的自营物流服务系统运作更快捷、更安全、更高效的服务,且提供成本相当或更低廉的物流服务。因而,就需要发挥高新技术和科学管理的潜力、效率,这是物流系统技术创新的动力源。

研究物流战略的目的在于提高运输服务水准,如果不了解用户物流的全过程及其网络组织体系,运输或物流经营者就不了解如何建立起使用户满意的、能够支持物流合理化的网络组织结构,为用户提供一流优质服务也只能是一种愿望而已。同时物流研究与运作过程中所得到的结论和有关规律,对进一步指导物流服务水平的提高,有一定的借鉴和指导作用。

7.2 物流战略构成与设计思路

物流的重要意义在于它的战略性,即为企业争取市场、用户等的战略地位。第三方物流战略的制定是实行物流战略管理的首要环节。

7.2.1 第三方物流战略体系结构

第三方物流战略的基本结构包括:物流系统的宗旨(又称为物流系统使命)、物流战略目标、物流战略导向、物流战略优势、物流战略类型、物流战略态势以及物流战略措施和物流战略步骤等内容。其中物流战略导向、物流战略优势、物流战略类型和物流战略态势是物流战略的要点。它关系到企业物流战略的基本特征,第三方物流经营者需要在其战略基本点上形成自己的特色,以区别其他类型的企业,这也是形成物流企业战略优势的重要前提。

7.2.2 第三方物流战略设计理论

物流战略的核心内容是物流系统的宗旨和战略目标,其中,物流系统宗旨的确立,直接影响到第三方物流企业(集团)参与物流系统设计与运营的任务、目的和目标。物流战略的基本要点体现了第三方物流企业(集团)进行物流战略设计的内容特色。

1. 物流系统的宗旨

物流系统的宗旨主要是指该系统在社会经济发展中所承担的责任或主要目的。第三方物流企业(集团)在参与物流战略系统形成过程中必须认真分析自身的物质技术基础,认识自己的战略优势所在以及物流系统的环境变化,从而确立系统的宗旨,明确系统存在的理由,这是明确物流系统任务、目的和战略目标的前提,是拟定物流战略方案、确定战略重点的依据以及分配与调节物流所需资源的指针。

2. 物流系统的战略目标

物流系统的战略目标是由物流系统宗旨引导并表现为物流系统目的,可在一定时期内实现的量化成果或期望值。第三方物流企业(集团)制定物流战略目标主要包括:服务水平目标、物流费用目标、高新技术应用目标、社会责任目标和经济效益目标等。其战略目标应体现物流系统的全面性、长期性、纲领性、竞争性、多元性、指导性、激励性、阶段性等基本特点。

3. 物流战略的要点

物流战略的要点是物流战略系统形成中涉及的基本方面的设计与选择。对第三方物流企业(集团)而言,重点是要将运输即两节点(仓库、货运站等)之间的货物位移与两端点上的延伸服务(如订货、取货、分拣、包装、仓储、装卸、咨询及信息服务等)紧密结合为一体,使货物(物品)从最初供应者到最终用户间的各个物流环节成为完整的物流管理系统。在此基本思想的指导下,物流战略要点主要包括:物流战略导向、物流战略优势、物流战略类型和物流战略态势。

(1)物流战略导向,指的是物流系统生存、成长与发展的主导方向。物流战略活动领域很广泛,物流服务、市场、技术、规模、资源、组织、文化等方面都可能成为物流企业(集团)所经营的系统生存、成长与发展的主导方向。物流战略导向的确立,既明确了前进方向,又可避免竞争与发展中的盲目性。

(2)物流战略优势,是指物流系统能够在战略上形成的优于竞争者的形势、地位和条件。构成物流系统战略优势的主要方面有:①产业优势,服务于符合企业自身成长条件且属于新兴的朝阳产业;②资源优势,拥有雄厚的资金、一流的技术、先进的设备和优秀的人才等;③地理优势,占据便利的物流基地与通道、丰富的原料产地、经济发展重点区域等方面的有利条件;④技术优势,拥有支持物流系统成功运行的信息技术和其他专有技术;⑤组织优势,具有完整的支持物流网络运作的组织结构;⑥管理优势,是基于服务优势、技术优势、资源优势和组织优势之上的整体优化配置资源、协同运作的思想、文化、方法、手段、制度等的有机体系。

研究物流战略优势,关键是要在物流系统成功的关键因素基础上形成差异优势或相对优势,这是取得物流战略优势比较经济有效的方式,当然也要注意发掘潜在优势,关注开发未来潜在优势。

(3)物流战略态势,是指物流系统的服务能力、营销能力、市场规模在当前的有效方位及沿战略逻辑方向的演变过程和推进趋势。它反映了第三方物流企业（集团）参与社会物流系统运作在客观上的物力、人力资源表现的竞争能力积聚与实力体现，以及企业在智慧谋略方面的动态组合和运作状况。

(4) 物流战略类型，是指依据不同的标准对物流战略进行划分，有助于更深刻地认识所拟定的物流战略的基本特点，进一步完善物流战略规划方案。第三方物流企业（集团）通常可以按服务项目、发展方向、战略行为和战略重点等方面划分物流战略类型，见表7-1。

物流战略类型的基本划分　　　　　　　　　　　表7-1

划分依据	物流战略类型
服务项目	准时货运集散战略、快速货运集散战略、整车货运集散战略、成组货运集散战略、专项货运集散战略、国际货运集散战略等
发展方向	物流服务导向战略、市场需求导向战略、专有技术导向战略、规模经营导向战略、资源优化导向战略、实时响应导向战略等
战略行为	扩张型物流战略、稳定型物流战略、收缩型物流战略、关系型物流战略等
战略重点	物流系统生存战略、经营战略、发展战略等

【案例7-1】　为用户设计物流服务项目

德国的施多特（Stute）公司，主要从事运输及运输代理、旅游、仓储及技术服务等业务。根据其经营的物流领域方面，可见该公司属于典型的第三方物流经营者。公司员工只有400人，年营业额却达4亿马克，在国内外设有20多个分公司。分析和总结这个公司成功地经营物流服务的经验，其秘诀之一是：利用自己的运输与仓储优势，为用户设计物流服务项目。

(1) 施多特（Stute）公司与KHD公司的合作。KHD公司在科隆一波资建造了一家现代化的柴油发动机厂，施多特公司闻讯后经过认真分析研究，在征得KHD公司赞同并愿意与其合作的情况下，在距柴油发动机工厂10余km处建造了一座与之配套的仓储中心，全面负责该厂生产所需要的全部物品（主要是零配件）的分送及集中作业，为KHD公司在科隆一波资的生产经营提供强有力的后勤保障服务，使其运输、运输代理、仓储及技术服务等业务特长得以充分发挥。

(2) 施多特公司与奥宝汽车公司的合作。施多特公司按照奥宝公司凯萨劳腾分厂生产的特点，投入1300万马克设计建造了一座面积达9000m^{2}的仓储中心。仓储中心负责汽车分厂零配件集散，主要工作是对协作厂运到的零配件进行验收、存储等后勤保障工作。该分厂的协作厂、供应商达300余家，与交货有关的服务都交由仓储中心负责。仓储中心收货后将零配件重新包装并装入特制的箱内，通过运载工具送到工位，由工人组装车辆。奥宝公司生产分厂的仓储中心对供货有严格的要求。由于两个单位的生产和业务运作都由电子计算机相互联接成网进行控制作业，所以，当奥宝公司分厂的电子计算机发出指令后，仓储中心2h左右就会供货到工位，衔接非常紧密，从未出现过差错。生产厂家享用这样的物流服务系统，可以专门致力于组装式生产，而不需要自己建立耗资巨大的仓库；仓储及配送业务均由物流企业为之服务。供需双方各自专业化经营，在互为依存中，彼此都得到益处。

7.3　一体化物流战略要点

传统货运转型物流集成业务的途径很多，一个重要的方面是从"被动执行"到"主动优

"化"的理念转变。在基本业务模式的基础上,进行业务种类划分、规模确定和服务时间划分等,则可形成各种类型的一体化物流运作过程。

7.3.1 一体化物流的基本模式

引入物流集成场理念进行物流运作业务模式的顶层设计,主要涉及集成体、基核、联接键和场线等几个基本要素。

1. 基本模式一:城间货运集散一体化业务模式

A城与B城之间的货运集散一体化的基本业务模式单向物流场线是货主经过集货、运输和配送的不同经营主体的合作,将货物送达收货人。作为物流集成体的企业对客户提供"一票到底"的物流服务,所形成单向物流场线如图7-1所示。其中基核分别是A、B城的物流中心,集货物集散中心、物流信息中心和全程监控中心等三大功能为一体,联接键包括物流通道、物流信息、载运工具等。相对的业务场线也同样如此,并能够满足场线对称平衡的基本要求,物流运作效率可以达到很高的水平。这一模式可以用于零担货物构成的城间物流服务体系。

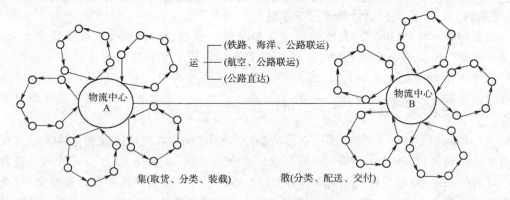

图 7-1 货运集散一体化基本模型

这一典型模式可以扩展到多条线路和节点构成的物流网络,其中包括基础设施网络、物流信息网络和业务集成网络,可以连接形成区域、全国和全球的物流网络。这一模式可以运用函件、包裹物流体系,例如中国邮政物流、顺丰物流等的业务模式。

将货运集散一体化基本模型的内涵扩展至一般物流集成过程进行认识,就可以看到物流链形成的企业间逻辑关系,掌握基核(客户需求、物流基地等)的企业处于集成体地位,在物流链的网链结构中处于高端,物流链是专业化基础上的合作关系,如图7-2所示。

显然,图7-2将基本模式抽象为一般的物流组织化结构是典型的物流链模式。因此,以物流集成场观念指导,基于"货运集散一体化"基本模型进行具体改进、创新的物流集成服务方式的种类将会多,如准时货运集散、快速货运集散、整车货运集散、成组货运集散、专项货运集散等业务模式。拓延集散的范畴,也可将上述中的"货运"二字省略。

2. 基本模式二:电商与物流一体化运作模式

电商以网络销售的综合信息平台为基核,连接供货方和采购方用户。这里涉及一个重要的方面:迅速快捷地完成网上交流、网上看物、网上下单、网上支付之后的货物如何迅速快捷地到达顾客手中。将电商模式与物流一体化运作模式用联接键结合起来,形成一个完整的系统,这样就会形成电商到物流的一个畅通的物流场线过程。其中最重要的联接键是电子商务订单系统与快件物流订单系统的对接。电子商务下单受理的平台信息系统与物流作业平台的货运订单信息系统对接,受理电子商务采购订单的同时,所对接的快件配送系统就接到了货运订单任务,如图7-3所示。

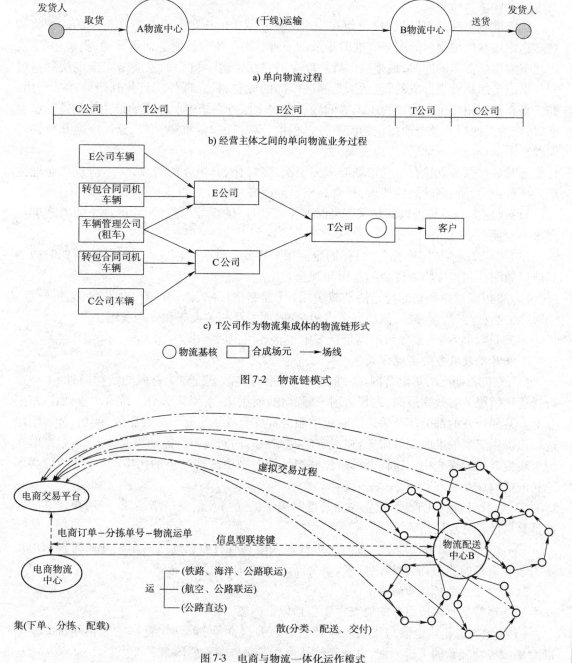

图7-2 物流链模式

图7-3 电商与物流一体化运作模式

在电子商务模式下,具有快速物流通道网络连接的城间、城市物流系统就会有很好的集成物流服务效率;在云计算的大数据服务作支持的前提下,可以根据客户群的集聚地提前布局电子商务的商品储存地,这样可以减少一部分货物的长途运输,提高物流效率并降低物流成本。由此可见,在信息型联接键、信息交易平台和物流业务的资源型联接键的综合作用下,电子商务综合交易平台为基核电商业态和物流网络服务平台为基核载体的快递业态形成了产业联动的新模式。

7.3.2 准时集散服务战略

1. 准时集散的含义

所谓准时集散是 JIT(准时)思想在物流服务领域中的应用。它是指在特定的时刻将货物送达指定目的地交付的服务。准时集散的原理起源于研究使制造商更准确、更敏感、更及时地响应市场需求的同时,最终减少货物库存的系统。这个概念的发展是完全围绕制造过程和供应链组织管理形成的,包括从为制造产品的原材料、元器件的订货到最终产品产出,并一直到最终用户手中的销售组织等问题。在这个服务系统中所体现的最主要的特点就是准时,在为某些行业及企业提供物流服务过程中,准时性非常重要,早几分钟或晚几分钟可能都会影响企业的正常运转,造成损失。

准时集散服务既符合现代市场需求多层次、多样化、分散化的特点,又适应现代企业生产多品种、小批量、高时效的要求,具有高质量的服务水准。可以概括为以下几方面:

(1)准时集散系统可以满足采用准时制生产(JIT)的企业用户需要,促进企业管理朝更高水平发展。

(2)可以满足以"零库存"为目标的企业用户需要。减少仓储成本、搬运成本,同时减少制造厂的库存和相应物资资金的占用和利息支出。

(3)可以通过更频繁的配送活动减少用户(如制造厂家、修理厂家、批发商、零售商等)的库存物品种类、数量,减少流动资金占用、仓库面积及相关设施和管理费用。

(4)可以用较高的服务水准满足众多中小企业用户的需求。

2. 准时集散服务的实现方式

(1)签订长期准时集散合同。一般情况下,准时集散系统在为有限的货物品种、类型进行货运集散服务时效率最高,尤其适用于标准化、通用化、系列化水平较高的产业,如汽车工业等。某些产业的部分环节采用准时集散服务的综合效果也是十分突出的,例如,为啤酒酿造厂家提供煤炭的准时集散服务:在规定的时刻或时间间隔将所需的煤炭按质、按量准时送到煤炭提升机的煤仓中。这样既可避免储煤场地对啤酒酿造环境的污染,又可节约储煤场地相应的设施及管理费用,一举多得。

(2)强化计算机化管理,建立和完善准时集散的通信及信息网络系统,与用户建立实时的计算机经营管理网络系统。

(3)实行准时集散代理制。准时集散代理人应具有有效调动所需车辆并及时投入应用所需装卸设备的能力,能够招之即来、来之即运、确保质量、准时送达。

3. 准时集散成功经营的要点

成功经营准时集散服务的要点主要包括以下内容:

(1)货主(企业)、运输与集散服务经营者、用户(企业)间建立良好的通信系统。这是准时集散成功经营的关键因素,也是经营其他集散服务的重要因素。

(2)有限的产品种类或标准化的部件、产品种类可以使准时集散系统工作得更好。

(3)同时掌握供应者(货主)和使用者(用户)。寻找和发现供应者愿意并能够响应准时集散系统要求的方式,以及用户不愿意、不能接受的方式。准时集散系统要能够随时掌握供货者(货源)和目的地,以用户满意的方式,响应使用者的需要。

(4)与供方和需方建立稳定的战略或业务合作伙伴关系。在多方之间建立 EDI 数据交换系统或计算机物流系统网络,有助于巩固这种伙伴关系。

7.3.3 快速集散服务战略

1. 快速集散的含义

快速集散是在约定的货物交付时刻表的限定下,以"站到门"、"库到门"、"门到门"或"桌到桌"方式实现的一种货物集散的服务。快速集散服务最主要的优势在于运达交付的快捷性、服务的可靠性、使用的方便性和跟踪的实时性,所能提供的附加价值是合同中运达时间上的保证条款。快速集散最初是在全球范围对时间非常敏感的文件、包裹等运输服务的基础上发展起来的,该服务系统最显著的特点就是快捷性。现在,快速集散的发展方向是在时刻表限定下为准时生产所需部件、外协件等的送达服务。快速集散特别适宜于异地用户增加货物的时空性附加价值。所以,采用快速集散服务战略的优势在于:

(1) 送达速度的快捷性。无论采用何种运输方式,在设定的时间表范围内必须送达。

(2) 集散服务的可靠性。系统能准确无误地实现门到门快运服务。

(3) 使用服务的方便性。用户可以在任何时间、任何地点、以最方便的方式,得到货物送达任何目的地的快运服务。

(4) 送达反馈的实时性。随时掌握物流系统运营状况,能及时解决出现的问题。

2. 快速集散服务的实现方式

一些货主(企业)使用快速集散服务纯粹是为了处理那些特殊、紧急、急需交付的货物。他们并不关心货物怎样运输,只是关心货物在快速送达条件下的成本。快速集散依不同的运距,一般有隔夜送达或 24、48、72h 实现货物交付的封闭式快速集散服务,可以将快速集散服务作为准时集散的支持系统。在该系统达到一定规模后可利用多式联运系统,获得较好的规模效益,否则车辆的运用水平会受到较大限制。快速货运集散的具体实现方式较多,典型的快运系统类型有:

(1) 依托高速公路展开快速集散服务。以高速公路或一、二级公路等为运输干线,建立主要城市(镇)快速货运集散路网系统。这种方式送达距离往往受到路网质量限制,服务区域有限。

(2) 依托公路、航空等联运方式展开快速集散服务。其重点是要解决公路航空等的多式联运经营方式问题。第三方物流企业受理业务并对用户全面全程负责,将自己负责两头集散与租用或以契约方式利用航空运输服务完成长距离运输结合起来,也可以采用集团内部企业合作的方式实现陆空联运。

(3) 快运集散代理制。快速集散服务代理人受理业务,租用(或购买)汽车运输服务、购买航空运输服务,实现对用户全面负责的物流全过程管理。

3. 快速集散成功经营的要点

根据国外运输企业经营快速集散的成功案例,了解到快速集散成功经营的要点如下:

(1) 将快速集散列入用户企业经营计划。将快速集散服务作为用户企业全部分销系统的组成部分,可以使物流经营活动更有规律可循,提高服务质量的同时获得更好的经济效益。

(2) 建立快速集散的门到门全程封闭式服务系统。快速集散的取货、长途运输、最后送达等,均由快运公司员工、设备来执行。这样无论快运集散服务过程涉及多少因素和环节,快速集散经营者均能有效地负责全程控制。

(3) 为用户提供快速集散服务的附加价值。虽然，快速集散服务要比同等条件下的普通集散服务价格要高，但是当快速集散服务所增加的货物时效价值及其他增值服务，能抵销用户相应的快速集散成本的增加额时，就会为货主和企业用户带来更多的效益。

(4) 使用能够迅速与各类用户联系的通信网络系统，建立与用户沟通和进行物流信息管理的健全、可靠的计算机网络信息系统。

(5) 快速集散服务的长途运输过程，可以将其长途运输时间设计为尽可能与用户企业非生产(非工作)时间重合的运作方式，如利用傍晚至翌日上午作为长途运输的主要运行时间。

以上分析可以得出提供快速集散服务的第三方物流企业应具备较强的技术、设备、人员、组织等资源方面的实力，否则，无法满足快速集散服务所需要的可靠性和全程监控要求。

7.3.4 整车集散服务战略

1. 整车集散的含义

整车集散是以一次承运整车(整集装箱)为基本数量单位，或以这样的基本单位签订贸易合同，实现货物交付的集散服务。整车货运集散一般不需中间环节或中间环节很少，送达时间短，相应的货运集散的物流总成本较低。大宗货物物流一般以整车集散模式为基础。

2. 整车集散服务的实现方式

整车货物运输一般应当采用厢式车、集装箱运输货车，在一次出车过程中完成"门到门"货运集散服务。在长途货物运输、过境货物运输中采用较多，有较高的声誉。物流企业可以自己经营整车集散服务，如涉及城市间或过境贸易的长途运输与集散；也可以采用代理制的方式，如国际贸易中，进出口商通常采用以整车(整集装箱)为基本单位签订贸易合同，以便充分利用整车集散服务的快速、直达、方便、经济、可靠等优点。

3. 整车集散成功经营的要点

与其他集散服务战略相比，整车集散的组织工作相对简单。其中，良好的通信系统、联系各类用户、沟通物流信息的计算机网络信息系统是其成功经营的重要条件。超长途汽车货运要设计合理的运输组织方式，如分段(甩挂)运输。在整车货源不足的情况下，应当注意展开多种服务项目，吸引更多的客户。

7.3.5 成组集散服务战略

1. 成组集散的含义

成组集散多是以成组化单元，如托盘等作为受理、分销、配载、中转、送货与交付单位的货运集散一体化服务形式。提高成组集散效益，一般需要进行配载、集装化工作，如进行托盘化工作，以平托盘、箱式托盘、笼式托盘等形式建立成组单元，方便物流作业环节中的装卸搬运等作业。拼箱货物流、零担网络货运就可以建立在这一模式基础上进行拓展。

2. 成组集散服务的实现方式

为了便于成组单元在集散过程中的机械化作业和确保货物的安全性，除了必须选择恰当的成组化承载器具、装卸机械之外，还必须有相应的包装材料、包装机械、包装方法等与之配套，使货物能牢固地缚在托盘上。成组集散服务涉及长途运输时，往往需要经配载后进行，因而实载率较高，也有些货运需要一定的集结等待时间，这样较其他货运集散服务的时效性相对低一些。

3. 成组集散成功经营的要点

除了良好的通信系统、计算机网络信息系统等之外,在成组集散服务中,托盘化运输有举足轻重的地位。托盘系列标准化、托盘与装卸搬运机械能配套运作、仓库设计与布局等要满足托盘作业要求。在集装箱化、托盘化的前提下,成组集散及相关作业均可用机械化手段完成,其主要特点是能够提供方便、灵活、经济的货运集散服务。

7.3.6 专项集散服务战略

1. 专项集散的含义

专项集散是针对一些有特殊要求的货物种类展开的集散服务,如高科技设备集散、时装集散、冷藏货物集散等。专项集散服务根据货物的集散量、集散过程的特殊要求,往往需配备专用仓库、设备、装置、车辆等固定设施、移动设备和相应的工具。特种货物物流就可以在这一模式基础上进一步专业化运作。

2. 专项集散的实现方式

专项货运集散一般应配备专项物流服务所需的硬件、软件系统。常见的服务方式有:

(1) 高科技设备集散服务。配备专用运输车辆、装卸搬运设备,如带有液压提升装置的厢式车,以及将设备装卸搬运至高层楼房的专用装置,以确保设备在集散过程中绝不使高科技设备性能受到影响,必要时还应有相应的专业人员的安装服务。

(2) 时装集散服务。在时装运输、保管、配送等过程中应有专用运输车辆(车厢壁上有支撑悬挂时装金属杆的嵌槽),需要配置有多层挂衣导轨的时装仓库,以及相应的专业人员。

(3) 冷藏物品集散服务。从事这项服务必须安装有制冷设备的专用冷藏车,配置冷藏仓库。冷藏仓库要根据货物的种类、数量及分布情况配置,从而能够保质、保量地实现冷藏物品集散的要求。

此外,还有大件货运集散、危险货运集散等专项物流服务项目。物流企业可以根据自己的具体情况和所处市场环境选择适合企业自身发展的一项或几项进行详细设计、组织经营,也可以另辟新径。

3. 专项集散成功经营的要点

良好的通信系统和联系各类用户、沟通物流信息的计算机网络信息系统是必要的。此外,还必须有专项物流服务所需的专用经营设施、设备和专业工作人员。要注意经营多种服务项目,防范经营风险。

运输经营像物流服务于其他行业一样,也需要后勤保障服务。运输后勤服务是对运输经营的重要支持,体现在提高运输系统功能和降低运输成本等方面。

【案例 7-2】 **TNT 的设备管理战略分析——专业化经营**

TNT 澳大利亚公司下属的各个从事货物运输的公司一般都不拥有自己的车辆,所使用的运输车辆和主要设备都是采用租用方式获得的。运输公司(货运站)使用的运输车辆可以是转包合同驾驶员的车辆,也可以是租 TNT 车辆管理公司的车辆,如小轿车运输的车架等。专用设备也是从 TNT 车辆管理公司租用的;货运站装卸搬运各种型号的叉车是从 TNT 叉车公司租用的。货物运输用的平托盘、箱式托盘、笼式托盘等专用运输装置是从 TNT 搬运器具公司(Material Handling)租用的。TNT 澳大利亚公司的车辆管理公司的主要职责是:负责购买和处置所有道路运输设备;在标准费用条件下,对所有车辆进行维护,TNT 车辆管理经理负责认可所有维护作业,以确保服务质量。公司有统一的车辆使用要求,并确保车辆在使用的全部时间中保持良好的公司形象。

1. 车辆管理服务

TNT 澳大利亚公司车辆管理由 TNT 车辆管理公司负责(TNT Fleet Management)。该公司始建于 1963 年 6 月,主要为 TNT 和 ANSETT(道路运输部分)提供车辆、设备管理服务。1991 年在澳大利亚有 270 多名雇员和专家,组成了不同领域的车辆管理实体。可以帮助和指导用户解决有关汽车运输车辆、设备的各种问题。

(1)车辆购买与处理。该公司集中负责车辆购买,根据所掌握的车辆性能、经济性、适用性等信息资料,进行车辆选型;根据所掌握的市场行情商谈车辆的购置与处理业务。

(2)车辆运用工程(车辆综合管理)。一般称设备综合管理(学),即用系统学的思想进行设备管理,不但要管理设备的后半生而且还要管理设备的前半生。根据用户(TNT 或其它部门)的需要,在对用户特殊经营条件进行深入调查研究的基础上,提供道路运输设备和设计特种设备(该公司设计的一些设备模型已经被制造厂家作为标准设备采纳)。车辆设备的综合管理使企业能以最低的车辆寿命周期成本实现企业的经营目标。

(3)车辆维护和修理服务。在澳大利亚本土建立 10 多个维修服务中心并形成了服务网络。维修中心的设备一天可工作 18h,提供野外作业车辆运行中的维修服务,这些设备可用于长途牵引车、重型货车和轻型商业车,从标准设备到特殊牵引设备、起重设备、液压设备的维护和修理。

(4)车辆出租。车辆出租是该公司的一项主要业务,能以非常具有竞争力的价格向用户提供车辆短期和长期出租。它作为澳洲第一个在车辆管理中应用计算机的组织,不断地适时更新,以适应用户需求的变化。以计算机联网联接遍及澳大利亚各地的车辆管理服务中心,从而能实现以最低成本、最有效的车辆运用与管理。

(5)车辆的零配件管理。该公司业务覆盖在零件制造、铸模等方面,以确保最小停工损失的总成互换和经济修理等方式提供服务。它具有一定规模,拥有最完备的库存能力,是澳洲最大的机动车辆零件购买者,可以以非常具有竞争力的价格得到所需配件,并能提供零件、喷漆、润滑等服务。

(6)机动车辆辅助服务。例如,提供从轿车、商业车到维修中心车辆的清洗服务,并可以完成达到零售标准的详细服务。

2. 叉车购买、出租、维修及零配件销售服务

叉车是运输过程中平托盘、箱式托盘、笼式托盘、集装箱等的装卸搬运必不可少的设备,是集装化运输的重要设备。在货运站、港口、机场、仓库等处,叉车的使用量是很大。和车辆管理相似,叉车的集中经营管理也有诸多优点,在经营中处于优势地位。TNT 叉车公司从事最大范围内的材料搬运车辆的购买、出租、维护、修理和零配件销售。

(1)经营范围。包括手动托盘叉车,汽油、柴油、液化气、蓄电池等为动力的叉车,操作吨位为 1~30t。

(2)叉车出租服务。叉车的出租可分为天、周、月租用。以短期出租为例,清晨只需用户的一个电话,就可以使用户以最高效率使用叉车完成当天的经营业务。叉车出租服务减少了不经常使用叉车的用户自己购买叉车利用率低造成的损失,同时减少了没有专业维护、修理的风险和万一设备损坏时的误工损失等。

(3)叉车系列服务。TNT 叉车公司在全国各地有自己的库存系统,形成了叉车零配件

采购、库存、零售及修理的一套系统。叉车主要来自日本、英国、德国等国家,全部库存采用计算机网络管理。由于进口订货到货物进库一般需3个月,利用计算机进行库存控制,可以以最低库存费用确保维修、销售零配件的需要。例如,20000个零配件品种,可以在24h之内送到澳大利亚任何地方。

3. TNT车辆(包括叉车)管理取得的主要成就

车辆费用在运输成本中占很大的部分,TNT在加强相关的后勤管理的思想、方法和业务等方面都有许多值得借鉴的地方。

(1)持续不断地完善计算机记录,可提供全部的车辆技术和历史档案。

(2)能与授权修理者就车辆的服务、修理和零部件价格进行特别协商而确定。

(3)通过澳大利亚最大货车服务中心提供商用车辆服务和修理。

(4)与供应商就保证条款进行谈判。

(5)车辆修理前的审批,消除不必要的服务和无效的修理程序。

(6)计算机每月报告系统提供每一辆车运行的所有方面的详细分析结果和运行中非正常成本的例外报告。

(7)专家有效管理用户的车辆,提供修理工和驾驶员的信息。

(8)持续地关注特殊车辆的使用,了解制造商的政策、车辆管理技术的发展和变化,提高车辆管理的专业化水平。

7.4 第三方物流战略管理

7.4.1 物流战略管理的主要过程

物流战略管理是物流经营者在物流系统化过程中,通过物流战略设计、战略实施、战略评价与控制等环节,调节物流要素、相关资源、组织结构等,最终实现物流系统战略目标的一系列动态过程的总和。从更一般的意义上讲,第三方物流企业(集团)物流战略管理的实质,就是运用战略进行物流管理。从物流战略管理的业务功能分析,一般可以划为三个环节:

(1)战略形成过程。

物流战略形成一般有两大类方式:

①战略方案规划方式,即在战略实施前制定一个完整的战略规划方案并付诸实施,必要时在实施过程中作少量的修正。这种战略形成过程内容不宜过细,否则成本过高,也制约了下属在一定范围经营活动的自主性和创造性。这种战略形成方式的特点是,在战略实施前有一个明确的战略方案体系,比较容易在实施中达成共识、取得一致行动,能较好地体现出战略的本质特征和作用。

②战略逻辑渐进方式,在战略实施前,只有一个战略主导思想(或称为战略纲领或战略逻辑),在战略的实施进程中根据环境变化和战略逻辑的指导,不断修正,逐渐完善战略体系。这种战略形成的思路是认为战略环境始终处在变化之中,要完全掌握其内容,信息成本过高、花费时间过长,在很多情况下也没有必要。所以,在战略纲领实施过程中要随时进行修正,这是比较实用的物流战略形成方式。

(2)战略实施过程。

根据战略目标、战略方针,设计物流组织结构、运行机制,将纸上的方案变成现实的绩效。战略实施中遇到的问题要及时解决,必要时也可对战略规划方案作适当调整或修正。

(3)战略评价与控制。

在战略形成过程中要对战略方案进行评价,在战略实施过程中要对阶段绩效进行评价,在不同层次的战略管理中的评价结论对战略控制直接起影响作用。

其中物流战略形成是物流战略管理的首要环节,指导并决定了整个物流战略系统的运行,战略评价工作渗透在物流管理各个阶段之中。从物流管理组织结构分析,第三方物流企业(集团)一般可以划为三个层次:企业层、事业层和职能层。在物流战略管理过程中,各个组织层次沿物流战略逻辑过程运行,依其所在战略组织层次的地位,高层组织的物流战略决定并指导着下一层组织的物流战略管理。这一过程可以参看图7-4。

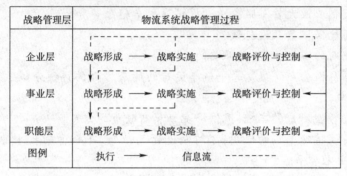

图7-4　物流战略管理过程示意图

7.4.2　物流战略的组织实施原则

一般情况下,物流战略引导并决定物流系统组织结构,尤其是在进行物流战略管理的初期。但在特定条件下,物流组织结构也会对物流战略提出修正与完善等要求。第三方物流企业(集团)在拟定物流战略时,要结合区域经济、企业资源情况、获取资源的途径与能力等方面进行综合分析,并参考以下原则实施。

(1)战略协同原则。在物流战略设计中要充分考虑战略导向、战略态势、战略优势、战略类型的设计与选择,使其在物流战略方向上形成一致的合力——战略协同效应。

(2)寻求优势原则。物流战略形成与实施的过程本身就是一种竞争。所以,要力求在物流战略成功的关键环节和关键因素方面寻求、创立、维持和发展相对的、有差别的竞争优势。

(3)区域平衡原则。在物流系统形成过程中,物流管理的要素资源要在区域范围内尽可能寻求平衡,尽可能运用已有资源,提高资源运用效率,而不是盲目追求系统外新资本的投入。

(4)有限合理原则。物流战略管理是在有限的信息、有限的资源、有限的智能和有限的技术手段下进行的,并在有限的时间跨度和空间范围内运行,只要符合物流系统的宗旨、战略目标、战略方针要求,符合物流战略的科学逻辑,在战略环境没有质的变化的情况下,原则上可以做出抉择和组织实施。必要时可以在物流战略实施过程中进行修正、调整,以臻完善。

(5)阶段发展原则。在物流战略设计与实施过程中,不可能一蹴而就,必须根据具体情况分阶段进行。包括按核心企业、紧密层企业与松散层企业,核心业务与非核心业务,重点区域与一般区域等类别分阶段进行。

(6)系统优化原则。从物流系统及经济圈发展需要寻求资源优化配置,并以此作为战略设计与评价的基本准则。

这六项原则应当作为一个完整体系来贯彻执行,落实于物流系统规划、设计、运营与管理之中。

【案例 7-3】 集团总部的作用——实现战略协同效应

TNT(跨国)集团总部在战略管理中的地位和作用。TNT 有限公司(TNT Limited)是一个跨国性的主要从事货物运输的企业集团,主要面向欧洲、北美和南美及东南亚和澳大利亚等国家和地区提供运输服务。1991 年,集团分布在世界各地的雇员 52 000 人,拥有 Ansett 运输公司 50% 的股份,该公司雇佣 16000 多人。除道路、海洋、铁路运输外,TNT 集团还直接参与了旅客和货物航空运输、飞机租赁等业务。

TNT 集团十分重视其市场经营战略思想,作为一个大型的跨国运输集团,它明确地提出其宗旨是:使用户、雇员和投资者们得到公认,为了实现其宗旨,它要做到以下几点:

(1)为用户和公众提供高效率的服务。

(2)最大可能地吸引、保持和培育最好的管理队伍并鼓励其发展。

(3)产生足够的利润率、使雇员和持股者得到很好的报酬并为其的成长提供坚实的基础。

(4)确保 TNT 在全球范围的各个经营实体始终是优秀的守法团体。

TNT 集团总部确定集团的使命和战略目标,将金融、资本支出等进行集中控制,而将业务经营活动的授权下放到最大可能。

在战略实现过程中,集团各个公司的作用和权限主要是:①TNT 集团的政策由 TNT 集团董事会决策;②世界各地每一个区域的经营由该地区的董事会和总部负责,包括确定区域战略、计划制定、检查及实施;③经营责任权授到最大可能程度,每一个区域的经营由总经理负责,他是负责该区域的执行总裁;④世界各地的企业拥有自己独立的市场、行政和财务功能,在进行财政、金融决策的同时,直接向 TNT 集团总部报告。

TNT 集团的主要作用体现在集团目标付诸实施的过程中。由于 TNT 集团的发展计划在各地区一视同仁,但突出强调在世界各地每一个核心部门的发展,必须持续地反映在全球范围内的盈利可能。也就说,TNT 的计划是通过其内部持续的可盈利的市场获得利润,以保持集团的持续发展。

7.4.3 物流战略组织及运行机制

第三方物流企业(集团)应根据其战略活动特点,设立或者划分若干物流战略经营单位共同参与物流管理,或者以集团企业形式参与所服务企业的物流项目,以协同有序的战略活动实现物流战略目标的要求。

物流战略经营单位(SBU)是物流企业值得为其制订一份战略计划的最小单位。战略经营单位有这样的特征:①有自己独立或相对独立的经营业务,如仓储、包装或运输业务;②在这些关联业务之间有共同的特点与要求;③掌握了能够独立或相对独立经营的一定资源,如货运站、仓库等设施;④经营单位划小了的经济核算单位,有很强的战略经营动力和相应的管理机构,能主动地提高效率和效益水平。所以,一般要求其组织规模适宜,专业化协作水平高,这样在取得优质服务质量的同时,也相应提高了行业进入壁垒。适宜作为物流战略经营单位运作的内容有:

（1）枢纽站场：运输枢纽站场、货运站等的种类不同，基本功能差别较大；很多物流功能如货物集散、物流信息、物流控制等作业可在其中实现；组织多式联运的运输代理职能可以依托集装箱中转站和相关物流中心而实现。

（2）运输配送车辆：因物流性质不同所需车辆的类型不同，可以由车辆经营公司负责车辆的选型、购买、租赁、维修、改造、更新与淘汰。很多运输、后勤服务经营者，包括供应商、生产商和销售商并不一定要有自己的运输车辆，可以从相关公司租用，租期可长、可短。

（3）装卸设备工具：叉车等装卸搬运设备、工具，可以由专业的战略经营单位负责从选型、购买、租赁、维修、改造、更新直到淘汰的全过程经营。

（4）移动通信手段：由专业的战略经营单位负责设计、选用、组织配置和进行经营管理。

（5）物流控制系统：物流控制系统设计，包括从主计算机、分组计算机、工作站到与用户接洽业务的各种便携式移动终端的选型、系统设计或购买、安装、调试、租赁、维修等的经营管理。

许多市场经济国家的物流企业对此已经作了很好的实践验证。

【案例 7-4】 物流运作战略制度化——战略协同作用

TNT 澳大利亚公司是 TNT 集团在澳洲为主要经营地域的公司。公司突出了以用户为核心，并以用户满意作为自己经营的指导思想，以此开展和开拓经营业务。TNT 澳大利亚公司总部下的各分公司都是独立或相对独立的经营实体，每一个实体都有自己的经营宗旨，以指导各项经营活动。

1. 物流战略经营宗旨、组织形式与原则

（1）战略经营的技术基础。主要是计算机在线经营系统。电子计算机在 TNT 应用于财务、市场管理等各方面，而且连接成路网结构。计算机网络的广泛应用加强了各部门的工作联系，可以挖掘企业更多的可用资源，并已经成为市场竞争中的一个关键技术。

（2）车辆通信技术和计算机网络。TNT 澳大利亚公司在全国建立了车辆通信系统，结合计算机网络，把 TNT 澳大利亚各个货运站、港口、铁路货运站、机场和各个部门的营业点连成了一个巨大的网络。它们协同的作用，大大超过了其中某一项作用的最大功能，提高了运输效率、服务质量，降低了运输成本。

（3）具有完备功能的货运站、仓库等基础设施，配套的运输集散和管理设备。TNT 澳大利亚总部下属的各公司在各洲、各主要城市都有自己的货运站，很多公司都有大型仓库，可以集仓储、配送等功能为一体。货运站（港口、码头）仓库均具有配套的取货、搬运、储存、送货等一系列设备。

TNT 澳大利亚战略经营的组织形式与原则具有特色。TNT 澳大利亚总部下设 20 多个公司，这些公司具有相同、相似和完全不相同的经营业务，彼此之间既有竞争又有合作，体现了市场经济特点和现代化大生产的专业化与协作的特点，这是 TNT 市场经营组织战略的最重要特征之一。在内部竞争中的基本原则体现为：采用正当的竞争手段；维护 TNT 的整体利益；竞争中彼此进行有偿合作。例如，Express、Comet、Kwikasair 是 TNT 澳大利亚的三家分（子）公司，各有其主营业务，在战略制度化下将其作为战略经营单位，各分（子）公司专业化经营，整个系统形成完善的物流系统，参见图 7-5。其中，K——Kwikasair 公司；C——Comet 公司；E——Express 公司。

各战略经营单位分别经营一项或若干项物流服务项目，整个系统合成起来就是高质量的集成物流服务系统。

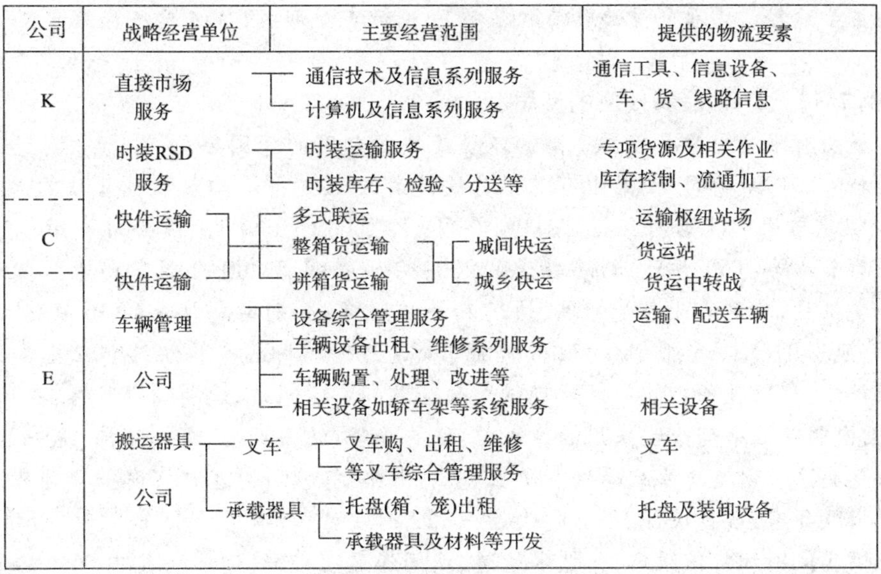

公司	战略经营单位	主要经营范围	提供的物流要素
K	直接市场服务	通信技术及信息系列服务 计算机及信息系列服务	通信工具、信息设备、车、货、线路信息
	时装RSD服务	时装运输服务 时装库存、检验、分送等	专项货源及相关作业 库存控制、流通加工
C	快件运输	多式联运 整箱货运——城间快运 拼箱货运——城乡快运	运输枢纽站场 货运站 货运中转战
	快件运输		
E	车辆管理公司	设备综合管理服务 车辆设备出租、维修系列服务 车辆购置、处理、改进等 相关设备如轿车架等系统服务	运输、配送车辆 相关设备
	搬运器具公司	叉车——叉车购、出租、维修等叉车综合管理服务 承载器具——托盘(箱、笼)出租 承载器具及材料等开发	叉车 托盘及装卸设备

图7-5 物流系统各战略经营单位间战略协同关系

2. 物流战略组织运行机制

第三方物流经营者设计的物流战略系统的组织和运行机制有以下几个特点：

(1) 物流系统可以将众多服务对象纳入物流经营系统之中。

(2) 物流经营主体可以采用集团化的方式建立内部组织机制。一部分物流经营者之间原先以市场机制为基础的交易关系可以转化为企业(集团)内部调节关系,从而有利于降低交易成本,节约物流总费用。

(3) 实现多式联运、货运集散一体化的思路,充分发挥物流战略经营单位的作用,突出专业化协作运作机制。

(4) 企业(集团)内部应有适当竞争,但这种竞争是在根本利益一致的前提下进行的;企业(集团)内部必须协作,这种协作应建立在有偿协作的基础之上;各个战略经营单位之间的利益冲突可以通过建立企业(集团)内部工作标准、内部协作标准等方式解决,即用战略制度化的方式来解决内部利益冲突。

为了实现整个物流系统的预期目标,通过公司战略经营活动标准化、规范各战略经营单位之间的战略活动行为以及相关利益的划分,是十分重要的物流战略管理的基础工作。

3. 物流战略的推进

物流战略的设计和实施是一个完整的过程。应按物流战略规划的内容和步骤进行,通常可供采用的物流战略推进方式有：

(1) 逻辑渐进式推进。按物流战略的主导逻辑推进,在实施的过程中可能对物流战略某些部分作必要的修正。

(2) 技术跳跃式推进。采用先进的物流核心技术,以物流核心技术作前导,能保证在物流战略组织实施过程中直接在一个较高的技术水平上进行。

(3) 分步迂回式推进。主要是按物流战略实施的难易程度,由易到难地进行。

(4) 全面综合式推进。涉及战略的各个有关方面,按既定战略内容和要求全面展开,同时推进。

根据中国第三方物流战略活动的发展水平与现状,一般宜采用前三种方法作为推进物流战略的主要途径。由于物流战略直接影响区域经济圈形成,各级政府应给予必要的政策支持。

【案例 7-5】 TNT 品牌效应的反思

TNT 集团有限公司原是世界著名的以货物快运起家的跨国公司,曾与中国交通系统有着广泛的合作。1997 年 TNT 集团有限公司被荷兰 KPN 购并。KPN 收购了 TNT 之后,将其皇家 PTT 邮政与原 TNT 合并组建了 TPG 公司(TNT Post Group)。该公司使用"皇家 PTT"和"TNT"两个品牌(TNT 快运、TNT 物流),2000 年业务覆盖 200 个国家和地区,在 58 个国家设有分支机构,其主要业务是邮件、快运和物流服务,分别占总收入的 36.9%、41.3% 和 21.8%;更换了 TNT 快运拥有的 17200 辆货车、36 架飞机、808 个枢纽站和卫星集散站。其覆盖范围很广,按照服务功能和区域可以划分为欧洲空运网络、欧洲陆运网络、亚洲网络、商用网络、国内网络五个部分。采用的方式是:统一受理、统一调度、统一分拣、统一运输、统一结算和信息共享。通过建立战略经营单位、实施战略制度化,对客户实现一票到底。主要提供的门到门服务有:当日快件、早 9 时快件、午 12 时快件、全球午后 15 时快件、经济快件等。此外还提供其他附加价值服务,如技术速递、夜间速递、保险速递等。其中 65% 的货运量靠陆运(主要是汽车)、25% 靠航空、10% 靠商用航班完成。

TPG 公司采用集团企业专业化、规模化、网络化的运作模式,使得多样化的服务能够满足不同层次、不同要求的客户的需求,多样化的服务也使快运网点更加稠密,快运服务网络更加完善。

TNT 集团有限公司被购并后该公司已不存在,但是,为什么 TNT 品牌仍然风采不减当年?其内在的深层原因是什么,值得我们思考。

1. 怎样认识企业物流与第三方物流战略?
2. 如何进行物流战略管理和物流战略设计?
3. 货运集散战略的实现方式有哪些要点?
4. 简述第三方物流战略管理的主要过程。
5. 有关 TNT 的一组案例说明什么?你对集团总部、子(分)公司在战略管理组织中的职能作用,对 TNT 被收购过程形成的 TNT 品牌延续是怎么认识和理解的?

第8章 物流集成的价值流分析及设计方法

> 物流集成的目标是实现系统价值增值,从价值角度考察供应链就是价值链,价值链是由许多价值流构成的,体现了系统基本流程的价值结构,因此,物流系统价值增值的基础是价值流设计。价值工程是构筑和完善物流系统的一种行之有效的思想方法和管理技术,对指导物流系统的价值流设计和物流系统完善也有重要的作用。
>
> **本章研讨重点:**
> (1)价值流、价值链理论及其在物流价值增值中的作用。
> (2)价值工程基本原理及其在物流系统中的工作程序。
> (3)价值工程思想及设计价值流的方法。

8.1 价值流及其流程重新设计

将企业物流系统或供应链看成价值链结构,这其中涉及多个价值流。物流系统价值流设计目标体现为价值链各个环节的合理构成,因此,物流经营者要把价值流设计看作是物流知识创新过程,在充分满足用户需求的前提下,将价值工程的思想方法和管理技术运用到物流系统价值流设计中去。

8.1.1 价值流的含义、形式与类型

1. 价值流与价值链、产业链

詹姆斯·马丁(James Martin)把价值流定义为把特定的结果送给特定的顾客(外部的或内部的)一系列相互衔接的活动。在每一个企业都有一连串相互衔接的工作活动将特定的结果送给特定类型的顾客或最终消费者。在初级物流阶段,这一连串活动通常是分散在许多不同的部门和职能领域内进行,因此效率很低,运行很不灵活。经过重新设计,它们则可以变得更直接、更迅速、更方便、更有效,可以更充分的满足用户需求。在价值流概念的应用中,有时也将其看作是一个"过程",由于"过程"常常被用作表示每一件事情,在不同的专业用在不同的方面,含义会有一些模糊。例如,系统分析专家将"应收账"叫作一个过程,但"应收账"不是一个价值流,不是一个经过设计用于满足消费者需求的一连串相互衔接的工作活动。

Michael Porter将价值链(Value Chain)描述为"一个企业用来进行设计、生产、营销、交货及维护其产品的各种活动的集合"。他指出,任何一个组织均可看作是由一系列相关的

基本行为组成,这些行为对应于从供应商到消费者的物流、信息流和资金流的流动。可以看到,价值链是企业在一个特定产业内的各种活动的组合,它反映企业所从事的各个活动的方式、经营战略、推行战略的途径以及企业各项活动本身的根本经济效益。价值链通常用来指整个企业价值流体系,其内涵要比价值流复杂得多,不像价值流仅指相互衔接的一连串活动。价值链、供应链和产业链是对商品形成、增值和关联过程的不同描述形式,物流过程是由多个作业环节或活动组成的,从价值的角度考虑就是物流价值链过程,所涉及的作业活动应当是能够进行价值增值的活动,否则就应当删除或减少相应的工作量。

2. 价值流的形式

从价值角度考察比较详细的流程,所体现的就是价值流。企业不同的流程过程较多,因此,价值流的形式也较多,经过分类,大多数企业的价值流保持在 10~20 个。据文献介绍,IBM 有 18 个大的价值流,美国技术公司(Ameritech)有 15 个、道化学公司(Dow Chemical)有 9 个、施乐公司(Xerox)在处理文件业务中有 14 个。较典型的价值流形式有:①顾客保证——争取顾客、测定顾客需求、销售、保证顾客满意;②订单执行——接受订单、完成订单、收款;③采购服务——选择供应商、签订合同、采购管理;④信息技术应用开发——开发和修改系统和软件;⑤人力资源管理——辅助人员招收、培训、职业规划。

从价值流的角度分析,系统是将原材料转变为产成品并进入消费渠道的过程,并对整体价值的贡献进行评估。物流企业提供服务的流程即是如此,例如,运输企业货物运输的流程是:运输计划→货运准备→车辆调度→装车→车辆运行→卸车→货物交接→计费结算,在装了 GPS 系统中,从车辆调度开始就有并行的实时跟踪,随时掌握运输过程。运输个体户作业流程:(货站、车场、路边)等货→获得信息→交易成功→前往装货现场→装货→车辆运行→卸货→交付→结算,显然运输企业在装货前的作业效率的流程高于个体户,而且没有并行的实时监控过程,运输质量无法控制。而实施监控流程在运输系统中的价值贡献是很高的,有了它可以承揽贵重高档货物,大大提高运输系统价值,同时可以使运输质量得到控制。因此,可以根据不同活动对系统整体的价值贡献确定活动性质、必要性,以决定哪一些作业的取舍,作业的定位、定量和相应投入资源的多少。对系统各环节、各流程作业价值的量化分析需要用到价值工程的思想方法和管理技术,对物流系统流程设计和合理化改造具有重要作用。

3. 价值流的类型

价值链理论有助于了解企业及供应链价值生成机制,价值链理论既是一个分析企业及供应链竞争优势的工具,同时也是构建和增强企业及供应链竞争优势的系统分析方法。因此,需要对不同系列相互衔接活动的价值进行分类分析,以帮助辨清价值链中有价值的活动。

按供应链物流的活动范围,价值流可分为企业内部价值流、企业外部价值流、企业之间价值流等。按供应链物流环节的功能地位,价值流可以分战略价值流、主要价值流、支持价值流。战略价值流是从企业的全局长远的目标和根本利益上考虑企业价值流的设计,在设计中居于最重要的地位。例如,服务项目设计、是否采用外部资源、如何建立战略联盟关系和进行战略管理等涉及高层决策的一系列相互衔接、协调的管理活动。主要价值流和支持价值流都属于战术价值流,战术的细节决定供应链战略价值的成败。主要价值流涉及物流市场开发、市场细分和优选市场、目标市场定位、竞标能力及竞标准备工作、企业营销活动、合作伙伴的确认、合同的签订与实施等。按价值流的特点可分为个人价值流、企业价值流和网络价值流等。个人价值流与企业价值流融合并产生协同效应,就可以创造比较好的价值增值,相反,个人价值流方向与企业价值流方向相抵触,引起个人工作细节失误的同时也能造成整个物流系统的运作失败。

在上述众多价值流类型中,战略价值流是企业和供应链所有的价值流中最重要价值流,在企业的竞争中处于特别重要的地位,也可称之为最关键的价值流。由于"物流服务项目+物流设施设备+作业人员素质=物流服务质量",因此,物流服务价值是由物流服务项目设计价值、物流设施设备价值和人员素质价值综合体现的,其中涉及主要价值流、支持价值流和人员价值流等。

物流系统高层管理者必须特别关注这样一种独特的企业战略活动能力,从战略价值流的角度看待物流企业的事业,在一个高质量的水平上执行物流企业的各种战略能力。物流战略思考的关键问题是:①企业的价值流是什么?②在什么方面价值流可以比竞争对手做得更好?③对哪些价值流进行重新设计,才能满足用户的要求同时给竞争者设下壁垒和障碍?精心设计战略价值流能够使一个企业比它的竞争对手行动得更快、经营得更好、效率更高、效益更好。

8.1.2 物流系统价值流重新设计

物流系统重新设计是提升和确定系统价值的重要因素,价值工程是分析决定价值重要对象的研究方法。

1. 价值流设计需要建立崭新的理念

物流系统价值流设计需要在特定的制度下进行,因此传统的岗位责任制需要变革,需要对价值流重新设计,以改变在多环节物流系统运行中,陈旧的价值流所呈现的缓慢、笨拙以及"超过了本部门、本环节职能界限就是他人责任"的观念和物流作业方式。价值流设计思考和重新设计的起点要从价值流最终的结果开始。进行市场需求和物流服务功能分析,以找到和设计一种可以使顾客满意的新的工作流程,即得到很好的价值流体系。

价值流设计和重新设计要考虑到与传统思想、习惯和活动过程的斗争并能取胜的能力。价值流重新设计是一个复杂的系统,不仅要运用物流系统设计理论方法,还受到传统的工作习惯和模式的阻碍。甚至可能因为传统的工作习惯阻碍与过强的习惯势力造成价值流设计的失败。

2. 价值流设计小组的应用

价值流设计小组在物流系统运作与管理设计中具备团队合作能力。设计新的工作流程应由一个小组承担,必要时采用产学研结合的小组。这样有系统利益外的中立主体参与,价值流设计的思路会更为科学合理,受到原系统传统习惯势力抵抗的阻力会小一些,价值流重新设计并实际运作成功的概率会更高一些。

为了使价值流设计取得成功,价值流小组被授予一定的决策权,能够承担满足用户需要的所有工作;价值流小组能够将以前的各种各样工作结合起来,形成良好的物流系统价值链;价值流小组必须有执行和监控整个价值流的能力,当工作经过不同职能领域时没有排队等候情况。当价值流设计小组的工作形成完整的方案交给管理者审批后,就成为实际运作的直接依据。

8.1.3 物流系统价值流重新设计的要点

1. 把握企业或供应链的核心能力

物流能力是企业的一项竞争优势,一个拥有一流物流能力的企业可以通过向顾客提供满意的服务获得竞争优势,成为有吸引力的供应商和理想的业务战略伙伴。因此,现代物流企业必须注重自己的核心能力。所谓核心能力是指物流企业用于多种不同产品或服务的关键性技能或使这些技能成为物流技术能力。物流企业在战略上必须注重在一定程度上掌握物流服务的核心能力,并且使竞争对手不易模仿。一旦企业掌握了一系列适当的核心能力,它就能以比竞争对手更快的速度推出各种各样的新产品和新服务,因此核心能力是企业战略中的核心组成部分。

核心能力与价值流不同,它们是计算机化物流企业组织设计相互补充的两个方面。对一般企业而言,非核心能力完全可以用企业外部资源去实现,如物流管理的一部分,这样做可以使物流企业集中力量挖掘潜力,充分利用和发展企业核心能力。在计算机化时代中,精心设计价值流,并根据价值流来组建物流企业,是进行物流管理比较有利的方法。

2. 进行集成物流增值分析

第三方物流服务经营者运用价值工程思想和方法进行价值流设计,首先应当进行物流增值分析,杜绝无效劳动,提高物流服务的价值。所谓无效劳动是指任何不能使产品服务增值的操作。在物流管理中的物品点数和不必要的搬运、移动等多余的手续,不必要的检查、返工和不必要的存储等操作都是无效劳动。例如,在任何企业中,库存总被认为是资产,实际中过多的库存是企业的一种负债,只有保持适当的库存才能给企业带来效益。所以在物流活动中,改变产品、物料流程、数量或服务的操作以增加其价值。在对物流服务进行定价中应当保证最后送到用户手中的物品名称、数量、质量、时间、地点等的准确无误,而不管在此之前盘点的次数、保管的时间和付出的劳动。所以,物流管理提倡运作简易、灵活,讲求实效。

3. 处理好价值流之间的关系

从供应链的角度考察企业价值链,需要处理好不同价值流之间的关系。

(1)要明确价值流的内容。在价值流设计过程中就需要通过命名起始和结束活动明确其准确的内容,即甄别价值流活动。例如,典型的价值流:赢得订单,起始活动命名为寻求、诱导,结束活动命名为订单;完成订单:起始活动命名为顾客订单、要求,结束活动命名为发货;采购:起始活动命名为确定,结束活动命名为付款。

(2)要处理好不同价值流之间的关系。物流企业中的价值流很多,各自在物流链运作、管理过程中的作用、地位等也不相同。描述物流企业主要活动的价值流是主要价值流,包括产品设计、服务设计、顾客保证、分销物流、生产制造、市场营销等;主要价值流的顾客在企业外部,对物流企业经营活动的最终成果有至关重要的影响作用。支持价值流是对物流企业业务的基本支持,它们保障了物流企业经营活动的正常运行,包括采购、业务筹款、人力资源、设备管理、信息服务等。大多数支持价值流的顾客在企业内部,没有支持价值流的企业也不可能成功经营。

(3)要做到先实现合理化,再实现自动化。在物流组织系统中对一个尚不完善的过程不要急于实现自动化控制,否则花费了巨大精力和资源开发的软件系统难以收到理想效果。

(4)要做好流程机制与利益机制的统一。一些流程的重新设计往往涉及既有人员的利益,因此,科学的将流程机制与利益机制的设计结合起来,避免由于利益机制的问题造成流程机制的运作失败。

8.1.4 物流系统价值流重新设计的工作

物流组织可以借助于价值工程的思想和方法,对物流系统活动的价值流进行设计,特别

是涉及基核(场源种类、性质)、联接键(类型及实现方式)等方面,其基本步骤主要包括三个方面:

(1)工作识别。必须正确识别物流系统的价值及其所要完成的工作,识别工作的过程中,价值工程的思想方法可以运用其中。要准确判断物流系统的基本功能、必要功能、辅助功能、不必要功能、过剩功能、不足功能。

(2)组建小组。针对必须跨部门完成的流程工作,要组建相应的价值流作业小组。所组建的作业小组可以运用最有利的技术、最简洁的方式完成价值流设计工作,使相关人员、技术、设备、管理等达到理想的集成化效果。

(3)评价检查。检查所设计价值流是否受到部门界限、关系等的限制,以及交接关系等的约束,对不合理处进行修正,对复杂的物流运行过程进行简化。

对不同层次物流系统进行价值流的再设计,有时可以使系统响应时间大大缩短,可以从以前的几星期或几天降低到几小时或几分钟。这是满足用户需要的物流管理的极为重要因素。如果通过合同将物流活动转移到外部完成,企业就可以集中资源加强核心业务,提高企业的战略能力。

8.2 价值工程概念与特点

价值工程是在第二次世界大战中,从有关物资采购和代用品的研究工作中发展起来的。在长期的应用实践中不断丰富其理论和方法,逐步形成了一个完整的体系,能够应用于各层次物流系统规划、设计、组建、运营和管理过程中。

8.2.1 价值工程的概念

1. 价值工程的对象

一般说来,价值工程具有广泛的适用性,凡是为了获得功能而发生费用的事物都可作为价值工程活动的对象。供应链的不同物流环节,诸如:供应物流、生产物流、销售物流、回收物流、废弃物物流、产品项目物流、物流工艺、物流服务组织与管理等,以及它们的组成部分及粮食、药品、器械、烟草等物流服务项目,物流规划方案、设施设备、价值流设计、运行机制等都可以作为价值工程活动的对象。

2. 价值工程及在物流系统应用的时机

物流系统价值工程是通过相关领域的协作,对所研究系统的功能与费用进行系统分析,不断创新,旨在提高系统价值的思想方法和管理技术。价值工程的价值是作为"评价某一种事物有益程度的尺度"提出来的,其实质反映了系统(或其中某个部分,或子系统、要素等)功能与获得这项功能所支出的成本之间的比较关系,体现为一种综合效益,与人们日常生活中评价某项行为或做法是否值得的概念近似。需要强调的是企业应当从满足市场、满足用户要求来建立自己的价值观念。价值工程的功能是指所研究对象能够满足某种需要的一种属性,它反映了用户的购买目的。与功能相对的成本是指研究对象的寿命周期成本,它包括了从产品研究、开发、试制直到退出使用过程的全部费用。价值工程中的价值、功能和成本的关系如下:

$$V = \frac{F}{C} \qquad (8\text{-}1)$$

式中：V——研究对象的价值；

F——研究对象的功能；

C——研究对象的成本。

在供应链物流系统的形成、规划设计、监控管理和实务运作全过程中，价值工程可以应用在物流系统的各个阶段。对物流系统规划、设计、建设和运行等进行阶段分析，价值工程一般在物流系统形成的初期阶段效果最为明显，如物流系统规划、设计阶段，物流过程的价值流设计或再设计工作等。在此阶段，价值工程活动的净节约潜力最大，效果也最突出，如图 8-1 所示。

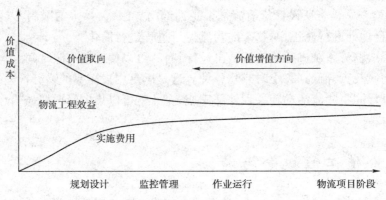

图 8-1　物流价值工程活动的价值取向

8.2.2　价值工程的特点

在物流系统进行价值工程活动的主要特点有以下五个方面：

（1）价值工程的目的是提高研究对象的价值。努力在研究对象的功能与成本之间寻找最佳组合，提高其价值。一般情况下，提高物流系统研究对象价值的途径有 5 种（表 8-1）。

提高物流系统价值的途径　　　　　　　　　　表 8-1

提高途径		Ⅰ	Ⅱ	Ⅲ	Ⅳ	Ⅴ
组合方式	功能	↑	↑	↑↑	→	↓
	成本	↓	→	↑	↓	↓↓

注：↑表示提高；↑↑表示大幅度提高；→表示不变；↓表示降低；↓↓表示大幅度降低。

其中前三种途径是以提高或大幅度提高对象功能的途径来实现提高对象价值的目的，在价值工程活动中是应首先提倡的，它们与第 4 种途径一起构成价值工程活动的主要方法，第 5 种途径是指在不严重影响对象的主要功能的前提下，针对用户的特殊要求适当降低某一项功能，从而使研究对象价值得到提高。

（2）价值工程的核心是功能分析。以用户的功能需求为出发点，规划和设计人员、技术和管理人员摆脱现有系统的结构、工艺和组织机制等造成的束缚，积极采用现代科技成果，找出更好地实现系统功能且成本较低或最低的方案。

（3）价值工程用的成本是寿命周期成本。包括设计、生产、销售，以及使用成本，所以价值工程的应用要从顾客的需求方面建立自己的成本观念，即不能只考虑物流经营者的成本，在提供物流服务过程中还要考虑用户的购买和使用成本。

（4）价值工程是一种致力于提高系统价值的创造性活动。从用户的功能需求出发，并考虑到相应的成本，打破传统的思维定式，促进新产品、新服务、新结构、新工艺、新技术、新材料、新方法的产生。所以,价值工程可以起到其他方法所不能起到的创新效果和重要作用。

(5)价值工程活动的目标是通过有组织的努力实现的。价值工程是针对性很强的活动,需要技术人员、作业人员、管理人员的集体智慧来协力攻关,从而使技术、经济、组织与管理手段和方法能够结合起来,产生集成化效益。

8.3 应用于物流系统的工作程序

物流系统进行价值工程活动的工作程序,一般由准备、分析、创新、实施四个阶段以及各阶段相应步骤所组成。

8.3.1 准备阶段

1. 选择价值工程的对象

正确选择价值工程活动对象直接关系到价值工程活动的成效,甚至是价值工程活动成败的关键。一般应选择那些功能成本改进余地较大,或者物流经营和用户服务急需改进的有关系统作为对象。为了正确有效地选择价值工程对象,可以借助一些方法进行分析。

(1)主次因素分析法。主次因素分析法的基本原理是根据"关键的少数,次要的多数"的理论提出来的。其方法是将被选对象的各个部分的成本累计比重划分为 A、B、C 三类,其中 A 类是指成本累计额占到 80% 左右,而项目数量却很少,可以考虑作为价值工程活动的对象,而 B 类和 C 类成本累计额所占比重较少,而项目数却很多,一般不作为价值工程的活动对象。

(2)用户意见法。用户意见法是根据用户调查中意见统计分析所反映问题较大的、一时不易解决的问题作为价值工程活动的对象。从建立长期战略或业务伙伴关系的角度出发,采用这种方法选择物流服务系统有关对象进行价值工程活动,还是很实用的。

(3)价值系数法和最合适区域法。价值系数法是根据被选对象的价值系数大小偏离理想状态的范围来选择价值工程活动的对象。最合适区域法是根据有关理论和方法确定一个价值系数分布的容许范围,将落在该区域之外的事物作为价值工程活动对象。

2. 组成价值工程小组

价值工程活动需要有团队组织来实现。根据价值工程的活动内容和要求,一般要由掌握技术、经济以及熟悉研究对象和价值工程方法的专家和管理人员组成。选择价值工程小组成员时应注意这些因素:负责人有能力对此项活动负责;小组成员应是既熟悉研究对象又熟悉价值工程的专业人员;小组成员应思想活跃、具有创新意识和能力;小组成员人数一般以 10 人左右为宜。

3. 制订价值工程工作计划

工作小组应制订具体的价值工程活动计划,一般包括任务、目标、执行人、执行日期等内容。也可以按 5W1H 法制订价值工程活动计划,即分别回答以 What、Why、When、Where、Who 和 How 为疑问词的提问做出计划。

8.3.2 分析阶段

1. 搜集整理信息资料

在初步选定价值工程活动对象、确定工作计划后,就要由价值工程工作小组围绕有关问题进行调查研究，尽可能搜集与研究对象有关的一切信息资料。有关资料范围大致如下：物流经营战略、方针，包括产品及服务项目开发、服务质量水平及销售方针等；国内外类似产品、服务项目及过程的资料，如产品及服务项目的构成、经营费用及售价市场发展趋势估计等；有关技术资料，如所需物流基础设施、各种物流作业设备、工艺文件、材料明细表、技术标准等；有关物流经营组织资料，如经营组织结构、经营机制、物流管理手段、包括相应的软件资料、外部协作资料等。

2. 研究对象的功能系统分析

功能系统分析是价值工程的核心。对研究对象功能进行系统分析的目的是：科学地确定研究对象及组成部分的功能，剔除过剩功能；明确各部分功能的性质、地位和重要性，并根据这些信息合理地分配成本；根据所确定的功能，寻找更好的结构、材料、工艺、经营方法等方案。功能系统分析主要包括功能定义、功能整理和功能评价三部分内容。

(1) 功能定义，就是用简单明确的语言对研究对象进行确切地描述。功能定义的目的是：明确对象设计和改进的依据；开拓研究对象的设计思路；便于进行功能评价。通过对研究对象的一一定义，可以限定每一个对象整体和各部分的具体功能，明确功能的性质与其他功能的区别。因此在功能定义时，既要对研究对象的总体下定义，也要对各个组成部分下定义，最后形成研究对象的功能系统，从而对整个功能系统进一步进行深入分析。功能定义的方法是根据功能定义的目的将研究的问题划分到最小单位，然后用精确的语言进行描述。如承载物品、保护货物、提高活性等。有时还需用定量化概念区分同类的功能。

一个物流项目或其中的一部分作为研究对象，可能同时有几种功能。为了更好地、全面地、准确地定义功能，还必须了解功能的种类。功能种类划分方法很多，最常见的有以下几种。

① 满足用户需要的性质可以划分为：使用功能和品位功能。所谓使用功能是指对象所具有的与技术经济用途直接有关的功能；品位功能（包括美学功能、外观功能、欣赏功能、地位功能等）是指与使用者的精神感觉、主观意识等有关的功能。

② 按对象功能的重要性可以划分为：基本功能和辅助功能。基本功能是指与对象主要功能直接相关的功能，是研究对象存在的理由。确定基本功能需要考虑：其作用是否可以缺少？其作用是否重要？如果它的作用变了，对象的结构和其他部分功能是否也会改变。不可缺少、十分重要并影响到其他功能的存在和性质的功能是基本功能。辅助功能是为实现基本功能附加上的功能，其目的是为了更好地实现基本功能。物流经营者提供的核心服务是基本功能，追加服务（延伸服务）中有一部分属于辅助功能。

③ 按功能的用途可以划分为：必要功能和不必要功能。必要功能是指为满足用户需要而必须具备的功能。不必要功能是指对象所具有的与满足用户需要无关的功能。

④ 按价值工程的目的可以划分为合适功能、不足功能、过剩功能。合适功能是对象所具有的恰当满足用户需要的必要功能。不足功能是指对象尚未满足用户需要的必要功能。过剩功能是指超过了用户需要的必要功能。过剩功能用户用不着，但物流企业还须为此支付相应费用，因此应当剔除。

上述各功能之间的相互关系如图8-2所示。

(2) 功能整理，是将定义了的功能系统化，明晰各功能之间的关系，从而正确地体现用户所需要的功能。通过功能整理可以明确对象功能的范围，搞清楚对象的基本功能体系；可以检查功能定义的正确与否，对遗漏的加以补充，对多余的进行剔除。在此基础上，可以绘出各部分功能之间关系的系统图,便于进行功能评价、对象设计方案的审查与选择。在功能整理中是通过目的—手段的关系把功能之间的逻辑关系系统化。在流通加工中切削工件的作业可以用图 8-3 表示。

功能系统图还可以表示成更一般的形式,如图 8-4 所示。

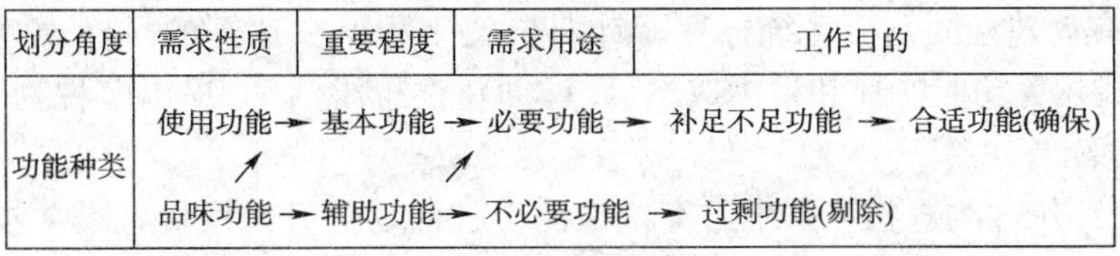

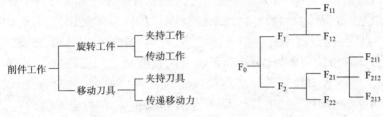

图 8-2 不同功能之间的关系

图 8-3 流通机械加工功能系统图　　图 8-4 功能系统图的一般形式

在功能系统图中,应当明确各部分之间的关系和功能名称。上位功能和下位功能是在功能系统图中作为"目的—手段"的一对功能,处于目的位置的是上位功能,作为手段的功能是下位功能。同位功能是指功能系统图中的与同一上位功能相连的若干下位功能,如 F_{11} 和 F_{12}。总功能是在功能系统图中仅处上位功能的部分如 F_0,对于一个完整的研究对象而言,它就是总功能。末位功能是在功能系统图中仅为下位功能的功能,如 F_{211},…,F_{213}。功能区是功能系统图中的任意一个功能与其各个下位功能形成的组合,在分配成本时常以功能区为基本单位。

功能整理的作用是通过功能整理掌握必要功能,剔除不必要功能;正确掌握功能范围;确定改善功能的标准。

(3)功能评价是在功能整理的基础上,明确了对象及各部分的必要功能后,按照功能系统图中研究对象总体及各部分的功能系数与成本系数,或者目标成本与实际成本进行比较,来评价其价值的高低,评价方案的优劣并找出改善研究对象价值的途径。功能评价的目的是:寻找对象的价值,找出合适价值的功能区域,明确需要改进的具体范围并进行相应的改善工作。通过功能评价可以对那些价值系数低或远远偏离人们期望值的对象(如服务项目的结构、工艺、材料、设备、组织等)提出改进的途径和方法;可以进一步完善功能系统图,通过重新设计或改进设计,找出实现功能的更好手段。

进行功能分析,可以从改进现有对象和创造新对象两个方面考虑。对于已有对象的改进,一般需要用某种数量形式表示原由对象的各个组成部分的功能大小;求出研究对象(产品、部件、过程或功能区)的目前成本;依据功能大小和功能的目前成本之间的关系,研究将哪些功能区、哪些领域作为改进的对象,并确定相应的目标成本。功能目前成本是指对象的现状成本,功能目标成本是指功能设立的成本目标值。在创造和形成新的对象过程中,功能评价的主要工作是确定功能目标成本,并将目标成本作为技术创新和检查是否达到预期目标的评价依据。

8.3.3 创新阶段

创新是提高物流系统服务价值的最有效途径。价值工程活动应用于物流服务方案设计的创新阶段主要有以下几个步骤。

(1) 提出有创建性的物流系统方案。针对价值工程所欲达到的目标,并根据研究对象的功能系统图、相关功能特性和目标成本,通过创新性思维活动,提出多种物流系统或项目实现目标的方案。

(2) 分析、评价并改进物流系统方案。价值工程活动的方案评价就是从技术、经济和社会等方面评价研究对象价值,分析其是否能实现目标,最后选择满意的方案。评价过程可以分为概略评价和详细评价两部分,无论是概略评价还是详细评价都需在技术评价、经济评价和社会评价的基础上进行综合评价。物流系统技术评价应以满足用户需求为中心目标,具体内容依对象特点而定;经济评价应当包括成本、利润、方案实施费用、方案实施时间等指标,经济评价是方案评价的重要方面;社会评价是从社会利益角度评价方案,重点是防止对企业有利对社会无益的方案被采纳。较高层次物流系统(如区域物流系统、城市物流系统等)的价值工程方案评价中,虽然进行技术、经济评价很重要,但社会评价的重要性更大些。

(3) 编写改进后物流系统的提案。根据上述价值流和价值工程工作成果,将选出的方案及有关技术经济资料和预测的经济成果或效益,加以汇总形成正式的提案并上报有关企业或有关部门审批。

8.3.4 实施阶段

在物流系统价值工程方案实施阶段主要有以下工作内容。

(1) 审批、实施及检查。系统主管部门应组织人员对提案进行审查,负责人根据审查结果决定是否实施。当提案决定实施后,就应当在系统实施过程中,跟踪检查,记录全过程数据资料,必要时可针对具体问题,组织价值工程小组根据物流系统实际运营需要进行修正和改进实施方案。

(2) 成果鉴定或评审。根据价值工程活动所取得的物流系统技术经济效果进行成果鉴定,是总结经验并进一步提高价值工程活动水平的重要环节。物流系统价值工程活动的主要评价指标可以根据具体活动的需要进行设计,对于物流系统整体的评价指标一般有:全年净节约额、总利润、价值工程活动成本等。在此基础上还应总结出物流系统进一步努力的方向,包括与其他改进活动结合起来进行,例如,质量改进、流程重新设计等,以更好地指导物流系统价值工程活动的实施。

8.4 功能评价与价值分析方法

进行功能评价需要计算价值系数。根据式(8-1)进行功能与成本之间的比较需要量化统一,通常可以有相对值法(价值系数法)和绝对值法(功能成本法)。

8.4.1 价值系数法

采用价值系数法通常要计算功能系数、成本系数,然后计算出价值系数并进行分析。分析、决定功能系数的方法较多。

1. 功能评分的方法

对物流系统研究对象的功能进行评价一般可采用多比例评分法。在决定对象有关部分的功能重要性时,多比例评分法采用多个比例的数值进行——比较分析,最后计算出功能系数。其数值比例及含义见表8-2。

多比例评分法比例及含义   表8-2

重要度比较	绝对重要	非常重要	重要得多	较为重要	重要一点	基本相当
可选择比例	1:0	0.9:0.1	0.8:0.2	0.7:0.3	0.6:0.4	0.5:0.5

2. 价值系数分析

一般在进行功能评价时,价值系数有三种情况。

(1) 价值系数 $V \approx 1$,说明该部分功能与成本相比较,功能上所占比重同其成本基本相当,可以不作为价值工程活动的对象。

(2) 价值系数 $V < 1$,说明该部分功能与成本相比较,功能相对不太重要而成本却相对占了较大比重,当价值系数的数值远远小于1时,一般应作为价值工程活动对象。

(3) 价值系数 $V > 1$ 说明该部分功能与成本相比较,功能相对重要,而消耗资源、费用却较少。当其值偏离合理范围时,也要考虑是否将其作为价值工程活动对象。

【案例8-1】 物流项目价值分析方法

某企业物流服务系统由六个活动项目组成,其现状成本见表8-3。

各项活动项目的现状成本(单位:元)   表8-3

项目名称	A	B	C	D	E	F	合计
现状成本	440	430	340	140	160	290	1800

利用多比例评分法对上述物流服务系统各项活动(项目)的功能按其重要程度进行打分,并利用公式 $F_i = f_i / \sum f_i$ 计算功能系数,其结果列在表8-4中。

某物流系统各项目功能评分表   表8-4

项目	A	B	C	D	E	F	功能得分	功能系数
A	—	0.8	0.8	0.9	1.0	0.6	4.1	0.273
B	0.2	—	0.6	0.9	0.7	0.5	2.9	0.193
C	0.2	0.4	—	0.9	0.8	0.7	3.0	0.200
D	0.1	0.1	0.1	—	1.7			0.113
E	0	0.3	0.2	0.2	—	0.4	1.1	0.074
F	0.4	0.5	0.3	0.4	0.6	—	2.2	0.147
合计							15	1

分析功能并计算出了功能系数以后,可计算出各项目成本系数。成本系数的求法是,将服务系统各组成部分项目的现状成本分别除以服务系统各项目总成本,即可求得组成部分的项目成本系数。可用公式 $C_i = c_i / \sum c_i$ 表示。则第 i 个组成部分的项目价值系数是 $V_i = F_i / C_i$。根据所得的各项目价值系数,可以对物流服务的结构、技术、设备、工艺、组织、机制等进行分析评价。在案例8-1中,设企业的物流服务系统各项目的目标成本总和为1600元,综合上述结果,通过相应计算可以得到价值分析表(表8-5)。

某企业物流服务项目价值分析表　　　　表 8-5

项目名称	功能得分	功能系数	现状成本	成本系数	价值系数	项目成本	成本降低幅度	备注
A	4.1	0.273	440	0.244	1.119	436.8	3.2	
B	2.9	0.193	430	0.239	0.808	308.8	121.2	
C	3.0	0.200	340	0.189	1.058	320	20	
D	1.7	0.113	140	0.078	1.449	180.8	−40.8	注1
E	1.1	0.074	160	0.089	0.833	118.4	41.6	
F	2.2	0.147	290	0.161	0.913	235.2	54.8	
合计	15	1	1800	1	—	1600	200	

注：D部分项目可以有两种处理办法，其一是按表8-5中的处理办法，即在原成本的基础上再加40.8元，使其功能更加完善；其二是保持原成本不变，即140元，这样目标成本可达1559.2元的水平，成本节约额为240.8元。

8.4.2　基点分析法 *

1. 基点分析法的提出

基点分析法是由浙江大学马庆国教授提出的。从价值系数的计算公式可以导出以下关系：

$$V_i = \frac{F_i}{C_i} = \frac{f_i}{c_i} \cdot \frac{\sum c_i}{\sum f_i} \tag{8-2}$$

可见第 i 个项目的价值系数受两方面因素影响：一是该项目自身功能得分与成本的比值大小；二是研究对象总成本与总功能得分的比值大小的影响。因此可能出现这样的情况：

（1）当 $V_i \neq 1$ 时，不一定存在不合理的匹配，这是因为第 i 部分项目自身功能与成本是匹配的，但由于其他部分不匹配而使 i 部分项目的价值系数产生偏离。

（2）价值系数 $V_i \approx 1$ 时，功能成本不一定匹配合理，这是因为第 i 部分项目自身功能与成本是不匹配的，但由于其他部分项目功能与成本的不匹配，而将 i 部分项目的价值系数推向合理的位置。

在实践中，可以将研究对象有关项目评分工作做得很好，使各项目功能评分尽可能准确，但是现状成本却很难定得十分准确。那么，为了修正由于成本偏差出现而在改进结果与原价值指向不相符的情况提出了基点分析法。

2. 基点分析法的核心内容

由以上公式推导可知，各个部分的价值系数并非由其本身的功能和成本决定的，而是包括了所有的部分的功能与成本。现在要设法消除功能得分之和 $\sum f_i$ 与总成本 $\sum c_i$ 中的不合理部分。根据基点分析法的原理有：

$$c_i = c'_i + \Delta c_i$$
$$f_i = f'_i + \Delta f_i$$

式中：c'_i——与 i 项目功能匹配最合理的成本；

Δc_i——i 项目功能的成本偏差；

f'_i——与 i 项目功能重要程度相当的功能得分；

Δf_i——i 项目功能重要程度的评分偏差。

若评分得当，则可以使 $\Delta f_i = 0$，那么由

$$V_i = \frac{f_i(\sum c_i' + \sum \Delta c_i)}{c_i \times \sum f_i}$$

可推导出消除了偏差(即$\Delta c_i = 0$时)的价值系数为:

$$V' = \frac{f_i \times \sum c_i'}{c_i \times \sum f_i} \qquad (8\text{-}3)$$

设有项目iG,其价值系数为V_{iG},功能得分为f_{iG},成本为c_{iG},在进行价值工程活动前就是合理的匹配的,那么则应有:

$$V_{iG}' = \frac{f_{iG}}{c_{iG}} \times \frac{\sum c_i'}{\sum f_i} = 1$$

可得:

$$\sum c_i' = \frac{c_{iG}}{f_{iG}} \cdot \sum f_i$$

代入式(8-3)并令基点系数$G = \frac{c_{iG}}{f_{iG}}$,可得:

$$V_i' = \frac{f_i}{c_i} \cdot \frac{c_{iG}}{f_{iG}} = \frac{f_i}{c_i} \cdot G \qquad (8\text{-}4)$$

当基点一定,则基点系数随之而定。利用基点分析法,第i个部分项目的目标成本c_{ai}可以由下式直接算出:

$$c_{ai} = f_i \times G \qquad (8\text{-}5)$$

式(8-5)是一个十分有用的公式,可以直接用来确定每一项目的目标成本。基点分析法的核心是正确选择作为基点的项目。选择基点的方法是:①在对研究对象的各部分进行功能分析之前,应尽量找出某个成本与功能匹配的、而且确实没有成本降低潜力的部分(如部件、零件、活动、作业等),并将它定为基点。对有经验的专家们而言,要做到这一点并不难。②如果找不到理想的基点,则可以用可靠性较大的某几个项目作为基点,或以可靠性较大的某几个项目的功能得分与成本的平均值构成虚基点。

3. 基点分析法的应用

在案例8-1中,假设A部分项目的功能与成本是匹配的,将A项目作为基点,其基点系数为:$G = 440/4.1 = 107.3$,则可得价值分析表(表8-6)。

某企业物流服务项目价值分析表　　　　表8-6

项目名称	功能得分 f_i	现状成本 c_i	消除偏差后的价值系数 V_i'	目标成本 c_{ai}	成本降低幅度 $\Delta c = c_i - c_{ai}$	备注
A	4.1	440	1.000	440	0	注1
B	2.9	430	0.724	311.2	118.8	
C	3.0	340	0.947	321.9	18.1	
D	1.7	140	1.303	140	0	注2
E	1.1	160	0.738	118	42	
F	2.2	290	0.841	236.1	53.9	
合计	15	1800	—	1567.2	232.8	

注:1. 取A项目为基点,基点系数$G = 107.3$。
　　2. 假设原项目的成本已经满足功能需求。

运用基点分析法对研究对象进行价值工程活动的主要优点有：①改革的方向指示比较准确，误差较小；②可以不用事先估计目标成本；③若无必要时，价值系数的计算也可以省略。

但是应当注意的是，基点分析法的准确性只是相对的，而且取决于以下两点：①各部分的项目功能评分要准确；②基点的选择要准确合理，必要时可选虚基点。

综上所述，根据研究对象各部分的功能重要性分配成本只是价值工程的基本思路之一。需要指出的是，物流服务项目成本的大小，还取决于其所消耗的人力、物力等资源的种类、性质和数量，而且这些资源的费用又随时间、空间、供求关系等的不同而不同，也不完全依赖于项目功能本身的重要性而定。切忌以形而上学的方式处理事物的比较关系。

8.4.3 功能成本法

1. 功能成本法原理

功能成本法是以研究对象的功能费用（目标成本）来表示功能的，并与其功能的现状成本相比较，进而进行相应的功能分析和价值分析。功能成本法通常将功能与成本用货币绝对值来表示，故又称绝对值法。功能成本法的分析评价过程如下：分析计算研究对象的现状成本；根据市场对研究对象功能的要求，调查研究可选择的项目方案，针对每一项目的结构方案分析计算其功能成本，将既能满足功能要求又对应较低成本的功能成本，作为目标成本；将现状成本与目标（功能）成本进行比较分析，并找出实现目标成本的可靠方案。

2. 确定功能成本的方法

功能成本法多用于功能区的功能评价与价值分析，由于这种方法采用目标成本与现状成本进行比较，故其价值系数只具有相对意义。一般可以用以下几种方法寻求功能成本。

（1）经验估计法。当一个研究对象需要改进时，组织一些有经验的人员，对各个部分的功能构思若干个方案，进行成本估算，一般以平均估算成本最低的平均值作为实现该功能的目标成本。

（2）实际调查法。通过广泛搜集企业内外实现同样或相近功能的有关资料，查明它们实现功能的条件，按各自满足功能要求的程度排出顺序，再估算其各自的成本，可标在一坐标系中，按不同的功能水平选适宜的目标成本。

（3）理论计算法。利用工程技术上的一些公式，加以适当变换，找出功能与成本的关系。从而明确实现一定功能所需要的成本。这种方法对计算所需材料费是十分有用的。

进行价值工程活动涉及许多定量分析的工具和方法，由于其中许多定量分析方法需要与定性分析相配合，主观因素在分析过程中有较大影响，所以在定量分析方法应用时需要考虑其他因素进行补充、修正。

8.4.4 最合适区域法

最合适区域法是根据研究对象的价值系数分布及偏离最合适区域的程度来选择价值工程活动的对象，进行相应的改进活动。

1. 最合适区域法的基本思想

在前面的分析中可以看到，在实际问题中所有各个部分的价值系数都满足 $V_i \approx 1$ 是不可能的。若以 $V_i \approx 1$ 作为标准进行分析，那么大多数研究对象都将列入进行价值工程活动的范围之中，失去了进行价值工程活动的意义。另一方面，价值系数相同的对象，也会由于各自成本系数与功能系数的绝对值不同,而对研究对象的影响有很大差异。选择价值工程对象时,如果把价值系数相同的各部分等同看待,忽略绝对值大小对各部分项目价值系数影响,就有可能导致错误的、不合理的结果,如表8-7中的例子。

功能成本比较分析表　　　　　　　　　　　　　　　　　　　　　　　　表8-7

分析项目	目前成本	成本系数	功能系数	价值系数
A	100	0.1	0.090	0.9
B	10	0.01	0.009	0.9
C	100	0.1	0.200	2.0
D	10	0.01	0.020	2.0
E	200	0.20	0.100	0.5
F	20	0.02	0.010	0.5
G	160	0.16	0.150	0.94
H	400	0.40	0.421	1.053
合计	1000	1.00	1.00	—

以上述各部分的前六个项目为例,A、B、C、D、E、F 各自的成本系数、功能系数的绝对值不同,虽然有三对价值系数相同,但是它们被选作价值工程活动对象所取得的效果是不一样的。项目 A、B 的价值系数相同,都是 0.9 接近于 1,但是,如果要将项目 A 的价值系数提高到 1,则成本可降低 10 元,而将项目 B 的价值系数提高到 1,成本却只能降低 1 元。又如项目 C、D 的价值系数均为 2,两者相同,且对 $V_i = 1$ 偏离较大。若要将其功能进一步完善,即价值系数调整到 1,C 的目前成本需增加 100 元,而 D 的目前成本仅需增加 10 元。项目 E、F 具有类似的情况。从以上分析可以看出,根据价值系数选择价值工程对象时不仅要考虑价值系数偏离 $V_i = 1$ 的情况,而且要考虑功能系数与成本系数的大小,绝对值大的从严控制,绝对值小的则可放宽控制。因此,在实际工作中可以在功能成本分角线两边,分别作出两条曲线,由这两组曲线围成的区域称为价值系数最合适区域。所包容的区域满足以下情况:

①在 $V_i \approx 1$ 的情况下,各部分的功能与成本的比较是相适应的,此情况下的各部分项目都不应作为价值工程的活动对象,若稍偏离 $V_i = 1$ 也不应作为价值工程活动的对象,这些项目均应包括在上述曲线围成的区域内。

②对成本系数和功能系数大的对象要从严控制,当价值系数偏离 $V_i = 1$ 过大时,应作为价值工程活动对象,如落在曲线围成的区域之外,应作为价值工程的活动对象。如上例中的项目 C 和项目 E。

③对于成本系数和价值系数较小的对象可以放宽控制,即使其价值系数偏离 $V_i = 1$ 较大,也不一定作为价值工程活动对象。例如,项目 D 和项目 F。

2. 最合适区域的确定

根据最合适区域的思想,可以利用围绕价值系数 $V = 1$ 的两条等积线来建立最合适区域。在图8-5 中设 $PQ = d$;$OP = r$。

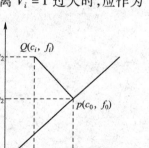

图 8-5　最合适区域原理图

s 为根据实际情况给定的常数,使 $s = dr$,由 $s = dr$ 可知,当 s 为定值时,r 越大则 d 相应越小;反之,如果,当 d 越大时则 r 越小。即当图中的任意一点 q 距原点 O 越远时,即 r 增大时,q 点距 $V_i = 1$ 的垂直距离减小,反之,q 点距 O 近些,即 r 小

时，则 d 大些，这样就可以表示出功能系数和成本系数的大小与价值系数偏离 $V_i = 1$ 的大小之间应具备的合适关系的变化情况。由于 $d = 1/\sqrt{2}\,|C_i - F_i|$、$r = 1/\sqrt{2}\,|C_i + F_i|$，则 $s = 1/2\,|C_i^2 - F_i^2|$，这样可导出两条曲线方程：$F_1' = \sqrt{c_i^2 - 2s}$ 和 $F_2' = \sqrt{c_i^2 + 2s}$。

在作 F-C 图时，用最合适区域法考察价值系数时，确定最合适区域的常数 s 在实际工作中一般采用试算法 s 值。如表 8-7 中的例子取适当的参数 s，则可以作出图 8-6。

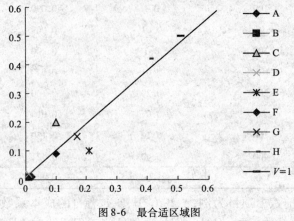

图 8-6　最合适区域图

 思考题

1. 价值流、价值链、产业链的含义是什么？有什么区别与联系？
2. 简述价值流设计的要点，探讨价值流重点要解决什么问题。
3. 物流系统应用价值工程应当注意什么？其特点是什么？
4. 简述物流系统进行价值工程活动的工作程序。
5. 什么是最合适区域法？其基本思想是什么？如何确定出最合适的区域？

第9章 物流系统化组织设计理论

物流系统是由诸多物流要素、物流环节构成的有机整体。物流系统化是使不同层次物流活动趋于合理的过程。物流系统化组织设计是建立和创造物流系统化价值的最重要环节。了解物流系统的形成、物流系统化演变与发展是物流系统开发与组织设计的知识准备和工作内容。

本章研讨重点：
(1) 物流系统的含义、特征及典型模式。
(2) 物流系统化的基本理论及其目的与要求。
(3) 物流系统化设计的基本思路及物流系统合理化的一般理论。

9.1 物流系统化的思想

物流系统是各要素的集合，物流系统化的目的是实现物流系统的合理化。物流系统的组织设计是物流系统化的有效措施，物流标准化是物流系统化的保障。

1. 物流系统及其特征

物流系统是为实现既定物流活动目标，由物流固定设施、移动设施、通信方式、组织结构及运行机制等要素形成的多层次人工经济系统。物流系统属于有人参与决策的大系统，具有一般人工系统的基本特征，诸如集合性、目标性、相关性、层次性和环境适应性等。需要投入较多的时间、资源做好系统设计的前期工作，不要将不成熟的物流系统流程忙于计算机化。有的物流信息系统虽然经过长时间开发，花费较大，但由于最初的物流系统运作工作程序设计得不合理，其结果很难达到理想要求。

2. 物流系统化及其层次的划分

物流系统化是将一定范围的物流活动视为一个大系统，运用系统学原理进行规划、设计、组织实施，从而以最佳的结构、最好的配合，充分发挥系统功效，逐步实现物流合理化的过程。

物流系统化可以按不同特征划分为若干层次进行。按物流系统化所涉及的范围，划分为企业、区域、全国和国际物流系统化等层次。

企业物流系统化是以某一企业运行范围为对象进行物流系统化工作，如供应物流、生产物流、销售物流及相关要素的综合集成或一体化规划运作。

区域物流系统化是在一定地域范围内促进社会物流趋近合理的过程。一般以某一行政区或经济区为对象进行物流系统化工作,需要考虑区域物流设施与企业物流设施的兼容和运行方式(详见第10章)。

全国物流系统化是在全国范围进行物流系统化工作。需要考虑国家综合运输及运网体系、物流节点城市、物流主干道、区域物流及运作等因素。

国际物流系统化是在全球范围研究物流系统化,涉及电子报关、区域通关等措施以及集装箱运输内陆延伸、边贸物流系统构筑与管理、国际物流中心构建、运行机制、与国际惯例接轨有关的国家相关法规建设、制度建设等问题。

3. 物流系统化的主体

物流系统化运作所涉及的主体,一般为企业,包括第三方物流企业、集团企业等。按物流系统化运作所涉及的主体,物流系统化一般分为第三方物流系统化、集团企业物流系统化、多企业物流系统化、企业集团物流系统化、行业物流系统化等。

4. 物流系统化的目标

物流系统化想要达到的目标与物流系统化工作层次有关。从物流经营角度看,一般要求达到服务性、速送性、规模性、有效利用空间、强化库存控制、完善运行机制、提高区域联运效率等目标。

9.2 物流系统的典型模式

9.2.1 一般物流系统模式

从分析一般物流系统的基本模式入手,进而掌握供应物流系统、生产物流系统、销售物流系统的基本特点和运作方式是一条捷径。与其他人工系统一样,物流系统同样具有输入、输出、处理(转化)、反馈、调节等多项功能。这种系统模式可以用图9-1表示。

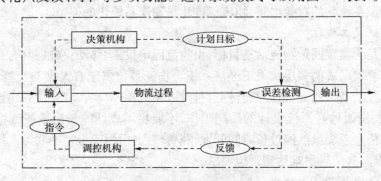

图9-1 典型的物流系统功能模式示意图

物流系统涉及输入、处理(转化)、输出、反馈、调控等功能。合理规划设计的物流系统可以有效地减少、改变或消除货物在人员之间、地理上、时间上、信息上的间隔或障碍。

9.2.2 物流节点系统

不同类型的物流节点在物流管理中的主要功能或侧重点也有所差别,如集货、散货、中转、加工、配送等,由于物流中心分布的地理位置及经济环境特征各异,这种主要功能差别带有区域经济发展要求的特点。

1. 物流节点的类型

货运枢纽一般是区域性货物运输网络的若干节点(站场)即一系列相关货运站场的集合。货运站场的种类很多，往往涉及到大范围多种运输方式的协作运营。

总结现有的物流设施，典型的物流中心主要有集货中心、送货中心、转运中心、加工中心、配送中心、物贸中心等。众多不同类型的物流中心说明，社会经济背景不同，经济地理、交通区位特征不同，物流对象、性质不同，所形成的物流中心模式也不同，所以强求千篇一律地用同一模式限定物流中心的功能和基础设施建设是不切合实际的。但是不同类型的物流中心应当充分履行其在物流系统化中的功能，既要满足各层次物流的需要，又要避免物流设施重复建设造成的浪费。

2. 物流中心的功能

物流中心(logistics center)是从事物流活动且具有完善信息网络的场所或组织。应基本符合下列要求：①主要面向社会提供公共物流服务；②物流功能健全；③集聚辐射范围大；④存储、吞吐能力强；⑤对下游配送中心客户提供物流服务。在一般的意义上，可以将物流中心理解为：处于枢纽或重要地位的、具有较完整物流环节，并能实现物流集散、信息和控制等功能一体化运作的物流节点。将物流中心的概念放在物流系统化或物流网络体系中考察才更有理论和实践意义。

物流中心的基本功能可以从货物集散中心、物流信息中心、物流控制中心三个层次来认识。完整意义的物流中心在物流管理、物流网络运作、区域经济圈形成等方面的地位是十分重要的。

物流功能的绝大部分作业可以在物流中心或以物流中心为基地的延伸服务过程中完成。所以，高层次物流中心应当在区域物流系统化中，有效地履行货物集散中心、物流信息中心、物流控制中心的全部功能。

(1) 货物集散中心。货物集散中心是物流系统化中物流网络体系的节点，是物流基本功能充分表现的场所，包括集货、送货、中转、加工等功能。实现普通货物集散的基本物流作业过程，需要相应的物流基础设施、设备，包括仓库及货物仓储设施、设备，能够完成相应的仓储、装卸、搬运、分拣、加工的仓库和作业场地，有些还需要较大的货物(包括集装箱货物或空箱)堆场，仓库(电视)监控设备、防灾报警装置等；货物装卸搬运设施设备，货物分拣装置、传输搬运设备、承载器具、运输车辆以及进行有关装卸作业的场地；停车场地及辅助性服务设施；办公场所及通信设备、计算机化管理设备和其他辅助设施。

以上是最基本的内容，涉及集装箱多式联运和特种货物运输等的物流作业还应有集装箱堆场，拆箱等作业场地，特种货物仓库、专用起重设备等。处在该层次物流中心的核心功能是货物集散，可以采用人工作业方式或简单的管理设备完成现场货物集散、物流信息处理和物流运行与控制作业。

(2) 物流信息中心。物流信息中心是物流系统的中枢神经，是沟通物流网络体系运行的血脉，也是进行物流过程调控的前提与基础。物流信息中心可以相对独立于货物集散中心，即不必有货物集散的现场作业条件。但完整地实现这一层次功能，物流信息中心应能够作为连接物流作业现场(包括运输与配送作业中的车辆)与中枢指挥功能的基地，除了一般信息作业手段外，还需要相应的电子数据加工处理设备，包括通信联络系统(固定通信和移动通信设施设备，电子计算机及外围设备，以及处在发展中的多媒体传输设备等，可以播发各种物流信息)；计算机网络系统(建立企业内联网，并与国际互联网或其他相关网络，如国家经济信息网连接,建立物流信息管理系统);车载通信系统(运行中的车辆能与中心的计算机网络相联系,物流中心能直接进行车辆调度及相关物流作业)。

这一层次功能的核心内容是信息咨询、配载服务、车辆调度等。具有相应硬件的物流中心,可以迅速采集、整理、处理有关数据,为高质量和低成本的物流运作提供技术支持。其中软件开发与应用是关键,它关系到物流信息中心实际功能的发挥。

(3)物流控制中心。物流控制中心是使物流各项功能有效协同起来运行的指挥调度和掌握全局服务项目、业务量、服务质量、货物动向、车辆状态和运营成本等的控制机构。物流控制中心是位于货物集散中心和物流信息中心功能之上的最重要的决策智能结构层。物流控制中心能使整个物流过程有效衔接起来,并对企业、区域、全国或国际物流网络体系进行物流管理。

实现这一层功能有不同的水平:信息咨询;货源、车源信息发布;车辆调度;货物跟踪、车辆跟踪服务;仓储与库存控制信息服务;运输、配送计划;各类物流作业统计;物流成本分析与控制;车辆导航服务;货主资信档案等。此外,国际物流还应有电子报关、区域报关所需服务功能。在这一功能层次,还需要更多的电子信息技术的支持,例如:EDI技术的应用、全球移动通信系统的应用、全球定位系统的应用、重要货物的监控、多媒体传输技术在物流系统中的运用、其他电子信息技术的应用等。

更重要的是还要有充满活力的、能够形成物流网络化经营的组织及运行机制,它需要将物流系统的硬件设施和软件的设计组织最佳地组合起来,达到预期物流质量控制、物流过程控制和物流成本控制的总目标。

综上所述,为了充分地实现区域、全国乃至国际物流系统化的要求,完整意义上的物流中心最终应当体现上述三个层次功能的综合集成,如图9-2所示。

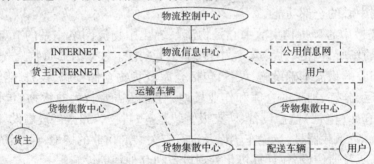

图9-2 物流信息中心与控制中心功能示意图

这三层次功能的综合集成范围可以遍及区域、全国乃至全球范围,尽管这不是一蹴而就的。其中,物流信息中心是最重要而又赋有特殊作用的系统,它可以形成相对独立的系统,也可以与货物集散中心综合集成;或者单独与物流控制中心功能实现综合集成,与部分控制中心功能的综合集成的范围也可以遍及全球。但是物流控制中心必须与物流信息中心实现功能综合集成,否则,控制中心的功能是无法充分实现的。物流控制中心的功能是与多个货物集散中心(如中转站)的功能综合集成的。

3. 物流网络节点的作业功能

物流设施作为物流网络的节点,其功能主要体现在物流的仓储及多个环节之中,表9-1是对其进行的简单分类和概括。依托于物流网络节点的功能集成,是实现物流链各项作业在技术、信息、管理等方面综合集成的前提。

表 9-1

物流网络节点的功能与作业内容

物流功能分类		作 业 内 容
仓储	储藏	长时间保管:储藏型保管,物流节点的基本功能
	保管	短时间保管:流通型保管,物流节点的基本功能
	库存控制	用户仓储物品信息服务,用户仓库功能
配送	集货	电话预约、上门取货
	发货	准时配送
流通加工	加工作业	检查商品,分类,上架,分拣,分配(库内作业)
	生产加工	组装,切片,切断,剪断
	促销加工	询价,单元化,拼装
包装	工业包装	运输包装,保管包装,外包装,内包装,品质保障主体活动
	商业包装	销售包装,单个产品包装,营销主体活动
装卸	装载	从物流设施到运输过程的作业
	卸载	从运输过程到物流设施的作业
信息	物流信息	数量管理:运行、货物跟踪、入库、在库、出库管理
		品质管理:温度、湿度管理
		作业管理:自动分类
	商流信息	订货、销售:销售地点(POS)、时间、车辆、EDI
		金融:与银行的业务

4. 物流中心的地位

不同性质的物流中心在不同范围物流管理中所起的作用不同。将完整意义上的物流中心,放到道路网与综合运输网、区域经济圈以及在社会经济运行中的枢纽地位和基础功能上来认识,就会看到现代物流研究的主要课题更多地集中在物流总成本控制、物流系统集约化、全国物流系统的构筑等方面,这正抓住了物流效益的重要环节。在物流中心规划中,应当注意吸取国外的经验、完善我国物流中心、物流网络及其运行。在此过程中把握物流中心的选址区域、规模、运营机能,这些在物流网络规划、建设与运营中起着重要作用。

9.2.3 粮食物流系统

粮食物流是指粮食从生产到收购、储存、运输、加工再到销售整个过程中的商品实体流动,以及在流通环节的一切增值活动。它包含了粮食运输、仓储、装卸、包装、配送和信息应用的一条完整的环节链。现代粮食物流体系是由完善配套的粮食流通基础设施、高效合理的运作方式、科学规范的管理方法和及时准确的信息服务组成。

一些国家已基本上实现了"四散化"粮食物流(散装、散卸、散运、散存)和基于信息化、自动化的粮食物流。例如建成钢板筒仓,适应粮食短期存储,快速周转的特点,便于实现机械化、自动化仓储作业;配备固定式蛟龙、提升机、皮带机、卸粮坑等机械进出粮设备和机械通风设备,实现粮食的散装、散卸的自动化、机械化操作;引进电子商务,采用自动化设备,利用信息技术和网络实现粮食物流的智能化管理。

粮食的"四散"流通已形成比较完备的体系,粮食从收购、中转到储运的各个环节都采用散装方式,系统配套,技术先进,经济合理。粮食作业采用智能化管理,每个中转库都配备完善的散流流通计算机管理信息网络系统。粮食储运设施配套,工艺先进、齐全,装卸设备实现了标准化、专用化、系列化且自动化程度比较高。科学合理的配套设施降低了粮食物流流通的成本,提高了粮食运输的效率,减少了粮食仓储的费用及风险。

9.2.4 烟草物流系统

烟草物流是社会物流的重要组成部分。广义上的烟草物流是指烟草及其制品、沿用原辅料从生产、收购、储存、运输、加工到销售服务整个过程中物质实体运动以及流通环节的所有附加增值活动。而狭义上的烟草物流是指烟草行业基于社会职能分工的不同,工业企业、商业企业及相互之间发生的烟草制品和相关物资实物的移动活动,其力争以环节最少、距离最近和费用最低实现行业最大经济效益,促进生产,满足消费。

烟草产品属于国家专卖,需要对烟草产品的整个生产销售流程施加很强的控制。烟草作为国家税收的最重要来源之一,长期以来在中国一直实行计划生产、专卖管理的制度。但是随着中国加入WTO,关税减让政策增强了外国烟草在中国的竞争力,对国内烟草行业造成重大的冲击,而国内烟草与国外烟草相比,在生产规模、资金、技术、人才、管理水平等方面都有显著的差距。因此要加强对烟草物流的研究,结合行业特点,将烤烟和卷烟的运输配送置于严格的监控管理之下,运用现代化管理手段和信息技术,通过提高效率和注重自建,以强大的物流配送体系支撑整个行业的持续快速发展,从容应对市场环境带来的挑战。

国家烟草专卖局从2003年开始,对"行业卷烟生产经营决策管理系统"的方案设计进行了一系列的专家论证。"行业卷烟生产经营决策管理系统"的方案根据目前烟草行业管理现状,引入现代物流管理的理念,提出以"计划取码、物流跟踪、到货确认"为主线的总体设计思路,充分体现信息技术和管理的有机结合。与国家烟草专卖局同步,众多地方烟草巨头也在对自身的物流信息管理做大刀阔斧的改造和重建。

9.3 物流系统化设计的目的和要求

物流系统化工作的核心内容是物流系统化的整体构思和设计,它包括物流系统化组织设计和技术设计两大部分。正确地进行物流系统化组织设计是科学合理地组织物流过程的重要前提,也是进行技术设计的基础。

9.3.1 物流系统化设计及其原则

1. 物流系统化设计的含义

物流系统化的设计工作包括组织设计和技术设计两大部分。其中,组织设计相当于物流系统化中的软件部分设计,主要由企业高层决策人员、物流管理专家、计算机网络工程专家、物流市场营销管理专家、财务决策人员等共同完成。主要任务是规划物流系统的总体目标、基本规模与运行模式、主要服务项目及服务标准、主要作业环节及作业链、主要业务流程、主要设备选型、主要设备需要量与负荷、人员配置、组织结构、通信系统功能、计算机网范围与功能、经营机制等的重要过程。技术设计相当于物流系统化中的硬件部分设计,如物流基础设施(仓库、货运站、分拣装置等)设计,车辆设备(运输车辆、配送车辆、装卸设备等)设计,承载器具(托盘系列、集装箱系列等)的设计或选用,以及专用工具与设备的设计等内容,技术设计主要由专业技术人员和管理专家等依据组织规定设计的基本原则、要求、内容共同完成。物流系统化组织设计的每一项目标、功能与作业环节,都必须通过技术设计准确地保障其完满实现。

在进行物流系统化组织设计时,还需考虑总体设计与局部设计的差异。所谓总体设计是指物流系统化总体框架的组织设计及物流系统化全过程的组织设计,其特点具有概括性、指导性、全局性并注重可行性。物流系统化各组成部分的组织设计是实现总体设计目标与功能的基础,称为局部设计。进行物流系统化的组织设计,首先要重视物流总体的组织设计,明确物流系统化的总目标、总规模、总功能、总体结构及系统整体的运行机制,并通过详细的、局部的组织设计和技术设计工作达到预期目的。

2. 物流系统化组织设计的原则

物流系统化组织设计中的一个十分重要的问题是在物流服务水准和物流成本之间寻求平衡。物流系统化设计应注意以下几个方面:确定系统要素和边界;加强通信信息手段;注重批量化、集装箱化和物流效率化;尽量采用直达运输,减少不必要的中转环节;增强物流管理功能;扩大延伸服务能力;强化网上计划工作能力与水平。

9.3.2 组织设计的准备工作和基本要求

1. 组织设计的准备工作

进行物流系统化组织设计以前,应做好可行性研究和其他准备工作。物流系统化组织设计的准备工作主要包括以下几方面内容。

(1)分析物流的种类、性质、质量、体积及流向分布,分析不同季节、月份(周、日、时)的物流业务量及波动规律,并掌握有关数据资料。

(2)分析物流的流向、构成、业务规模、功能要求、服务价格等因素,并掌握相关的数据资料。

(3)分析物流系统的服务项目、服务方式、服务水平,以及实现物流系统化的目标,掌握物流的连贯性、准时性,以及物流服务质量与成本费用关系等方面的数据资料。

(4)审查物流系统中的物流工艺、作业方式、运作效率,物流系统各环节工艺间衔接方式与方法,并掌握有关方面的数据资料。

(5)核查物流系统中已有的资源与尚缺的资源,掌握可利用的资源、数量及来源等有关的数据资料。

(6)搜集、整理与物流系统化组织设计有关的其他数据资料。

概括起来即是运用产品、质量、服务、线路、时间、成本、通信与信息、可控范围等要素的基本数据。

2. 物流系统组织设计的基本要求

物流系统化因对象、范围、性质、功能不同,对系统化的目标与要求相应也会产生差异,但从物流系统化的本质特征分析,以下几项要求是具有一般性的。

(1)服务达到优质水准。物流系统的运行要充分体现用户至上的经营观念。物流系统的优质服务不仅体现在人员素质上,例如专业知识、工作态度、工作作风、业务水平等方面,更重要的是要有相应的物流组织、物流技术作强有力的后盾支持。

(2)供应实现链式管理。物流系统化应形成物流从供应者到最终用户间移动的控制功能,实现动态的物流管理。因而,控制机构与控制能力的组织设计水平,直接关系到物流系统的决策职能、运作效率和效能。

(3)外协形成网络体系。物流系统化必须注重发展外协关系,形成物流网络体系。生产企业是自己用内部力量进行物流作业,还是购买第三方物流服务;是自己拥有车辆设施,还是租用设备设施完成后勤作业,都是物流系统构思的重要决策问题。形成协作网络体系并提高经营效率,才能实现物流系统化的综合效益。

(4)物流实现连贯运行。物流连贯运行的实质在于物流标准化及实现水平。只有参照国际标准、国家标准做好物流标准化工作,才能使物流在高效率、低成本的运行中实现不同运输方式、不同物流功能、不同经营者间的顺利衔接。

9.4 物流系统化组织设计的内容与思路

不同层次物流系统化涉及的物流范围、对象、特点等均不同,但第三方物流网络却往往具有一般性特点。以第三方物流系统化为例来说明物流系统化组织设计的内容和思路。

9.4.1 第三方物流网络及经营特点

物流网络化是物流系统化的基本形式之一,建立物流网络是实现区域物流系统化的基本前提。第三方物流网络一般由基础设施网、经营组织网和物流信息网复合而成,包括业务点、物流中心(配送中心、仓库)、区域运输站场、营业线路、控制中心及综合物流信息网等内容。第三方物流企业开拓不同的物流业务网络:个人包裹速递网络、零担货物运输网络、冷藏货物运输网络、多式联运集装箱运输网络等,所依托的站场设施不一定必须自己所有,完全可以采用租用等方式经营。虽然各类网络均有自身特点,但"门到门"、"桌到桌",一票到底的集成化管理却是共同的。

9.4.2 物流系统化组织设计的内容

物流系统化涉及的因素众多、关系复杂、范围也很广,要提高其组织设计的质量,必须清晰地掌握物流系统化组织设计的内容和基本思路,重点是做好以下几方面的组织设计工作。

(1)明确物流系统的目标,就是确立物流系统化纲领、明确物流系统化指导思想的过程。物流系统化的目标应该是多元的,但不同物流系统的目标满足顺序是有较大差别的。明确物流系统化的目标及排序,既是系统化组织设计的出发点,也是系统化成果评价的主要依据。

(2)设计一体化物流系统。物流托盘化是物流集装化的一种重要形式,它是实现物品装卸、储存等作业机械化、连贯化的基本和必要前提,其中托盘标准化是首要问题。托盘经营方式合理化,是提高托盘流通性的关键因素。托盘标准化、系列化是提高托盘流动性的基础,而托盘流通性好是发展托盘化物流的基本前提。只有切实做好托盘租赁、交换、交流等的组织设计,才能实现以托盘为集装单位的托盘装卸、托盘搬运、托盘储存、托盘运输、托盘配送、托盘销售等托盘化物流活动的顺畅运行。

(3)关注物流技术的应用。体现在运输工具、装卸搬运设备、承载器具、分拣传输装置等方面,更重要的是提高现代电子信息技术的应用。

(4)设计运营机制,包括利用市场配置物流资源的机制。社会主义市场经济体制提供了运用市场机制进行社会物流资源优化配置的外界环境、内在动力和实现方式。因此,运用市场机制将运输、通信、物资、商业和其他产业部门及相关企业、经营者中积聚的物流基础设施、电子通信设施、移动设备、控制设备等硬件和软件要素与潜力优势充分发掘,并按集成化的思想加以协调重组,就可能形成社会物流系统化资源配置的巨大协同作用效果。

(5)物流系统标准化与控制机制。物流系统内部的标准化与更大物流系统运作中的兼容性涉及标准选择问题。物流系统控制的内涵是很深刻的,涉及集中控制与分散控制、直接控制与间接控制、闭环控制与开环控制、跟踪控制与提前控制、以及自适应控制、多极分层控制等类型。针对物流系统化的要求,实现物流合理化的核心目标是要解决物流控制集中化问题。所谓物流控制集中化是经营者对其物流业务实现全过程管理。

9.4.3 物流系统组织设计的思路

对第三方物流经营者而言,物流系统化组织设计过程是改变传统运输经营观念、开发全新运输服务方式的过程,也是进行技术创新、组织创新、管理创新和制度创新的过程。因而必须树立以下几个基本观点。

(1)以优质服务水准满足社会物流需求的观点。第三方物流经营者要充分满足用户现有需求,并不断创造和引发新的需求,以高质量服务水准引导用户利用外部资源,完善企业内部物流合理化工作。

(2)从物流全过程考察物流费用的观点。第三方物流经营者从用户物流全过程考察物流费用,发现降低社会物流总费用的关键环节,努力发掘节约物流费用的潜力。

(3)以"用户成功之日,就是物流经营者成功之时"的思想参与用户物流管理过程的观点。这也是第三方物流经营者建立大市场营销观念的基础。

(4)以致力于创新作为竞争手段的观点。第三方物流经营者要善于运用技术创新、组织创新、制度创新来支持和推动服务创新,进而巩固当前市场份额,并力求挺进新的市场领域。

为了实现预期的物流系统化组织设计目标,物流经营者要将以上观点渗透于物流系统化组织设计的物流服务项目和物流基础设施。

【案例9-1】 "户到户特快递送"系统

以日本大和运输株式会社开发的宅急便系统,即"户到户特快递送"为例。该系统成功运作的关键技术是电子信息技术。由主计算机、分组计算机、工作站(计算机)等组成的"黑猫"综合信息系统,是宅急便系统运作所依托的计算机信息网络。其中,便携式终端机(P.P.机)以及集成线路卡(IC)的开发与应用形成了"大和"技术创新的特色内容,成为该企业的专有技术。该物流过程各主要环节与"黑猫"综合信息系统的运行过程如图9-3所示。

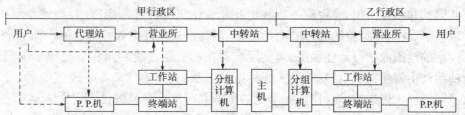

图9-3 宅急便及"黑猫"综合信息系统运行过程

从"户到户特快递送"的系统剖析可以看到,这是货运集散一体化基本模式的扩展和延伸,该系统突出了以下几个特点。

(1)用户至上、方便用户的经营观念——观念创新。从营业所受理托运货物的程序看,用户可直接与营业所联系，也可就近交给代理店办理托运。由于代理店通常是与日常生活密切相关的商店（米店、酒店、百货店、杂货店等），与居民个人居住点很近，分布点也很多，1995年仅在日本就有283253个代理店。这样，既方便了用户，又节约了集货成本。这也是"大和"为什么能占有日本包裹递送业最大市场份额的原因之一。

（2）"站""店"联网、信息集成的经营控制——运作创新。从顾客、代理店、营业所到中转站，不仅在物流业务上，而且在信息沟通上均连接成网。正是由于以电子信息技术作为物流系统运作的核心技术，形成宅急便物流信息集成基础上的全程控制，才能使得29.3万多个代理店、1740多个营业所，与59个中转站一起形成"形散而神不散"的有机整体。

（3）以少聚多、"点""面"转换的经营方式——组织创新。产量法则告诉我们只有达到一定的业务量才能够降低单位业务量成本。包裹质量虽轻，但其件数却很多，由少积多就可创造可观的经济效益。将甲地行政区域的"面"上的物流量集中到"点"上，从而形成点（中转站）与点（中转站）间的长途运输，又将乙地"点"上的量分散到乙地所处的行政区域的"面"，这样便于采用成组化、集装化作业或实行共同配送，使得现代化物流设施、设备的优越性能够充分发挥，提高物流效率及服务质量。

（4）分散经营、集中控制的管理模式——管理创新。分散经营有利于调动个人的积极性，集中控制又使得整个系统有条不紊地运行，随时掌握特定货物所处地点、状态等情况，确保一流的物流服务水平的基础是计算机在线经营信息系统的支持。利用"黑猫"综合信息系统的集成信息进行集中控制，可以有效地到达每一个直接受理货物的代理店和驾驶员，可以避免任何货物丢失、营收流失、经营失控等现象。

可见，从主计算机（3台）、分组计算机（59台）到工作站计算机（800台左右）都是商业化技术的应用，重要的是便携式终端站（1500多台设备）和便携式终端机（约3.2万只）构成了其技术创新的核心内容。而这一核心内容奠定了"大和"市场领先者的地位。

9.5 物流标准化工作

9.5.1 物流标准化及其作用

1. 物流标准化的含义

根据国际标准化组织（ISO）与国际电工委员会（IEC）于1991年联合发布的文件（ISO/IEC guide 2:1991）中的表述，标准是指在一定范围内以获得最佳秩序为目的，对活动或其结果规定共同的和重复使用，经协商一致制定并经公认机构批准的规则、导则或特性的文件。标准是以科学、技术和经验的综合成果为基础、以促进最佳社会效益为目的。而标准化则是指为在一定的范围内获得最佳秩序，对实际或潜在的问题制定共同和重复使用的规则的活动。这种活动主要包括制定、发布及实施标准的过程；其重要意义在于改进产品、过程和服务，防止贸易壁垒，促进技术合作。标准化的范围和对象是在经济、技术、科学及管理等社会实践中的重复性事物和概念。物流经营组织需要用户反复购买物流服务，需要与各类用户保持合作关系，因而需要有严格的系列标准规范服务和过程。

物流标准化是按物流合理化的目的和要求，制定各类技术标准、工作标准，并形成全国乃至国际物流系统标准化体系的活动过程。其主要内容包括，物流系统的各类固定设施、移动设备、专用工具的技术标准；物流过程各个环节内部及其之间的工作标准；物流系统各类技术标准之间、技术标准与工作标准之间的配合要求,以及物流系统与其他相关系统的配合要求。设计与构筑物流系统、从事物流经营活动是涉及庞杂内容的技术性、经济性、管理性的标准化对象。作为标准最本质的功能就是进行统一,没有统一就没有标准,而没有标准不同企业间的物流业务合作就是空话。

根据《中华人民共和国标准化法》的规定,中国的标准分为四级:国家标准、行业标准、地方标准及企业标准。国际标准是国际标准化组织所制定、批准的各类有关标准,例如 ISO 9000 系列标准。国家标准是国家组织制定并批准颁布实施的各类有关标准。例如中国物品编码中心负责起草了多项条码技术标准,自 1991 年起陆续由国家技术监督局发布为国家标准。其中包括 GB 12904—1991《通用商品条码》、GB 12905—1991《条码系统通用术语 条码术语》、GB 12906—1991《中国标准书号(ISBN 部分)》等强制性国家标准,GB/T 12907—1991《库巴德条码》、GB/T 12908—1991《三九条码》等推荐性国家标准。部门或行业标准是在某一部门或行业制定,并颁布实施的各类有关标准。企业标准是由企业自己制定并组织实施的各类有关标准。

根据标准的不同属性和使用目的,标准可以有不同的划分。按照标准的法律属性,国家标准和行业标准可以分为强制性标准和推荐性标准。按照使用功能划分,标准可以划分为:基础标准、产品标准、检验方法标准,包装、存储运输标准等。按照标准化对象特征不同,分为技术标准、管理标准和服务标准,这种分类在物流系统中经常被使用。

2. 物流标准化的基本作用

(1)物流标准化是建设物流系统的基础工作。实现物流系统化需要从运输、配送、装卸、仓储、包装等功能环节的衔接上处理好有关技术、工艺的配合等问题,否则,会使物流系统化的进度受挫,延缓发展的进程。

(2)物流标准化是实现物流系统作业现代化的前提条件。实现物流合理化,需要很好地处理集(集中货物)与散(分送货物)的作业,这一部分作业采用机械化、电子化、自动化设备后可以提高工作效率。而物流作业现代化又是以标准化为前提,没有物流标准化很多先进设施、设备就不易或不能配套使用。

(3)物流标准化是加速物流过程的主要手段。物流标准化可以为多式联运以及物流在生产、仓储、销售、消费等环节间的流动提供最有效的衔接方式和手段。

(4)物流标准化是降低物流成本,提高物流效益的重要措施和手段。生产领域的标准化、系列化、通用化可以带来巨大的经济效益,这一基本原理对于物流系统同样适用。

实现物流标准化后的经济效益可以从运送速度的提高、搬运装卸等环节的时间缩短,从仓储货物流转加快、仓储时间缩短的资金占用减少等方面获得。

9.5.2 物流标准化的内容

物流标准化必须确定一个基点,这个基点应能够贯穿于物流过程,并形成物流标准化工作的核心。物流标准化确定的基点,是衡量物流全系统的基础,也是各个子系统标准化工作的准绳。

1. 物流标准化的基点

进入流通领域的货物(物品)大致可以分为三类:零星货物、散装货物与集装货物。在这三类货物中,零星货物、散装货物都难以在物流网络节点上实现操作及处理的标准化,而集装货物在物流过程中始终是一个集装体的基本单位,其形态在装卸、运输、保管过程的各个阶段基本上不会发生变化,故集装货物在物流节点上容易实现标准化作业。

根据国内外物流现状和发展趋势分析,集装货物是未来物流通行的主导形式,是保持各节点上所使用的设施、设备及机械之间的整体性及配合性的核心,所以,集装系统可以认为是使物流过程连续进行而建立标准化体系的基点。

散装货物如煤炭、水泥、粮食等经过专门包装处理,也可以建立标准化体系。其中一部分散装货物也需要与集散化系统配合,如粮食、啤酒等货物,可以采用专用的集装单位实现成组化运输。

零星货物在特定的条件下,可以向集装货物转化,如采用平托盘、笼式托盘、箱式托盘、装运件装、不规则件装。将零星货物进行集装化处理,用集装化技术进行物流组织工作。

2. 物流标准化的重点

配合性是建立物流标准化体系的重点内容。物流标准化所体现的物流效率和经济效益很大程度上取决于物流标准的选择与配合。配合性是衡量物流标准化体系成败的重要标志,集装系统可以作为物流标准化的基准,用以解决物流过程各个环节之间的配合性问题。

物流活动是与运输车辆、装载器具、装卸设备、集装箱等的制造系统,以及货物仓库、货架、货柜等仓储系统等密切联系在一起的。因此,货物集装的基本单位与物流过程的固定设施、移动设备、专用工具的配合就成为物流标准化的重点内容,包括集装单位与运输车辆的载质量、有效空间尺寸的配合,集装单位与生产企业产品包装环节的配合,集装单位与装卸设备的配合,集装单位与仓储设施的配合,集装单位与消费物流的配合等。

9.5.3 物流标准的类型和主要内容

1. 大系统配合性及统一性标准

物流标准包括物流用语的统一性标准、物流计量单位标准、物流专业术语标准等在内的有关标准,其中,最主要的标准分为两方面:专业计量单位标准和物流专业术语标准。由于物流的国际性较强,故在国家标准与国际标准不一致时,还须考虑国际习惯用法。物流专业术语标准是为避免在物流过程中,因对专业术语的不同理解所造成的歧义,而引起物流工作的混乱或造成不应有的损失。物流统计、核算标准化是建立物流信息的前提,应该在以下几方面确定标准:统计核算文件格式标准化;统计核算方法和业务程序标准化;商业经贸文件及业务程序标准化;其他适应计算机、网络通信、数据和文件格式标准化的有关标准。

2. 物流分系统技术标准

物流分系统技术标准主要内容有以下几方面。

(1) 运输设备标准。主要包括两部分:一是指物流系统中运输车辆等移动设备的标准,如机车、重型货车、轻型货车、拖挂车、货船等;二是为保证各种移动设备之间以及与固定设施之间的有效衔接所要求的货物、集装箱、载重能力、船舱尺寸、运输环境等的标准,例如制定车厢、船舱尺寸标准,载重能力标准。

(2) 作业车辆标准。主要指搬运车辆标准。在站场、站台及仓库等内部作业的各种搬运车辆,如叉车、台车等的尺寸、运行方式、作业范围、搬运质量、作业速度等方面的技术标准。

(3) 传输设备标准。主要是各种水平、垂直式传输机械、起重机、提升机的尺寸和传输能力等的技术标准。

(4) 仓库技术标准。主要包括仓库尺寸、建筑面积、有效面积、通道比例、总吞吐能力等技术标准。

(5) 托盘系列、集装箱系列标准。主要包括托盘、集装箱等系列尺寸标准。

(6) 货架、储罐标准。包括货架净空间、载重能力、储罐容积、尺寸标准。其他技术标准,如包装、货物、储罐等的技术标准。

(7) 站台技术标准。包括站台高度、作业能力等技术标准。

(8) 不同站场技术标准。包括站场等级、占地面积、硬化场地面积、适站量等技术标准。

(9) 其他相关技术标准。

3. 工作标准

工作标准是指对工作的内容、方法、程序和质量所制定的标准。工作标准包括作业规范,划分了各种岗位的职责、权力、业务内容、检查监督与措施,从而使物流系统具有统一的工作方式。

工作标准应包括的主要内容有:①各经营单位经营方式及各经营单位间采用的协作方式;②物流程序及监控、查询方式;③车辆运行调度方式;④物流信息处理方式;⑤岗位交接工作程序;⑥运输、装卸、配送作业规范;⑦仓储作业规范等。

由于标准化已成为当代经济竞争要素,技术标准、专业标准应尽量采用国际标准或国家标准;没有国际标准或国家标准的工作标准(操作规程)可由有关部门自己制定并组织实施,其工作标准所涉及的文件格式、业务流程应尽量向国家标准或国际标准靠拢。

9.5.4 物流模数与物流标准化方法

物流模数(logistics modulus)是物流设施与设备的尺寸基准,是物流标准化、系统化和合理化的基础。物流模数可分为物流基础模数、物流集装模数、物流建筑模数等。

物流标准化的重点在于通过制定标准规格尺寸来实现物流过程的连续性。例如,ISO中央秘书处及欧洲各国已基本认定 600×400(mm) 作为基础模数尺寸,目前使用的托盘标准主要有1200系列、1100系列、1140系列和英制系列。用物流模数作为物流系统各环节标准化的核心,是形成系列尺寸的基础。依据物流模数进一步确定有关系列的大小及尺寸,再从中选择全部或部分作为定型生产制造尺寸,这就完成了某一环节的标准系列。

9.6 物流系统合理化

物流系统化的目的是寻求物流系统的合理化,而且是从小范围物流系统合理化逐步走向大范围物流系统合理化。

9.6.1 物流合理化和物流管理体制

研究物流系统的最终目的是追求社会物流合理化。所以,一方面要从技术、组织和管理等角度研究社会物流系统化问题,另一方面也要从中国物流体制的改革角度研究社会物流系统化,随着经济体制改革的日益深化,社会物流正在趋于合理化。

中国物流管理体制涉及外贸、内贸、交通、资源等政府管理部门,以及工业、商业、物资、建筑等行业企业的经营活动。目前逐渐形成部级联席会议制度、省级联席会议制度等来协调物流业发展问题。

9.6.2 物流合理化的思路

物流合理化的思路可以分为两大部分或两个阶段,其一是局部合理化过程;其二是整体合理化过程。

1. 局部合理化

在物流合理化的第一阶段就是要使构成物流活动的包装、运输、装卸搬运、仓储、信息处理、流通加工等各项物流功能分别实现合理化。可见,局部合理化重在依靠职能部门,不从物流系统整体考虑,这样很难实现整个物流过程的合理化。从局部寻求物流合理化,往往只是物流合理化的初级阶段。

2. 整体合理化

整体合理化是物流合理化的高级阶段,重点是使所研究的物流过程达到整体合理化。在整体合理化过程中也存在构成物流系统因素之间、各子系统之间,以及服务水准、物流技术和经营成本之间的权衡比较。整体合理化可以通过系统分析的方法,从系统的目的和要求出发,选择合理化的途径。但是,整体合理化与局部合理化往往存在着矛盾,通常需要经过再设计、资产重组来调节这种矛盾。

9.6.3 物流合理化的主要步骤

根据物流合理化的要求,设计企业物流系统的主要步骤如下。

(1)制定物流战略、方针和措施。由粗到细地制定与物流服务有关的战略、方针、措施,制定与实现物流战略目标的物流费用有关的方针、措施。

(2)确定物流网结构。由面到点地研究主要投资所涉及供应点、销售点、中转仓储等节点的分布与建设。例如,节点是选择租用还是自建,应与企业长期战略结合考虑。

(3)设计物流管理系统。由概念到具体分析物流系统,对包装、运输、发送、保管、库存、装卸和流通加工等计划的个别活动和衔接方式的实施和控制进行设计,包括组织管理系统的组织设计和技术设计。

(4)综合评价物流系统。先从长期的、大的结构方面评价分析,再进行短期的、具体内容的评价分析。

(5)在多次运行与评价过程中,进一步完善物流系统,并从小范围合理化逐步走向大范围合理化。

1. 什么是物流系统,物流系统有哪些特征?
2. 物流中心的功能有哪些,典型的物流中心分哪几类?
3. 如何认识粮食、烟草等典型的物流系统?
4. 什么是物流系统化的组织设计,其设计的基本要求有哪些?
5. 什么是物流标准化,为什么要实行物流标准化?

第10章 区域物流枢纽规划及其评价

> 物流节点是区域物流、供应链物流体系中的作业基地。其中一些最重要的物流基地具有物流与供应链基核的作用,其在区域物流合理化、区域经济乃至国家经济发展过程中具有重要地位和作用。
>
> **本章研讨重点:**
> (1)物流园区(货运站场)的选址、布局,以及功能定位。
> (2)物流园区(物流中心)规划及运营模式。
> (3)物流系统综合评价的目的、方法。
> (4)AHP-F 隶属度合成法在物流项目评价的应用。

10.1 区域物流设施布局规划综述

10.1.1 区域物流设施概述

1. 区域与区域物流

区域是指有一定空间的地方和景观,是具有特定的政治、自然和经济意义的地区范围。区域一词在政治上多指行政区,在自然上多指自然区,在经济上主要指经济区。经济区的形成基于地理、自然、资源以及基础设施等多种客观条件,体现不以人的意志为转移的经济规律,区域物流所涉及的运作范围主要是经济区。但国家行政管理是以行政区为基础的,各级政府参与物流系统规划的重点仍然是行政区,而且更多地体现为行政区的利益。在实际运行中,经济区与行政区两者始终存在着重叠交错的关系。为了方便研究物流系统构筑和对物流活动进行调节与控制,可以将区域表述为:对描述、分析、规划、运营、管理或制定法规、政策等来说,区域是一个地域的统一体;一定区域,规划、构筑促进社会经济最佳战略实现的物流系统,及其与物流运营和监控等有关的活动体系。

区域物流(regional logistics)是指以某一经济区或特定地域为主要活动范围的社会物流活动。例如,城市物流(urban logistics),以城市、城间物流为主要研究对象的物流系统,也可以看作是区域物流的一种特殊形式。

2. 区域物流设施

区域物流中心(regional logistics center)是全国物流网络上的节点。以大中型城市为中心,服务于区域经济发展需要,将区域内外的物品从供应地向接受地进行有效实体流动的公共物流设施。物流设施(logistics establishment)是提供物流相关功能和组织物流服务的场所。包括物流园区、物流中心、配送中心,各类运输枢纽、场站港、仓库等。据相关数据统计到2012年全国营业性库房面积约13亿 m^2,各种类型的物流园区754个。

物流园区(logistics park)为了实现物流设施集约化和物流运作共同化,或者出于城市物流设施空间布局合理化的目的而在城市周边等各区域,集中建设的物流设施群与众多物流业者在地域上的物理集结地。物流园区规划时需要满足一定的城市或经济区发展规划要求,既有综合性的,又有专业性的,它们属于产业集聚的一种形式。对物流园区而言,物流节点的选址涉及产业集群问题,例如,依托港口、站场、机场(货运站)等交通枢纽的物流企业集群,在这些枢纽站场往往具有两种以上运输方式的支持;还涉及物流企业所服务的业务内容要求,例如多式联运、国际物流等通关的要求;此外还涉及关联产业的企业集群:汽车制造、粮食生产与加工、果品生产加工等。

3. 作为物流基核的物流枢纽

物流基核以物流基地为基础,是物流集成引力形成的场源载体,是在物流基地基础上的功能延伸,不仅在货物集散中心、物流信息中心和物流监控中心一体化中起奠基作用,而且在国际物流报关、通关、综合保税和陆港—海港"大通关"等公共服务平台方面具有重要支撑,使得其在区域产业集聚和经济辐射中发挥着重要作用。区域物流系统化是物流系统化较高的层次,区域物流枢纽及其规划、建立和完善是区域乃至国际物流系统网络体系的重要组成部分。

构筑区域物流系统的主要内容包括:区域间通道、城市干线道路、区域物流设施、城市的集配中心、企业的仓库等。从区域经济发展的观点考虑,货运枢纽站场或城市间物流中心、城市内集配中心、物流结点的运营应当按集成化理论布局,实现功能分配合理、运行机制兼容,能够协同运作。城市物流(配送)节点的配置可从三方面综合考虑:提高物流活动效率,要求物流设施集约化布局;提高物流服务水准,则要求物流设施分散化布局;加强物流信息的综合控制能力,从而达到削减库存量、提高销售能力,减少物流总费用的目的。

10.1.2 区域物流规划内容与程序

1. 区域物流规划的内容

区域物流系统规划可以分为综合规划和专项规划。综合规划的内容一般包括物流经营主体规划、物流设施平台规划和物流信息平台规划等规划以及实现规划目标的政策措施等。专项规划将所涉及的具体规划进一步细化,例如,物流设施平台规划,可以根据不同层次确定相应的内容,一般包括:规划概述,规划的背景、目的、要求和依据;环境背景分析,市场需求与供给发展预测;发展战略目标,发展定位;总体布局规划方案,一般包括经营机制规划、物流设施平台规划与物流信息平台发展规划,以及实现规划政策措施等。

在区域物流发展规划中,一般是将物流业作为新兴的复合性产业来对待,涉及规划区域的经济、行政管理部门和机构,所以,一般采用产学研相结合的组织进行规划,采用省(市)发改委牵头的联席会议协调物流规划及其实现过程中在经济管理体制方面的管理职能协调。

2. 区域物流系统规划的程序

区域物流系统是综合运网中涉及货物运输的主要组成部分,其系统规划涉及区域经济发展水平、运输结构、物流基础设施布局和运行机制。区域性运输结构和物流系统合理化要适应产业结构、人民生活水平,满足经济效益和社会效益的需要。规划的一般程序如图10-1所示。

10.1.3 区域物流设施规划

区域物流系统规划所涉及的物流园区、货运枢纽站场要与综合运网、枢纽城市站场体系的规划兼容、一致。货运枢纽站场规划中所涉及的具体因素很多,需要按科学的规划程序,抓好主要因素,选好适用方法进行规划。区域物流设施规划的重点是确定规模、数量和布局。

1. 适站量预测

适站量是确定建站生产纲领的重要依据。对规划期内适站量的预测应予以充分重视。需要注意的是统计资料搜集的准确性和统计资料产生方法的可靠性,避免重复计算或遗漏重要信息。选择合适的预测模型。任何一种预测模型都有其不完善之处,这也是在本书一开始就强调高级物流学方法论的原因之一。通常要根据规划研究的目

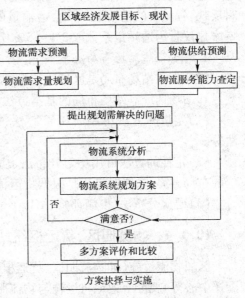

图10-1 区域物流系统规划程序框图

的、所搜集资料具备的建模条件等因素,考虑预测模型的选择。在货运站适站量预测中常用的数学模型如式(10-1)~式(10-3)。

(1)多元回归预测模型。模型的基本形式为:

$$y = b_0 + b_1 x_1 + b_2 x_2 + \cdots + b_m x_m \tag{10-1}$$

式中:$x_j(j=1,2,\cdots,m)$——m 个自变量;

b_0——常数;

$b_j(j=1,2,\cdots,m)$——y 对 $x_j(j=1,2,\cdots,m)$ 的偏回归系数。

该模型可以考虑多个自变量对预测值的影响,在适站量预测中的应用较为广泛。

(2)灰色动态预测模型。灰色系统模型 $GM(1,1)$ 是用一阶线性微分方程描述灰色系统的单序列动态变化的模型。其模型一般形式为:

$$\begin{cases} \hat{y}_{(k)}^{(1)} = (\hat{y}_{(0)}^{(1)} - u/a) e^{-a(k-1)} + u/a \\ \hat{y}_{(k)}^{(0)} = \hat{y}_{(k)}^{(1)} - \hat{y}_{(k-1)}^{(1)} \end{cases} \tag{10-2}$$

该模型适用于预测对象呈指数序列特征的系统预测。在预测所用数据具有明显指数关系或定性分析其有指数增长关系时,采用灰色动态预测模型进行预测,不仅简便且精度能有所提高。

(3)组合预测模型。其模型的一般形式为:

$$\begin{cases} \hat{y}_t = \sum_{j=1}^{m} w_j f_{tj} \quad (t=1,2,\cdots,n) \\ \sum_{j=1}^{m} w_j = 1 \end{cases} \tag{10-3}$$

式中,$w_j \geq 0, j=1,2,\cdots,m$。

组合预测模型可以综合多种可行预测模型结果并可充分利用其中预测结果好的模型。

根据实际经验,运用社会货运量统计资料作为预测的自变量,则应确定相应的适站量系数,适站量系数确定的合适与否,直接影响到站场规模与数量规划的依据参数。据实际统计资料反映,各城市的适站量与社会运输量的比例变化幅度很大,货运一般为 1% ~18%,有关专家建议货运适站量系数取 2% ~5% 比较合适。

2. 货运枢纽站场布局决策

货运枢纽站场布局是区域物流系统规划的核心内容,重点是确定货运枢纽站场的规模、数量和站场选址。站场布局的基本方法有:

(1)定量的方法可用解析重心法、目标规划法、线性规划法、分级评分法、逐渐逼近法等。

(2)定性的方法可用均匀分布法、功能对口法等。均匀分布法是选择与流量流向相适应的布局方案,功能对口法是根据货运种类选择接近其货源位置的地点。

(3)层次分析法、模糊评判、AHP-F 隶属度合成法及其他决策方法等。

10.1.4 物流园区、货运枢纽站场布局与选址

区域物流设施(如物流园区、货运枢纽、集装箱货运站、中转站、零担货运站、物流中心、配送中心等)要能有效地将运输与物流服务要求结合起来。

1. 布局原则与选址要求

(1)系统规划,产业协调,建成统一运网。物流设施与其服务对象有密切的产业关系,需要满足一定产业发展要求,同时要降低自身运作成本。物流设施缺少了"源头",就"无物可流",因此,其布局要满足综合运网与产业协调发展的要求,并与所在城市总体布局规划和交通规划相吻合,同时有利于统一运输网络的形成。

(2)方便运输,方便配送,科学合理分布。使运输与其他物流作业服务能较好衔接,货运枢纽站场布局距离主干线、货源较近,远离城市商业区、人口稠密区和文化区,尽量减少货运、配送车辆对城市交通的压力,减少城市交通污染。

(3)满足需要,留有余地,适当超前发展。土地是稀缺资源,其利用受到严格限制和管理。需要加强物流系统的规划研究,规划设计优劣对系统建设、运营影响巨大。因此,应当关注系统开发设计等前期工作,不要在出生时就先天不足。物流设施一次性投入大,要适当超前规划,指导建设实施。

(4)完善功能,分散布点,强化机制建设。根据站场功能侧重于所服务区域的要求,在必要的场地、仓库、交通和通信设施设备等硬件的基础上,强化机制建设,协调物流系统运作。物流中心、配送中心功能设置和建设要进行计算机仿真模拟,提高规划布局和设计水平,使设施效用发挥到最高。

(5)新旧兼容,机制兼容,有利于区域发展。在改扩建物流设施时,应充分利用原有站场的条件、市场经济体制形成的区域物流网络体系;即使不同部门的物流设施也要尽可能兼容运行,打破体制分割、资源分散、规模不大、效率不高、技术落后的局面,加强物流基础设施建设和整合。

(6)软硬结合,细化功能,提高物流效益。干线运输与物流服务综合集成,需要货运站与其他物流设施的兼容。要重视软件建设,细化服务功能,发掘硬件潜力。避免在统一区域内重复建设功能相同的物流设施。

(7)水电畅通,交通方便,基础条件良好。集装箱堆场还要求达到地面平整,能承受所

堆重箱的压力,有良好的排污水设施、消防设施、照明设施等条件。

(8)节约投资,保护环境,实现持续发展。关注低碳、绿色物流理念在方案设计中的应用,规模较大的货运站应有废水处理等设施,防止造成环境污染。

对物流园区而言,还需要处理好政府规划、市场运作等问题。在进行具体货运站址的选择时,还要根据物流设施所在城市、区域及服务对象进一步细化要求。公路运输站场规划主要涉及集装箱货运站和公路运输零担货运站的规划,两者都属于区域物流设施,应当与城市集配中心、各种仓库、商店形成配套体系,如图10-2所示。

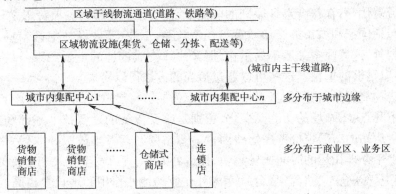

图 10-2　区域物流设施体系示意图

区域物流设施的货运枢纽站场规划的主要内容包括:确定其在区域物流系统中的主要功能,确定其布局、选址与建设规模,设计良好的运行机制,与现有集配中心、仓库功能匹配、兼容运作。在制订长期物流系统规划时,所涉及的未知因素很多,建立精确的数学模型难度很大,一般应采用定性分析为主,量化分析进行调节修正的方法。区域物流设施要与城市建设、发展规模及布局结合起来,一般应在大城市外缘主干道和绕城公路交汇处选址,需公铁联运的物流节点应靠近铁路,需公水联运的应接近港口码头或货源集中的区域。中小城市的区域物流设施布局应以高速公路、干线道路等交通便利处选址、布局。

2. 物流园区、货运枢纽站场选址程序

在运输集散一体化的思想指导下,货运枢纽站场的选址可参考以下过程。

(1)分析所在区域的自然、社会、经济特点,根据区域经济水平和发展规划,按照区域物流要求、运输站场的具体功能和选址原则,确定货运枢纽站场的运输与集散服务范围。

(2)确定规划期货运枢纽站场适站量,运输与物流服务的综合集成形式,总体物流服务质量水平。

(3)调查区域内现有货运枢纽站场、物流设施分布情况,用于干线运输与物流服务可兼容的可能性。

(4)分析所在区域高速公路出入口、主干道的位置、数目及规划发展情况,根据所在区域主要货源、主要服务对象和主要通道及城市土地规划和使用特征等因素,初步确定若干可选为货运枢纽站场布点的位置。

(5)根据货运调查统计资料,确定规划期区域货物运输总工作量。按照货物运输站场经济规模的要求,确定每一区域内货物吞吐量及分布情况,对布点位置进行筛选。

(6)详细了解区域内现有各货运站场、物流服务设施的分布及改建、扩建能力,计算按可能规模改建、扩建现有站场所需费用,拟定多个站址作为备选站址。

(7)建立选址模型,进行运输与物流总费用选址计算,用量化方式初步确定货运站选址方案。

(8)实地调查,方案比较,综合评价方案与决策目标的要求,确定货运枢纽站场具体站址,并绘制站址平面图和地形图。

3.物流园区、货运枢纽站场选址方法

货运枢纽站场选址涉及各种因素,这些因素既有定量的,也有定性的,因此应对备选站址进行多种因素的综合平衡。必要时可选用定性与定量相结合的数学模型,如 AHP-F 隶属度综合集成法。选址的定量因素主要是指货运枢纽站场的建设投资、管理费用,以及运输费用与其他物流费用等,在符合选址原则的前提下,使货运枢纽站场各项费用之和最小。选址的定性因素包括国家和城市的交通政策与经济政策,工业、商业及住宅区布局与规划、城市经济发展规划等,这些因素一般不易量化,但又往往构成选址的重要约束条件,甚至是先决条件,必须予以足够的重视。这些可以通过恰当的方法得以实现。

为了适应物流服务需要,使货运枢纽站场成为能够将运输与集散服务综合集成的站场,需要注意以下几点:①站场的功能要变化,特别是改变传统的经营技术基础和经营方式,对现有和新建货运站的布局也应考虑这些因素。②站场经营者集散服务取代货主送货取货,因此原站场由于办理托运的时间比较集中,托运处人流、货流发生交叉和干扰的现象将会减弱、甚至会消失。③仓库、站台(货台)、库内外作业场地的作用和地位会提高。④特别强调以计算机为基础的货运枢纽站场中枢神经、控制中心作用。

10.2 物流设施功能规划

10.2.1 物流中心规划的主体

物流中心是物流网络中的节点,是不同运输方式选择的决策点和协作、协调的结合部,在形成以中心城市为核心的经济圈体系中,物流中心具有举足轻重的地位和作用。物流网络、物流中心及物流基础设施的规划与筹资、融资、建设和运行密切相关。投资主体将向多元化方向发展,民营企业也将成为投资主体之一;此外,还涉及外国资本投入物流基础建设,其运作方式如 BOT。投资与运营体制反过来也会影响物流设施规划。

在物流中心的规划、筹建、运营方面不仅直接影响到道路运输基础设施运用效率,很多情况下,还与城市规划、经济圈的经济运行有极密切的关系,物流节点规划与筹建主体的不同,也会影响到节点的运行和管理机制。从区域经济圈形成与运行的角度分析,国内大范围的物流设施规划是由政府主管部门指导、组织制定的。

还应注意到,不同部门之间在物流中心规划、建设、运营及管理等过程中的观念、认识不协调也会产生许多问题,诸如,物流中心选址建设取得土地使用权难度大、土地费用高;物流中心的信息化、机械化、自动化有很多困难;各行业的企业在物流节点选址上无秩序,在住宅区有大量大型货车通过物流中心,造成周边交通阻塞、交通事故增加、环境恶化等问题。

1.物流中心规划涉及的因素

进行物流系统规划需要考虑以下主要因素:①区域经济发展背景资料。包括社会经济发展规划,产业布局,工业、农业、商业、住宅布局规划等。②交通运输网及物流设施现状。包括交通运输干线、多式联运中转站、货运站、港口、机场布局状况等。③城市规划、城市人口增长率、产业结构与布局。一些城市的物流中心选择不合适,往往会在主干线通道上造成交通阻塞、运距过长、能源浪费、车辆空载率增高、调度困难等问题。④环境保护与社会可持续发展。

2. 物流节点布局方法

物流中心的空间布局应符合城市总体规划,符合城市产业空间布局和产业结构调整需要,符合城市管理的长远目标,符合城市的动能定位和发展战略。市中心集中的商业网点是物流中心的主要供货、配货对象,靠近市场、缩短运距、降低运费、迅速供货、方便客户是物流中心特别是商业物流配送中心布局考虑的主要因素。道路货运是物流中心接送货物的主要方式,物流中心应靠近交通便捷的公路干道进出口。物流中心及物流企业以效益为宗旨,一般占地面积较大,周边还须留有发展余地,因此建筑物的容积率,以及地价的高低对物流中心的选址有重要影响。物流中心一般都需要两种以上的运输方式相衔接,需要与水运主通道、铁路干线相协调,应靠近铁路枢纽、港口和机场,最好是与铁路货运站、港口、机场同步规划和建设。

在选址与布局过程中,常采用以下一些方法:①解析技术:这是一种物流地理重心方法,它根据距离、质量或两者的结合,通过坐标上显示,以物流节点位置为变量,用代数方法来求解物流节点的坐标。②线性规划:这是一种最优化技巧,是一种广泛使用的战略和战术,是一种物流计划与设计的工具,它一般是在一些特定的约束条件下,从许多可用的方案中挑选出一个最佳的方案。③仿真技术:它通过模拟仿真(如计算机的三维显示技术)选址与设计中的实际条件,来确定物流中心的选址与设计。目前仿真技术主要有两种:一是静态仿真技术;二是动态仿真技术。

物流节点布局与选址的常用数学模型主要有:一个或多个物流节点的布局选址模型,考虑运输费用及多个物流节点的布局选址模型等。物流设施选址的数学模型在实际应用中往往只具有理论的指导意义,法律、法规、规划、土地使用权、物流业务种类、物流设施、筹资能力、交通环境、自然条件等因素很难在一个已具规模的中心城市、区域经济圈模型中都体现出来。因此,物流中心布局选址选取所涉及的一些关键因素,将定性分析和定量分析结合起来,或采用综合集成的方法进行选址工作。物流中心布局选址的原则和方法与货运枢纽站场相似,原则上可参考本章"货运枢纽站场规划及选址"中的预测与决策分析、布局原则与选址方法等内容。

【案例10-1】 日本物流中心的选址布局的启示

(1)物流设施选址有趋于集中的现象,主要是取得土地使用权难,经济圈中心土地费用高,距圈中心远则运输距离增大,此外,建设资金筹集也很困难。

(2)物流设施与道路质量。物流设施与道路过近可能影响道路利用效率,过远则可能造成运距过长、网络成本增高。在日本从有关的调查统计资料中得到物流设施与高速公路的理想距离见表10-1。

物流设施与高速公路的理想距离　　　　表10-1

距离高速公路(km)	直临	<3	<5	<10	>10
所占百分比(%)	11.2	34.5	29.8	21.5	2.9

物流设施与道路的距离还与物流中心的类型有关。从物流总费用节约的角度分析,区域物流中心、配送中心布局要尽量接近于距高速公路、干线道路的理想距离。

10.2.2 物流中心的设计

1. 物流中心的规模设计

根据市场物流服务总容量、发展趋势以及领域竞争对手的状况,决定物流中心的规模。规模设定应注意两方面的问题:一是要充分了解社会经济发展的大趋势,进行地区、全国乃至世界经济发展的中、长期预测。二是要充分了解竞争对手的状况,如生产能力、市场占有份额、经营特点、发展规划等。因为市场总容量是相对固定的,不能正确地分析竞争形势就不能正确地估计出自身所占有的市场份额。如果预测发生大的偏差,将导致设计规模过大或过小。估计偏低,将失去市场机遇或不能产生规模效益;估计偏高,将造成多余投资,从而使企业效率低下,运营困难。

2. 物流中心的设施规划与设计

在预定的区域内合理地布置功能块相对位置的目的是:有效地利用空间、设备、人员和能源;最大限度地减少物料搬运;简化作业流程;缩短生产周期;力求投资最低;为职工提供方便、舒适、安全和卫生的工作环境。

设施规划与设计应根据系统的概念,运用系统分析的方法求得整体优化;以流动的观点作为设施规划的出发点,并贯穿设施规划的始终;减少或消除不必要的作业流程,在时间上缩短作业周期,空间上减少占用面积,物料上减少停留、搬运和库存,才能保证投入的资金最少、生产成本最低;作业地点的设计,实际是人—机—环境的综合设计,要考虑创造一个良好、舒适的工作环境。

物流中心的主要活动是物资的集散,在进行设施规划设计时,环境条件非常重要。相邻的道路交通、站点设置、港口和机场的位置等,如何与物流中心内的道路、物流路线相衔接,形成内外一体、圆滑通畅的物流通道,这一点至关重要。

3. 软硬件设备系统的规划与设计

一般来说,软硬件设备系统的水平常常被看成是判断物流中心先进性的标准,因而为了追求先进性就要配备高度机械化、自动化的设备,就会在投资方面带来很大的负担。但是,欧洲物流界认为"先进性"就是合理配备,能以较简单的设备、较少的投资,实现预定的功能,也就是强调先进的思想、先进的方法。从功能方面来看,设备的机械化、自动化程度不是衡量先进性的最主要因素。

根据物流中心建设的实际情况,比较一致的认识是贯彻软件先行、硬件适度的原则。也就是说,计算机管理信息系统、管理与控制软件的开发,要瞄准国际先进水平和适用要求;而机械设备等硬件设施则要根据中国国情因地制宜,在满足作业要求的前提下,更多选用一般机械化、半机械化的装备。例如仓库机械化,可以使用叉车或者与货架相配合的高位叉车;在作业面积受到限制,一般仓库不能满足使用要求的情况下,也可以考虑建设高架自动仓库。

4. 物流中心的结构规划设计

物流中心虽然是在一般中转仓库基础上演化和发展起来的,但物流中心内部结构和布局与一般仓库有较大的区别。一般物流中心的内部工作区域结构配置包括:接货区;储存区;理货、备货区;分放、配装区;外运发货区;加工区;管理指挥区(办公区)等。

5. 物流中心的组织设计

由于物流中心涉及的功能多,业务复杂,物流中心可以采用一体化的组织结构,以便统一物流中心的物流功能和运作。这种组织结构层次的趋势十分清晰,将实际操作的许多物流计划和运作功能归类于一个权利和责任之下,对所有原材料和产成品的运输、存储等实行战略管理,为从原材料采购到客户发送等财务和人力资源的有效应用提供了一个条理分明的体制结构。这种一体化组织主要体现为:①物流的每一个领域被组合构建成一个独立的直线运作单元;②制造支持被定位为运作服务,确定了其共同的服务方向,可在物资配送、包装和采购运作之间进行直接的沟通;③物流信息包括了计划和协调运作管理信息的全部潜力;④信息和督导在组织的最高层次上,督导功能关注的是对物流系统质量改进和重组负责,物流信息功能的注意力集中在成本和客户服务绩效的测量上,并为制定管理决策提供信息。

总之,物流中心的建设规划是非常复杂、非常庞大的工程,涉及的专业领域也很广泛,必须有众多专家参与和先进理论作指导。物流中心的规划设计决定了物流中心各功能模块的合理布局,对物流中心的运营效益和效率等都带来先天性、长远性的影响,因此,物流中心的规划设计必须进行科学性、先进性、严密性地分析和设计,才能保证布局的基本合理,才能保证物流中心功能的正常发挥,使其能更好地为社会经济建设服务。

10.2.3 物流中心的筹建与运营

经济体制改革趋势能更好地满足现代物流系统形成与完善的需要。对于涉及多行业业务,正在发生体制变化的物流企业在组建、经营物流中心中怎样按物流管理需要组建、运营,是物流中心成功运营的关键问题。日本物流设施所有者与运营者的分布调查情况,可以为我们进行改革提供一定的思路和参考。

物流中心组建的投资较大,其投资和经营可以完全或部分分开;按现代企业制度,根据法人财产权要求运作经营;要在不同行业间或同行业的企业间尽可能地寻求共同业务特征,加强协调协作,努力实现物流集约化经营。

10.3 物流系统项目评价概述

物流系统项目建设涉及面广,除了技术、经济因素以外,还包括政治、国防、社会、生态环境、自然资源等因素。不同层次的物流系统及项目还需要与组织结构、运行机制与管理方法等方面的因素相匹配。在物流项目尚未投入建设之前,对物流项目进行全面评价,有利于及早发现和解决有关问题,减少决策失误。因此,需要研究物流系统及项目方案综合评价的理论和方法,从而以较少的总投入,获得理想的或满意的物流项目规划方案。

10.3.1 物流系统项目综合评价

物流系统形成与发展是涉及众多因素的规划、设计和实施过程,其中既包括硬件部分,也包括软件部分。从国际物流、全国物流、区域物流、城市物流、多企业协作物流到企业物流系统及项目的评价,都是涉及多目标的综合评价系统。事实上,一些城市建设的货运站、物流设施,因当时规划不当或考虑不周,有的在其寿命期内已没有发展余地,有的已成为城区建设的障碍。在今后的规划工作中应尽量减少由于规划不当造成的各种资源损失、对环境的不良影响。解决的途径之一就是需要选择和运用能够综合考虑各类因素、融合各方意见的多目标、多层次、多因素的综合评价方法。

作为综合评价对象的典型的物流项目有：①区域物流枢纽站场规划布局方案；②不同层次物流基础设施（区域物流中心、物流配送中心、专项物流仓库等）建设项目方案；③物流设施（设备）购买与租用决策方案；④物流组织及运行机制重新设计方案等。

评价对象不同，评价的目标不同，评价的指标体系也应有所差别或有所侧重。运输枢纽站场规划布局侧重于整个区域物流系统的合理化，此外，还要考虑与其他物流设施的配套性、兼容性。在这一方面，政府及主管部门应在其中起规划、协调、监督和服务等作用。物流设施（物流中心等）建设投资的主体多为微观经济运行主体，规划方案的综合评价更注重微观物流运行的技术可行性、经济合理性；配送中心的布局与选址还直接影响到城市的交通、环境、景观等方面。

10.3.2 物流项目决策程序和综合评价

1. 物流项目投资决策的一般程序

从工程建设项目投资全过程考察，物流建设项目投资决策的一般程序为：

(1) 编制物流基础设施建设项目建议书。

(2) 根据社会经济发展规划和调查研究、预测分析，对拟建项目进行初步研究，提出项目建议书，对项目进行初步决策。

(3) 编制可行性研究报告。可行性研究是对建设项目在建设的必要性、技术的可行性、经济的合理性、实施的可能性等方面进行综合研究。它是物流项目投资前期工作的重要组成部分，其中，技术经济评价与决策是这一阶段的主要工作内容。

(4) 进行初步设计。根据批准的物流项目可行性研究报告及下达的计划任务书，提出初步设计工作纲要，并据此编制初步设计文件。初步设计是物流项目实施的重要依据。

(5) 进行施工图设计。根据批准的初步设计方案，编制施工图设计文件。施工图设计必须按照批准的初步设计内容、规模、标准及概算进行。若有较大变动，需经原审批部门批准。施工图是物流项目实施的直接依据。

为了避免物流项目方案和投资决策的失误，需要从决策技术、组织、程序上实现科学化、民主化。

2. 物流项目评价的目的

物流项目评价需要解决的重要问题是方案的抉择，涉及项目建设的必要性、方案的合理性、运营的经济性和对社会环境的影响性等方面。投资很大的物流基础设施建设项目，建设规模大、持续时间长、投入人力、物力、财力多，影响决策的因素多，决策过程复杂，决策结果影响巨大，决策正确与否对建设项目的成败和经济效益起着决定性作用；而且，物流设施建设项目投资决策还会对环境及区域经济发展产生一定或较大的影响。在很多情况下，建设项目的可行性研究中投资主体、运营主体、可研主体关联性很大，许多项目的"可研"就是为了实现"可批"，尽管进行了可研工作，但是，其结果是重复性建设、不必要建设、不理想的建设项目仍屡屡出现。因此，变换主体能够在可行性研究前后对物流建设项目规划方案、初步设计方案进行综合评价，可以从许多方面且在一定程度上，有助于完善物流项目规划方案或初步设计，能将未来可能产生的一些遗憾消灭在萌芽阶段，减少投资的盲目性，从而确保物流通道畅通，提高物流建设项目投资经济效益。

10.3.3 物流项目规划方案的评价

物流系统是社会经济系统中的组成部分。物流项目规划方案的评价是对物流系统的基础设施、移动设备、运行机制等项目的规划方案,从社会、经济、技术、功能、自然环境、人文景观等方面进行评价,是涉及多目标、多层次、多因素的物流项目综合评价过程。

对运输枢纽站场、物流中心(配送中心)、仓库等项目建设规划方案的综合评价必须明确其评价的目的与要求,并依此设计综合评价的指标体系。规划方案综合评价一般应满足以下几项要求。

(1)实现投资项目的宏观监督控制。避免重复建设、不合理布局等所造成的浪费;贯彻区域社会经济可持续发展的战略思想。政府及主管部门应承担一定的行政指导、服务职责。

(2)为投资决策提供依据。通过评价项目规划方案的综合水平、评价项目规划方案所涉及各主要因素方面的综合水平,可以提出和发现许多原先考虑不周的问题,从而可以为决策者提供更多的投资决策参考信息。

(3)弥补原项目规划方案的不足。通过综合评价可以发现原规划方案的不足,明确项目规划方案需改进的主要方面,明确提出需要改进的一些主要指标。在可行性研究前就对原项目方案进行修改、完善。

(4)弥补可行性研究的不足。对已通过可行性研究的项目规划方案、项目初步设计方案进行综合评价时,兼听各方面的意见,并用相应评价方法,将其意见融入项目的综合评价过程中。对项目规划方案、项目设计方案中不完善的方面,提出改进意见,供调整、修正参考。而后,报有关部门批准实施。

(5)全面考察物流设施建设项目。其中包括与环境、景观和其他物流设施的关系,如兼容性等问题。

(6)使物流设施建设项目投资决策科学化、程序化、民主化、公正化。避免在区域物流枢纽投资决策中产生"马太效应"。

根据不同层次物流系统发展的需要,区域物流设施(货运枢纽站场、物流中心)、城市集配中心(配送中心)等项目规划方案综合评价的目的、要求和内容不同,就其共性方面而言,一般可以分三层构建物流站场规划方案综合评价的指标体系,其内容可简要概括为图10-3所示范畴。

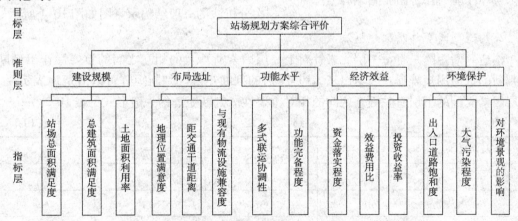

图 10-3 货运枢纽站场规划方案综合评价指标体系结构示意图

对于具体的物流设施(货运枢纽站场、物流中心等)、城市集配中心(配送中心等)项目规划的综合评价,还必须增设运输与集散一体化、延伸服务功能、建设规模等方面的评价指标。如设施功能的完备性、最大货物吞吐量等,以及与社会环境、人文景观、服务功能相关的评价指标。

10.4 AHP-F 隶属度合成法及其在物流项目评价中应用

10.4.1 层次分析法概述

层次分析法(AHP)是可以将定性问题量化处理或定性分析与定量分析相结合的科学决策及评价方法。该方法于 20 世纪 80 年代初由 A. L. Saaty 提出后,很快在许多领域得到广泛应用。层次分析法能够较完整地体现系统分析和系统综合的原则,将涉及多因素、多目标的复杂评价和决策问题分解为若干个层次的系统,在这些层次上进行因素分析、比较、量化和单排序,然后在此基础上逐级进行综合评判最终实现总排序,以评价方案的优劣,为决策提供依据,或作出最终决策。物流系统是多层次人工系统,采用层次分析法对物流系统及建设项目进行综合评价,是比较适宜的。

10.4.2 层次分析法的步骤

层次分析法大体分为 4 个步骤:①明确问题,建立评价指标层次结构;②构造判断矩阵;③层次单排序及进行一致性检验;④层次总排序及进行一致性检验。

1. 明确问题,建立评价系统(指标体系)的层次结构

层次分析法要求对系统所涉及的范围、包含的因素、因素间的关系进行系统分析,确立系统所要达到的目标、评价的准则及指标体系,并建立相应的层次结构。一般的评价与决策问题可以分为三个或四个层次:目标层、准则层、指标层和方案层。根据应用层次分析法的目的不同,可以对层次结构进行相应的取舍和调整,例如在选择评价指标体系决定指标权重排序时,可以采用前 2 个或前 3 个层次结构,在选择决策方案时还应加上备选方案层。层次分析法的一般结构示意图如图 10-4 所示。

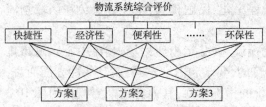

图 10-4 层次分析的一般结构示意图

2. 构造判断矩阵层次分析法

构造判断矩阵是将每一层元素针对上一层因素所涉及的相互之间的重要性作出判断,将判断的数值用矩阵形式表示出来,就是所谓的判断矩阵。判断矩阵可以清楚地表示受上一层因素支配的下层有关因素之间的相对重要性。判断矩阵的一般形式见表 10-2。

判断矩阵 表 10-2

A_k	B_1	B_2	...	B_n
B_1	b_{11}	b_{12}	...	b_{1n}
B_2	b_{21}	b_{22}	...	b_{2n}
⋮	⋮	⋮	⋮	⋮
B_n	b_{n1}	b_{n2}	...	b_{nn}

其中,b_{ij} 表示对于 A_k 而言,b_i 对 b_j 的相对重要性,通常取 1,2,…,9 及它们的倒数,见表 10-3。

判断矩阵中元素标度及其含义　　　　　　　　　　表 10-3

b_{ij} 的取值	基本含义
1	表示 B_i 和 B_j 相比同样重要
3	表示 B_i 和 B_j 相比稍微重要
5	表示 B_i 和 B_j 相比明显重要
7	表示 B_i 和 B_j 相比强烈重要
9	表示 B_i 和 B_j 相比极端重要
2,4,6,8	表示上述两相邻判断的中间值,如 2 处于同样与稍微重要之间
1,2,…,9 的倒数	B_i 和 B_j 比较为 b_{ij},B_j 和 B_i 比较时为 $1/b_{ij}$

显然,判断矩阵是对称矩阵。在构造判断矩阵时,应尽量保证判断的前后一致性。当判断矩阵具有完全的一致性时是指判断矩阵要满足式(10-4)。

$$b_{ij} = \frac{b_{ik}}{b_{jk}} (i,j = 1,2,\cdots,n) \tag{10-4}$$

在实际构造判断矩阵时应当尽可能满足或接近式(10-4)的要求,这样容易得到具有满意效果的一致性判断矩阵。具体做法可参考以下两种情况进行:

① 当已经较准确地作出元素 B_1 与 B_1、B_2、…、B_n 的比较,得到 B_{ij} 值之后,再进行 B_2 与 B_2、B_3、…、B_n 的比较,一直到 B_{n-1} 与 B_n 的比较时,可将 B_{ij} 作为基础参考,以减少判断误差。

② 当 B_1、B_2、…、B_n 为定量元素时,可先根据各元素的数值确定各元素的相对得分,再根据各元素得分情况确定 B_{ij} 的值,而不一定直接采用判断矩阵 1~9 的标度法。

3. 层次单排序及一致性检验

所谓层次单排序是指根据所得到的判断矩阵,计算对于上一层次因素而言的本层次各因素之间相关重要性的排序权值,权值的大小反映了所有各元素对上一层次而言的优劣顺序或重要程度排序。层次单排序可以归结为计算判断矩阵的特征根和特征向量问题。即对得到的判断矩阵可以运用数学方法(如迭代法)求得某一层次中各因素对上一层次某因素的影响程度,并排出顺序。给一初始向量进行迭代,可以求出判断矩阵的最大特征值和特征向量。对于满足式(10-4)的 $A_k - B$ 判断矩阵和其他判断矩阵,可以用迭代法求得则要求满足式(10-5)的特征根和特征向量。

$$B \cdot W = \lambda_{\max} \times W \tag{10-5}$$

式中:B —— 判断矩阵;
　　　$\lambda_{\max}$ —— 矩阵 B 的最大特征值;
　　　W —— 对应于 $\lambda_{\max}$ 的正规化向量。

这一迭代过程用计算机计算十分方便。由于判断矩阵存在一定的误差,而层次单排序中各因素的权重值,从本质上讲所表达的是某种定性概念,因此也可用较方便的方法如方根法求出近似解。方根法的解法及步骤如下:

① 计算判断矩阵每一行元素的乘积 M_i,即

$$M_i = \prod_{j=1}^{n} b_{ij} \quad (j = 1,2,\cdots,n)$$

② 计算 M_i 的 n 次方根 m_i,即

$$m_i = \sqrt[n]{M_i}$$

③对向量 $M = [m_1 m_2 \cdots m_n]^T$ 作规范化处理,即

$$W_i = \frac{m_i}{\sum_{i=1}^{n} m_i} \tag{10-6}$$

为所求的特征向量。

④计算判断矩阵的最大特征根 $\lambda_{\max}$,即

$$\lambda_{\max} = \sum_{i=1}^{n} \frac{(BM)_i}{nW_i} \tag{10-7}$$

式(10-7)中,$(BM)_i$ 表示矩阵 B 和向量 M 相乘而得的向量 BM 的第 i 个元素。

对应于 $\lambda_{\max}$ 的特征向量的第 i 个分量 W_i 就是相对于各因素的单排序权值。当判断矩阵具有完全的一致性时,矩阵的最大特征根 $\lambda_{\max} = n$(n 为矩阵的阶数,即某层因素的总数),其余特征根均为零。数学上可以证明,在一般条件下,判断矩阵的最大特征根是单根,且有 $\lambda_{\max} \geq n$。当判断矩阵具有满意的一致性时,$\lambda_{\max}$ 稍大于矩阵阶数 n,其余特征根均趋于零,这时的层次分析法所得结果才基本合理。

在实际应用中,判断矩阵本身存在一定误差,为了检验判断矩阵的一致性,需要计算它的一致性指标:$CI = (\lambda_{\max} - n)/n - 1$。显然,当判断矩阵具有完全一致性时,$CI = 0$,若 $\lambda_{\max} - n$ 的差值越大,矩阵的一致性也越差。考察这种偏差是否在满意的一致性范围,需要引进平均随机一致性指标 RI,RI 值见表 10-4。

平均随机一致性指标 RI 数值　　　　　　表 10-4

阶数 n	1	2	3	4	5	6	7	8	9	10
RI	0.00	0.00	0.58	0.90	1.12	1.24	1.32	1.41	1.45	1.49

用 CR 表示 CI 与 RI 进行比较的结果,即

$$CR = \frac{CI}{RI} \tag{10-8}$$

当判断矩阵满足 $CR \leq 0.1$ 时,认为判断矩阵具有满意的一致性,否则要对判断矩阵进行调整。

4. 层次总排序及一致性检验

层次总排序就是利用同一层次所有单排序的结果,计算针对上一层次而言,本层所有元素重要性的组合权值。层次总排序需要从上至下逐层进行。对于最高层次下的第二层,其层次单排序即为总排序。一般情况下的层次总排序见表 10-5。

层 次 总 排 序 表　　　　　　表 10-5

层次 A 层次 B	A_1 a_1	A_2 a_2	$\cdots$ $\cdots$	A_m a_m	层次总排序
B_1	b_1^1	b_1^2	$\cdots$	b_1^m	$\sum_{i=1}^{m} a_i b_1^i$
B_2	b_2^1	b_2^2	$\cdots$	b_2^m	$\sum_{i=1}^{m} a_i b_2^i$
$\vdots$	$\vdots$	$\vdots$	$\vdots$	$\vdots$	$\vdots$
B_n	b_n^1	b_n^2	$\cdots$	b_n^m	$\sum_{i=1}^{m} a_i b_n^i$

显然有 $\sum_{j=1}^{n}\sum_{i=1}^{m}a_i b_j^i = 1$。层次总排序也应进行一致性检验。评价一致性的相应指标如下：

① 一致性检验指标为

$$CI = \sum_{i=1}^{m} a_i CI_i \tag{10-9}$$

② 平均随机一致性指标为

$$RI = \sum_{i=1}^{m} a_i RI_i \tag{10-10}$$

③ 相对一致性指标为

$$CR = \frac{CI}{RI} \tag{10-11}$$

CR 值应当小于或等于 0.1，否则应当对前面建立的判断矩阵进行调整。

5. 层次分析法的应用

层次分析法可以应用于物流系统分析中的以下方面：

(1) 物流系统及建设项目评价因素重要度的权重确定。

(2) 物流系统及建设项目评价因素重要度排序。

(3) 所设计物流系统或建设项目规划的决策方案优劣的排序等方面。

10.4.3 模糊综合评判法

模糊综合评判法又称 Fuzzy 综合评判，是解决涉及模糊现象、不清晰因素的主要方法。对于一个复杂的物流系统可能包括了许多模糊因素和模糊关系，采用模糊综合评判法，可以使模糊、不清晰的研究对象的综合评价更接近客观实际。

模糊综合评判的基本方法和步骤如下：

(1) 建立因素集。因素集是影响评判对象的各种元素所组成的一个普通集合，通常用大写字母 U 表示，即 $U = \{u_1, u_2, \cdots, u_m\}$，各元素 u_i 代表各影响因素。在这些因素中，有些因素可以是模糊的，也可以是非模糊的。

(2) 建立评价集。评价集是评判者对评判对象可能作出的各种总的评判结果所组成的普通集合，通常用大写字母 V 表示，即

$$V = \{v_1, v_2, \cdots, v_m\}$$

各元素 V_i 是模糊的，代表着各种可能的总的评价结果，例如评价集 $V = \{$很好,较好,一般,较差,很差$\}$ 有 5 个评价单元。Fuzzy 综合评判的目的，就是在综合考虑所有因素的基础上，从评价集中得出描述评价对象的一个最合适的评价结果。

(3) 建立权重集。各个评价因素的重要程度是不一样的，为了反映各因素的重要程度，对各因素 $u_i(i=1,2,\cdots,m)$ 应赋予一定的权重 $a_i(i=1,2,\cdots,m)$。由各评价因素权重组成的模糊集合 $\underset{\sim}{A}$ 称为因素权重集。

$$\underset{\sim}{A} = (a_1, a_2, \cdots, a_m)$$

通常各权重 a_i 应满足归一性和非负条件，即

$$\sum_{i=1}^{m} a_i = 1, a_i \geq 0 \quad (i=1,2,\cdots,m)$$

各权重 a_i 可视为各因素 u_i 对"重要性"的隶属度，因此，权重集可视为评价因素集上的模糊子集，可以表示为：

$$A = \frac{a_1}{u_1} + \frac{a_2}{u_2} + \cdots + \frac{a_n}{u_n} \tag{10-12}$$

式(10-12)中的加号仅仅表明各元素 u_i 以及 u_i 对模糊子集的隶属程度,绝没有算术和与算术商的含义。权重值可以由主观判断法,也可以由确定隶属度的方法加以确定。同样的因素,如果权重不同,相对应的评价结果也不相同。

(4)单因素模糊评判。单独从一个因素出发进行评判,以确定评判对象对评判集的隶属程度,称之为单因素模糊评判。设评判对象按因素集中第 i 个因素 u_i 进行评判度,对备择集中第 j 个元素 V_j 的隶属程度为 r_{ij},则按第 i 个因素 u_i 评判的结果可用模糊集合 R 来表示:

$$R_i = \frac{r_{i1}}{v_1} + \frac{r_{i2}}{v_2} + \cdots + \frac{r_{in}}{v_n}$$

R_i 简称单因素评判集,是评价集 V 上的一个模糊子集,可以简单地表示为:

$$R_i = (r_{i1}, r_{i2}, \cdots, r_{in})$$

单因素评判集中的隶属度 r_{ij} 是根据各因素 u_i 对评价因素 V_j 的隶属函数来确定的,确定隶属函数的方法很多,参见 AHP-F 隶属度合成法,此处不作专门介绍。因此,由上述关系可得相应于每个因素的单因素评判集:

$$R_1 = (r_{11}, r_{12}, \cdots, r_{1n})$$
$$R_2 = (r_{21}, r_{22}, \cdots, r_{2n})$$
$$\vdots$$
$$R_m = (r_{m1}, r_{m2}, \cdots, r_{mn})$$

以各单因素评判集的隶属度为行组成的矩阵 R 称为单因素评判矩阵。即

$$R = \begin{bmatrix} r_{11} & r_{12} & \cdots & r_{1n} \\ r_{21} & r_{22} & \cdots & r_{2n} \\ \vdots & \vdots & & \vdots \\ r_{m1} & r_{m2} & \cdots & r_{mn} \end{bmatrix}$$

因素评判集实际上反映了因素集 U 和评价集 V 之间的一种模糊关系,因此又可以表示为:

$$R_i = \frac{r_{i1}}{(u_i, v_1)} + \frac{r_{i2}}{(u_i, v_2)} + \cdots + \frac{r_{in}}{(u_i, v_n)} \tag{10-13}$$

r_{ij} 表示 u_i 和 v_j 之间隶属"合理关系"的程度,即按 u_i 评判时,评判对象取 v_j 的合理程度,因此,单因素评判矩阵 R 又称为从 U 到 V 的模糊关系矩阵。

(5)模糊综合评判。设评价集 V 上的等级模糊子集为:

$$B = \frac{b_1}{V_1} + \frac{b_2}{V_2} + \cdots + \frac{b_n}{V_n}$$

根据模糊理论有:

$$B = A \circ R \tag{10-14}$$

式(10-14)也可以写成下面的形式:

$$B = (a_1 \quad a_2 \quad \cdots \quad a_m) \begin{bmatrix} r_{11} & r_{12} & \cdots & r_{1n} \\ r_{21} & r_{22} & \cdots & r_{2n} \\ \vdots & \vdots & & \vdots \\ r_{m1} & r_{m2} & \cdots & r_{mn} \end{bmatrix}$$

$$= (b_1 \quad b_2 \quad \cdots \quad b_n)$$

B 称为模糊综合评判集。有关计算可以采用模糊数学算子如"。"计算,也可以用一般矩阵乘法计算。

(6)作出模糊评判结论。得到模糊综合评判指标 b_i 后,按最大隶属度法则确定评判的结果,即取与最大的评判指标相对应的评价元素作为 Fuzzy 评判结论。

10.4.4 AHP-F 隶属度合成法

1. AHP-F 隶属度合成法综述

Fuzzy 隶属度是模糊数学的一个重要术语,它是指在[0,1]之间的一个数值,可以用来对所要评价系统的有关指标进行刻画。根据物流项目评价对象的要求,对物流项目评价对象的各个有关指标都可建立相应的隶属函数,这种隶属函数可以适应不同物流项目评价对象的相同指标评价。该方法由董千里提出[1]。

用隶属度这个在[0,1]之间的一个数值,来刻画对象具体的评价指标,从而比较对象用同一(定性的或定量的)指标、同一对象的不同指标(定性的或定量的)之间的比较可以通过隶属度相互之间比较得以实现。分别将评价对象指标的隶属度与事先规定的隶属度进行比较,也就有了统一的量纲、客观的评价尺度。若评价对象的指标隶属刻画的是满意程度,比较事先所规定的满意程度隶属度标准值,就可以对评价对象作出总体满意程度的综合评价。

AHP-F 隶属度合成法是指,运用层次分析法分析建立评价对象的评价指标体系结构,确定综合评价所选用的指标和相应权重,并与用 Fuzzy 隶属度所刻画评价对象的相应指标结合起来,最终用 Fuzzy 综合评判方法合成的隶属度进行综合评价的方法。AHP-F 隶属度合成法综合运用了层次分析法(AHP)和模糊(Fuzzy)数学的基本原理和方法,将其应用于站场建设等规划方案综合评价,其评价原理科学、逻辑合理;方法简洁、结论准确;能够寻找规划方案的不足、有助于方案进一步完善;易于操作、易于推广。只要做好了评价方案的关键环节的基础工作,该方法还具有普遍的适用性。

2. AHP-F 隶属度合成法应用要点

AHP-F 隶属度合成法的重要特点是运用层次分析法构造判断矩阵 Fuzzy 综合评判模型,先将 Fuzzy 隶属度对评价指标的刻画与 AHP 判断矩阵所确定的评价指标权重进行初步合成,所得到的评价因素的隶属度,即规划方案对其目标实现满意程度综合评价的基本结论。

Fuzzy 隶属度在规划方案评价中具有突出的地位。因而,隶属函数的构造就显得非常重要。一般可采用客观测(计)量方法得到或结合经验加以确定。如果隶属函数构造得当,可以大大降低对评价对象描述的模糊性,取得更为准确的刻画数值。Fuzzy 综合评判中的权重

---

[1] 参见:董千里,站场规划方案综合评价的 AHP-F 隶属度合成法,西安公路交通大学学报,1995 年第4期,第84-89页,收入 EI 检索。

向量对评价结果也有较大影响,采用 AHP-F 确定权重向量则可以大大降低权重向量确定中由于人为因素造成的模糊性,提高综合评价的准确性。因而融合两种方法汲取精华,各取所长、相互结合,可以取得单独运用一种方法所不能取得的效果。AHP-F 隶属度合成法的操作思路是,运用 AHP 确定评价因素及其下属各评价指标的权重体系(图 10-5);运用 Fuzzy 隶属函数确定各评价指标隶属度的数值,并与各个评价指标的权重合成刻画出各评价因素的隶属度评判值;在此基础上,将各评价因素的隶属度与相应的权重再次合成,形成总体评价的隶属度对规划方案的综合评价值。对所合成的评价因素的隶属度和规划方案总体评价的隶属度作出社会经济技术等方面的解释,即为对各评价因素及规划方案综合评价的结论。

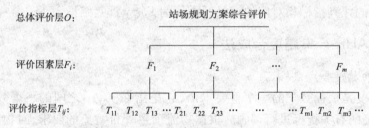

图 10-5 AHP-F 隶属度合成法评价指标结构示意图

3. AHP-F 隶属度合成法的应用步骤

AHP-F 隶属度合成法在货运枢纽站场建设规划综合评价中的操作步骤与方法要点如下:

(1)建立规划方案评价指标结构模型。根据货运枢纽站场、物流中心、配送中心等建设项目规划方案综合评价的要求,项目规划方案综合评价的指标体系一般可分为三个层次:总体评价层、评价因素层和评价指标层(图 10-5)。图中评价因素层 $F_i(i=1,2,\cdots,m)$ 为 m 个分项评价因素;评价指标层 $T_{ij}(i=1,2,\cdots,m;j=1,2,\cdots,n)$ 为第 i 个评价因素下属的第 j 个评价指标。

(2)用 AHP 确定各评价因素、评价指标的权重。依据图 10-5 所示评价指标结构体系的逻辑关系,分别建立评价因素层各因素对总体评价的判断矩阵和评价指标层各指标对应评价因素的判断矩阵。如评价因素层各因素对规划方案综合评价的判断矩阵($O-F_i$ 判断矩阵)见表 10-6。

$O-F_i$ 判断矩阵   表 10-6

O	F_1	F_2	$\cdots$	F_m	W_{Fi}	检验参数
F_1	f_{11}	f_{12}		f_{1m}		$\lambda_{max}=$
F_2	f_{21}	f_{22}		f_{2m}		$CI=$
$\vdots$	$\vdots$	$\vdots$	f_{ij}	$\vdots$		$CR=$
F_m	f_{m1}	f_{m2}	$\cdots$	f_{mm}		

其中,$W_{Fi}=[W_{f1} \quad W_{f2} \quad \cdots \quad W_{fm}]$ 为评价因素对规划方案综合评价的权重向量,可以通过幂法或方根法求得。在判断矩阵中,f_{ij} 表示对 O 而言,F_i 和 F_j 相对重要性的数值表现。如前所述,通常用 $1,2,\cdots,9$ 及它们的倒数形式(表 10-2)表示。

各评价因素下属的评价指标的权重可以用同样的方法得到。如,F_1-T_{1j} 的判断矩阵见表 10-7。

$F_1 - T_{1j}$ 的判断矩阵   表 10-7

F_1	T_{11}	T_{12}	...	T_{1p}	W_{Tij}	检验参数
T_{11}	t_{11}	t_{12}	...	t_{1p}		$\lambda_{\max} =$
T_{12}	t_{21}	t_{22}	...	t_{2p}		$CI =$
⋮	⋮	⋮	⋮	t_{ij}	⋮	$CR =$
T_{1p}	t_{p1}	t_{p2}	...	t_{pp}		

其中，$W_{T_{ij}}(j=1,2,\cdots,p)$ 为 F_1 评价因素下属的各个评价指标的权重向量，用同样方法可以求得任意 F_i 评价因素下属的评价指标的权重向量。

（3）用 Fuzzy 方法确定各评价指标的隶属函数及数值。货运枢纽站场建设规划方案的评价指标可以分为两大类：一类是定性评价指标，如景观美学水准、功能完备程度、中转换装方便程度等，在构造其隶属函数时需要先将其量化，并要使得各评价指标具有级别间的可比性；另一类是定量评价指标，如出入口道路饱合度、效益费用比、投资落实程度等。进行规划方案综合评价需要将所有指标转化为同一量纲描述的评价指标。定性指标量化及定量指标隶属度刻画的具体方法有以下三种：

①函数法。函数法适应于定量指标的处理。如评价指标：出入口路段饱合度 P，表示站场必须考虑的站场周围出入口路段实际交通量 T 与其可能通行能力 C 的比值，即

$$P = \frac{T}{C}$$

$$C = C_{基} \times d_1 \times d_2 \times d_3 \times d_4 \times d_5$$

式中：$C_{基}$——基本通行能力；
d_1——车道宽度修正系数；
d_2——侧向净空间修正系数；
d_3——纵坡度修正系数；
d_4——视距修正系数；
d_5——沿途条件修正系数。

当把 P 看成自变量 x 时，该评价指标的隶属度函数可以刻画为：

$$\mu(x) = \begin{cases} 1 & x < 0.5 \\ \dfrac{1}{1 + 8.16 \times (x - 0.5)^2} & x \geq 0.5 \end{cases}$$

在物流项目评价时，有些参数不易直接测量得到，一般可以通过间接法构造某些评价指标的隶属函数。例如，站场附近车速较低，构造城市货运站附近汽车排污程度的隶属函数，复杂的汽车排放污染包括 CO、HC、HO 及光化学产生的二次污染，直接测量有一定难度。由于污物排放与区间平均车速密切相关，故可考虑用区间平均车速建模，从而使工作大大简化，具有较大实用价值。

②打分法。打分法适宜于定性评价指标的处理。按照惯例分值取 0~100 分，由若干专家根据表 10-8 的项目评价的打分标准进行评分工作，并按表 10-9 分项目指标进行汇总。

专家打分标准参考值   表 10-8

判断概念	很满意	满意	较满意	尚可	不满意
分值表示	≥90	≥80	≥70	≥60	<50

按表 10-8 中的概念可根据评价指标的内容作相应变动，如很适应、适应、较适应、基本

适应和不适应等5个级别。

专家打分统计表　　　　　　　　　　　表10-9

分项评价因素	评价指标	专家评分				合计	平均
		甲	乙	丙	…		
功能水平	功能完善程度						
	功能协调程度						
	功能可靠程度						

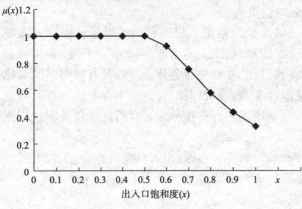

图10-6　出入口路段饱和度指标

将其平均分值用式(10-15)表示：

$$\mu(x) = e^{-0.000278(x-100)^2} \quad (0 \leqslant x \leqslant 100) \quad (10-15)$$

式(10-15)可将该评价指标转化为[0,1]隶属度的表达方式。

③图形法。图形法是另一种处理项目规划方案评价指标的方法。某项评价指标的隶属函数图形可以通过函数关系，或通过定性分析作图得到。例如，出入口路段饱和度图形变化情况，可以由图10-6找出项目规划方案评价指标的隶属度。采用这种方法，具有直观、清晰、方便等特点。

一些定性指标经过量化处理后，可以用函数式转化为隶属度表现形式。如采用专家打分法，取分值为0~100分，那么，对应于各分值的评价指标的隶属函数图形就可以绘出（见图10-7），其函数式为式(10-12)。

图10-7所示项目评价指标满意的隶属度图形适用范围较广，除了直观、方便等基本特点外，还突出了不同性质评价指标间的同量纲、同尺度评价的可比性。

针对各评价指标的特征，选择相应的隶属度刻画方法就可以求得各评价指标对相应评价因素满足的隶属度向量，即

$$U_{F_{iT}}^T = [U_{t_{i1}} \quad U_{t_{i2}} \quad \cdots \quad U_{t_{in}}]^T$$

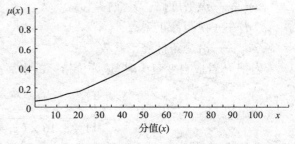

图10-7　分值表示的评价指标隶属度

(4)隶属度合成。分别对评价因素层和总体评价层进行隶属度合成。第一步先进行各评价因素隶属度合成，在此基础上再进行单体评价隶属度合成。

①各评价因素F隶属度合成公式为：

$$U_{F_i} = W_{T_{ij}} U_{F_{iT}}^T = [W_{t_{i1}} \quad W_{t_{i2}} \quad \cdots \quad W_{t_{in}}] \cdot [U_{t_{i1}} \quad U_{t_{i2}} \quad \cdots \quad U_{t_{in}}]^T$$

各评价因素隶属度合成值U_{F_i}表明该评价因素$F_i(i=1,2,\cdots,m)$对物流项目规划方案要求的满足(满意)程度。由$U_{F_i}(i=1,2,\cdots,m)$可组成评价因素层对总体评价的隶属度向量，即

$$U_F = [u_{f_1} \quad u_{f_2} \quad \cdots \quad u_{f_m}]$$

②物流项目规划方案总体评价，最终的隶属度合成的计算公式为：

$$U = W_{F_i} U_F^T = \begin{bmatrix} w_{f_1} & w_{f_2} & \cdots & w_{f_m} \end{bmatrix} \cdot \begin{bmatrix} U_{f_1} & U_{f_2} & \cdots & U_{f_m} \end{bmatrix}^T$$

则 U 为总体评价的隶属度合成值,其含义见表 10-10。

合成隶属度数值的含义 表 10-10

评判尺度	很满意	满意	较满意	基本满意	不满意
隶属度 U	≥0.97	≥0.89	≥0.78	≥0.50	<0.50

表 10-10 隶属度数值的定性评判尺度既可用于总体评价的结论;又可用于各评价因素对物流项目规划方案要求的满足(满意)程度的评定,从中找出相关因素、该项目指标中的不足与待完善之处。为了便于不同方案间的比较,对物流项目规划方案总体评价可依"很满意"到"不满意"划分为 5 个级别。

4. AHP-F 隶属度合成法应用的关键环节

运用 AHP-F 隶属度合成法对不同层次物流系统及项目规划方案进行综合评价有两个关键环节。

(1)首要环节是物流项目规划方案评价指标体系的设计。一般情况下,物流项目评价指标体系及评价指标设计要满足以下要求:

①评价目标明确。所有项目评价因素及评价指标的设置、设计目标必须十分清晰。每一个评价指标都要能反映物流项目规划方案的某一侧面或某一侧重点。

②评价指标全面。评价指标体系要能覆盖物流项目评价对象的各个主要方面。

③指标内容清晰。各个评价指标都要有清晰的内涵,易于理解、认识、便于进行刻画与评价。

④指标间相互独立。各评价指标要能独立地反映物流项目规划方案的一个方面,相互间不覆盖、不干扰。

⑤方法容易操作。评价指标设计要易于刻画和进行数据处理。

(2)评价指标的量化。无论是定性还是定量评价指标的隶属度量化处理都要科学合理。一方面要采用定性与定量分析相结合的方法准确地进行评价指标隶属度的刻画,另一方面要注意不同评价指标的隶属度在量级上的一致性与可比性。

思考题

1. 区域物流规划的内容包括哪些?
2. 如何进行货运枢纽站场的选址?
3. 什么是物流中心?什么是配送中心?它们有什么区别?
4. 由物流中心选址的案例能得到什么启示?
5. 物流系统综合评价对象有哪些?其目的是什么?
6. 什么是隶属度合成法?其操作要点有哪些?
7. 简述隶属度合成法的一般步骤。

第11章 国际物流系统及协同运营组织

货物运输成本在物流总成本中占的比重最大。集装箱化、托盘化运输是实现单元化物流一贯化协调运作的关键,对充分利用现有运输通道、提高运输能力、改进经营组织、管理体制等都有重要作用。

本章研讨重点:
(1) 货物运输系统的一般理论及运输优化的方法。
(2) 国际集装箱、多式联运和国际物流的理论。
(3) 电子口岸、区域通关。

11.1 国际物流系统

11.1.1 国际物流系统概述

1. 国际物流系统构成

货物运输是国际物流系统的主要构成部分。国际物流(International Logistics)是指跨越不同国家或地区之间的物流活动。国际物流涉及国际贸易、多式联运、通关方式等诸多方面,不仅需要国家间的合作,而且需要国内各方的重视和参与,一般比国内物流复杂得多。

陆港、海港、空港等都是重要的物流基地,是国际物流集聚、中转和辐射的运作空间范畴,也是海关等国家公共服务的平台进驻点。它们都是典型的基核,这些基核与基础设施、航线等联接键衔接,构成国际物流通道网络的重要组成部分。国际物流场现全过程示意图如图 11-1 所示。

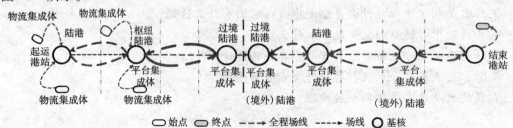

图 11-1 国际物流场线全过程示意图

陆港、海港、空港等物流基地对国际贸易、国际物流等企业具有物流集成引力是因为它们是物流集成的多种复合场源的载体。物流集成引力源于海关、商检、卫检、动植物检验以及国际物流中转等场源极性的影响,没有这些场源极性影响,仅凭一块物流基地本身是不能产生集成引力的。选择陆港、海港和空港等基地承载相应场源,还需要诸如交通枢纽、深水码头、航道等自然区位设施和优势地理条件。

2. 国际陆港与公铁海联运物流

国际陆港地处内陆无水地区,在沿海港口、沿海口岸或空港之间有便利的运输通道,具有报关、报检等口岸功能的物流节点,是沿海港口或沿海口岸的功能在内陆的延伸地。国际陆港集聚了海关、商检、卫检和动植物检验等职能,周边吸引和集聚了制造、商业、物流等众多企业,形成了基于国际物流业务的多种交织关系和作用,是海港的内陆延伸。

国际海港是公—海、铁—海联运作业基地,国际陆港是公—铁、公—(空)—铁联运基地,两者的共同点是都处于枢纽区位,都是公铁海(空)多式联运的物流全程场线网链枢纽的重要组成部分。海港是众多内陆国家的主要海运通道的节点,海港内陆延伸是形成陆港—海港公铁海联运的重要基础,提高国际物流效率需要提升陆港—海港国际物流大通关效率。

国际中转枢纽港是指交通位置处于国际物流大通道中转枢纽,多式联运发达,物流园区、保税园(港)区等区域布局合理,具有装卸、仓储以及能够承担国内外大规模物流业务中转、交换、衔接及增值服务功能的港口。地处内陆区位并具有这些功能的内陆无水港,称为国际中转型枢纽陆港,简称中转枢纽陆港。

货物运输系统的基本目标是安全、迅速、准确和低成本。在综合运输格局下,不同运输方式的服务质量、技术性能、方便程度、管理水平,是影响不同层次物流系统选择运输方式的重要因素。在构思货物运输系统时,应根据该系统实际担负的货运量大小、作业内容与范围以及与其他子系统的协调关系进行规划。一般必须考虑以下几方面的因素:货物的特点、性质、数量及运输方式的选择;运输线路的确定;运输设施、设备、工具的配备和利用;运输质量的保障;运输站场的利用;运输费用的节约;运输计划的制订、货物运输与集散过程的控制;运输网络的形成与运行机制;不同运输方式之间的协作;运输与物流其他作业环节活动的综合集成与管理等。

3. 运输通道、枢纽站场与运输能力

货物运输方式的分工要考虑运输通道的基本建设,运输通道建设实行"国家投资、地方筹资、社会融资、利用外资"的方式。区域间联系的大通道主要指铁路、公路、水路、航空等主干线或复合式主干线通道(航线)。国道主干线的发展将为区域物流合理化创造很好的条件,区域内部与大通道相联系的干线支线体系是实现运输与集散一体化战略的基础。

运输能力是一个综合概念。以公路为例,公路运输能力是通道通过能力、车辆设备能力、基础设施能力和组织管理水平的综合体现。国内物流系统规划要考虑到交通运输体系建设的系统性、协调性,区域之间、不同运输方式之间在基础设施、政策法规、软件建设等方面的充分协调,以及水陆分工、公铁分工和在联运中的衔接换装能力、枢纽内部能力、航运能力等的协调配合,沿线基础设施、设备质量和可利用等情况。

(1) 铁路运输涉及车站、编组站、线路、机车、车辆、通信信号设备等内容。线路能力要与车站、编组站的能力相配套,机车能力要与线路能力相配套。

(2) 水路运输包括内河和远洋运输,主要涉及港口、航运、集疏运等方面的配合问题。港口规划建设要与本身的泊位、装卸设备、堆场、仓库、港区线路和设备协调配合。在运输组织方面,要同外部的航运部门、铁路、公路等协调配合。

(3) 公路运输涉及各种货运枢纽站场、集装箱中转站、集装箱堆场等与运输通道、运输车辆等的协调,便于在不同运输方式之间进行中转换装。

(4) 民航运输包括民航机场内部协调配套,民航与外部的协调配套以及与城市交通运输系统的协调。

不同运输方式具有各自的技术经济特点,见表11-1。

不同运输方式下的技术经济特点　　　　　　表11-1

运输方式	特　　点
海运	长途、成本低、速度慢,适合大宗货物
空运	成本高、速度快、适合小件、紧急运货需要,安全、快捷但易损坏
铁路	价格低、覆盖范围广、便于周转结合,适用内陆运输,风险小,难以控制时间,适用于中长途运输
公路	速度快、及时,成本尚可,"门到门"、环节少,短途运输大件物品可减少搬运次数、安全、能全程跟踪,灵活性大,一般适合中短途运输,高价值货物也可长途运输

显然,枢纽站场要在各种运输方式组织分工与协调中发挥作用,有时不仅涉及货物运输,还涉及旅客运输,物流系统只是运用其中的运输通道。

11.1.2　国内与国际货运的基本方式

货运的基本方式有铁路、公路、航空、水运和管道运输。国际货运主要有海洋运输、航空运输、铁路运输、公路运输以及联合运输等。应根据货物的性质、货运量的大小、时间长短、装卸港口等因素合理选择运输方式。

1. 水运组织方式

水运可以分为内河水运和海洋运输,海洋运输又可以分为沿海运输、近海运输和远洋运输。海运是目前国际贸易中使用最广、最多,也是最主要的运输方式,世界贸易总量中有2/3是通过海洋运输实现的。海洋运输的优点是:运费低,不受道路、轨道的限制,通过能力大等;但同时具有速度慢、易受自然条件影响、运输风险较大等缺点。因此,易受自然条件、气候变化影响的商品,不能经受长途运输的商品,急需的或贵重的商品,一般不宜采用这种运输方式。

海洋运输按运输船舶可分为干货船和槽船两大类。干货船有杂货船、散装船、集装箱船、滚装船、矿砂船、木材船等;槽船主要有油船、液化气船等。按经营方式又可分为班轮运输和租船运输两种方式。

(1) 班轮运输。班轮运输是指固定的船舶在固定的港口之间(形成固定的航线)按公布的船期表和运费率进行的规则运输。其中固定的港口有始发港、中途挂靠港和目的港之分,依始发港和目的港的不同安排不同的班轮航线。中途港位于航线中间,根据是否固定挂靠又可分为基本港和非基本港两类。

班轮营运组织主要解决以下问题:班轮航线论证、航线系统配船优化、班轮船期表的编制及班轮日常货运管理。当然,在具体的生产管理过程中,还要经常对班轮航线的营运效益进行核算与分析,对航次活动中遇到的问题及时做出决策。

(2) 租船运输。租船运输分为航期租船和航次租船。租船运输要签订租船合同,合同条款包括:出租人与承租人的名称及地址;船名、船籍与船级、船舶吨位、载重与满载水尺、容积;机器功率、船速、燃油消耗与储量;航区、用途;租期、交船、还船及转租;地点及条件;租金及其支付;不准装载的货物以及运输特殊货物的措施以及其他有关事项等。

2. 航空运输组织

航空运输是利用飞机运送进出口货物的一种现代化运输方式。航空运输可以分为航班运输和包机运输。空运的特点是交货迅速、货物破损率低、节省包装、保险和储存费用低,航行便利,可以运往世界各地而不受地面条件限制。航空运输适用于体轻、贵重、易损、鲜活或急需的商品。由于航空运输的这些特点,许多国际贸易货物都通过航空运输。长距离快速运输与集散一体化服务,往往离不开航空运输作干线运输支持,随着航空工业技术的迅猛发展和国际贸易的不断扩大,航空运输在国际贸易与物流中的地位越来越重要。

3. 铁路运输组织

铁路运输是指利用铁路进行运送进出口货物的一种运输方式。铁路运输以其速度快、运载量大、风险小及具有高度的连续性等优势而被广泛使用,尤其是内陆国之间,铁路运输的作用更为重要。国际贸易中的铁路运输分为国际铁路联运和国内铁路运输两种方式。

(1)国际铁路联运是指两个或两个以上国家按照有关规定协议,利用各自的铁路联合完成一宗货物的全程运输任务。国际铁路联运必须具备的条件:铁路必须穿过两个或两个以上的国家;两国或多国之间必须签订有关国际铁路联运的协定。如中国、苏联、捷克等12个国家签订的《国际铁路货物联运协定》;德国、奥地利、西班牙等24国签订的《国际铁路货物运送公约》等。按照上述协定或公约的规定,参加国的进出口货物,不论运输途经多少国家,只在始发站办理托运手续,有关国家的铁路运输部门,即根据一张运送单据,将货物运至终点站,并交给收货人。国际铁路货物联运,有利于简化货运手续,加速货物流转,降低运杂费用,从而促进了国际贸易的发展。

(2)国内铁路运输是指进出口货物在一国范围内的铁路运输。这部分货运原则上与国内货物运输无异,而不少国家为了自身的外贸利益,对外贸国内货运有各种公开或隐蔽的照顾和优惠政策。

4. 公路运输组织

公路运输是指以汽车作为主要载运工具在公路上实现的运输过程,是不同运输方式中唯一能够实现门到门的运输方式,可以与其他运输方式组合成门到门多式联运系统。公路货物运输可以分为整车运输和零担运输,普通货物运输和特种货物运输,可以与其他运输方式一起形成集装箱多式联运物流系统。在多种运输方式中它是一种比较灵活、方便的运输方式。在国际物流的多种运输方式中,公路运输在陆上集装箱运输中起着主导作用,但集装箱中转站主要集中在沿海口岸城市。内陆地区不仅集装箱站场少、集装箱货车也少,其服务水平也比口岸城市差。因此,由于内陆向口岸预定集装箱货车需要较长等待时间,因而物流成本也较高。加速集装箱物流内陆延伸是一项艰巨的任务。

5. 管道运输

管道运输是一种现代化的运输方式,主要适用于一些液体、气体的运输,如石油或天然气运输,有些国家也开展煤浆管道运输。管道运输具有速度快、流量大、环节少、运费低等优点。近年来,国际贸易及国际物流中的管道石油运输等发展较快。

6. 国际联合运输

国际联合运输也称国际多式联运,是指根据一个提单用两种或两种以上运输方式,把货物从一个国家运到另一个国家的货物运输方式。它通过将各种不同的单一运输方式有机组合起来,达到迅速、安全、便利、经济的目的。目前,国际上采用的多式联运有下列几种:

(1) 陆海联运。陆海联运是指陆路运输(铁路、公路)与海上运输组成一种新的联合运输方式。

(2) 陆空(海空)联运。陆空(海空)联运是一种陆空(或海空)两种运输方式相结合的综合运输方式。采用陆空(海空)联运方式具有手续简便、速度快、费用少、收汇迅速等优点。

(3) 大陆桥运输。大陆桥运输是指使用铁路或公路系统作为桥梁,把大陆两端的海洋运输连接起来的多式联运方式。目前世界上主要的陆桥有:西伯利亚大陆桥、北美大陆桥、南美大陆桥、新亚欧大陆桥和南亚大陆桥。新亚欧大陆桥是为适应中国对外贸易的需要而开辟的,其以中国东部的连云港为起点,经陇海铁路运输大动脉或连云港—霍尔果斯公路主干线出中国新疆伊宁的霍尔果斯,进入哈萨克斯坦与新西伯利亚、阿拉图木铁路接轨抵达西欧,以荷兰的鹿特丹港为终点的一条大陆桥。新亚欧大陆桥能够发展中国对外贸易、促进内陆经济发展、缩小东西部差距,具有较高的社会效益和经济效益,同时对改变国际物流格局和发展国际间的经济合作具有重大的战略意义。

7. 一贯托盘化运输组织

一贯托盘化运输是指把若干货物固定在一个托盘上,然后在整个物流过程货物不离开托盘的一种运输方式,利用专用设备进行托盘运输及相关作业可以大大提高物流运作效率。托盘运输具有提高装卸速度、减少货损货差等优点,因此,世界上许多国家的港口、船公司和厂商都愿意采用托盘运输。不少国家的港口规定,只允许托盘运输的商品装卸,还有一些国家对托盘运输优先给予泊位。轮船公司为鼓励发货人使用托盘运输,除对托盘免收运费之外,还给发货人一定的托盘津贴。采用托盘运输时主要应注意下列事项:①对外报价时,应把托盘成本计入货价之内;②托盘货物仍按一般货物计收运费,托盘本身不收运费,在托运时应分别申明货物和托盘的尺寸和质量,避免托盘本身也支付运费;③不同商品、不同收货人的货物,不能混装在一个托盘上。为了适应对外贸易发展的需要,中国也在积极采用和推广托盘物流。

11.1.3 装卸搬运作业与运输系统的协调

针对海运、铁路和公路等不同的运输方式,装卸搬运体现相应的专业化运作方式,具体体现在作业场所、设备和方法以及装卸搬运方案集成设计和系统组织方法等。

1. 装卸搬运系统的构成

从物流过程分析,装卸搬运系统是各项物流过程的重要组成部分,在运输、仓储、配送等过程中几乎都离不开装卸搬运。装卸搬运一般是指在同一地域范围进行的,以改变物品的存放状态和空间位置为主要内容和目的的活动。严格地讲,物流活动中的装卸与搬运是两个不同概念的复合。由于物品存放状态和空间位置改变的作业常常是垂直位移和水平位移交替进行,这些统称为装卸搬运。装卸搬运的基本特点有:①起讫性。无论是生产领域的加工、装配、检验,还是流通领域、消费领域中的运输、仓储、包装及废物处理,装卸搬运大都是在起点和终点的作业。②辅助性。在物流过程中,装卸搬运没有提高作业对象的价值和使用价值,但为生产与流通诸多环节提供了保障服务。③制约性。装卸搬运的质量直接影响物流质量和安全,在多数情况下,其效率、工作组织、作业方法等直接影响物流成本,对生产、流通及其他环节物流过程均有制约作用。

在生产过程中装卸搬运通常称为物料搬运,而流通过程装卸搬运多称为货物装卸,两者自身不同的特点主要有：①生产过程的物料搬运一般受生产过程组织的基本要求制约。企业基本生产过程的稳定性，使得保障和服务于生产物流的物料搬运具有单纯性、局部性、稳定性和均衡性等特点。②流通过程的货物装卸搬运服务对象是全社会，由于受社会物流的波动性，空间、时间分布不均衡性影响，使得货物装卸搬运常常表现出波动性、间歇性、突击性等特点。

2. 装卸搬运作业的分类

装卸搬运作业一般可按服务对象、装卸物品、作业区域、经营性质等特征进行分类，见表11-2。

装卸搬运的分类 表11-2

分类依据	装卸搬运的类型
服务对象	生产领域装卸搬运、流通领域装卸搬运
经营性质	营业性装卸搬运、非营业性装卸搬运
货物形态	单件货物装卸搬运、集装货物装卸搬运、散装货物装卸搬运
装卸物品	普通物品装卸搬运、大型物件装卸搬运、危险品装卸搬运、高档物品装卸搬运
作业操作	堆码拆取作业、分拣配载作业、挪动移位作业
作业区域	港站装卸搬运、场站装卸搬运、厂内装卸搬运、城区装卸搬运、乡镇装卸搬运

从事营业性装卸搬运的经营者要符合特定条件，并按有关规定取得相应的营业资格。

3. 装卸搬运作业的基本要求

为了提高物流服务质量和效率，增加运输系统的协调性，装卸搬运还应当注意以下几项要求：减少不必要装卸环节；提高装卸搬运的连续性；在相对集中装卸地点装载、卸货；力求装卸设备、设施、工艺等标准化；提高货物集装化或散装化作业水平；做好装卸现场组织工作。装卸现场的作业场地、进出口通道、作业线长度、人机配置等布局设计合理，能使现有的和潜在的装卸能力充分发挥或被发掘出来。避免因组织管理工作不当，造成装卸现场拥挤、阻塞、紊乱现象。

4. 装卸搬运作业方法

按作业对象特征，可以将装卸搬运方法划分为三类：单件作业法、集装作业法和散装作业法。

（1）单件作业法。装卸搬运单件货物，依作业环境和工作条件可以采用人工作业法、机械化或半机械化作业法。

（2）集装作业法。集装作业法是将货物集装化后再进行装卸搬运的方法，它包括托盘作业法、集装箱作业法、货捆作业法、网袋作业法、滑板作业法以及挂车作业法等。

（3）散装作业法。散装货物装卸方法通常可分为重力法、倾翻法、机械法、气力输送法。其中重力法是利用货物的位能来完成装卸作业的方法，主要适用于铁路运输，汽车也可利用这种装卸作业法；倾翻法是将运载工具的载货部分倾翻，从而将货物卸出的方法，主要用于铁路敞车和自卸汽车的卸载方法，汽车一般依靠液压机械装置顶起货厢实现卸载的；机械法是采用各种机械，使其工作机构直接作用于货物的作业方法。

在以上三种装卸搬运法中，集装作业法和散装作业法都是随物流量增大而发展起来的，并与现代运输组织方式（如集装箱运输）、储存方式（如高层货架仓库）等相互联系，互为条件、互相促进、相互配合，加速了物流现代化进程。

5. 搬运的活性理论

在装卸搬运过程中，装货、移动、卸货这三种作业通常是以一个整体出现的，装和卸次数之和与移动次数是2:1的关系。人们把物料和货物的存放状态对装卸搬运的方便难易程度称为搬运活性。将那些装卸较方便，费工时少的货物堆放法称为活性指数高的堆放法。活性指数越高，越有利于运输系统的协调。

搬运活性指数是用来表示各种状态下物品的搬运活性的参数。装卸搬运的工序、工作步骤应设计成使物料或货物的活性指数逐步提高（至少不降低），这称为步步活化。搬运活性指数高的搬运方法是较好的方法。表11-3是物品处于不同状态的活性指数关系。

物品的活性区分及活性指数　　　　　　　　　　　表11-3

物品所处状态	还需要的作业种类				还需要的作业数目	搬运活性指数
	集中	搬起	升起	运走		
散放在地上	√	√	√	√	4	0
在集装箱中	×	√	√	√	3	1
放在托盘上	×	×	√	√	2	2
已放在车中	×	×	×	√	1	3
在运的运输机上	×	×	×	×	0	4

注：√表示还需要的作业；×表示已不需要的作业。

在设计装卸搬运方案时，主要是根据物料的分类、分布和移动路线，选择合适的搬运设备和设备之间的组合方式及使用方法。装卸搬运的活性理论能改善装卸搬运方案，使方案设计、设备选择有定量的依据。应用活性理论，还要考虑其他条件的影响因素，才能取得好的效果。

6. 装卸组织工作

货物运输组织工作要不断提高装卸效率、加速车辆周转。选择的装卸作业方式一般有：插上插下（叉车）、吊上吊下（吊车）、移上移下（换装车辆或站台相靠）、滚上滚下（滚装船、联运）等典型作业方式。因此，除了强化硬件手段的构成之外，在装卸工作组织方面也要予以充分重视。

（1）制定装卸工艺方案应该从物流系统角度分析，制定装卸作业定额，按组织装卸工作的要求分析工艺方案的优缺点，并加以完善。在进行装卸工艺方案设计时往往必须综合考虑，尽量减少"二次搬运"和"临时停放"，尽可能减少搬运次数。

（2）加强装卸搬运调度指挥工作，对合理使用装卸机具、劳动力，提高装卸质量和效率有很大的关系。

（3）制定各种装卸作业时间定额是加强和改善装卸劳动管理、提高装卸效率的重要手段。装卸作业时间定额要建立在先进合理的水平上，并要根据相关条件的变化，定期加以修订完善。

（4）移动通信应用水平或固定通信系统应用水平对装卸搬运组织工作有重要的影响。及时掌握车辆到达时间、货物名称、收发单位等有关信息，事先安排装卸机具和劳力，保证车到可及时装卸，是车辆减少等待装卸作业时间的有效措施。

（5）提高装卸机械化、电子化、自动化作业水平。要从物流系统的组织设计开始，使得车辆、装卸机具、仓库等移动设备、固定设备、通信工具的合理设计，从而提高装卸质量、装卸效率以及减少装卸成本。

11.2 国际集装箱多式联运与集散

11.2.1 联合运输与集装箱化

联合运输是综合运输的组织形式。构筑区域物流、全国物流乃至国际物流系统,一般都离不开多式联运系统。联合运输主要是指两种以上运输方式或两种以上运输工具的接力运输或衔接运输,有时也将同一运输方式多国或多家经营、多种运输方式联合经营,以及产、供、储、运、销之间的运输衔接也包含其中。但在多数情况下,多式联运主要指的是前者。物流经营者要能将多式联运与集货、装卸、信息、仓储、散货等多个环节连接或联系起来。多式联运在物流系统中所表现的特点主要有:

(1) 代理性。联运物流系统是建立在两种以上运输工具接力运输基础上的有机整体。实施联运能使各种运输网络基础设施相互兼容,运载工具长短途合理分工,水陆空相互协调,形成一个息息相通、环环相扣、四通八达的综合运输网。

(2) 通用性。联运是跨地区、跨部门的衔接运输,应当是有计划、有组织地进行物流服务活动,从而需要有关部门、企业协调合作,并综合利用基础设施。

(3) 协同性。联运是能够实现产供储销一条龙物流服务系统协同效应的服务。

(4) 全程性。联运是实行一次托运、一次计费,一票到底、全程服务、全程负责的物流过程为主要内容的衔接运输。

(5) 简捷性。由联运经营人或代理人全面、全程负责物流运作过程,用户不必参与。

从物流角度看联运,多式联运系统是大范围物流系统的组成部分。多式联运能充分发挥各种运输方式的优点,缩短流通距离,节约货物流通时间,降低物流总成本。它可以根据不同运输方式的特点,科学地组织运输过程扬长避短,发挥各种运输工具在物流系统中的最佳效果。中国采用多式联运方式运输的大宗货物主要有:煤炭、石油、矿石、钢铁、粮食、矿建、化肥、木材等。主要的联运海港有:大连、秦皇岛、天津、青岛、连云港、上海、宁波、广州、湛江等。一些大宗货物已形成了相对稳定或固定的物流通道和运行过程,例如,煤炭运输有固定的煤码头,粮食运输等也类似。

集装箱化程度可以由装箱货物与适箱货物的比重来表示,适箱货物是指可以用国际标准箱进行运输的货物。中国集装箱化程度的现状是在沿海地区最高,向内陆通道延伸过程中锐减。集装箱运输需求是一种派生需求,在中国这种需求几乎完全是由对外贸易所引起的。造成内陆地区箱量低、集装箱化程度低的主要因素是:国际贸易的参与程度、多式联运系统的服务状况、交通便利程度等。

11.2.2 集装箱多式联运

1. 集装箱运输

集装箱运输是将一定数量单位的货物装入标准规格的集装箱,以集装箱作为集装、运送单位,利用多式联运等方式,将货物运送到目的地的现代化运输手段。集装箱运输多属陆、海多种运输方式的联合运输。集装箱船舶运输货流图如图 11-2 所示。

集装箱运输具有提高装卸效率、扩大港口吞吐能力、简化货运手续、提高货运质量、节约包装材料、降低商品成本等优点。近年来,对集装箱运输的改革有:开设集装箱"五定"班列及实行集装箱运输"一口价"政策。其中为了保证运输的时效性,铁路组织了集装箱五定班列和集装箱快运直达列车,在国内主要城市间开行了中远程集装箱班列。

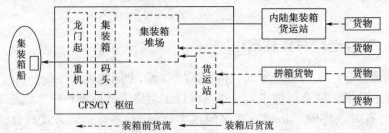

图 11-2　集装箱船舶运输货流组织过程

中国的集装箱运输出现比较晚,但是发展很快。从 1973 年天津港接卸第一个集装箱开始,到 1980 年约 12 万 TEU(标准集装箱),到 2004 年仅全国外贸进出口集装箱港口吞吐量就达到 4968.4 万 TEU,2000 年以来,以年均 26% 的幅度在增长。国内集装箱运输的经营者主要是从事国际贸易的公司。

2. 多式联运系统通道实际配置

从港口开始分析,根据每一个通道所选定的线路逐步向内陆延伸。主要配置有:口岸集装箱码头、港口附近的集装箱货运站(CFS)、沿通道内陆运输系统、内陆集装箱站场(CFS/CY)。通道上的服务是由多方面提供的,主要包括:港务局、集装箱码头公司、理货公司、国际船舶代理、国际货代、公路运输经营人、铁路运输经营人、CFS/CY 经营人等。其中,货代与参与方的联系更为紧密,这些参与方包括货主、船代、理货公司、一关两检(海关、检验检疫局、边防检查站)、承运人以及集装箱站场经营人。

(1) 集装箱码头经营人。专业经营集装箱码头,在集装箱船和码头检查门之间提供集装箱装卸及相关业务的经营者。其特点是:需要使用大量投资密集的机械设备,如集装箱桥吊、拖车、叉车等。集装箱码头经营者的业务主要与船代、船主、货主或货代、"一关两检"和内陆承运人等有关。

(2) 理货公司。其功能包括:根据有关规定在甲板上对船舶货物进行理货,根据货主要求向收发货人提供服务,在装箱或拆箱时核对箱内货物有关单证记载是否一致,核对货物数量、记载货物破损情况等。

(3) 船代。船代作为船舶拥有人的代理在集装箱运输链中起重要作用。作为集装箱经营者,负责以船舶公司的身份签发提单、设备交接单等运输单证及船舶订舱、与货主或货代联系、通告船期、报价等业务。作为船公司的代表或代理,其责任写在与船公司签订的合同中。船代主要与港务局、货主、货代、集装箱码头经营人以及内陆承运人有密切的关系。

(4) 国际货运代理。货代是作为货主与不同承运人以及海关等其他机构之间的中介者,以货主的身份处理有关运输方面业务,提供货物运输代理有关的服务。货代是作为一个中介者,为货主、承运人、"一关两检"及其他有关方面提供服务。①货代作为货主的代理与铁路、公路或海运承运人签订一系列独立的运输合同,在这种情况下,货代不承担运输过程中货损、货差的责任,从一种运输方式到另一种运输方式之间的转运风险由货主自行承担。②货代作为一程运输的承运人(此时货代也是船公司)同时作为货主的代理,为其他各程运输签订独立合同。在这种形式安排中,货代仅对他自己的一程海运负责而其他各程仍遵守各有关方的规定和条件。同样,在不同运输方式间转运过程中的货损、货差的风险仍然由货主自行承担。③货代作为多式联运经营人签订一个门到门运输合同。在这种安排下,货主与各独立的实际承运人没有合同关系,货主的权利与责任都取决于他与货代签订的合同条款。

(5)货主,一般是指具有进出口经营权的企业,既可以自行安排运输,也可以通过合同委托他人(通常是货代)来安排运输。如果选定了一家货代,货主与集装箱运输链中各方面的接触将由货代安排进行。

(6)内陆运输承运人,负责从港口口岸经公路、铁路或水路的集装箱境内运输。内陆承运人与货主、货代、集装箱码头经营人及 CFS/CY 经营人协作完成运输过程。

(7)内陆集装箱中转站,提供装拆箱、临时堆存、修理集装箱及其与集装箱有关的其他业务的服务,经海关批准还可以办理海关监管业务。内陆集装箱的经营人与内陆运输承运人(公路、铁路、水路)、货代以及在中转站内经批准的"一关两检"机构协作配合开展业务。

3. 集装箱多式联运及作业

多式联运是在一次托运、一票到底、一次收费、一次保险、全程负责的基础上的门到门服务。集装箱多式联运在技术装备方面有两种类型:①集装箱或托盘等形式将铁路、水路、公路和航空等不同的货物运输系统一体化。②复合运输系统,这种系统同时具有两种或两种以上不同运输工具的功能,如驮背运输。

集装箱运输可以分为整箱货(FCL)和拼箱货(LCL),其作业方式有所不同。拼箱货进出口存在集装箱出口拼装、进口分拨作业过程。在口岸或港口附近、内陆拆装箱点,集装箱装箱并加封或开封和拆箱,并办理海关进出口查验手续。有时尽管是整箱货,也在港口附近装箱或拆箱,只有一小部分是门到门运输,占 70%~75% 的集装箱物流是以散货形式运达目的地的,集装箱化运输的优越性没有充分发挥出来。

集装箱汽车运输是各口岸集装箱集疏的主要方式,在各种运输方式中占有绝大多数的份额。在各口岸公路与铁路的竞争中,公路约占 97% 的运量,具有绝对优势,铁路占有比例很小,主要是为那些位于深远内陆的用户服务。在内陆水运有竞争力的区域如上海口岸,水运 9% 的份额就超过了铁路。集装箱公路运输部分可由货车运输公司安排,也可以使用货代的车队。中国集装箱货物以散货方式进行内陆运输的比例很高,其中,公路占 85%,铁路占 15%。除少数例外,铁路主要服务于长距离集装箱运输服务。

集装箱交接方式与作业。集装箱的交接方式包括门到门、门到场、门到站、场到门、场到站、站到门、站到场、站到站等交接方式,每种运输方式都对承运人、托运人以及收货人在拆箱装箱及运输过程中的责任有明确的划分。

运输保险。货物运输可以一次保险、多次运输,也可以是每次运输单独保险。通常是由货主或货代根据销售合同上的要求安排运输保险。国际货物运输的保险是由国际贸易签订的贸易方式决定的。

货代服务安排。收货人可以自行办理货物清关手续,通常由货代为其提供清关、国内运输、拆箱等服务。

4. 集装箱运输管理

集装箱运输涉及因素很多,例如,商品的属性决定装卸方式、运输方式以及对运输设备的使用效率等。为了提高集装箱物流服务水平,有必要对运输企业进行改造,将有条件的运输企业培育成高效率的集装箱运输管理的主体。

集装箱从港口运到内陆目的地,或从内陆运到港口的运输过程中,必然会产生运输费用和物流管理费用。在这一过程中,追求高服务水准和低物流总成本,始终是集装箱运输管理的目标。当用户选定运输方式和运输批量后,就试图使除运输以外的物流成本最小化。物流企业进行集装箱运输管理时,要尽量方便用户,满足用户的要求。

11.2.3 货运代理服务及安排

1. 服务水平

货主可以自选办理货运手续,也可以委托货代办理。货代往往在某一运输方式或某种服务方面有所专长,可以拥有自己的货车运输车队,也可以使用其他汽车运输公司的服务,货代还可以提供其他相关的服务,如装箱或办理报关手续等。一般情况下,典型的服务安排可以是:①货主将货物运到港口,由货代帮助办理清关手续。②货主将货物运到 CFS,货代负责安排清关、装箱和运输。③由货代组织门到门的多式联运。

2. 托运和相关单证

国际贸易中运输量较大的货主通常与其货运代理签订长期的协议。这种情况下托运的手续就比较简单,通常是货主用电话通知货代有关货物种类、地点和时间要求等。货代向承运人订舱后用电话或传真通知货主采用的运输方式、出发或到达的大致时间。

如果货代受委托办理货物的清关手续,货主还必须向其提供其他有关单证,如商业发票和出口许可证。货代准备一份集成单证"托运单/站场收据"到船代处订舱。船代在托运单/站场收据上盖章以示确认,货代或货主安排取货和装箱。装箱可以在货主的工厂进行,也可以在 CFS 进行。货代在装箱场地准备好空箱。货代负责提供必要的单证并办理海关和两检手续。有关单证和手续完成后,如装货清单、报关单的退税专用联等将退还给货主。如果安排的主要运输方式是海运或是多式联运,货代最终将交给货主一份提单。货代的服务在费用账单上,费用的支付也可以有不同的方式,例如先付费用后放提单。

3. 单证使用

使用的单证主要有:商业发票、出口许可证、集成单证"托运单/站场收据"、联运提单等。其中,集成单证"托运单/站场收据"中承运人的名称已事先印好,使用无碳复写纸,共10联:(1)托运单(货主留底);(2)托运单(船代留底);(3)运费通知;(4)运费通知(付款收据);(5)装货单(站场收据副本);(6)站场收据副本(大副联);(7)站场收据;(8)货代留底;(9)配舱回单①;(10)配舱回单②。(注:广州和上海港提供的单证样本在页数和顺序上有一些小差别,例如有的单位在单证上增加了 1~2 页作为内部流转使用。)

外运提供的单证样本是经 FIATA 批准并符合联合国套合格式的。外运是中国唯一使用 FIATA 的联运提单的多式联运经营人(还有一些经认可的货代签发其他种类的联运提单)。

【案例 11-1】 北美集装箱多式联运的经验

北美的多式联运引进双层集装箱等新技术,公铁可以展开竞争,加上多式联运的平均运距长,不仅服务水平高而且经济效益好,在国际上处于领先水平。北美的国际标准集装箱运输大部分都是一些大的货主与运输企业,根据运输的特殊条件和需要签订合同来实现的。合同包括运输时间表、货物价值、最小的运量保证等。小货主的运输一般通过第三方物流经营者来实现,货代是其中一部分。因为,第三方物流经营者具有物流系统管理经验,从而可以将小批量货物积少成多而得到低运价的优惠。铁路集装箱专列平均速度为 70~90km/h,而且在专用线、编组站等环节疏导很快,基本上不压箱。北美铁路集装箱运输每天运距可以达到1500km以上。进口货在船舶到港之前一般都需要向海关预申报。因而船到港后,当天就可以卸箱并装上集装箱货车或铁路车辆(若当天有车辆),或在第二天转运到口岸地区其他集装箱站场。在北美内陆都有"三检"服务,当货物到达内陆站场,根据货主要求,运输部门一般可以在24h内就可以将提取的货物送到收货人(货主)手中。出口集装箱周转时间基本相同,出口货一般要求集装箱在船舶到达24h前抵运港口。出口货物一般不进行检验。

(1) 在北美运输企业的竞争能力和货主的需求决定了服务水平。周转时间是衡量服务标准的一项指标。在1500km范围内,以铁路为主的多式联运部门在各服务通道上都与门到门服务的汽车运输公司展开竞争。铁路部门的多式联运受多个环节影响,其运送速度相当于公路运输的50%～70%。公路运输可以实现到货主的门到门运输,因而避免了货场转运的时间延误。一辆集装箱货车装完两个TEU就可以运出,但铁路专列要装完100多个TEU才能开出,集装箱多式联运的周转时间比仅用集装箱货车实现门到门运输时间长。多式联运的优势在于时间比较固定、运输服务可靠、运费低廉、货物运输量大以实现规模效益等。在非运输物流成本和运输成本之间的权衡依赖于货主年运量、仓储计划、货物价值和季节性等指标。

(2) 美国的多式联运服务大致包括4个独立的作业环节:①港口作业,船停港总共3～5d,其中通关作业一般为1～2d。②港口附近周转作业(即从港口转到火车上)。③铁路长途运输。多式联运长途运输方式主要是铁路,平均运行速度60～80km/h,一般工作日集装箱在列车出发前3～4h前集中到站场,周末一般为8～10h前集中到站场。列车的运输距离可达1200～1500km/d。④内陆中转站的作业。在内陆集装箱的停留时间主要取决于物流管理的商业考虑,如集装箱运输过程是由集装箱所有者来控制。

(3) 集装箱周转时间。①当港口至货主的运距为1500km时,采用集装箱货车运输进口货物,集装箱从船上卸到集装箱货车后,其运送速度一般为80km/h,若配备两个驾驶员,则会减少停车时间。在24h内集装箱货车最大运输范围可达2000km。这样集装箱运到货主手中只需2d,返空箱再用2d,总周转时间为4d。对于出口货物,公路运输则只需3d。②进口货使用多式联运系统送到货主手里共需7d左右,为与公路竞争,对于加急货物时间可以压缩一半,即利用高效的多式联运系统的总周转时间为6～8d。在各环节配合极为协调,如货主、货车、铁路车次时间等环节均不耽误的情况下,集装箱总周转时间为6d。对于出口货物,在相同的运距下使用多式联运系统,货物运到船上的时间为5d左右。

(4) 如果货主负责内陆集装箱的集疏运,则周转时间较长,其原因是货主常常利用站场免费存箱的条件,将集装箱作为临时性仓库,而不是另租仓库存货。

11.3 多式联运组织的改善

11.3.1 存在的主要问题

在中国集装箱多式联运中,尚需解决下述问题:集装箱运输内陆通道不畅,国际集装箱内陆延伸运输十分薄弱,集装箱物流的优越性未能得到充分发挥;集装箱运输能力严重不足,内陆区域集装箱货车不足,使运输向内陆延伸、新欧亚大陆桥的作用难以体现;集装箱周转时间较长,运输管理水平较低;集装箱化程度低,市场开发不足,CFS/CY、集装箱运输企业的服务质量应有大的改变,以争取更多的集装箱物流用户;集装箱物流管理体制、法规环境相对不适应;内陆集装箱运输服务水平低。在国际集装箱多式联运中,船舶公司不愿意将集装箱运往内陆的原因之一是内陆运输服务水平低,集装箱运往内陆失控的风险很大;物流企业集装箱的物流技术与运输管理手段落后;集装箱过境运输的发展不足。

11.3.2 建立以用户需求为导向的多式联运

多式联运系统应以用户需求为导向,以高水平的市场营销、用户服务、物流信息技术为支持,使多式联运总成本最低。因此,所有的改革和投资都必须面向广大用户的需求进行。在竞争国际化的市场环境中,运用物流高级化理论,借助现代电子信息技术,可以由一家公司直接控制集装箱多式联运系统中的所有环节,也可以从参与运输管理的其他方面建立各环节相应的信息联系。在各个用户间使用统一标准和格式的单证基础上,通过 EDI 和其他信息技术来实现"商流、物流、信息流"的一体化服务来保持物流质量,从而在单位成本预算内能够提供高质量的运输服务。

【案例 11-2】 多式联运与物流运行组织

TNT 澳大利亚总部下的各公司,在经济上都是相对独立的,各公司之间的竞争与其他公司的竞争是同样存在的,但是用战略制度化规定各公司之间关联业务互为代理的方式,进行有偿的合作,形成了 TNT 澳大利亚公司市场经营的基本模式和格局。TNT 澳大利亚公司下属的 EXPRESS 公司以经营城间货运为主,COMET 公司是以经营城乡货运为主的公司,EXPRESS 和 CMET 公司同属于 TNT 澳大利亚公司。但两者之间业务却互为代理,成为联合运输中的最大用户。货运与集散的基本形式如图 11-3 所示。

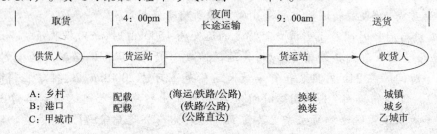

图 11-3 货运集散的基本模式

在图 11-3 中,方式 A:可以是两个公司或两个以上公司之间的合作;方式 B:可以是两种运输方式的协作或两种运输方式以上的协作,也可以是两个以上公司之间的合作;方式 C:可以是一个公司负责运输过程。无论是接力运输还是换装运输,顾客只需一次付清运费,就可以实现一票到底的门到门的运输服务。各公司之间的接力运输运价有专项规定,由送货部门付接力运输部门的运费。这样的经营体系突出了运输管理的重点:综合集成的系统协调能力;作业分工的专业化效率;人员素质在物流服务中的重要作用。从而有利于在市场经营中与顾客建立长期的合作关系。以上多式联运模式基本适应下列服务。

(1)城市之间的特快运输。可通过夜间长途运输实现澳大利亚各主要城市的门到门特快运输。其运输时刻由时间表确定,运送速度为 1000～1200km/d,依距离远近一般在 1～3d 内送达。

(2)城市农村间的特快运输服务。从主要城市到州内乡村或从乡村到主要城市的特快运输,提供每日送达班车的时刻表,一般当天或第二天早晨送到。有特别运输需要的运输,也可利用 TNT 的货运站、港口、铁路货运(中转)站等形成的运输网络得以保证。

(3)普通货物运输。一般分为两类:①LCL(拼箱货)运输服务(一般大于50kg),否则按包裹运输方式进行。允许顾客根据时间、价格等要求进行权衡,选择采用公路/铁路等多种运输方式的组合进行门到门最优惠价格的物流服务。②FCL(整箱货)运输服务。由于FCL运输服务、无须配载换装环节、从取货到送货用长途班车一次完成,适宜于州际运输及城间运输。其基本运输形式为:取货→长途运输→送达。采用这项服务可直接向用户提供大型设备,以及挂车加国际标准集装箱等服务。

(4)长途运输一般采用双班制(换驾驶员不停车)或分段行驶方法。例如,甲、乙驾驶员分别在A、B起始站出发,到达(途中)中转站以甩挂方式甲、乙驾驶员交接(交换集装箱);然后,分别沿原路返回,甲、乙驾驶员将交换后的集装箱运至各自的目的地(驾驶员回到原先的始发点)。

11.4 电子口岸与区域通关

11.4.1 口岸、电子口岸与区域通关

口岸包括港口口岸和陆运口岸两类。港口口岸集装箱码头是由当地港务局领导,而港务局则接受交通运输部和地方政府领导。交通运输部负责价格、投资、长短期规划等,地方政府负责人事及与地方有关的事务。通常集装箱码头是由港务局的一个企业或合资企业经营的。与此不同的是,位于大陆和香港特别行政区的边界口岸,属于国家一类口岸,具体由深圳市政府管理。港口集装箱码头提供的基本服务包括协助船舶靠泊、船舶装卸、操作装卸机械、集装箱短期堆存和管理,以及集装箱在港内堆场和大门之间的移动等作业。港口及口岸服务项目和服务质量水平还主要取决于经营者的经营理念、管理水平和操作者的技术水平。其中,计算机技术已应用在船舶计划、站场管理、集装箱管理、拖头识别、设备跟踪管理、集装箱检测等方面。集装箱在港口的停留时间随港口的条件也有所不同,目前一般是7~9d,若条件不好的则时间更长。

中国电子口岸是经国务院批准,由海关总署牵头,会同其他11个部委共同开发建设的公众数据中心和数据交换平台。它依托国家电信公网,实现工商、税务、海关、外汇、外贸、质检、公安、铁路、银行等部门以及进出口企业、加工贸易企业、外贸中介服务企业、外贸货主企业的联网,将进出口管理流、资金流、货物流信息存放在一个集中式的数据库中,随时提供国家各行政管理部门进行跨部门、跨行业、跨地区的数据交换和联网核查,并向企业提供利用互联网办理报关、结付汇核销、出口退税、进口增值税联网核查、网上支付等实时在线业务。

区域通关是指采用实施跨关区"属地申报、口岸验放"的通关新模式。其核心内容就是打破目前行政区划和海关关区设置所造成的障碍,利用信息化手段,构建虚拟大关区,提高通关效率、降低企业通关成本,提高物流效率,不仅减少了企业往来属地海关和口岸海关的奔波之苦,还可以减少传统转关环节手续。这是适应区域经济一体化发展趋势,顺应现代物流发展而作出的重大改革。"属地申报、口岸验放"是指符合海关规定条件的守法程度较高的企业,在其货物进出口时,可以自主选择向其属地海关申报纳税,在货物实际进出境地海关办理货物验放手续的一种新型通关方式,它成功地融合了无纸通关、网上支付、便捷通关、电子账册等便利通关措施,可以将港口功能延伸到中西部内陆省区,打破地区间现有的关区限制,最大限度地整合港口资源,使物流畅通。

11.4.2 区域通关改革

"区域通关"对满足社会的需求、缓解口岸的压力、促进地方经济和区域经济的发展、进一步提高内陆海关的作用、提高物流效率具有深远意义。区域通关改革推动跨关区"属地申报、口岸验放"通关方式,使具有良好守法记录的A类进出口企业可在属地海关报关,海关放行后直接在口岸提货或装货,并可以自主选择运输工具、运输路线和运输时间。试点实践表明,"属地申报,口岸验放"通关方式基本实现了"当天申报、当天验放"的通关目标,一些海关对无须查验的货物实行"属地申报,口岸验放"方式的通关时间甚至仅为30min,而此前通关时间一般需要1~1.5d。实践证明,成功推行区域通关改革试点,激活了口岸海关与内陆海关两种资源的比较优势,加速实现了两个市场、两种资源的无缝监管链接和无障碍通关,加快了口岸分流进出口货物的速度,顺应了区域产业链、运输转型升级的客观要求。区域通关改革措施将适用到所有具有良好守法记录、信誉好的A类企业,属地海关可自由选择与任一口岸海关结对,并适用到所有海关业务现场。作为区域通关改革的重要内容,跨境快速通关方式是以跨关区快速通关为基础,以载货清单数据提前电子申报、公路口岸海关实行卡口自动核放系统、跨境运输车辆安装GPS和电子关锁为前提条件,对粤港澳之间进出口货物实现跨境快速通关、内地直属海关之间快速转关和隶属海关之间快速分流的一种通关模式,积极探索区域性的虚拟集中审单作业模式。

11.5 物流集成运作优化技术

11.5.1 计划评审技术(PERT)

将运输或多式联运的各个作业环节看成一个系统过程,利用系统方法建立运输作业过程逻辑顺序并绘制网络图,就可以用PERT进行网络计划优化。PERT不仅可以用来设计系统运作方案,还可以用于运输时间优化、运输时间—费用优化和运输时间—资源优化。

1. 网络图的构成

网络图一般分为箭线式和节点式网络图,这里讨论箭线式网络图。箭线式网络图主要由作业、事项和线路等组成。

(1)作业:指需要消耗人力、物质资源,经过一段时间才能完成的具体工作,用"→"表示。

(2)事项:指作业开始或完成的时刻,用"○"表示。其特点有:瞬时性,反映事项(作业)起讫时刻,自身不消耗资源;衔接性,反映前后作业之间的交接关系;易检性,反映作业间逻辑关系。

(3)线路:指从起始事项到结束事项构成作业序列,表明作业流程,用从头到尾的"○→○→○→○"表示。其中的关键线路用粗箭线或双箭线表示,表现了其中最长的线路,体现了订货周期或交货周期。

2. 绘制网络图的原则

绘制网络图的基本要求包括以下几点:

(1)一始一终。一个网络图中只能有一个始点和一个终点。

(2)单一方向。不能产生回路,否则形成死循环。

(3) 正确运用虚作业。虚作业的作用十分重要,它仅表示逻辑关系,本身不消耗资源,应正确运用。

(4) 正确进行节点编号。节点编号应遵循同一原则,自左向右或自上而下,统一进行。

3. 物流作业分解

开发一个 PERT 网络要求管理者确定完成项目所需的所有关键活动,按照活动之间的依赖关系排列它们之间的先后次序,以及估计完成每项活动的时间。这些工作可以归纳为 5 个步骤。

(1) 确定完成项目过程中必须进行的每一项有意义的活动,以及完成每项活动产生的事件或结果。

(2) 确定活动完成的先后次序。

(3) 绘制活动流程从起点到终点的图形,明确表示出每项活动及其他活动的关系,用圆圈表示事项,用箭线表示活动,结果得到一幅箭线流程图,称之为 PERT 网络图。

(4) 估计和计算每项活动的完成时间。

(5) 借助包含活动时间估计的网络图,制定出包括每项活动开始和结束日期的全部项目的日程计划。在关键路线上没有松弛时间,沿关键路线的任何延迟都直接延迟整个项目的完成期限。

表 11-4 给出了运输作业明细表,在此表的基础上可以用箭线式网络图建立系统计划方案,并进一步进行深入分析,做出工作安排。

运输作业明细表　　　　　　　　　　　表 11-4

作业	作业内容描述	紧后作业	时间(h)
A	收到订货并记录在计算机中	D	0.25
B	确定是否从仓库补充货物或从工厂直接运输货物	C	0.50
C	打印已取订货	H	0.30
D	验证客户信用证	G,E	0.35
E	检验并确定采购者可能获得的折扣	F	0.15
F	准备发票并记账	K	1.00
G	确定运输途径并选择承运商	L	1.65
H	在仓库提取货物	L	1.50
I	包装并贴上装运标签	L	1.20
J	通知承运人准备运输单据	L	2.25
K	将发票复印件传输到装运码头	L	1.20
L	运输订货给客户,完成交付	—	3.50

可以用箭线表示物流系统任务(步骤),将所有需要进行的工作按序排列绘制网络图,计算物流作业、事项的时间参数,分析决定关键线路,计算交货周期,如图 11-4 所示。

在进行绩效评估法分析时,必须要有真实的费用—时间数据作为投入数据。可以就融资、物流和单证渠道分别准备单独的绩效评估法曲线,然后将 3 个渠道合并成一个渠道的单独曲线。在进行系统设计时,可以将有关的设施设备、信息技术等考虑进去。

4. 网络计划优化的原则

物流系统网络计划优化的主要内容有"时间-费用优化"和"时间-资源优化"。进行

"时间-费用优化"可以将作业时间分为:正常作业时间和赶工作业时间,将费用划分为直接费用和间接费用。直接费用包括人工费、材料费等,在赶工情况下,实际支出的直接费用(例如加班费等)要比正常作业情况下的直接费用高,因此需要计算每项作业下的直接费用变动率,某项作业i的直接费用变动率的计算公式参见式(11-1),间接费用包括管理费用、设备折旧等。

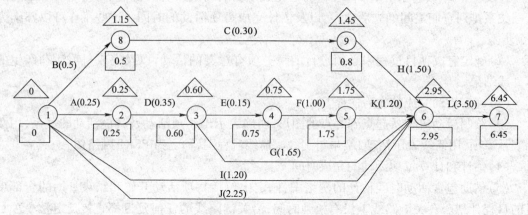

图 11-4 物流 PERT 网络优化图

$$dacr_i = \frac{cg_i - cz_i}{tz_i - tg_i} \tag{11-1}$$

式中:$dacr_i$——直接费用变动率;
cg_i——赶工情况下直接费用;
cz_i——正常情况下直接费用;
tz_i——正常工期;
tg_i——赶工工期。

物流项目的总费用为:物流项目总费用 = 总直接费用 + 总间接费用

物流系统"时间—费用优化"的原理及步骤主要体现在以下三方面:

(1)选择关键线路上的关键作业进行时间费用优化。

(2)优化结束后的作业仍然是关键作业。

(3)所选择需要压缩时间的关键作业应符合如下条件:关键作业压缩单位时间所增加的费用不高于单位时间的间接费用,即所选择的关键作业的直接费用变动值与单位时间间接费用的关系要满足式(11-2)。

$$某关键作业的直接费用变动值 \leq 工程项目的单位时间间接费用 \tag{11-2}$$

满足这一过程可以使整个物流项目费用降低,否则可能只是时间压缩,费用不一定减少。

11.5.2 最短路径法

货物运输在途时间的长短可以通过运输工具在一定时间内运送货物的次数和所有货物的总运输距离来反应。其中,最常见的决策问题就是,找到运输工具在公路网、铁路线、水运航道和航空线运行的最佳线路以尽可能地缩短运输时间或运输距离,从而使运输成本降低,同时客户的服务也得到改善。最简单、最直接的方法就是最短路径法。

最短路径法是在一个由已知的链和节点组成的网络,其中节点代表由链连接的点,链代表节点之间的成本(距离、时间或距离和时间的加权平均)。开始时只有起点是已解的节点。

(1)第 n 次迭代的目的。找出第 n 个距起点最近的节点。对 $n = 1,2\cdots$ 重复此过程,直到所找到的最近节点是终点。

(2)第 n 次迭代的输入值。在前面的迭代过程中找出 $(n-1)$ 个距起点最近的节点,以及其距起点最短的路径和距离。这些节点和起点统称为已解的节点,其余的节点称为未解的节点。

(3)第 n 个最近节点的候选点。每个已解得节点直接和一个或多个未解的节点相连接,就可以得出一个候选点——连接距离最短的未解点。如果多个距离相等的最短连接,则有多个候选点。

(4)计算出第 n 个最近的节点。将每个已解节点与其候选节点之间的距离累加到该已解节点与其点之间最短路径的距离上。所得出的总距离最短的候选节点就是第 n 个最近的节点,其最短路径就是得出该距离的路径(若多个候选点都得出相等的最短距离,则都是已解的节点)。

【案例 11-3】 运输线路优化

某家运输公司签订了一项运输合同,要把 A 城的一批货物运送到 J 城,该公司根据这两个城市之间可选择的行车路线绘制了公路网络图,如图 11-5 所示。图中圆圈称为节点,节点之间的每条链上都标有相应的行车时间,节点代表公路的连接处。所有链上的时间都以分钟(min)计。试找出 A 城与 J 城之间行车时间最短的路线。

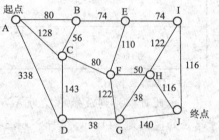

图 11-5 A 城与 J 城之间的高速公路网示意图

从案例中可以看出,从 A 城出发去 J 城,可以有很多条线路进行选择。如何选择运输线路,才能使总线路的长度最短,这就是运输规划中的最短路径问题。该公司的目的就是找出从 A 城到 J 城的最短线路。其计算步骤具体见表 11-5。

最短路径的计算步骤表　　　　　　　　　　　表 11-5

步骤	直接连接到未解节点的已解节点	与其直接连接的未解节点	相关总成本	第 n 个最近节点	最小成本	最新连接
1	A	B	80	B	80	AB①
2	A B	C C	128 80 + 56 = 136	C	128	AC
3	A B C	D E F	338 80 + 74 = 154 128 + 80 = 208	E	154	BE①
4	A C E	D F I	338 128 + 80 = 208 154 + 74 = 228	F	208	CF

续上表

步骤	直接连接到未解节点的已解节点	与其直接连接的未解节点	相关总成本	第 n 个最近节点	最小成本	最新连接
5	A C E F	D D I H	338 128+143=271 154+74=228 228+60=288	I	228	EI[①]
6	A C F I	D D H J	338 128+143=271 208+50=258 228+116=344	H	258	FH
7	A C F H I	D D G G J	338 128+143=271 208+122=330 258+38=296 228+116=344	D	271	CD
8	H I	J J	258+116=374 228+116=344	J	344	IJ[①]

注：①成本最小路径。

由此可以得到最短路径为 A→B→E→I→J，这一路径在表中加上角①表示。其中最短路径的时间是 344min，约折合 6h 运输时间，运输组织过程中还需要考虑通行线路有无通行费，是否需要换装作业等实际问题。

【案例 11-4】 典型的 40ft 箱运营各步骤的时间和成本（表 11-6）（纽约至鹿特丹的门到门运输）

运营各步骤的时间和成本　　　　表 11-6

序号	运营步骤	时间(h)	费用(美元)
1	将集装箱从装卸升降机上移至仓库	1	80
2	装箱后待运	48	12
3	将集装箱装上拖挂车	1	62
4	通过公路运至港口码头	33	360
5	等待允许进入港口码头	2	
6	从拖挂车到堆场的运输	0.25	80
7	在场等候	146	40
8	从堆场搬出并运至码头挂车	0.25	88
9	装到船上	1	240
10	集装箱船的航行时间（纽约—鹿特丹）	154	1840
11	卸下船	1	192
12	运至堆场	0.20	60
13	在堆场等候	106	30

续上表

序号	运营步骤	时间(h)	费用(美元)
14	从堆场运至拖挂车上	0.15	60
15	清关和检查	2	10
16	公路运输,从港口码头到内陆站	14	220
17	在内陆站/场卸箱	0.15	40
18	在内陆站/场仓储	30	
19	将集装箱送至收货人	2	40
	总　　计	542	2454

1. 不同运输方式及其运营有何技术经济特点?
2. 国际物流有哪些基本环节?运输优化有哪些方法?要点有哪些?
3. 运输、装卸搬运与一体化物流系统有哪些关系?多式联运的特点有哪些?
4. 简述口岸、电子口岸与区域通关的含义及运作方式。

第 12 章 一体化物流服务协同运作管理

集成物流商主导多企业参与的物流链形成和协同运作,企业集团实施集中采购或统一销售战略的供应物流和销售物流的流程再造,一般都涉及采购、运输、仓储、销售、配送等物流协调运作子系统的形成。在一体化物流协同运作过程中,集成物流商可以从第三方的角度,对采供销的供、储、运、配等物流活动进行系统规划,再用综合信息平台等信息型、技术型等的联接键设计,将其连接起来,形成协同运作,这是集成物流服务能够成功实现物流集成体意志的基本前提。

本章研讨重点:
(1) 采购及采购管理的含义,物资管理方法,库存控制方式。
(2) 仓库的类型、仓储作业及组织设计方案的确定。
(3) 配送中心的业务流程及配送线路的选择。
(4) 搬运装卸的含义、特点及形式,搬运装卸组织设计。

12.1 采购系统形成与运作

构建采购系统要确立其设计过程科学合理、选择过程明晰可靠、决策民主集中有效,杜绝采购系统灰色成分。

12.1.1 采购与采购管理

1. 采购与采购管理的含义

采购是指通过商品交换和物流手段从外部市场获取资源的过程,采购因采购对象不同而有不同的采购模式(例如,原材料采购和产成品采购),采购与物流的结合是一个复杂的过程,是供应链过程的重要内容。采购是在了解企业生产经营物资需求的基础上,寻找和选择合理的供应商,并就价格和服务等相关条款进行谈判和实施,以确保需求得以满足的活动过程。

采购的一般过程是:提出采购申请→选择供应商→进行采购谈判→签发采购订单→进行订单跟踪→验货接收货物。采购是企业向供应商购买商品的一种商业行为,采购过程伴随着物质资料所有权的转移,同时有着物流、信息流和资金流的运动,与产品生产和商品销售过程密切相关。

采购的目的概括为以下几方面:为企业提供所需数量和质量的物料和服务;以最低的成本获得物料采购服务,完善供货系统;确保供应商提供最好的服务和最快的送货;与供应商建立良好的合作关系,并不断发现替补供应商。

采购管理是企业为了实现合理采购而对采购活动实施计划、组织、领导、协调、控制的全部活动过程。采购管理是面向整个企业、采购员、企业组织的其他人员进行有关采购的协调配合工作,其使命是保证企业的整个物资供应。采购战略、采购计划和采购监督控制是实行企业采购管理的基本内容,为了做好这些工作,需要加强采购人员素质管理,适当提高采购员的工资待遇,建立健全的采购规章制度,设立奖惩激励机制,做好首单采购、创造良好的采购基础环境。

2. 采购模式与采购战略

采购模式可以从不同角度分类,诸如,从集中度分类,有集中采购和分散采购;从选择供应商的角度分类,有 AB 角供应商、多供应商和单一供应商的供货模式等。采购与供应往往是结合在一起的,既要体现专业化,也要体现协同的效应,这就要求企业制定良好的采购战略,诸如,集中采购战略、分散采购战略。

12.1.2　集中采购模式设计与采购战略管理

企业集团集中采购战略是一种典型的采购企业化运作模式,它与企业集团统一销售企业化运作模式,往往有异曲同工之效。

1. 集中采购问题的提出

以下用集中采购案例分析,说明为什么要研讨采购模式、制定采购战略,并且将其纳入整个供应物流系统进行管理。

【案例 12-1】　企业集团集中采购模式设计

SH 物资集团集中采购战略下采供销物流系统的建立,将过去的由供应商送货、企业自提等方式统一由集成物流商完成。集成物流商将集中采购战略下的物资运输、仓储、配送等过程进行整合,形成一套完整的物流运营体系。集成物流商与 SH 物资集团形成战略合作关系。SH 物资集团及 SH 煤制油化工公司可大幅度降低库存持有量,集成物流服务商也可扩大规模,形成规模效益,形成双方共赢局面。采供销物流系统建立后的物流运营模式如图 12-1 所示。

图 12-1 中实线箭头表示实物的流动过程,虚线箭头表示在采供销物流系统中信息的流动过程。

集成物流商集成各个功能物流商、资源物流商的业务或资源,例如集成运输、仓储等功能物流服务,或车辆、仓库、人力等物流资源,以完成 SH 物资集团集中采购战略下的供应链的供应、销售物流服务。

2. 集团供应物流集成化运作模式——集中采购企业化运作模式

针对 SH 煤制油化工公司需求物资品种多、部分物资使用频率相对较低、部分物资具有危险性等特点,对供应物资采用分类采购运营模式。依据供应商与 SH 物资集团合作关系,分为三种采供模式:具有长期采购合同供应商模式、公开招标模式(统称为框架采购模式)以及 B2B 电子商务平台采供模式。

3. 框架采购模式下物资采供操作流程

由于框架采购模式一般涉及长期采购,应争取与供应商建立长期合作伙伴关系,增强供应商对合作的依赖程度,为进一步降低采购成本建立基础。具体框架采供模式如图 12-2 所示。图中信息平台指 SH 能够与其供应商进行信息交流的平台,金融平台指银行等金融服务机构。

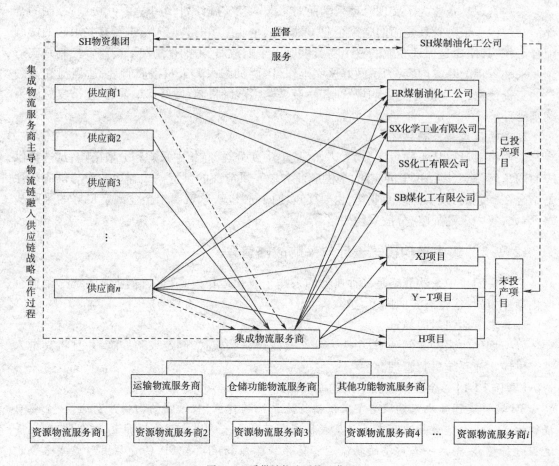

图 12-1　采供销物流系统运营图

在具有长期供货合同物资采购供应流程中,以 SH 煤制油化工公司的月度需求或临时需求为流程起点,选取 SH 物资集团的供应商备选名单(即历史上合作良好的供应商名单,需由 SH 集团审批其合法性),在其中选取最终确认的供应商进行供货。在采购过程中,应注重信息平台与金融平台的运用。集成物流商应根据自身业务网点的布局与自身运输能力综合考虑运输模式。在货款结算的过程中,SH 煤制油化工公司通过金融平台向 SH 物资集团、供应商、集成物流服务商、功能物流服务商进行结算。

公开招标采购供应流程,应根据正式招标流程进行操作。最终中标供应商可与集成物流服务商协商运输模式,即采用供应商送货模式或集成物流商提货模式。在模式协商过程中,应综合考虑运量、运距、运输是否具有长期性、运输中的特殊要求、装卸搬运强度等因素。

4. B2B 电子商务平台下物资采购流程

针对 SH 集团提出的"集中采购"战略并结合集团实际发展状况,可引入 B2B 电子商务平台,对金额小、种类多、数量大的物资采取电子化集中采购策略。具体采购流程如图 12-3 所示。

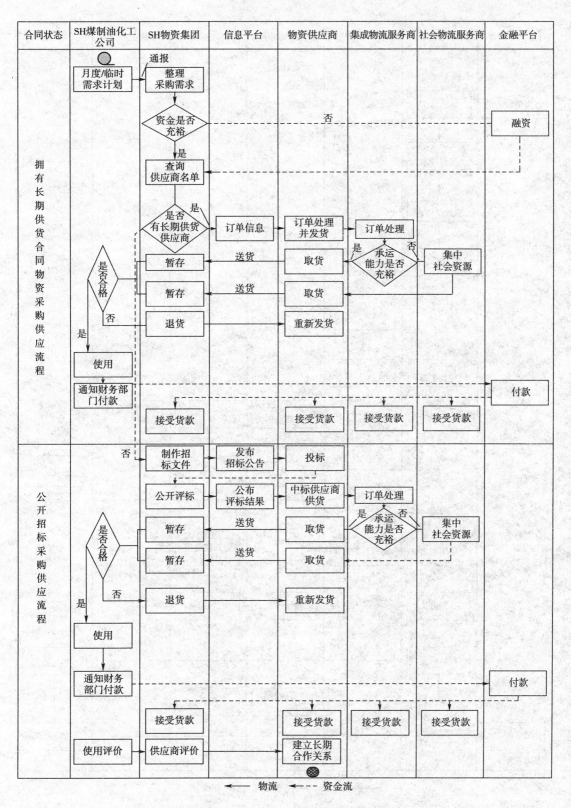

图 12-2 框架采购模式下物资采购流程图

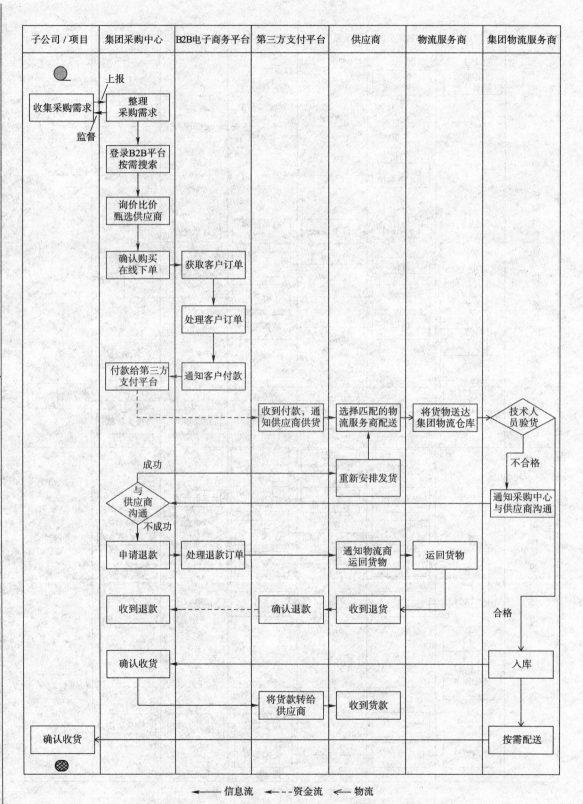

图 12-3 B2B 电子化集中采购实施流程图

5. 采购供应流程的监控

【案例 12-2】 火电煤炭采购物流的监控问题

2006 年 8 月重庆连续高温伏旱导致电力供应告急,一些煤炭经营企业竟然瞄准"商机",将水泥块、鹅卵石掺入供应给电厂的煤炭非法牟利,致使发电机组严重受损,频频停机。在重庆、华能、珞璜电厂等 3 家主要发电企业的检查中发现,一些煤炭企业供给电厂的煤炭掺假问题严重,有的企业采取"一层煤炭加一层煤"的隐蔽方式掺假;有的直接掺入石灰石、鹅卵石等"非煤"物质;还有的往煤炭中大量掺水。而重庆受高温伏旱影响,电力供应持续紧张,电煤也一度紧俏,电厂使用掺入水泥块、鹅卵石的煤炭后,机组磨损严重,造成频繁停机;使用水分过高的煤炭也会影响机组正常运转,让本来就紧张的电力供应"雪上加霜",影响了市民的正常生产生活和抗旱救灾。

由此可见,煤炭掺假是供应商的问题,停产是供应链物流渠道的问题,企业采购管理应作为企业供应链物流的重要部分进行监控,加强技术检测和人员现场监控,坚决淘汰有问题的供应商。此外,在其他有关案例中,煤炭供应还存在运输过程偷盗转卖、与检验人员勾结偷盗、检验人员不负责任随意签收、企业缺少验收磅秤等问题。

12.1.3 物资采购计划工作

确定物资(包括物料、商品等)采购计划,其主要工作内容包括:确定物资需要量,计划期初、期末物资库存量等。

(1)确定物资(包括物料、商品等)需要量。物资需要量是生产企业或商业企业完成生产(销售)任务所需要的物资数量。物流中心(配送中心、仓库)也可依此方法确定配送物品的需要量。对于非一次性消耗的物资,即能够多次使用的物资,物资需要量则是指投入使用的物资数量。物资的储备量、订购量都是以物资需要量为基础来确定的。确定物资需要量的方法可分为直接计算法和间接计算法。

①直接计算法又称定额计算法,就是用计划生产任务量和物资消耗定额两者乘积来确定物资需要量。某种物资需要量 D_x 的计算公式为:

$$D_x = P \times W_q$$

式中:P——计划生产任务量;

W_q——物资消耗定额。

②间接计算法又称比例计算法,是按一定比例(系数)来估计物资需要量的计算方法,具体的有动态分析法和类比计算法。动态分析法是用某项任务的历史资料进行分析,得出任务量与物资消耗量的变动规律,并以此规律为基础确定某种物资需要量 D_x 的方法。D_x 的计算公式为:

$$D_x = \frac{P}{P_0} \cdot W_0 \cdot K_{10}$$

式中:P——本期任务量;

P_0——上期完成任务量;

W_0——上期物资消耗量;

K_{10}——调整系数(一般小于 1,取决于企业技术、管理、职工等因素)。

类比计算法是当某项物资没有物资消耗定额,也没有历史资料可查时,参照同类产品的物资消耗定额来确定物资需要量,这种方法主要适用于定额产品物资消耗量的确定。某项物资消耗定额 W_{xp} 的计算公式为:

$$W_{xp} = P \times W_{tq} \times K_1$$

式中：P——本期任务量；

W_{tq}——同类产品的物资消耗定额；

K_1——调整系数（当该类物资消耗量增大时，取$K_1>1$，减少时，$K_1<1$）。

（2）计划期期初库存量和期末储备量的确定。期初库存量可根据编制计划时库存盘点数，预计期初的到货量和期初前耗用量计算出来。期初库存量I_0的计算公式为：

$$I_0 = I_j + I_d - I_h$$

式中：I_j——编制计划时实际库存量；

I_d——期初前到货量；

I_h——期初前耗用量。

期末储备量可根据物资品种、规格多少确定。当物资品种规格很少时，通常用经常储备定额加保险储备定额来计算；当物资品种、规格较多时，期末储备量，经常储备量通常处于变化之中，故在实际工作中是采用50%~70%的经常储备加保险储备作为期末储备量。期末储备量R_m的计算公式为：

$$R_m = (50\% \sim 70\%) \times R_{jq} + R_{bq}$$

式中：R_{jq}——经常储备定额；

R_{bq}——保险储备定额。

（3）编制物资采购计划。企业在确定各种物资需要量时，在期初、期末储备量的基础上考虑企业可利用资源，就可以编制物资采购计划。计划年度某种物资采购量D_c计算公式为：

$$D_c = D_x + I_m - I_0 - R_k$$

式中：D_x——某种物资需用量；

I_m——期末储备量；

I_0——期初储备量；

R_k——企业内部可利用资源。

物资采购计划编制完成，经主管机构或负责人审批后，可作为物资订购的依据开展采供供应物流业务。

12.2　仓储及库存控制与管理

库存控制是与订货、采购和供应等环节密切衔接的工作，通常是由不同部门完成，是整个供应物流系统的组成部分。

12.2.1　仓储系统的形成

1.仓库及其种类

仓库是物流网络中的一种节点。在物流系统中，仓储系统是许多货运枢纽站场、物流中心（配送中心等）不可缺少的重要组成部分，在货物运输（配送）网络中也是一种典型的节点类型。仓储系统的目标是确保物流安全、迅速、可靠地运行，确保生产和销售需要，降低物流总成本。仓储系统的组织设计应当从以下方面进行考虑：仓库的选址及建设结构；仓库与运输车辆、装卸搬运机械的最佳配合；最大限度地利用仓库容积；仓储物流的安全性，如防火、防水、防盗等；仓储作业的机械化、电子化、自动化水平；仓储作业的工艺流程；库存控制体系,如何防止缺货与积压;降低仓储费用;方便地进行相关物流作业或其他延伸服务等。

仓库按其使用范围、利用形态、储存物资等可划分为不同的类型。按仓库的使用范围分自用仓库、营业仓库和公用仓库;按仓库的利用形态分储藏仓库、流通仓库、专用仓库及保税仓库;按建筑结构分钢结构仓库、平房仓库、楼房仓库、高层货架仓库、罐式仓库和露天仓库;按部门系统分为:各流通部门的商业仓库、物资仓库、粮食仓库、供销仓库、外贸仓库、医药仓库,运输部门的货运枢纽仓库、中转仓库,各工业部门的公司、企业的仓库和部队后勤仓库等。

2. 仓库布局与组织设计方案涉及的问题

仓库的布局涉及生产、流通各个方面的物流效率和效益,需要统筹考虑,以避免不合理运输、重复建设等问题。仓库布局建设需要考虑相关区域内各类仓库的合理布局与配置;企业仓库的合理布局与配置;各类仓库内部的合理布局与配置;新建、扩建仓库与原仓库设施的兼容问题。无论仓库的类型如何,在制订组织设计方案时,都存在以下共同性的问题:

(1)仓库结构类型的选择。仓库的结构类型主要根据仓库的功能和任务来确定。考虑的主要因素包括:仓库的主要功能,是单纯储存还是兼有分拣、流通加工、配送等作业功能;储存的对象,储存物品的性质、类型、数量、外形尺寸;仓库内外环境要求,是常温、冷藏、还是恒温条件,防盗、防火、防污染等条件;经济能力,投资额的大小,对经营成本的要求等。

(2)库址的选择,仓库设施、设备的配置。根据仓库的功能、存储对象、要求条件等确定主要设施、设备的配置。见表12-1。

仓储功能与设备类型 表12-1

功能要求	设备类型
存货、取货	货架、叉车、堆垛机械、起重运输机械等
分拣、配货	分拣机、托盘、搬运车、传输机械等
验货、养护	检验仪表、工具、养护设施等
防火、防盗	温度监视器、防火报警器、监视器、防盗报警设施等
流通加工	所需的作业机械、工具等
控制、管理	计算机及辅助设备等
配套设施	站台(货台)、轨道、道路、场地等

3. 仓储面积及参数的确定

仓储面积是反映仓库规模和仓储能力的重要因素。仓储面积包括库区总面积和仓库建筑面积。仓库建筑面积包括三个不同的概念:建筑面积是指仓库建筑所占的平面面积,以建筑物勒脚以上外墙围水平截面计算,包括了使用面积、辅助面积和结构面积。多层的建筑物,其建筑面积为各层面积的总和。使用面积是指仓库建筑物内可供使用的净面积,一般是建筑面积扣除外墙、库内立柱、间隔墙等所剩余的面积。有效面积是指仓库内实际存放物品所占的面积,包括货垛、货架等所占面积的总和,有效面积利用率是仓储管理的一个重要指标。

确定仓库面积所要考虑的主要因素包括:物资储备量,它决定了所需仓库的规模;平均库存量,主要决定了所需仓库的面积;仓库吞吐量,反映了仓库实物作业量,与仓库面积成正比例关系;货物品种数,在货物总量一定的情况下,货物品种越多,所占货位越多,收发区越大,所需仓库面积也越大;仓库作业方式,机械化作业必须有相应的作业空间;仓库经营方式,实行配送制需要有配货区,进行流通加工需要有作业区。

仓库建筑物主要参数是指仓库建筑物的长宽比、高度、层数、占地面积、梁间距、容积、容许库容量、站台、库房门窗尺寸等。

(1) 仓库长度和宽度的确定。在库房面积一定的情况下，只要确定长度或宽度一个变量，另一变量随即确定。仓库库房的宽度一般用跨度表示，通常由储存货物堆码形式、库内道路、装卸方法、理货方法，以及是否需要中间柱等方面决定。

(2) 仓库层数的确定。在土地十分充裕的条件下，从建筑费用、装卸效率、地面利用率等方面衡量，以建筑平房仓库为最好；若土地不十分充裕时，则可采用二层或多层仓库。

(3) 仓库高度(或层高、梁下高度)的确定。仓库高度取决于库房的类型，储存货物的品种和作业方式等因素。决定层高或梁下高度应根据托盘堆码高度、托盘货架高度、叉车及运输设备的扬程来研究决定。平房仓库高度一般应采用 $3M_0$(300mm)的倍数；当库内安装桥式起重机时，其地面至走行轨道顶面的高度应为 $6M_0$(600mm)的倍数。

4. 确定仓库主体构造

仓库主体构造包括：基础、地坪、骨架构成、立柱、墙体、屋盖、楼板、地面、窗、出入口、房檐、通风装置等。

(1) 仓库骨架。骨架是用柱、中间柱及墙体等构成。仓库内有立柱，会影响仓库容量、装卸作业的方便性，能减少时应尽量减少。

(2) 防火问题。仓库主体构造要采用防火结构设计，外墙地板、楼板、门窗必须是防火结构，使用耐火或不燃烧材料，如混凝土、石棉类建材。

(3) 出入口尺寸。主要是由货车是否入库，所使用的叉车种类、尺寸、技术参数、台数、出入库频率，保管货物的尺寸大小等因素决定。

(4) 站台(货台)的高度。库外道路平面停放的待装卸货车车厢底板高度尺寸，应与库内地面齐平。这样即使运输车辆不进入仓库作业，利用叉车进行装卸搬运作业也十分方便。

5. 仓库附属设施、设备

(1) 保管设备。在库内堆放要保管的货物时，通常采用的方法有：地面散堆法、平托盘分层堆码法、框架托盘分层堆放法、货架散放法、托盘在货架放置法。其中，后两种放置法都需用货架。货架的种类很多，例如，普通货架就有货物直放货架、托盘货架。托盘货架是将平托盘放在货架上，这种存货方法有利于仓库作业机械化。

(2) 分拣装置、装卸搬运设备。在许多仓库中有机械化、电子化的货物分拣装置，以及进行机械化作业的各种叉车、专用设备和工具。因此，仓库设计、布置要与分拣装置、装卸搬运设备的配置、安装与作业方法及所需面积等相互协调。

考核仓库面积和库容利用的主要指标是仓库有效面积利用率、有效仓容利用率。

12.2.2　仓储作业

1. 仓储的基本形态、作用和工作要点

储存按其性质与需要一般可以分为三种基本形态：生产储存、流通储存和国家储备。国家储备是国家物资储备机构为防止侵略战争和应付自然灾害及其他意外事件而储备的各类物资，是一种特殊的储存。生产储存与流通储存涉及面广，是生产企业、商业企业必须认真研究、对待的问题，也是物流企业服务的重点范围。

储存在物流管理过程中的主要作用体现在：能克服生产和消费在时间上的间隔，并产生时间效用；能克服生产旺季与生产淡季和消费之间巨大的供求矛盾进而调节供求关系、调整由于供求矛盾而造成的价格差异;在储存过程中通过备货、分拣、再包装等流通加工作业,库存控制和配送等物流服务业务,为社会物流管理提供了更多的服务项目、发挥了更多的功能和作用。储存及物流管理的多种作用都是在仓库中实现的。从事物流服务一般都要有必要的仓储面积和相关物流作业能力。

2. 合理仓储的基本要素

合理仓储的基本要素,包括仓储结构、储存数量、储存时间、储存网络和控制方法等。

(1)仓储结构主要指仓库储存的原材料、半成品或商品的品种、规格、金额、储存量等之间的比例关系。

(2)仓储数量又称储存量,指在新的材料、半成品或商品进库之前,保证生产或流通顺利进行,可正常供应的品种、规格的数量。确定合理的储存量需要考虑的因素有以下四方面:①生产或市场的需要量;②物料、商品的再生产(再入库)时间;③运输条件;④物流设施及管理水平。

(3)仓储时间。仓储时间除与仓储结构、仓储数量有关外,还受物料、商品的物理性能、化学性能、生物性能、使用或销售时间、使用费用和销售速率等的影响。物料或商品等的使用(销售)时间和使用(销售)速率对仓储时间有较大影响。

(4)仓储网络。仓储网点布局直接影响到仓库供货范围,对生产领域和流通领域都有较大的影响。生产系统仓库网点少、储存量相对集中,库存占用资金较少,但对送货服务质量要求很高,否则,可能延误生产过程的需求。流通系统中的批发企业仓储网点相对集中,要考虑相对加大储存量,用仓储网点合理布局、储存调节市场,以起到"蓄水池"作用;零售企业一般附设小型仓库,储存量较小,应当加快商品周转。采用集中配送货物的连锁店,可将库存降至最低水平,甚至是"零库存"。

3. 仓储养护作业的主要内容

物品储存在仓库中因受环境的影响,使自身的物理性能、化学性能、生物性能随之发生变化,因此,必须做好仓库储存物品的养护工作。仓储过程中的养护工作主要有防虫、鼠害作业,防腐作业,防锈蚀作业,防老化、变质作业,仓储中的安全工作等。

12.2.3　库存控制管理

物资储备定额是加强仓储管理、进行库存控制的基本方法。

1. 物资储备定额

物资储备定额通常是指在一定物资供应、使用的条件下,为保证生产(销售)顺利进行所必需储备物资的储备量标准。

物资储备定额的主要内容是经常储备定额、保险储备定额。经常储备定额是指前后两批同种类物资进库的供应间隔期内,确保生产(销售)正常进行所必须的经济合理的储备数量。经常储备的数量是流动、变化的数值,通常是从储备的最高数额逐渐降到最低额。所规定的最低仓储额是保险储备定额数值。保险储备定额是指由于物资供应等原因,发生到货误期等的异常情况下,为保证生产(销售)正常进行所需的物资储备量。这一部分储备在正常情况下是不动用的,故称其是物资储备数量的不变部分,也是库存量中最低储备定额,而经常储备量是物资储备中数量经常发生变化的部分。一般情况下储备量的构成与变化情况如图12-4所示。

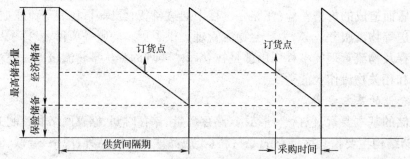

图 12-4 物资储备量(定额)示意图

2. 物资储备定额的分类

物资储备定额可以从不同角度进行分类,常见的有以下几种分类方法:

(1)按储备定额计算单位分,有相对储备定额和绝对储备定额。相对储备定额以储备天数为计算单位,它表明应保有可供多少天使用的物资。利用相对储备定额,可比较不同物资、不同单位的储备水平。绝对储备定额是按实物计量单位如吨、套、台、个、件、立方米等作为定额单位的。它用于物资计划编制、库存量控制和仓库保管面积的计算等。相对储备定额和绝对储备定额可以互相换算,用平均一日需要量乘以储备天数就得出绝对储备定额。

(2)按物资储备定额的综合程度分,有个别储备定额和类别储备定额。所谓个别储备定额是针对同一种物资制定的储备定额,这种物资一般数量大,占用资金多,对仓储工作影响较大。类别储备定额,是针对某一类物资制定的储备定额。主要材料、主要商品的储备定额一般可以定得细一些,次要物料和商品的储备定额可定得粗一些。

(3)按物资储备定额使用的期限分,有季度、年度或长期物资储备定额。对于生产或销售带有明显季节或时间趋势的物料或商品,可分别采用不同期限的物资储备定额。

3. 物资储备定额的计算

物资储备定额的表现形式很多,但主要取决于两个基本要素:该物资平均每日需要量和该物资的合理储备天数。

(1)经常储备定额的计算。某种物资经常储备定额主要由进库间隔期、物资使用前准备天数和平均每日需要量决定。经常储备定额 R_{jq} 的计算公式为:

$$R_{jq} = (T_r + T_w) \cdot D_t$$

式中: T_r ——入库间隔期;

T_w ——物资准备天数;

D_t ——平均每日需要量。

入库间隔期涉及的因素主要有物资供应条件、供应时间、距离、运输方式、订购批量以及有关的采购费用、仓储费用等。有些物资在使用前需要有准备天数,多数物资则不需要。

(2)保险储备定额的计算。某种物资的保险储备定额主要由保险储备天数和平均每日需要量决定。计算保险储备定额的关键是确定该物资保险储备天数。确定保险储备天数,一般可按上一年度统计资料核算的实际到货平均误期天数来确定,当保险储备天数确定后,保险储备定额 R_b 就可由下式计算出来:

$$R_b = T_b \cdot D_t$$

式中: T_b ——保险储备天数;

D_t ——平均每日需要量。

除此之外,还可用标准差 σ 方法计算保险储备定额,即

$$\sigma = \sqrt{\frac{\sum(\hat{X}_i - X_i)^2}{N}}$$

式中：$\hat{X}_i$——预测物资用量；

　　　X_i——实际物资用量；

　　　N——统计资料期数。

若取2倍标准差（$R_b = 2\sigma$）作为保险储备量，从统计角度分析，该种物资不发生缺货的概率约为95.5%；若取 $R_b = 3\sigma$ 作为保险储备量，那么，发生缺货的可能性仅有0.3%。

12.2.4 库存控制的目的与方式

库存控制是为用户提供优质服务的主要方式之一。库存控制的目的可以概括为：提高仓储服务质量；降低物资仓储费用；加速物资资金周转。库存控制的重点在于库存量的控制。有了物资储备定额，就可以用来控制实际库存量，使仓储物资库存量保持在最高储备定额和最低储备定额之间。从储备定额的要素构成分析，影响实际库存量的因素基本上来自两个方面：①消耗（销售）的数量和时间；②订货的数量和时间。仓储工作是必须满足需求量的，所以对物资库存量只能够从物资订购的期（时间）和量（数量）两方面标准来制定库存控制策略。

1. 经济订购批量

与物资仓储有关的费用可分为两大类：①物资购置费用，主要包括物资订购的差旅费、电话费、物资采购中的运输、验收、搬运等费用；②物资储存费用，主要包括货款的利息、仓库设施、装卸搬运设备、专用工具等的维修、折旧以及相关的管理费用等。其中物资购置费用与其购置的次数成正比，而与每次购置物资量的多少关系不大；储存费用则与每次购置物资的数量成正比关系。这样物资购置费用随着订货批量增大而减少，而储存费用却随订货批量增大而增加，在两者相加所构成的函数中，存在着一个使购置费用与储存费用之和的最低点，这一点所对应的物资购置数量为经济订购批量。

物资订购费用 C_d 为批（次）数与每次订购费用的乘积，物资储存费用 C_r 为平均库存量与储存时间、单位库存量储存费用的乘积，故物资购储总费用为订购费用与储存费用之和，即

$$C_T = C_d + C_r = \frac{D}{q} \cdot K + \frac{1}{2} \cdot q \cdot R \cdot T$$

式中：D——该物资在 T 时间内的总需求量，t、件等；

　　　q——每次订购批量，t、件等；

　　　K——每批（次）物资订购费用，元；

　　　R——单位物资储存费用，元/年、季、月等；

　　　T——特定的储存时间，年、季、月等。

用微分法可求出其最小值 Q_0 为：

$$Q_0 = \sqrt{\frac{2DK}{RT}}$$

当 T 取1个时间单位时，其经济订购批量 Q_{EOQ} 为：

$$Q_{EOQ} = \sqrt{\frac{2DK}{R}} \tag{12-1}$$

根据计算出的经济订购批量，结合实际情况（如价格折扣、运输批量等）进行适当调整，可以作为实际的订购批量。

2. 定量订购方式

所谓定量订购方式,就是预先确定一个订货点和订货批量,随时检查库存,当库存下降到订货点时就发出订货。在整个系统运作过程中订货点和订货批量都是固定的。订货点和订货批量的确定取决于库存物资的成本和需求特性,以及相关的存货持有成本和再订购成本,订货批量一般取经济订购批量。

(1) 定量订货法的原理。假设实施订货点控制技术之前,已确定好了订货点为 Q_K,订货量为 Q^*。其中 Q_K 由两部分组成,一部分是安全库存 Q_S,另一部分是提前期平均需求量 $\overline{D_L}$,$Q_S = Q_K - \overline{D_L}$。每天检查库存,假设在第一个周期,库存量以 R_1 的速度下降,当库存量下降到 Q_K 时,就发出订货,订货量为 Q^*。随后进入订货进货提前期 T_{K1}。提前期结束时,消耗掉的库存物资数量为 D_{L1},使库存水平下降到最低。这时所订货物批量到达,实际库存量上升一个 Q^*,达到高库存,然后进入第二个周期。设第二个周期的需求速率为 R_2,库存下降到 Q_K 时,又发出订货,订货批量为 Q^*。随后进入第二个订货进货提前期。提前期 T_{K2} 结束时,消耗掉的物资数量为 D_{L2}。这使得库存水平下降到最低。这时新订的货物批量到达,使实际库存量上升,达到高库存,然后进入第三个周期,这样不断循环。这里假设需求和提前期是随机型的,即 $R_1 \ne R_2 \ne \cdots\cdots T_{K1} \ne T_{K2} \ne \cdots\cdots D_{L1} \ne D_{L2} \ne \cdots\cdots$ 详见图 12-5。

该系统运行满足用户需求的水平主要取决于安全库存量大小的设置。根据库存满足率 p 的大小,来设计安全库存的数量。p 越大,安全库存越高,则库存满足水平也越高。定量订货法的核心是如何确定订货点、订货批量和如何实施。

(2) 确定订货点。在定量订购方式中,发出订货时仓库里该品种保有的实际库存量称为订货点。其是一个决策变量,是直接控制库存水平的关键。订货点要适中,如订货点太高,则订货到达了,原有的库存物资还没有卖完,这样新旧物资合在一起,库存量就过高了;如订货点太低,则订货物资还没有到,库存物资就没有了,造成缺货。订货点的高低取决于需求速率 D_1 和订货提前期 T_k。

需求速率:用单位时间内的平均需求量 D_1 来描述。需求速率越高,则订货点应该越高。

订货提前期:指从发出订货到所订货物到达所需要的时间,我们用 T_k 来描述。其与供货时间的长短、产品生产、运输路途远近和运输速度有关。订货提前期越长,订货点就越高,在订货提前期内,按照需求速率将有一定的需求量,这个量简称为订货提前期需求量 (D_L)。

$$D_L = D \cdot T_K$$

提前期需求量与订货提前期及销售速率 D 的关系如图 12-6 所示。

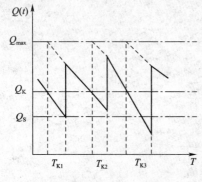

图 12-5 定量订货法原理图

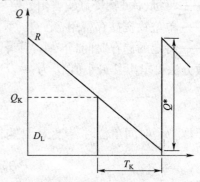

图 12-6 订货点的概念

合适的订货点应当与提前期需求量相同。即

$$Q_K = D_L = D \cdot T_K$$

这是一个概念性的计算方法,不同情况的模型有各自具体的表达形式。在正态分布的需求情况下,有

$$\begin{aligned} Q_K &= \overline{D_L} + Q_S \\ &= \overline{D_L} + \alpha \cdot \sigma_D \\ &= \overline{R} \cdot \overline{T_K} + \alpha \cdot \sqrt{\overline{T_K} \cdot \sigma_R^2 + R^2 \cdot \sigma_T^2} \end{aligned}$$

Q_S 为安全库存量,它是在平均提前期需求量 $\overline{D_L}$ 之上附加的一个保险量,其数值等于标准差 σ_D 与安全系数 α 的乘积。α 越大,则安全库存量也越大,安全系数由缺货率 q 或者库存满足率 p 来确定。缺货率是实际发生的提前期需求量 D_L 超过某一个额定库存量 Q_K 的累积概率,用 q 表示:

$$q = P\{D_L > Q_K\}$$

库存满足率 P 是库存物资现货供应满足用户的程度,也称服务率或服务水平,其数值等于实际发生的提前期需求量小于等于额定库存量的累积概率:

$$p = P\{D_L \leq Q_K\}$$

缺货率和库存满足率是互补的,它们和安全系数是一一对应的。而安全系数又和库存量是一一对应的。所以安全系数 α、缺货率 q、库存满足率 p 和安全库存量 Q_S 都是一一对应的。$P + q = 1$,把这种对应关系整理成为安全系数表,见表12-2。

主 要 安 全 系 数 表12-2

α	0.0	0.13	0.26	0.39	0.54
p	0.5	0.55	0.6	0.65	0.70
q	0.5	0.45	0.4	0.35	0.30
α	0.68	0.84	1.00	1.04	1.28
p	0.75	0.80	0.84	0.85	0.90
q	0.25	0.20	0.16	0.15	0.30
α	1.65	1.75	1.88	2.00	2.05
p	0.95	0.96	0.97	0.997	0.98
q	0.05	0.04	0.03	0.023	0.02
α	2.33	2.40	3.00	3.08	3.09
p	0.99	0.992	0.9987	0.9999	1.0000
q	0.01	0.008	0.0013	0.0001	0.0000

订货点也可以简单的理解成由平均提前期需求量和安全库存量构成,安全库存量也可以简单地用日平均需求量乘以安全天数来计算。

(3)确定订货批量。订货批量就是一次订货的数量,它直接影响库存量的高低,同时也直接影响供应的满足程度。订货批量过大,虽然可以较充分满足用户的需要,但是库存成本较高;订货批量过小,减少了库存量及其相关成本,但不一定能保证满足用户需要。确定订货批量要考虑需求速率和经营费用。一般情况下,需求速率越高说明用户的需要量越大,订货批量就越大。经营费用的高低对订货批量有影响,在确定订货批量时,需要综合考虑经营过程中的各种费用,根据总费用最省的原则,可采用经济订购批量作为每次的订货批量。

(4)定量订购法实施。实施定量订购法首先要确定订货点和订货批量,库存管理人员

或销售人员每天检查库存，当库存量下降到订货点时发出订货，订货量取经济订货批量。

应用定量订购法应注意它的运用环境条件，一般情况下，定量订购法应用的前提条件为：

①它只适用于订货不受限制的情况，即随时随地都能订到货，这样市场必须具备物资资源供应充足和自由流通的条件。

②它的直接运用只适用于单一品种的情况。如果要实行几个品种联合订购，就要对公式进行灵活处理才能运用。

③它既适用于确定型需求也适用于随机型需求。对于不同的需求类型，应用原理都是相同的，根据具体情况可以导出各种运用形式。

④它一般多用于 C 类物资。品种多而价值低的物资常常实行"双堆法"进行库存管理，所以可以实行固定批量订货。也有学者认为，由于定量订购要经常检查库存，对库存管理比较严格，也适合于 A 类物资。因此，企业可以根据库存物资和管理的要求酌情而定。

3. 定期订购方式

定期订购方式就是物资订购时间预先固定，而每次订购的数量不固定，依据库存及生产需要或销售情况来确定。其原理是预先确定一个订货周期 T^* 和一个最高库存量 Q_{max}，周期性的检查并发出订货。订货量的大小应使得订货后的"名义"库存量达到额定的最高库存量 Q_{max}。

（1）定期订货法的原理。在系统运行前，先确定订货周期 T^* 和最高库存量 Q_{max}。假设在时间轴的 0 点开始运行，检查库存量，库存水平在点 A 时，库存量假设为 Q_{K1}，此时发出订货，订货量 Q_1 取 Q_{K1} 与 Q_{max} 的差值。随后进入第一个订货提前期 T_{K1}，提前期结束，所订货物到达，实际库存一下升高 Q_1，到达高库存。然后进入第二个周期的销售，销售仍然按正常进行。经过一个订货周期 T^*，到了按订货周期订货的日子，检查库存量，假设这时（点 B）的库存量为 Q_{K2}，又发出订货量 Q_2，大小等于 Q_{K2} 与 Q_{max} 的差值。随后进入第二个订货提前期 T_{K2}，T_{K2} 结束，所订货物到达，将实际库存量又一下提高到高库存。随后进入第三个销售周期。到了下一个订货日，又检查库存、发出订货。如此继续下去。其运行模型如图 12-7 所示。

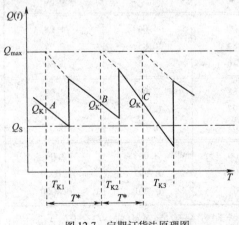

图 12-7 定期订货法原理图

（2）确定订货周期。订货周期就是订货间隔期。它与定量订货法的订货间隔期不同，定量订货法的订货间隔期可能互不相等，定期订货法的订货间隔期都是相等的。订货间隔期的长短直接决定了最高库存量、库存水平的高低，因而也就决定了库存费用水平。订货周期偏长使得库存水平过高，订货周期过短会使订货批次增多，从而增加了订货费用。在一般情况下，可以用经济订货周期作为定期订货法的订货周期，即

$$T^* = \sqrt{\frac{2K}{DR}} \tag{12-2}$$

式(12-2)中变量的含义与经济订货批量式(12-1)中一样。实际上，订货周期也可以根据具体情况进行调整。例如：根据自然日历习惯，以月、季、年等为订货周期，也可根据企业的生产周期或供应周期等确定。

(3)确定最高库存量。定期订货法的最高库存量应该以满足 $T+T_K$ 期间的需求量为依据,我们可以取最高库存量等于 $T+T_K$ 期间的总需求量。如果我们用 D_{T+T_K} 来描述 $T+T_K$ 期间的需求量,则有:

$$Q_{\max} = D_{T+T_K}$$

D_{T+T_K} 一般是随机变量,存在一个"分布"问题。当它是正态分布时,最高库存量等于平均 D_{T+T_K} 需求量与安全库存量 Q_S 之和,即

$$\begin{aligned}Q_{\max} &= \overline{D_{T+T_K}} + Q_S \\ &= \overline{D_{T+T_K}} + \alpha \cdot \sigma_D \\ &= \overline{R} \cdot (\overline{T_K} + T) + \alpha \cdot \sqrt{(\overline{T_K} + T) \cdot \sigma_R^2 + R^2 \cdot \sigma_T^2}\end{aligned}$$

(4)确定订货量。定期订货法的订货量不是固定的,每个周期的订货量为最高库存量与当时的实际库存量的差值。更精确的描述是指检查库存时,仓库实际具有的能够用于销售供应的全部物资数量,包括当时存于仓库中的物资 Q_K、已订购尚未到货的物质 I 和已经售出但尚未发货的物资数量 B。这三者都是由订货时检查库存得到的实际数据决定的,而每次检查库存的实际数据可能不一样,因此每次订货量也不一样。第 i 次检查库存发出订货的数量可以表示为:

$$Q_i = Q_{\max} - Q_{Ki} - I_i + B_i \tag{12-3}$$

(5)定期订货方式的实施。采用定期订货方式,除了定期对物资进行检查核实确认库存数以外,还应考虑与该种物资的经济订购批量相接近,以提高物资库存控制的经济效益。应用定期订购方式的前提条件是:直接运用只适用于单一品种的情况,但是稍加处理可以用于几个品种的联合订购;它不但适用于随机型需求,也适用于确定型需求。由于应用原理都是相同的,对于不同的需求类型,可以导出具体的运用形式;该方法一般用于 A 类物资,即品种少而价值高、比较重要的物资。

12.2.5 物资重点管理方法

由于库存物资品种很多,较大的仓库库存物资品种成千上万,因而,必须将仓储物资进行分类管理,针对不同种类的物资采用不同物资库存控制方式,称为物资储存的重点管理方法,该方法又称 ABC 管理法。

1. ABC 管理法的基本原理

ABC 管理法是一种经济合理地管理物资的方法,其原理简单、方法实用,因而受到广泛欢迎。概括地说,ABC 分类法就是依据巴雷特曲线"关键的少数,次要的多数"这一原理,把库存品种繁多的物资,按其重要程度、消耗量、价值量大小、资金占用情况进行分类排序,划分出 A、B、C 三类物资,对物资进行分类管理。在仓储管理方法上,抓住重点(A 类物资),照顾一般(B 类、C 类物资),以较少的仓储成本付出获得满意的效益。

2. 物资分类方法

(1)划分物资类别的标志。物资分类的标志有两个:库存物资占总库存资金的百分数和相关物资品种数占总库存物资品种数的累积百分数。根据这两个百分数,可将物资划分为:①A 类物资:品种占总品种数的 8%~10%;资金累积占库存资金总额 65%~85%。②B 类物资:库存物资品种累积数占库存总品种数的 20%~30%;资金累积数占库存资金总额的 10%~25%。③C 类物资:库存物资品种累积数占品种总数的 60%~70%;资金累积数

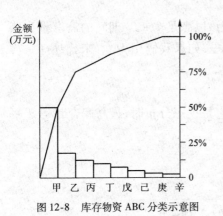

图 12-8 库存物资 ABC 分类示意图

只占库存资金总额的 15% 以下。

分类的标志的百分数可根据库存控制的目的和要求及库存资金数额具体确定(图 12-8)。

(2)划分物资类别的步骤。根据库存物资的品种、数量、单价,利用计算机作为计算工具,可以十分方便地作出统计,并绘出物资 ABC 分类图。具体划分物资类别的步骤如下:①计算每种物资年度消耗占用资金的数量,可以用年度物资需用量乘以物资单价求得。②物资品种按年消耗占用资金数额的大小进行排序,排序顺次是由大到小。③逐项累加物资消耗占用资金之和,最末一项累计资金总额即是全年物资消耗占用资金的总和。在此基础上,可分别计算各项累计金额占全年消耗占用资金总额的百分比。④再用同样的方法计算出累计物资品种数和累计品种数占物资品种总数的百分比。⑤按照资金消耗百分比和品种数百分比作标志,进行物资分类。

3. ABC 物资重点管理方法

ABC 管理法的主要目的是对物资实行有区别的管理,其依据是物资分类、管理技术水平与经济效益之间权衡的结果。

(1) A 类物资的管理要求。对库存量进行详细计算,有详细的进出库记录,经常检查库存情况,精心做好物资保管工作,随时能提供准确的仓储物资信息,协助用户货主降低库存,对库存进行严格控制。此外还应注意以下方面:①采用计算机等先进库存管理技术,提高库存控制能力,为用户提供优质服务;②对每种物资都要规定经济合理的储备定额,对库存变动实行定期检查;严格控制物资入库、出库环节;③尽可能减少保险储备量,把储备定额降到尽可能低的水平;④可采用定期订购方式进行库存控制。定期检查库存情况,对 A 类物资项目还可再分高金额、中金额、低金额三种,分别与短、中、长订货间隔期相对应。

(2) B 类物资的管理要求。B 类物资可根据不同情况采用比 A 类物资松一些的管理方法。根据物资购储情况、出入库频度,适当地堆码摆放,提高仓储作业效率。此外还要注意以下几方面:①当 B 类物品种较多时,可将其中的资金占用量高的采用定期订购方式,资金占用量低的采用定量订购方式;②可按物资项目或类别制定储备定额,可保持一定的保险储备量;③采用定量订购方式时,应按经济合理的原则建立订货点库存量标准。主要考虑的因素有临时采购所需时间、订货点检查的时间和保险储备期限;④进行一般养护工作,防止物品变质。

(3) C 类物资管理。C 类物资原则上可放松控制,实行较粗略的定额管理方法和一般性的保管工作,注意仓储的养护工作,可适当放大保险储备量。

【案例 12-3】 德国大众汽车公司的零库存策略实施方法

"德国大众"的零库存策略建立在 JIT 理念、ABC 方法分析和计算机网络的基础上。德国大众汽车公司将所需采购的零配件在使用的频率上分为高、中、低三个部分,依次分别划分为 80%、15%、5%,将所需采购零配件所含价值量高低分为高、中、低三个部分,也依次划分为 80%、15%、5%;使用频率高和价值含量高重合部分为需 JIT 供应的零配件,目前大众汽车公司为 20%。实际操作的基础条件:首先是供方和需方的计算机联网;其二是将质量控制转变为质量生产,供方要绝对保证其所提供的配件的质量。具体操作如下:某种需即时供应的配件在前12个月,供方通过联网的计算机得到需方的需求量,这个需求量的准确性较差,假设为350~650,上下误差各30%;前三个月供方又从计算机得到较准确的需求量,为450~550,上下相差各10%;在前一个月供方得到更近似的需求量,为490~510,相差上下各1%;到前一个星期获得精确的需求量为550。这批配件在供货的头两天开始生产,成品直接运到大众汽车公司的生产线上。

借助计算机的信息网络及质量生产,供应商不仅为公司的用户即时供应所需配件,而且公司的供应商也得到相应的信息,向公司准时供应所需原材料的潜力很大,据德国有关方面统计和分析,通过有效的准时供应,目前能使德国生产企业库存下降4%,运输成本降低15%。

12.3 配送组织与管理

12.3.1 配送及配送系统

1. 配送的含义及特点

配送是适应了现代市场经济需要的"多品种、小批量"、"需求多样化"、"消费多样化"而形成的新的服务观念和特殊的运送方式。所谓配送就是按照用户的订货要求和时间计划,在物流节点(仓库、商店、货运站、物流中心等)进行分拣、加工和配货等作业后,将配好的货物送交收货人的过程。配送是物品位移的一种形式,它与运输既有区别又有联系。通常认为,运输是长距离、大批量,少品种的干线运输,配送则是近距离、小批量、品种比较复杂,按用户需要搭配品种与数量的服务体系。目前配送已经形成的特点有:配送是从物流节点到用户之间的一种特殊送货形式;配送是连接了物流其他功能的物流服务形式;配送体现了配货与送货过程的有机结合,极大地方便了用户;配送是复杂的作业体系,通常伴随较高的作业成本;配送在固定设施、移动设备、专用工具组织形式等方面都可形成系统化的运作体系。

2. 配送子系统的主要目标和任务

配送子系统的主要目标体现在:安全、准确、及时或准时、优质的服务水平和较低的物流费用。配送子系统的构成应根据其配送区域、服务对象、配送业务等考虑。配送子系统的形成应当注意以下方面:配送中心的选址;配送中心作业区的合理布置;配送车辆的配置;装卸机械的选用;配送作业的流程;优质的配送服务;降低物流费用;畅通的配送信息网络等。

第三方物流经营者的配送业务与运输、仓储、装卸搬运、流通加工、包装和物流信息一起构成了物流系统的功能体系,通过集中仓储与配送可以实现企业组织的低库存或零库存的设想,省出大量储备资金用来开发企业新业务、改善财务状况。配送提高了物流服务水准,简化了手续、方便了用户,可以在一定范围内,将干线、支线运输与仓储等环节统一起来,使干线输送过程及功能体系得以优化和完善,提高了货物供应的保证程度。集中库存还可以使仓储与配送环节建立和运用规模经济优势,使单位存货配送管理的成本下降。

12.3.2 配送中心的业务流程与基本方式

配送中心的业务流程包括:收货、验货、分类整理、储存、流通加工、配货、发货等。为了实现配送业务流程,在配送中心中应具有这些设施:收货场所、验货场所、分货场所、仓储场所、特殊商品存放场所、流通加工场所、配送场所、办公场所等;还应当有停车场、行车通道等设施。明确物流业务过程作业之间的关系,以及各作业与物流设施之间的关系,是较好地设计与组织配送作业的基本前提。

第三方物流企业开展配送活动的具体形式和种类较多,常见的形式主要有定时、定量、定线、加工配送等模式。

(1)定时定量配送方式,按规定的时间、品种数量进行配送作业。这种配送方式结合了定时配送方式和定量配送方式的特点,服务质量水准较高,配送组织工作难度很大,通常针对固定用户进行这项服务,适用范围很有限。

(2)定时定线配送方式,在规定的线路上按规定时间表进行物品配送。采用这种配送方式有利于安排车辆及驾驶人员,在配送用户较多的地区,配送工作组织相对容易。像连锁店配送活动可以用这种方式。

(3)加工配送方式,对配送的货物进行部分加工后,再按用户要求进行的配送活动。这种配送活动可以将加工和配送集成一体,使加工目的性明确、针对性很强。

(4)集中配送方式,是由几个物流节点共同协作制订计划,共同组织车辆设备,对某一地区用户进行配送。具体执行配送作业时,共同使用配送车辆,可以提高车辆实载率,提高配送经济效益与经济效率,有利于降低配送成本。

为了使配送作业优质、高效、准确、经济地完成,就必须充分利用各种物流信息,以电子计算机为基础的电子信息技术的应用及系统化,有利于促进配送技术、方法的提高和完善。

12.3.3 配送组织与管理方法

配送的对象、品种、数量等较为复杂,为了做到有条不紊地组织配送活动,应当遵照一定的工作程序进行。一般情况下,配送组织工作的基本程序和内容如下:

(1)拟定配送计划。拟定配送计划供调度部门执行。可采用计算机作为编制配送计划的主要手段。配送计划的主要内容包括:①拟定配送计划的主要依据,主要有订货合同副本、仓储配送合同、电话预约合同,配送车辆、装卸设备、相关专用工具等情况,运输条件,与道路运输有关的要求、运达地点、作业环境、气候等内容,各配送节点的货物品种、规格、数量及分布等情况。②确定并落实计划的主要内容,按日排定各用户所需物资的品种、规格、数量、送货时间、送达地点、接货人等;按用户需要的时间,确定配送作业准备的提前期;确定每天从各配送点发运的物资品种、规格、数量;按计划的要求选择配送服务的具体组织方式;列出详细配送计划表供审批、执行和备案。

(2)下达配送计划。配送计划确定之后,就要向各配送节点下达配送任务。依据计划调度运输车辆、装卸机械及相关作业班组与人员,并通知用户货物的送达时间、品种、规格、数量,使用户按计划准备好接货工作。

(3)做好配货和进货组织工作。按计划做好配送工作,并及时做好补充进货的组织工作。

(4)配送作业。理货部门按计划将各种所需的货物进行分类,标明到达地点、用户名称、配送时间、货物明细等,并按流向、距离将各类货物进行配载,将发货明细表交给驾驶员或随车送货人。

（5）费用结算。车辆按指定的计划送到用户，由用户在回执单上签字，完成配送工作后，即可通知财务部门结算。计算机网络化处理是费用结算的一个方向。

12.3.4 配送线路的选择

配送线路合理与否，对配送效率、成本、效益影响很大，采用适宜方法确定配送线路是一项非常重要的工作。

1. 配送方案目标的选择和约束条件

配送方案目标的选择可从以下几个方面考虑：配送效率最高或配送成本最低、配送里程最短、配送服务水准最优、配送劳动的消耗最少等。配送方案的目标实际上是多元的，但考虑到制订方案所选择的目标值应当是容易计算的，一般要尽可能选择单一化的目标值，这样容易求解，实用性较强。

配送目标的实现过程受很多条件的限制，即约束条件。因而必须在满足约束条件下取得成本最低，或路线最短，或消耗最少等目标，在一般的配送情况下，常见的约束条件主要有：①收货人对货物品种、规格和数量的要求；②收货人对货物送达时间或时间范围的要求；③道路运行条件对配送的制约，如单行道、城区部分道路对货车通行的限制；④配送车辆容量的限制；⑤其他的制约条件等。

2. 节约法确定配送路径的基本原理

寻求配送方案的常用方法很多，这里介绍车辆运行计划法。车辆运行计划法（VSP，Vehicles Scheduling Program）又称里程节约法（VSP方法），适用于实际工作中为求得较优解或最优解的近似解时采用。它的基本原理是三角形的一边之长必定小于另外两边之和，如图12-9所示。

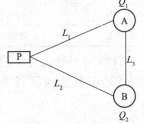

配送中心 P 单独向两个用户 A、B 往返配货的车辆运行距离，必然大于以配送中心 P 巡回向两用户发货的距离。若 A、B 两用户对货物需求量分别为 Q_1、Q_2，配送中心用两辆汽车分别对 A、B 两个用户各自往返送货时，汽车行驶的总里程 L_T 为：

$$L_T = 2 \times (L_1 + L_2)$$

图12-9 节约法基本原理示意图

如果改用一辆汽车向 A、B 两个用户巡回送货（设 $Q_1 + Q_2 <$ 汽车载质量），则汽车行驶总里程 L_T 为：

$$L_T = L_1 + L_2 + L_3$$

后一种配送方案比前一种方案节约的汽车行驶里程 ΔL_T 为：

$$\Delta L_T = 2 \times (L_1 + L_2) - (L_1 + L_2 + L_3)$$
$$= L_1 + L_2 - L_3$$

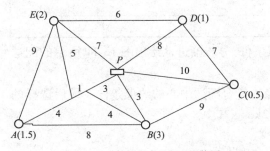

图12-10 某配送中心配送网络图

为实现配送节约里程，可根据用户要求、道路条件等设计几种巡回配送方案，再计算节约里程，以其中节约里程最大者为优选的配送方案。VSP方法可对所有配送地点计算其节约里程，按节约量的大小顺序，优选确定配送路线。

【案例12-4】 里程节约法确定配送路径

图12-10所示为某配送中心的配送网络

图。由配送中心 P 向 A、B、C、D、E 等五个用户配送物品。图中连线上的数字表示公路里程(km)。图中靠近各用户括号里的数字,表示对货物的需求量(t)。配送中心备有 2t 和 4t 载质量的汽车,且汽车一次巡回行驶里程不能超过 30km。求解该配送中心满意的送货方案。

(1) 计算配送中心至各用户之间的最短距离,见表 12-3。

最短距离表 表 12-3

	P	A	B	C	D	E
P	—	8	3	10	8	7
A		—	8	17	15	9
B			—	9	11	10
C				—	7	13
D					—	6
E						—

(2) 由最短里程表,用节约法计算出各用户之间的节约里程 ΔL_T,列在表 12-4 中。

节约里程表 表 12-4

	A	B	C	D	E
A	—	3	1	1	6
B		—	4	0	0
C			—	11	4
D				—	9
E					—

计算结果有正有负,节约里程为负数时无实际意义,在表内写 0。

(3) 根据节约里程表中节约数额的多少从大到小排序,编制节约里程顺序表,列在表 12-5。

节约里程数额排序表 表 12-5

序 号	路 程	节约数额
1	C-D	11
2	D-E	9
3	A-E	6
4	B-C	4
5	C-E	4
6	A-B	3
7	A-C	1
8	A-D	1

(4) 根据节约里程顺序表和配送中心的约束条件,分步渐进地绘出图 12-11 所示的配送路径。

从图 12-9 中可以看出,依次确定的 3 条路径均符合配送中心的约束条件。最后选择的方案是:使用 2 辆 4t 车,1 辆 2t 车,行驶里程共 52km。其中:

路径 1:4t 车,载货量 3.5t,行驶里程 30km。

路径 2:2t 车,载货量 1.5t,行驶里程 16km。

路径3:4t 车,载货量3t,行驶里程6km。

在环形的配送线路起点,可以通过计算实载率的思路确定。总之,这一方法用计算机计算将变得非常简单。

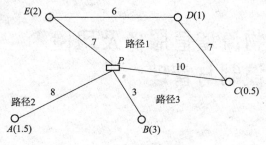

图12-11 合理的配送路径

1. 如何进行仓库结构类型的选择？仓库面积、容积利用效率的主要指标是什么？
2. 怎样确定仓库的物资储备定额？
3. 仓库的库存控制方式有哪些？怎样实施？
4. 定期、定量订货法的基本原理及其计算方法是什么？
5. ABC 物资管理法的基本原理及其管理方法是什么？
6. 如何进行配送线路的选择及其算法？

第13章 物流增值服务及风险控制与管理

> 物流增值服务需要进行创新。除了传统的流通加工以外,还可以通过服务创新、技术创新等方式形成新的增值服务,近年来发展比较快的有物流金融等。
>
> **本章主要研讨:**
> (1)流通加工的特点及组织设计工作,流通加工作业的排序与任务分配。
> (2)包装技术、包装标准化、包装器械与包装的组织工作。
> (3)物流金融服务的业务种类、运作模式。

13.1 流通加工及其组织设计

13.1.1 流通加工概述

1. 流通加工的概念和特点

流通加工是指某些原料或产成品从供应领域向生产领域或从生产领域向消费领域流动过程中,为了有效利用资源、方便用户、提高物流效率和促进销售,在流通领域对产品进行的初级或简单再加工。相对于生产加工而言,流通加工有自己的特点。

流通加工的目的主要是更好地满足用户的多样化需求,降低物流成本、提高物流服务质量和效率。流通加工的对象,主要是进入流通领域中的商品,包括各种原材料和成品;一般不是生产过程中的半成品。流通加工一般多是简单的加工或作业,是为更好地满足需求对生产加工的一种补充。流通加工是由从事物流活动并能密切结合流通需要的物流经营者组织的加工活动。流通加工在加工方法、加工组织、作业管理过程中,与生产领域的加工有些相似。甚至可以说,有些流通加工就是生产领域作业过程的延伸或放到流通领域中完成的,以期解决生产过程中在生产面积、劳动力等方面的困难。多数流通加工在加工目的、加工对象、加工程度的具体方面也有较大差别。

2. 流通加工的依据与系统形成

流通加工的出现,是物流服务与现代生产发展相结合的产物,在物流领域中的应用十分普遍。主要用于解决两极矛盾和增值服务问题:生产的集中化形成产需之间的隔离,需要流通加工衔接产需环节;生产追求的标准化与消费追求的个性化之间的矛盾,可以采用流通加工方法得以解决;部分生产加工由生产领域转移到流通领域,以物流过程的流通加工方式继续进行,使得商品价值也得到一定程度的提高;提高服务质量、降低物流总成本也是流通加工形式得以存在与发展的重要原因。

流通加工主要是在物流过程中为了方便销售、方便用户、组织合理运输、提高物流效率而对物料、产品进行的加工作业。流通加工系统的主要目标是:方便销售、方便运输与节约运输能力、方便消费;提高物流服务质量;提高物流效率和经济效益。

流通加工系统可依据加工物品、销售对象和运输作业的要求,考虑以下几方面的问题:选择加工场所与加工过程的安全性、经济性;加工机械的配置与空间组织;流通加工的技术、方法;流通加工的作业规范和流程;加工质量保障体系;加工对象如产品的销售渠道与销售市场情况;满足用户需要的指标及考核;降低流通加工的费用;流通加工组织与管理。

3. 流通加工的主要作用和形式

流通加工的主要作用体现在有利于生产者提高生产效率、产品质量和经济效益;可以方便用户需求,提高物流效率与服务质量;可以使商品满足用户个性化、多样化需求,完善和提高物流功能;可以提高劳动生产率和各种运输手段的运用效率;流通加工可以完善商品功能,提高经济效益。流通加工按其加工的目的划分,大致有如下五种基本流通加工形式:实现流通的加工、衔接产需的加工、除去杂质的加工、生产延伸的加工、提高效益的加工等,例如,煤炭配煤加工、水泥熟料运输、水产品加工等。

13.1.2 流通加工的组织设计

进行流通加工需要一定的场地、设施、设备和专用工具,并需要将劳动力与之合理配合。在设置流通加工时,需要进行可行性分析,并掌握相关流通加工的基本技术和方法。

1. 流通加工基本职能与管理

设置流通加工需要进行可行性分析。由于流通加工仅是一种补充性加工,因此流通加工系统建设规模、投资数额都必然远远小于一般的生产性企业,其投资与回报特点是:投资额较低、投资时间短、建设周期短、投资回收速度快、投资收益较大。投资可行性分析可采用静态分析法。流通加工过程的工艺过程比生产加工制造过程简单得多,但也体现了加工生产的许多特点,涉及劳动力、设备、动力、物资、财务等方面的管理。流通加工管理应当强调计划职能、组织职能和控制职能。

(1) 流通加工的计划职能和内容涉及加工作业和技术经济方面。例如,套裁型流通加工,其最主要的指标就是要提高出材率、材料利用率。这就需要加强科学方法进行套裁的计划和计算,同时要以用户的需求进行流通加工的数量管理,加强计划性才能使流通加工既提高设备利用率、出材率,又能在保证用户需求的前提下,没有或尽量减少套裁剩余所造成的浪费。

(2) 流通加工的组织职能是将劳动力、设备和材料进行最恰当的组织,使流通加工过程能与仓储作业、库存控制、配送作业之间很好地协调而不发生紊乱。主要包括:流通加工的空间组织、时间组织和劳动组织。由于流通加工的用户需求差别很大,因此,流通加工过程必须严格按用户的尺寸规格、数量加工。流通加工造成的剩余材料,往往难以销售出去,造成了不应有的浪费。所以,流通加工在组织上的难点就是满足用户需求,按时、按量、按规格要求同步作业,一般情况下不应有半成品的积存。

(3) 流通加工中的控制职能突出表现在质量控制、进度控制和成本控制,由于流通加工所依据的质量控制标准是用户提出来的,因此,用户要求不同,质量标准高低就有较大的差异。流通加工的质量水平,甚至可能影响到这种服务项目的存在与否。为了满足用户提出的质量要求,在流通过程中,一是要加强工序控制,二是要加强测量仪器的核校。

组织流通加工的方法与组织运输、配送等方法差异很大,许多方面类似于生产组织管理。因此,流通加工需要科学合理的组织安排。流通加工中的全面质量管理,基本上可以按工业企业质量管理的模式进行。常用分析质量、控制质量的方法有:因果分析图、排列图、控制图、关联图、网络图、质量参数分布图、统计表等。特别是当第三方物流企业掌握了大量而又相对稳定的货源时,将流通加工纳入其经营管理具有十分重要的意义。

2. 流通加工环节设置分析

流通加工有很多优越性,但同时也在产需之间形成了一项中间环节,因而,也可能存在许多降低经济效益的因素。因此,必须进行技术经济可行性分析加以论证,综合比较分析后,方能最终决定是否设置流通加工环节。一般需要从生产领域、消费领域、物流过程、从经济角度分析,流通加工仅是一种补充性、延伸性、辅助性加工,其技术设备要适用、规模要合理,这样投资方面的要求相对较低。对于可以与仓储作业、场地、人员、设施、设备共用的流通加工环节,因其主要投资在仓库建设中已考虑过,属沉没成本。故此时的流通加工环节,应考虑如何更多、更好地提供流通加工服务。主要考察流通加工工艺、组织与管理水平,以能否适应或满足用户要求为准则即可。例如,时装的分类、质检、包装等作业与仓库时装导轨、场地完全可以或基本可以共用,则可免去可行性研究工作。

3. 典型的流通加工方法

较为典型的流通加工方法主要有:钢材流通加工、木材流通加工、平板玻璃流通加工、食品流通加工、煤炭流通加工、水泥流通加工、组装产品的流通加工、生产延续的流通加工等。一些产品因其本身特性要求,需要较宽阔的仓储场地或设施,而在生产场地建设这些设施不经济,则可将部分生产领域的作业延伸到仓储环节完成,既提高了仓储面积、容积利用率,又节约了生产场地。

【案例 13-1】 时装 RSD 服务

RSD 服务是时装的接收、分类和配送服务。RSD 是 TNT 澳大利亚公司下属的一家分公司开展的物流服务业务。它可以为顾客提供从任何地方来、到任何地方去的时装流通加工、运输、分送的服务。

RSD 运输服务是建立在时装仓库的基础上的。时装仓库最大的特点是,具有悬挂时装的多层仓库导轨系统。一般有 2~3 层导轨悬挂的时装,可以直接传输到运送时装的集装箱中,形成时装取货、分类、库存、分送的仓储、流通加工、配送等的集成系统。在这个基础上,无论是平装还是悬挂的时装,都可以以最优越的时装运输条件,进行门到门的运输服务。在先进的时装运输服务基础上,公司开展 RSD 服务项目,其实质是一种流通加工业务。RSD 服务满足了时装制造厂家、进口商、代理商或零售商的需要,依据顾客及市场的情况对时装的取货、分类、分送(供销)全部负责。

时装 RSD 服务可以完成制衣过程的质量检验等工作,并在时装仓库中完成进入市场前的一切准备工作。例如:①取货:直接到制衣厂上门取时装。②分类:根据时装颜色、式样进行分类。③检查:时装颜色、脱线等质量问题。④装袋:贴标签后装袋、装箱。⑤配送:按销售计划,直接送达经销商或用户。⑥信息服务与管理:提供相应的时装信息服务和信息化管理。

许多属于生产过程的工作程序和作业,可以在仓储过程中完成,这是运输业务的前向延伸,是社会化分工与协作的又一具体体现。这样,服装生产厂家,可以利用最小的空间(生产场地)、最少的时间、最低的成本来实现自己的销售计划,物流企业也有了相对稳定的业务量。

13.2 流通加工作业排序与任务分配*

13.2.1 加工作业排序概述

1. 加工作业排序的概念

流通加工作业问题是指在一定期间内分配给各个加工单位(包括工段、班组、工作地或机床)的生产任务,根据加工工艺和负荷的可能性,确定各加工单位流通加工作业开始时间、作业结束时间,并进行作业顺序编号,称为生产作业排序。同样的加工任务,采用不同的生产作业排序方法,所得到的生产效率、经济效益是不同的,甚至有很大差距。

2. 加工作业排序的分类

加工作业的排序问题可以表述为:n 项加工任务,在 m 个加工单位进行作业的问题。这个问题可以分为两大类:

(1) 流水型 $m \cdot n$ 排序问题:n 项加工任务经过 m 个单位进行加工,所有加工任务的工艺顺序相同。其特点是,如果在第一个加工单位决定了加工顺序,则以后的加工单位都应保持同一加工顺序。设有 n 项加工任务就有 $n!$ 个排序方案。

(2) 非流水型 $m \cdot n$ 排序问题:n 项加工任务经过 m 个单位加工作业,所有加工任务的工艺顺序不相同或不完全相同。因此,非流水型排序问题的排序方案共有 $(n!)^m$ 个。

13.2.2 作业排序的评价尺度和要求

1. 基本指标的参数与计算

流通加工作业的评价尺度主要有:最大流程时间、平均流程时间、最大延期量、平均延期量等指标。这是从不同角度反映了加工作业组织在效率和效益上的要求。

流程时间和延期量的计算公式。在计算公式中设:n——任务数;m——工作地(设备)数;J_i——第 i 项加工任务;O_{ij}——第 i 项任务的第 j 项工序;t_{ij}——第 i 项任务在第 j 工作地(设备)上的加工时间;r_i——任务 J_i 可以开始加工的时刻;d_i——任务 J_i 要求完成的时刻(交货时刻);W_{ij}——O_{ij} 在进行加工前的等待时间;C_i——第 i 项任务的完成时刻。

① 任务 J_i 的总加工时间 t_i 为

$$t_i = \sum_{j=1}^{m} t_{ij}$$

② 任务 J_i 的总排队时间 W_i 为

$$W_i = \sum_{j=1}^{m} W_{ij}$$

③ 第 i 项任务的完成时刻 C_i。C_i 等于该项任务要开始时刻与完成该任务总的加工时间、总排队等候时间之和,即

$$C_i = r_i + t_i + W_i$$

④ 第 i 项任务在本工作地的流程时间 F_i 为

$$F_i = C_i - r_i = t_i + W_i$$

⑤ 第 i 项任务的延期量 D_i。延期量 D_i 指如果任务 J_i 的完成时刻 C_i 已超过交货时刻

d_i,则形成交货延期,用D_i表示为

$$D_i = C_i - d_i = F_i + r_i - d_i$$

若未超过d_i,则延期量为0。

2. 评价加工顺序安排的主要指标

评价加工顺序安排的主要要求是加工周期短;不发生交货误期。具体衡量指标如下:

(1)在本工作地完成加工的各项任务中,最大流程要求最短,即

$$F_{\max} = \max\{F_i\} \qquad F_{\max} \to \min$$

(2)在本工作地完成加工的各项任务的平均流程要求最短,即

$$\bar{F} = \frac{1}{n}\sum_{i=1}^{n} F_i \qquad \bar{F} \to \min$$

加工作业的流程时间缩短,意味着缩短加工周期、节约间接费用、延期的可能性减少,以及节约流动资金。

(3)本工作地完成的各项任务中,最大延期量要求最小,即

$$D_{\max} = \max\{D_i\} \qquad D_{\max} \to \min$$

(4)在本工作地完成的各项任务的平均延期量要求最小,即

$$\bar{D} = \frac{1}{n}\sum_{i=1}^{n} D_i \qquad \bar{D} \to \min$$

加工作业延期量的减少,可以满足用户要求,提高企业信誉,减少违约损失等。

13.2.3 流通加工作业排序方法

1. 单一工作地排序问题($1 \times n$)

单一工作地排序是指由一个加工单位(工作地、机床)完成n项加工任务,不论作何种安排,n项任务中最大流程时间总是一个定值。所以,作业计划的目标优化,通常使平均流程时间趋向于最小,或使最大延期量为零或最小。

【案例13-2】 单一工作地排序问题的应用

设某班组利用某一大型设备进行6项流通加工任务,所需时间及预定交货期(配送时刻)见表13-1。

各项任务的加工时间及预定交期(单位:d)　　表13-1

任务编号	J_1	J_2	J_3	J_4	J_5	J_6
所需加工时间 t_i	5	8	2	7	9	3
预定交货期 d_i	26	22	23	8	34	24

此案例,可以用三种方法求解:

(1)最短加工时间规则。按加工任务所需加工时间长短,从短到长按顺序排列,数值最小者排在最前面加工,最大者排在最后面加工。按上述方法安排任务的排序结果列在表13-2。

按最短加工时间规则排序结果　　表13-2

任务编号	J_3	J_6	J_1	J_4	J_2	J_5	合计	备注
所需加工时间 t_i	2	3	5	7	8	9	—	—
计划完成时刻 F_i	2	5	10	17	25	34	93	$\bar{F}=15.5$
预定交货期 d_i	23	24	26	8	22	34	—	$D_{\max}=9$
交货延期量 D_i	0	0	0	9	3	0	12	$\bar{D}=2$

加工排序的方案是：$J_3 \to J_6 \to J_1 \to J_4 \to J_2 \to J_5$。

最大加工流程时间 $F_{max} = 93d$；平均加工流程时间 $\bar{F} = 15.5d$；最大交货延期量 $D_{max} = 9d$；平均交货延期量 $\bar{D} = 2d$。

采用这一方法可以使平均流程时间最短，滞留在本工作地的平均在制品占用量最少，有利于节约流动资金占用，减少厂房、仓库及加工作业面积和节约保管费用。由于没有考虑交货期，所以可能存在着交货延期。

(2) 最早预定交货期规则。按加工任务规定完成时刻，即按预定交货期的先后顺序进行排列。预定交货期最早的排在最前，最晚的排在最后。本例按最早预定交货期规则排序结果，列在表 13-3 中。

按最早预定交货期规则的排序结果　　　　表 13-3

任务编号	J_4	J_2	J_3	J_6	J_1	J_5	合计	备注
所需加工时间 t_i	7	8	2	3	5	9	—	—
计划完成时刻 F_i	7	15	17	20	25	34	118	$\bar{F} = 19.7$
预定交货期 d_i	8	22	23	24	26	34	—	$D_{max} = 0$
交货延期量 D_i	0	0	0	0	0	0	0	$\bar{D} = 0$

加工排序的方案是：$J_4 \to J_2 \to J_3 \to J_6 \to J_1 \to J_5$。

最大加工流程时间 $F_{max} = 118d$；平均加工流程时间 $\bar{F} = 19.7d$；最大交货延期量 D_{max} 和平均交货延期量 $\bar{D} = 0d$。消除了延期量，但加工流程时间增加了 25d，平均加工流程时间增加了 4.2d。

采用这一方法可以保证按期交货或交货延期量最小，减少违约罚款和企业信誉损失，但是平均流程时间增加，不利于减少在制品占用量和节约流动资金。

(3) 综合规则。即将两规则综合使用的方法，主要步骤是：

① 先根据最早预定交货期规则，安排一个最大延期量为最小的方案。表 13-3 所得方案：加工排序的方案是：$J_4 \to J_2 \to J_3 \to J_6 \to J_1 \to J_5$ 可满足这一要求。

② 计算所有任务总流程时间。本案例是 34d。

③ 查出初始方案中预定交货期大于总流程时间的加工任务，按最短加工时间规则，加工时间最长的排在最后。也就是在不会发生交货延期的条件下，按最短加工时间排序。本例中 $d_i \geq F_{max}$ 的任务仅是 J_5，故排在最后。

④ 暂舍去已排定的 J_5，剩下 $J_4 \to J_2 \to J_3 \to J_6 \to J_1$ 回到第②步。剩下的 5 项任务的总流程时间为 25d，再按第③步，排定 J_1。然后剩下 J_4、J_2、J_3、J_6 四项任务，再重复上述步骤，其中 J_2、J_3、J_6 均满足 $d_i \geq F_{max}$，按最短加工时间规则，将 J_2 调整到 J_3、J_6 的后面。最后排定的排序结果见表 13-4。

按综合规则的排序结果　　　　表 13-4

任务编号	J_4	J_3	J_6	J_2	J_1	J_5	合计	备注
所需加工时间 t_i	7	2	3	8	5	9	107	$\bar{F} = 17.8$
计划完成时刻 F_i	7	9	12	20	25	34		
预定交货期 d_i	8	23	24	22	26	34	0	$\bar{D} = 0$
交货延期量 D_i	0	0	0	0	0	0		

加工排序的方案是：$J_4 \to J_3 \to J_6 \to J_2 \to J_1 \to J_5$。

最大加工流程时间 $F_{max}=107d$；平均加工流程时间 $\overline{F}=17.8d$；最大交货延期量 D_{max} 和平均交货延期量 $\overline{D}=0d$。消除了延期量后，加工流程时间比按最早预定交货期规则还减少了 11d，平均加工流程时间减少了 2.1d。

本案例采用这一方法可以得到交货延期量为 0，平均流程时间较短的加工排序方案。

2. 两个工作地的流水型排序问题（$2\times n$）

两个工作地（或设备）加工多种零件，存在着工艺顺序问题。对于 n 项任务在两个工作地上加工，且加工工艺顺序相同，即为流水型排序问题。对于这类问题可以用约翰逊—贝尔曼规则求解。

【案例 13-3】 约翰逊—贝尔曼规则的应用

设有 $J_i(i=1,2,\cdots,5)$ 5 项任务，均需先在 A 工作地，而后在 B 工作地上加工，各项加工任务在 A、B 工作地上加工的工时列在表 13-5 中。

各项任务在 A、B 工作地上的加工时间（单位：h） 表 13-5

任务编号	J_1	J_2	J_3	J_4	J_5
A 工作地工时（t_{iA}）	5	8	12	4	6
B 工作地工时（t_{iB}）	10	8	7	3	4

按约翰逊—贝尔曼规则排序的步骤：

(1) 检查 t_{iA}、t_{iB} 的各数值，找出其中的最小值（若有几个最小值，可以在其中任选一个）；本例中为 $t_{iB}=3(h)$。

(2) 找出的最小值若属于 t_{iA} 行的一项任务，则该任务应排为先加工，否则，排为后加工。本例 J_4 在 t_{iB} 行中应放在最后加工。

(3) 将已排定的任务暂时取掉，再重复 (1)(2) 步骤，直至全部任务排定为止。

本案例任务最终排序结果为：$J_1\rightarrow J_2\rightarrow J_3\rightarrow J_5\rightarrow J_4$。

可用甘特图（图 13-1）作出加工任务排序计划并计算出加工总流程。

$$F_{max}=5+8+12+6+4+3=38(h)$$

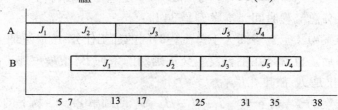

图 13-1 A、B 工作地加工任务顺序安排的计划图（示意图）

3. 三个工作地流水型排序问题（$3\times n$）

多项任务在三个工作地加工，其工艺顺序相同，对此类加工任务的排序，可以用约翰逊-贝尔曼扩展规则求解。加工的三个工作地，加工对象满足下列两条件之一者，可以将三个工作地变换为两个假想的工作地。

(1) $\min t_{iA}\geqslant \max t_{kB}$

(2) $\min t_{iC}\geqslant \max t_{kB}$

$(i=1,2,\cdots,n;k=1,2,\cdots,n)$

然后，用假想工作地 G、H 代替 A、B、C 工作地，以 t_{iG}、t_{iH} 表示各项任务在假想工作地的加工工时计算，则假想工作地的任务加工工时由下列公式计算：

$$t_{iG} = t_{iA} + t_{iB}; t_{iH} = t_{iB} + t_{iC}$$

于是上述问题可以转换为在假想的两个工作地 G、H 上确定加工任务的最优排序问题，用约翰逊－贝尔曼规则可求得最优排序，最后在将其转换回 A、B、C 三个工作地具体安排加工顺序。若实际问题均不符合上述(1)、(2)条件，用此法也可得到近似的最优方案。

【案例 13-4】 约翰逊—贝尔曼规则在三个工作地安排任务的应用

有五项任务需在三个工作地加工，其工艺顺序相同，加工时间见表 13-6。

各项任务在工作地上的加工工时(单位:h)　　　表 13-6

任务编号	J_1	J_2	J_3	J_4	J_5
A t_{iA}	15	8	7	12	6
B t_{iB}	3	2	4	6	4
C t_{iC}	3	10	5	6	4

因为 $\min t_{5A}(6) \geq \max t_{5B}(6)$，$t$ 符合条件(1)，可转化为两个假想工作地加工问题。各项任务在 G、H 两个假想工作地的加工时间见表 13-7。

各项任务在假想工作地上的加工时间(单位:h)　　　表 13-7

任务编号	J_1	J_2	J_3	J_4	J_5
G t_{iG}	18	10	11	18	10
H t_{iH}	6	12	9	12	8

由约翰逊—贝尔曼规则可得各项任务加工最优排序方案:$J_2 \rightarrow J_4 \rightarrow J_3 \rightarrow J_5 \rightarrow J_1$。据此，也可绘出五项任务在三个工作地加工的甘特图(图略)。

此外，$m \times n$ 流水型排序是更一般的加工排序，对此问题可以用分支定界法得到最优排序方案。

【案例 13-5】 加工任务分配方法——匈牙利方法

在流通加工任务计划中还存在将加工任务分给谁和用什么设备完成最合适的问题。此类加工任务分配问题可以分为两类:一类是使目标值(如成本、工时等)达到最小的分配方案；一类是使目标值(如利润等)达到最大的分配方案。此类问题可以用匈牙利方法或分支定界法求解。本案例介绍匈牙利方法。

有 4 项加工任务分给 4 个小组去完成，各小组完成不同任务需用不同的加工工时，见表 13-8。这是 4×4 分配问题矩阵。

各小组完成不同加工任务的工时表(单位:h)　　　表 13-8

任务小组	任务(1)	任务(2)	任务(3)	任务(4)
A	3	10	6	7
B	14	4	13	8
C	13	14	12	10
D	4	15	13	9

采用匈牙利方法的步骤如下:
①列出矩阵。

$$\begin{pmatrix} 3 & 10 & 6 & 7 \\ 14 & 4 & 13 & 8 \\ 13 & 14 & 12 & 10 \\ 4 & 15 & 1 & 9 \end{pmatrix}$$

②逐行缩减矩阵。在每一行中选择一个最小元素,然后,将每一行中的各元素均减去这个最小元素,在本例中各行分别减去3、4、10、4,得到一个新矩阵。

$$\begin{pmatrix} 0 & 7 & 3 & 4 \\ 10 & 0 & 9 & 4 \\ 3 & 4 & 2 & 0 \\ 0 & 11 & 9 & 5 \end{pmatrix}$$

③再逐列缩减矩阵。现在的矩阵每一行都有"0",但每一列不全有"0",第3列中各元素均减去2得到如下新矩阵。

$$\begin{pmatrix} 0 & 7 & 1 & 4 \\ 10 & 0 & 7 & 4 \\ 3 & 4 & 0 & 0 \\ 0 & 11 & 7 & 5 \end{pmatrix}$$

④检查是否可以分配。采用0元素最少覆盖线的检验法,当覆盖线的维数等于矩阵的阶数时,则最优方案已经可以找到。

$$\begin{pmatrix} 0 & 7 & 1 & 4 \\ 10 & 0 & 7 & 4 \\ 3 & 4 & 0 & 0 \\ 0 & 11 & 7 & 5 \end{pmatrix}$$

⑤为增加"0"元素进行变换。找出没有覆盖线的行与列中的最小元素。本例是(第1行,第3列的)"1",将不在覆盖线上的各元素都减去"1",而在有两条覆盖线的交点上的每一个元素都加上"1",其余元素均不变。

$$\begin{pmatrix} 0 & 7 & 0 & 3 \\ 10 & 0 & 6 & 3 \\ 4 & 5 & 0 & 0 \\ 0 & 11 & 6 & 4 \end{pmatrix}$$

⑥重新检查覆盖线。重复④的做法,经检查已可以分配。

⑦确定最优方案。按0元素所占位置进行分配,可得最优方案,即完成任务用的总工时最少。

$$\begin{pmatrix} 0 & 7 & 0_\triangle & 3 \\ 10 & 0_\triangle & 6 & 3 \\ 4 & 5 & 0 & 0_\triangle \\ 0_\triangle & 11 & 6 & 4 \end{pmatrix}$$

最优分配方案是:A(3),B(2),C(4),D(1)。

此方案所需总工时为:6+4+10+4=24(h)

13.3 包装及其组织技术

包装通常是物流的起始环节。绝大多数产品经过包装后才能顺利通过其他物流环节进入流通领域、到达消费者手中。

13.3.1 包装及包装标准化工作

1. 包装的含义及分类

在国际标准 ISO 和我国国家标准 GB 4122—1983"包装通用术语"对包装的定义是：包装(Package，Packing，Packaging)是指为在流通过程中保护产品，方便储运，促进销售，按一定技术方法而采用的容器、材料及辅助材料等的总体名称。包装也指为了达到上述目的而采用容器、材料和辅助材料施加一定技术方法等的操作活动。包装的分类方法很多，欧共体规定将包装分为三类：运输包装、辅助包装和销售包装。中国常用包装分类方法主要有以下几种分类：①单件包装、内包装和外包装；②销售包装和运输包装。

2. 包装系统的形成

在整个物流过程中包装环节可以看作一个子系统。包装环节包括包装设计过程，包装材料选用、包装物制造、包装设备选择、包装工艺流程设计；商品包装过程；工业包装过程；以及在物流活动中为保护商品所进行的拆包、再包装、包装加固等业务活动。包装子系统的主要目标是：①保护物品；②实现包装标准化；③方便（运输、配送、仓储等）作业；④减少物流消耗和节约包装费用。

对物流系统而言，仅在包装系统中考虑上述目标是矛盾的，故应从整个物流系统的价值流分析考虑最优方案的形成。即包装中的各种费用支出与运输、装卸作业的方便性、货物在流通中的损耗、商品的促销与销售等方面作出综合权衡。所以，要根据物流的类型、性质与特点，选择不同的包装机械、包装技术和包装方法。

3. 包装标准化工作

包装标准是以包装为对象制定的标准。我国现在制定的包装国家标准已有 500 多项。包装标准化工作就是制定、贯彻实施包装标准的全过程活动。

包装标准包括以下几类内容：包装基础标准、包装材料标准、包装容器标准、包装技术标准、产品包装标准及相关标准。

提高物流系统运行的效率，需要对成千上万的商品包装、运输包装实施标准化，使千万种物品的包装规格尺寸得到简化、统一，使包装尺寸成为有限的规格和品种。在进行运输包装设计时，运输包装的尺寸大小不仅要考虑内装货物本身尺寸，同时还要考虑运输工具尺寸。目前，运输包装件以箱、袋、桶等包装形式为主，其中以箱装形式最多。GB/T 4892—1985《硬质直方体运输包装尺寸系列》、GB 13201《圆柱体运输包装尺寸系列》、GB/T 13757《袋类运输包装尺寸系列》标准中，将各种形式的运输包装件尺寸系列化、标准化，实现了单元化集装运输。利用标准化可以使这些有限的规格与品种的包装件符合一定的模数，相互匹配、相互组合，形成集合包装的单元货物，便于运输与配送。

硬质直方体运输包装是件杂货中数量最大的包装形式。为了集合包装满足集装单元运输的要求，国际标准 ISO 3394:1984《硬质直方体运输尺寸》规定了纸、木、钙塑、塑料、金属等各种材质的硬质直方体运输包装件的底面最大外廓尺寸（用长和宽表示）。

包装单元是指在运输、装卸、仓储等流通过程中，把多个包装组件组合成可用机械作业的单元体和符合有关条件的单元包装件。托盘是使用最广泛的单元化装载工具，在货物流通中的相关尺寸调节中，托盘尺寸起着主导作用。对于集装箱、汽车车厢、船舱、火车车厢等都可以以托盘尺寸为组合模数。包装单元的尺寸规定见表13-9。

包装单元尺寸（单位：mm） 表13-9

代　号	包装单元尺寸	尺　寸	极　限　偏　差
A	1200×1000	1200	0～-48
		1000	0～-40
B	1200×800	800	0～-32

将包装单元尺寸作为基准尺度，进行模数分割就可以得到系列化的包装尺寸。在去除了互换性差的尺寸后，进行长宽、大小匹配就可得到所需要的包装尺寸系列。见表13-10。

包装尺寸系列（单位：mm） 表13-10

序号	包装尺寸	序号	包装尺寸	序号	包装尺寸	序号	包装尺寸
1	1200×1000	19	600×500	37	400×265	55	265×200
2	1200×800	20	600×400	38	400×250	56	265×170
3	1200×500	21	600×330	39	400×240	57	265×150
4	1200×400	22	600×265	40	400×200	58	250×240
5	1200×330	23	600×250	41	400×170	59	250×200
6	1200×250	24	600×200	42	400×160	60	250×170
7	1200×200	25	600×160	43	400×150	61	250×150
8	1000×600	26	600×100	44	400×120	62	240×200
9	1000×400	27	500×400	45	330×300	63	240×160
10	1000×300	28	500×300	46	330×240	64	200×200
11	1000×240	29	500×240	47	330×200	65	200×160
12	1000×200	30	500×200	48	330×170	66	200×133
13	1000×150	31	500×170	49	330×133	67	200×100
14	800×600	32	500×150	50	300×265	68	170×133
15	800×400	33	500×133	51	300×250	69	150×133
16	800×300	34	400×400	52	300×200	70	150×100
17	800×200	35	400×330	53	300×160	71	133×133
18	800×170	36	400×300	54	265×240		

注：数字下画"＿＿"的尺寸与ISO 3394相同。

只要选用表13-10中的包装件公称尺寸，在装运时就一定能组成A型或B型包装单元，使用托盘装进集装箱或车船等运输工具。用户在包装件的高度选择上有一定的灵活性。

此外，包装标志是用标准、鲜明、简洁的图案、代号、字母表示出所装货物的特性及在运输等过程中应注意的内容。包装标志作为货物包装的一个组成部分，是包装标准化的重要内容。限于篇幅问题包装储运图示标志、危险品货物包装标志的国际标准及图示从略。

做好包装中的标准化工作，可以使物品的包装与托盘系列、集装箱、货车等承载器具相互匹配、相互配套，能够充分利用车辆的装载容积、承载能力，提高物流作业连续性基础工作的水平。

13.3.2 包装材料选用与包装技术

包装作为以适当的材料、容器等施加于产品所形成的总体形态,在包装标准尺寸选定后,其包装材料运用是否得当,对包装效果、作用以及对环境保护影响都很大。

1. 包装材料的种类

包装材料品种很多,随着科学技术的发展,许多新型的包装材料也在不断产生和投入使用。不同类型的包装材料,其性质、用途和适用范围也不同。按包装材料的用途划分为三类:包装容器、内包装材料和包装用辅助材料。

2. 绿色包装要求

绿色包装也称环保包装,通常是指包装时节省资源,使用后可回收利用,焚烧时无毒害气体产生,填埋时少占耕地并能生物降解和分解的包装。国外有人形象地把绿色包装归纳为4R1D,即4R:Reduce,减少包装材料消耗量,Refill,大型容器可再次填充使用,Recycle,可循环使用,Recovery,可回收使用;1D:Degradationable 可降解。

3. 包装的主要容器

包装容器依其制造的材质、形状、用途等来划分,其种类也很多,其中多数是应用于运输包装的。常用的包装容器主要有:包装箱、包装盒、包装袋、瓶、罐等。

4. 内包装材料及包装用辅助材料

包装货物除了常用包装容器外,还需一些内包装材料和包装用辅助材料。内包装材料主要起减振、防潮、防锈、防虫等作用,常见的有充气塑料、塑料泡沫、防潮纸等。常见的包装用辅助材料有黏合剂、黏合带、捆扎材料等。

5. 包装技术与方法

物品货物种类繁多、性能与包装要求各异。因此,在包装设计与作业中,必须根据物品的类别、性能及其形态选择相适应的包装技术和方法,从而以最适宜的包装方式,保障物品在物流各环节作业中的安全,能使消耗、费用最低化并且完好地送到用户手中。

按包装的主要功能可以将包装技术分为:销售包装技术和运输包装技术。销售包装技术也称为商品包装技术,其主要内容包括:热封技术、塑料封技术、外壳包装技术、收缩包装技术、真空减压及填充包装技术、灭菌包装技术、防霉包装技术以及印刷技术等。运输包装技术,是物流管理包装环节最重要的技术之一。运输包装技术主要包括外包装技术和内包装技术。在运输包装技术中,往往要将外包装技术与内包装技术看作一个系统运用。外包装技术主要包括容器设计技术、印刷标记技术等内容。内包装技术主要包括防振包装技术、防潮包装技术、防锈包装技术、防虫包装技术、防鼠包装技术等内容。

所谓"五防"包装技术是指防振、防潮、防水、防锈、防虫鼠害包装技术,对物流储运作业有重要的影响。

①防振包装又称缓冲包装,是为了防止物品货物在运输、装卸、搬运作业中的振动、冲击等而造成物品货物损伤所采用的包装技术。一般情况下采用的是在内装材料中插入各种防振材料,吸收外部冲击力的方法。冲击力的大小通常采用30G标度、50G标度等G标度值表示。所谓G标度值是指外力作用于物体时,所产生的加速度是重力加速度的倍数。即

$$G = \frac{a}{g}$$

式中：a——允许最大冲击加速度，m/s^2；
　　　g——重力加速度，m/s^2。

不同物品耐冲击度，通常是通过破坏试验来确定的。根据各种物品的耐冲击度即容许加速度（G 标度），通常可划分为三个等级，见表 13-11。

耐 冲 击 度 等 级　　　　　　　　　表 13-11

级别	G 标度值	级别	G 标度值	级别	G 标度值
A 级	≤40	B 级	41～90	C 级	>90

一些物品的 G 标度值：大型电子计算机在 10 以下；小型电子计算机、大型磁带录音机、彩色电视机、一般计量仪器为 40～60；磁带录音机、电视机、照相机、电灯泡、光学仪器、移动无线电设备等为 60～90；冷藏车、收音机、小型时钟、啤酒瓶为 90～120；一般机械材料、陶瓷器皿在 120 以上。

防振包装设计的主要问题是要确定防振材料种类和所需要的厚度。防振材料所需厚度是由物品的落下能量和防振材料吸收能量的关系得到。即

$$t = C \cdot \frac{h}{G}$$

式中：t——防振材料的厚度，cm；
　　　h——在装卸过程中产生设想的落下高度，cm；
　　　G——物品的容许冲击值，g；
　　　C——缓冲系数。

其中缓冲系数 C 与缓冲材料所承受的应力 σ 有一定的函数关系，应力 σ 可通过下式计算：

$$\sigma = \frac{WG}{A}$$

式中：A——缓冲材料的承压面积，cm^2；
　　　W——被包装物的质量，kg。

缓冲材料系数 C 与应力 σ 之间的关系，可查《物流手册》中的 C-σ 曲线图表得到。

②防潮及防水包装技术。防潮包装技术是指在物品流通过程中，为防止因空气中的潮气（水蒸气）而发生变质、潮湿、凝结，以及进一步发生霉变等的包装技术。一般可采用透湿度低的材料包装，或者为进一步控制包装容器内的湿气，要预先排除湿气或在包装中封入干燥剂。干燥剂按作用可分为化学干燥（利用化学反应）和物理干燥（利用吸附特性）两大类。用于包装作业的主要是物理干燥剂。最经常用的是硅胶，此外还有硅铝胶、活性铝、合成沸石等。防水包装技术是防止包装物品受海水或雨水的侵蚀到包装物内部而采用的包装技术。防水包装技术又分为耐淡水、海水侵入的耐浸水包装及耐雨水、飞沫的耐散水包装。防潮防水包装材料主要有：焦油纸、皱纹防水纸、石蜡纸、铝箔、包装用聚乙烯薄膜、食品包装用可塑性薄膜等。

③防锈蚀包装技术。金属发生锈蚀是由于空气中的污染物质或溶解在水蒸气中的物质附着于金属表面，发生了化学反应或电解电极作用。防锈蚀的最常用方法就是使用防锈剂。防锈剂是指在金属物品运输、保管过程中防止生锈的一类物质。一般可分为防锈矿油和汽化性防锈剂两大类。防锈油是在防锈矿油中加入防锈添加剂的产品；汽化性防锈剂是一种在常温下很易发挥的物质，该物质附着于金属表面就可起到防锈蚀的作用。

通常采用的防锈包装技术是:先清洗处理金属制品表面,涂防锈材料,再用透湿率小且易封口的防潮包装材料进行包装。所选择的包装容器在其接缝处的透湿率不应大于包装材料本身的透湿率。为了取得较好的防锈效果,在金属制品内包装中还需放入适当的吸潮剂,以吸收包装内部残存的或由外界透入的水蒸气,使其相对湿度减少到50%以下。包装中所使用的吸潮剂要求在其发生作用的过程中不发生任何化学变化,以免腐蚀容器或内装物品。

④防虫、鼠害等包装技术。常用的防虫包装技术是在包装物品时,放入一定量的驱虫剂以达到防虫害目的。包装物品的容器应当做防虫处理,或其本身应具备防虫功能。例如,竹片或条筐必须经过消毒或蒸煮,所用的浆糊应加放防腐剂,防止害虫滋生。要注意防止把处理包装材料的药剂直接接触到所包装的物品上。

除以上"五防"包装技术之外,还有几种包装技术:危险品包装技术就是根据危险品的性质、特点,按照有关法令、标准和规定专门设计的包装技术与方法。危险品的运输包装上必须标明不同性质、类别的危险货物标志,以及装卸搬运要求的标志。

气体置换包装技术是采用不活泼气体(如氮气、二氧化碳等)置换包装容器中空气的一种包装技术方法。这种包装方法改变了密封包装容器中气体的组成成分,降低了氧气的浓度,能够抑制微生物的生理活动、酶的活性和鲜活物品的呼吸强度,达到防霉、防腐和保鲜的目的。真空包装是在容器封口之前抽成真空,使密封后的容器内基本没有空气的一种包装技术方法。一般的肉类、谷类加工物品以及某些容易氧化变质的物品,都可采用真空包装技术。

收缩包装技术是用收缩薄膜将欲包装物品裹包,然后,对收缩薄膜进行有关处理(如适当加热处理,使薄膜收缩且紧贴于物品)的包装技术方法。收缩包装技术用于销售包装时,具有使内装物品形体突出,形象鲜明,质感性好,有利于销售的作用。用于运输包装时,具有包装方便、提高装卸搬运效率的作用。例如,用收缩包装技术把物品固定于托盘上,不仅有利于提高物流过程效率,而且便于保管与使用。拉伸包装技术是机械装置在常温下将弹性薄膜拉伸后,将待包装件紧裹的一种包装技术方法,拉伸包装技术也可以用于托盘物品之类的集合包装,可以提高物流效率、方便仓储与使用。

随着现代科技的发展,新的包装技术将不断产生,使包装技术不断向高水平方向发展。

13.3.3 包装机械与包装组织工作

1. 包装机械及附属设备

包装机械是完成全部或部分包装作业过程的装置、设备。包装过程包括填充、裹包、封口等主要包装工序,以及与其相关的前后工序,如洗洁、包装、堆码等,还需要有包括盖印、计量等在内的附属设备。

2. 包装机械的种类

包装机械的种类很多,完成裹包、灌装、填充等工序的包装机械称为包装主机,此外,完成洗涤、烘干、检测、输送和堆垛作业的装置设备称为辅助包装机械。主要包装机械见表13-12。

机械化灌装流水线是一种典型的包装机械组合形式,它是将灌装包装机械与封口机、贴标机等按工艺顺序、工序同期化要求组合起来,形成包装机械化生产线或流水作业线,并可将检验等各环节的作业也纳入流水作业线的范畴进行。

主要包装机械及用途　　　　　　　　表 13-12

包装机械种类	适用范围	典型示例
裹包包装机械	包装块状物品	扭结式包装机、端折式包装机、枕式包装机、信封式包装机、拉伸包装机等
灌装包装机械	包装流体或半流体物	常压灌装机、加压灌装机、真空灌装机等
充填包装机械	包装粉状、颗粒状的固态物品	直接充填包装机和制袋充填包装机两类
真空包装机械	气体置换（又称充气包装）、包容器抽成真空	真空包装机
收缩包装机械	完成收缩与拉伸	收缩包装机
热成型包装机械	热成型包装	泡罩包装机、贴体包装机
封口机械	各种包装容器的封口作业	玻璃罐加盖机械（压盖、旋盖等）、布袋口缝纫机械、封箱机械、以及塑料袋、纸袋的各种封口机械
捆扎机械	捆扎物品	带状捆扎机、线状（或绳状）结扎机等
其他包装机械	单机使用或形成包装作业线、流水线等	洗瓶、烘干机、包装材料和规格的检测机、盖印机、计量机等

3. 包装机械的作用

包装机械的作用主要体现在以下几方面：

（1）确保包装质量、提高包装作业效率。用机械包装代替手工包装，可以直接减少人体与物体的直接接触，对食品、药品的清洁卫生及金属制品的防锈蚀等提供可靠的质量保证，同时大大提高了包装作业效率。

（2）促进包装规格化，提高物流连续作业水平。采用机械包装计量准确、包装紧密，包装规格化、标准化水平高，特别是能够适应连续性物流作业的要求。

（3）降低包装劳动强度，改善包装工作条件。用机械包装代替手工包装，可以大大降低劳动强度，同时改善了包装工作条件。

（4）减少物流过程费用。运用机械包装既有利于减少包装作业的材料费用，减少包装物品包装后的体积，同时也减少了运输过程中的相关费用。

13.4　物流金融增值服务及风险控制

供应链渠道涉及产权渠道、融资渠道、信息渠道和物流渠道，物流作业对象的产权转移涉及资金的占用和转移，为了使中小企业获得新的融资渠道，促成了物流服务与金融服务相结合的业务模式。同时要避免相应风险就要充分利用信息渠道，掌握准确的信息是非常必要的。物流金融是物流与金融业务的联系和结合。

13.4.1　物流金融及其作用

物流金融指在物流供应链业务活动中，运用金融工具使物流产生价值增值的融资活动。在物流金融中一般涉及三个主体：物流企业，客户（供货方或购买方）和银行，在这一系统中，物流企业与银行相互协作为资金需求的中小企业提供融资服务。与"物流金融"表面相似的一个词汇是"金融物流"，所谓"金融物流"是现金、银行存款、证券、金银珠宝、高级艺品等特定物品的运输及相关服务过程,是与物流金融不同的另一个概念。

物流金融提高了第三方物流企业的服务能力、经营利润,并且可以协助企业拓展融资渠道,降低融资成本,提高资本的使用效率;满足了中小企业融资的需求;通过供应链各方的协作,物流金融可以降低企业的融资成本,拓宽企业的融资渠道,降低企业原材料、半成品和产品的资本占用率,提高企业资本利用率,实现资本优化配置。在实际操作中,第三方物流企业提供的主要物流金融服务有代客结算业务和质押监管等。

13.4.2 物流金融业务运作模式

1. 代客结算业务

代客结算业务又可以分为垫付货款和代收货款两个模式。

(1)垫付货款模式。货物供方除了与货物需方签订《购销合同》之外,第三方物流企业还应与货物供方签订《物流服务合同》。

业务流程是:货物供方企业委托第三方物流企业送货,物流企业垫付扣除物流费用的部分或者全部货款,并向货物需方企业交货,同时向需方企业收取供方企业的应收货款,最后物流企业与供方企业结清货款。一般情况下,当物流企业为供方企业承运一批货物时,物流企业首先代需方企业预付一半货款。运作模式如图 13-2 所示。

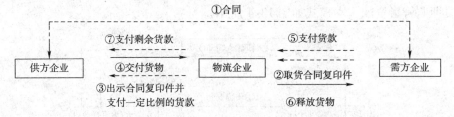

图 13-2 垫付货款模式业务流程

当物流企业将另一半货款交付给供方之前,产生了一个资金运动的时间差,即这部分资金在交付前有一个沉淀期。在这个时期内,物流企业等于获得了一笔不用付息的资金。物流企业用这笔资金从事其他相关业务或者用于资本市场的运作。在传统贸易模式下,供方企业要很长时间才能一次性获得货款。在现有的模式下,对于资金匮乏的中小企业来说,不仅带来了资金的时间效益,更重要的是加快了企业的资金运转速度,需方企业无须增加任何附加费用获得方便快捷的服务。

(2)代收货款模式。垫付货款模式常用于 B to B 业务中,而代收货款模式常用于 B to C 业务。代收货款模式中,供方企业与第三方物流企业签订《委托配送和委托收款合同》,物流企业向客户送货上门,同时根据合同代收货款,物流企业定期与供方企业结清货款并从中收取一定比例的费用。业务流程如图 13-3 所示。

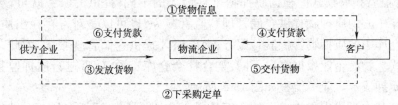

图 13-3 代收货款模式业务流程

由于时空、各种技术条件等限制,物流企业不可能及时向供方付款,真正付款时往往已经是收款后的10天或更长时间后。这样,在物流企业的账户中,由于不断收款付款从而积淀下一笔资金。这不但给物流企业带来手续费等收入,同时也给物流企业带来现金流。这种模式直接利益属于物流企业,另外两方获得的是方便快捷的服务。

代收货款有几个特点:业务的附加值高;运营成本低;有区域性集中的特点,利于规模作业;直接投资小,见效快,需要追加的投资很少,业务前景广阔。

2. 质押监管业务

中小企业的原材料采购与产成品销售存在批量性和季节性特征,这类库存占用了大量宝贵资金。物流企业帮助中小企业以存放于物流企业的动产获得金融机构的质押贷款融资,并为金融机构提供可信赖的质押监管,同时,帮助质押贷款主体双方解决质押物价值评估、拍卖等难题。质押监管是物流企业在仓储业务基础上展开的一种延伸服务。质押监管是一项多方受益业务。对于物流企业的仓储保管业务而言,质押监管融资是一项以保管为基础,同时服务于出质人(中小企业)和质权人(银行)的增值服务。

(1)质押监管基本模式。质押监管与保管业务的共同点表现在:对质押物在质押期间的安全负责,对存货人负责,收取仓储管理费用。其不同点表现在:质押监管业务不仅要对出质人负责,还要对质权人负责,必须接受质权人的指令,协助质权人关注质押物的市场价格变动;为了降低风险,还必须关注质押物的所有权、关注出质人的资质、关注质押物的变现能力。质押监管融资的基本模式如图13-4所示。

图13-4 质押监管基本模式业务流程

质押监管的风险控制要注意以下几方面:①建立严格的质押监管业务,严格执行合同条款;②注意客户资信调查;③谨慎选择质押物;④加强内部控制。

在质押监管业务中,保管人(物流企业)根据出质人与质权人签订的质押贷款合同以及三方签订的仓储协议进行质押监管业务。

多数供方企业可作为抵押的固定资产少,融资能力小。该模式使企业通过流动资产实现融资。同时,借助专业的物流企业仓储中心可以节省仓库建设与管理费用。物流企业的收益来自两个部分:第一部分,存放与管理货物向供方企业收取费用;第二部分,为供方企业和银行提供价值评估与质押监管中介服务收取一定比例的资费。

(2)质押监管扩展模式。根据质押物寄存地点的不同,提供的服务既可以是对寄存在物流企业仓储中心的质押物提供仓储管理和监管服务;也可以是对寄存在出质人经质权人确认的其他仓库中的质押物提供监管服务,必要时才提供仓储管理服务,因此,衍生出质押监管扩展模式。物流企业根据客户不同,整合社会仓库资源,就近进行质押监管,极大地降低了客户的质押成本。业务流程如图13-5所示。

质押监管基本模式中货物进入的仓库是属于物流企业的,而质押监管扩展模式中货物进入的仓库属于物流企业外部单位,物流企业可以采取仓库就近原则,以降低供方企业的成本,方便客户,同时也为客户节约费用,监管程序较质押监管基本模式复杂,物流企业要防止出质人强行将质押物取出等行为。

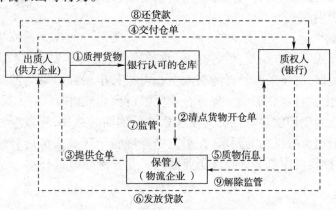

图 13-5 质押监管扩展模式业务流程

（3）授信融资模式，金融机构根据物流企业的规模、经营业绩、运营现状、资产负债比例以及信用程度，授予物流企业一定的信贷额度，物流企业可以直接利用这些信贷额度向相关企业提供灵活的质押贷款业务。物流企业直接监控质押贷款业务的全过程，银行基本上不参与该质押贷款项目的具体运作。质押贷款由物流公司发放，程序更加简单，形式更加灵活，节省银行与供方企业的费用，主要是因为节省了物流企业承担价值评估的中介服务。业务流程如图 13-6 所示。

图 13-6 授信融资模式业务流程

（4）反向担保模式。反担保是指第三人为债务人向债权人提供担保的同时，又反过来要求债务人（借款人）对自己（担保人）提供担保的行为，可称为担保之担保，即为担保人提供的担保。其目的是确保第三人追偿权的实现。针对借款企业直接以寄存货品向金融机构申请质押贷款有难度的情况，由物流企业将货品作为反担保抵押物，通过物流企业的信用担保实现贷款或组织企业联保，由若干借款企业联合向物流企业担保，再由物流企业向金融机构担保，实现融资。甚至可以将物流企业的担保能力与借款企业的质押物结合起来直接向金融机构贷款。业务流程如图 13-7 所示。

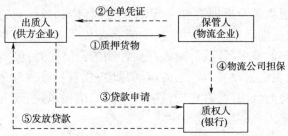

图 13-7 反向担保模式业务流程

反向担保模式和质押监管模式非常相似，区别在于供方企业依旧是通过流动资产抵押实现融资，只是不直接以流动资产交付银行作质押物而是用物流企业控制质押物。对于银行来说，这种贷款类似于传统业务的担保贷款业务，银行无须支付物流企业中介服务费用。物流企业在这个模式中充当两个角色，一是仓储角色；二是担保人角色。它的收益来自两个部分：一部分是存放与管理货物向供方企业收取费用；另一部分是为供方企业提供担保服务收取一定比例的费用。

3. 保兑仓业务

保兑仓业务模式下买方企业、供方企业、物流企业、银行要先签订《保兑仓协议书》，物流企业提供承兑担保，需要采购材料的买方企业向银行申请开出承兑汇票并交纳一定比率的保证金，银行开出银行承兑汇票。买方企业凭银行承兑汇票向供应商采购货品，并交由物流企业评估入库作为质押物。金融机构在承兑汇票到期时兑现，将款项划拨到供方企业的账户。物流企业根据金融机构的要求，在买方企业履行了还款义务后释放质押物。如果借款企业违约，则质押物可由供方或物流企业回购。业务流程如图13-8所示。

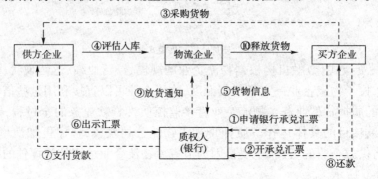

图13-8 保兑仓模式业务流程

在保兑仓模式中，买方企业在采购某货物的时候不一定有足够的流动资金，或者不希望把企业有限的流动资金用于大笔采购，通过向银行申请承兑汇票，实际上是间接获得了融资，缓解企业流动资金的紧张。供方企业在承兑汇票到期兑现即可获得银行支付的货款，不必等买方向银行付款。银行为买方企业开出承兑汇票需收取一定金额的服务费。物流企业的收益来自两个部分，第一部分是存放与管理货物向买方企业收取费用；第二部分是为银行提供价值评估与质押监管中介服务收取一定比例的资费。

13.4.3 实施物流金融面临的风险及风险规避

1. 实施物流金融面临的风险

物流金融在国内还是一种新事物，无论是对于物流公司、银行，还是供销企业物流金融都处于摸索阶段。开展物流金融时存在一定的风险，具体的风险有：由于提供多元化的服务，相对地扩大了运营范围产生的运营风险；物流企业提供金融服务时，因缺乏完善的价值评估系统等技术而引起的技术风险；针对库存质押物的保值能力，包括质押物市场价格的波动，金融汇率造成的变现能力改变等产生的市场风险；质押物在库期间产生的安全风险；还有法律风险和由于货物的合法性，客户的诚信度引发的信用风险，现在的货款"逃单"现象，已经令整个物流金融陷入一种信任危机中。

2. 物流金融风险的规避

由此可见，物流金融在实施过程中存在很多风险。因此在实施中要注意风险规避。物流金融业务的风险规避可注意以下几个方面：

（1）加强对客户的信用管理。选择客户要谨慎，要考察其业务能力、业务量及货物来源的合法性，建立客户资信调查核实制度、客户资信档案制度、客户信用动态分级制度、财务管理制度等一系列制度，对客户进行全方位信用管理。

(2)建立灵活快速的市场商品信息搜集和反馈体系。把握市场行情,掌握商品的市场价值和销售情况变化规律,及时获得真实的资料,避免信息不对称对质押货物的评估失真,同时注意对质押物的选择,一般选择能迅速变现的货物,如黑色金属、有色金属、矿砂、大豆等。进行质押物质权转换时,注意应该有背书。

(3)严格执行合同条款。根据物流金融服务的不同方式,有针对性地制定严格的操作规范和监管程序,杜绝因内部管理漏洞和不规范而产生的风险。

(4)物流企业与客户、金融机构建立长期的合作伙伴关系。物流企业为客户提供物流金融服务的基础是对客户有充分的了解,建立长期的合作关系,更有利于提高效率,防范物流金融风险,物流企业应该作为一个公正的第三方。

【案例13-6】 中储股份物流金融业务实例

中储股份是一个国有传统仓储型企业,企业于1962年成立,从1992年开始探索物流金融业务,1999年就开始和12家银行进行合作开展质押监管业务。到了2003年,中储全公司有20家单位开展了此项业务,比2002年增加了9家;质押监管的额度突破了18.7亿元,比2002年翻了一番;质押产品期末库存数量占整个公司期末库存的22%,相对2002年底增长了61%,产品涉及黑色金属、有色金属、建材、食品、家电、汽车、纸张、煤炭、化工等九大类,质押监管的客户有200多家,2004年质押监管业务收入增加255万元,利润增加了174万元。2005年质押监管业务发展迅速,质押融资规模达到60亿元,目前,业务量已经达到100亿元。中储的物流金融业务模式主要有三种:纯粹的质押监管业务模式;代替银行向客户融资,开展质押业务,获取一些利差;买方信贷,也就是垫付货款模式。

1. 简述流通加工的主要作用及形式。
2. 如何确定流通加工作业的次序?有哪些方法?怎样应用?
3. 包装有哪些类别、作用?要注意哪些问题?
4. 金融物流业务的种类有哪些?各自有哪些主要模式?
5. 简述物流金融实施面临的风险及如何进行风险规避。

第14章 物流服务质量控制与管理

> 质量是企业进入市场的通行证。物流服务质量是通过集成物流商提供客户满意的物流服务体现的。而最终的物流服务质量,是通过集成物流服务的方案设计、组织实施和最终交付实现。在归纳物流全面质量管理理论和经验的基础上,通过认证方式硬化物流服务、规范约束和强化过程控制,是改善物流服务质量,提高物流服务质量管理水平的思路和途径。
>
> **本章研讨重点:**
> (1)现代质量观及物流服务质量控制方法。
> (2)质量成本管理、TQM 构成及分析。
> (3)质量体系认证的内容及在货运和运输型物流企业中的应用。

14.1 物流服务质量综述

14.1.1 建立全面的物流服务质量概念

1. 质量管理发展阶段

质量是反映某项产品、活动或过程满足规定要求与潜在需要能力和特性的程度。质量可以用性能、规格、使用、安全、经济、服务,以及环境、能源等明确的指标表示,是一个动态发展的过程。运用这一概念可以反映物流服务、物流设施乃至物流系统运作过程的质量。从工业发达国家分析和解决产品质量问题所采用的技术、方法的发展过程来分析,质量管理大体上经历了质量检验阶段、统计质量控制阶段和全面质量管理阶段。

(1)质量检验阶段(20世纪40年代以前)。这一阶段质量管理的特点是:强调检验职能,半成品、零部件和成品验收的决定权属于检验人员及检验机构;对产品实行全数检验及筛选为主的检验方法;对整个过程实行层层把关,防止不合格品流入下道工序或出厂。

(2)统计质量管理阶段(20世纪40年代前后到60年代初)。这一阶段质量管理的特点是:广泛推广抽样检验方法;利用控制图对大量生产的工序进行动态控制,有效地防止了废品产生;重视对影响质量原因的研究,提倡预防为主的方针等。

(3)全面质量管理阶段(20世纪60年代以后)。美国的费根堡(A. V. Feigenbaum)和朱兰(J. M. Juran)针对统计质量管理的局限性和实践中的新问题提出了全面质量控制(TQC-Total Quality Control),20世纪80年代中期以后,国际上质量管理理论又有了新的发展,更注重从战略上研究质量管理问题,并称之为 TQM(Total Quality Management)。在全面质量管理理论的指导下,质量管理体系系列国际标准开始建立起来,质量体系认证工作开始风靡全球。全面质量管理思想和研究成果通过国际标准和相关标准制度得以巩固,在国际贸易经济活动中发挥了巨大的作用。

2. 建立物流服务全面质量理念

物流服务质量由客户的满意度测量,通过物流服务实现全过程质量管理体现,物流服务链要实现集成物流服务,就需要在物流服务过程中将人员(People)组织质量、实物依据(Physical Evidence)工程质量和服务方案全过程(Process)设计质量等3个方面要素充分整合起来,即可得到反映物流服务运作过程的基本逻辑公式:其基本理念见式(14-1)。

集成物流服务质量 = 集成物流方案设计质量 + 过程工程质量 + 过程组织质量　　(14-1)

式(14-1)表明,集成物流商主导的物流链提供给客户的物流服务质量是由物流服务方案设计质量、组织物流实现过程的物流设施设备工程质量和物流人员工作质量所组成。对于其中的每一项,可以具体设计一系列指标来进行考察。由于物流具有附带一定设施设备的服务性质,集成物流服务质量是由各个阶段过程附带的物流设施、设备能力和参与物流过程的人员素质能力所体现的服务质量。物流服务质量不是一个纯粹的无形服务质量,而是介于纯产品与纯服务之间的、带有设施设备能力和人员服务能力的综合服务质量,可以更加具体的用物流产品质量、物流工程质量和物流工作质量来表示,称之为物流服务全面质量。

物流产品质量即物流服务质量,是反映物流服务(最终产品)质量水平的质量特性值。反映物流产品质量特性的指标种类很多,一般有性能指标、可靠性指标、安全性指标、经济性指标、适用性指标、环保性指标等。它们反映了物流产品质量的不同侧面,相辅相成,形成对产品的整体要求。

(1)物流方案设计质量是指集成物流商或其利用外脑(如产学研合作方式)为客户量身定制物流服务方案所得到的客户认可和满意程度。方案的质量直接影响到客户对质量实现的需求满意程度,影响到物流组织实施等过程质量的实现。

(2)物流工程质量是指组织和参与物流链的企业的物流设施、设备能力和技术水平对物流服务(产品)达到质量标准的保证程度。

(3)物流工作质量是指为了保证物流服务质量制定工作规范、管理制度和实际应用而进行的各方面工作能力水平,是对参与物流链的企业物流运作、技术工作和组织管理工作,以及销售服务过程中的工作对产品达到物流质量要求的保证程度。

物流服务质量及其物流方案设计质量、物流工程质量和物流工作质量是几个不同的范畴,但是它们之间联系密切、相互影响,物流服务质量(即通常认识的物流产品质量)是用户服务成果的最终体现。物流方案质量是物流链的服务项目和组织实现全面总体运作的指导;物流工程质量是物流产品质量的直接保证,而物流工程质量需要通过物流工作质量得到改善和提高;物流工作质量存在于所服务企业流程设计、运作、组织与管理的全部过程之中,通过物流工程质量支撑物流产品质量,并使物流产品质量得到改善和提高,以物流服务质量、综合效益等形式集中体现出来;物流服务质量及经济效益是通过提高物流工作质量、改善物流工程质量来得以保证和实现的。因此,物流链参与的企业必须提高物流服务质量、物流工程质量和物流工作质量,即建立全面物流服务质量概念。

3. 树立现代质量观

现代质量观与传统质量观有很大的差异,其对比结果列在表14-1中,树立现代质量观是进行全面物流服务质量管理的重要前提。现代质量观指导我们进行全面质量管理。

不同质量观的比较　　　　　　　　　　表 14-1

传 统 质 量 观	现 代 质 量 观
(1)质量是昂贵的:生产高质量产品需花高成本	(1)质量降低成本:返工低质量产品和保修是昂贵的
(2)检验是必要的:检验是保证质量的一个途径	(2)无缺陷产品不需要检验:质量必须建立在检验之前
(3)操作人员造成缺陷:缺陷一定是由工人失误造成的	(3)系统引起缺陷:缺陷一定由于质量全过程存在缺陷
(4)标准、定额及目标是设定的,公司必须不断满足标准	(4)标准、定额及目标应该取消:质量过程总是可以改进的
(5)从最低价格供应商那里购买生产原材料,成本必须最小化	(5)以最低的总成本为依据购买包括检验、返工及不良的客户关系费用;考虑购买低质量原材料的后果
(6)高收入减去低成本等于高利润:最大化收入和最小化成本支出,即使产品是低质量的	(6)忠诚的客户等于较高的利润:高质量就造就客户的忠诚度这样可以长期利润最大化

事实证明,缺乏一定物流服务质量能力的企业无法进入物流市场,低水平的物流服务质量与管理水平在市场经济体制下的确是没有市场的。最终产品的质量若存在问题,可能与整个供应链系统都有关。

【案例 14-1】 "苏丹红"事件中的供应链物流服务质量问题

2005 年 3 月上旬开始,我国先后出现一些含有致癌工业染料"苏丹红"的食品。其中肯德基的产品中被发现含有致癌工业染料"苏丹红一号"。肯德基一度有 5 种产品被查含有"苏丹红一号",这一问题反映了肯德基所用原料的供应链问题。直到 3 月 16 日中国百胜餐饮集团的声明,这种含有严重伤害消费者身体健康的致癌工业染料,才从肯德基的柜台上被撤下。肯德基"苏丹红"事件反映了原料供应链过程中的监控问题。经肯德基的供应商广东中山市基快富食品公司称,调料来自宏芳香料(昆山)公司提供的辣椒粉,宏芳香料(昆山)公司在早报发表声明称,"苏丹红"绝不是他们添加的,怀疑此举是安徽阜阳地区的义门苔干有限公司所为。而安徽义门苔干称从河南省驻马店豫香调味品有限公司进货。河南豫香 3 月 7 日就被查出"涉红"。肯德基公司估算,"苏丹红"事件让全国 1200 家肯德基店 4 天里至少损失了 2600 万元。

4. 物流服务质量控制工作特点

(1)全面质量,物流服务分为基本物流服务和增值物流服务。基本物流服务是物流活动中各作业环节基本的功能性服务,如运输、仓储、装卸、包装、流通加工、配送、信息处理等,这是物流服务最基本的内容。

(2)全程监控,物流的服务性活动主要包括:核心服务、辅助服务构成的基本服务组合,服务过程,服务形象三部分内容。不同的物流服务功能构成,其质量会影响整体物流服务质量和顾客满意度。物流服务质量与物流运作各环节、各工种、各岗位的具体工作质量密切相关,物流服务水平取决于物流运作全过程各项物流工程、物流工作质量的整体绩效。过程思想的关键是把物流活动中下一道作业环节视为上一道作业环节的"用户"。每一道作业环节都按质量标准严格把关,树立"下道工序就是用户"的思想,不断提高物流服务质量。

(3)全员参与,物流服务质量管理涉及物流系统的各类人员,各类人员都可能对最终物流服务质量产生影响。高质量的物流服务是全体员工共同努力的结果。物流服务质量在买卖双方相互作用的瞬间产生和实现,即处理顾客关系以及为顾客服务的一线员工都参与了服务质量的形成。但服务质量好坏又依赖于物流服务质量,后方支持对顾客感知的质量,同样负有重要责任。

(4)综合管理、系统评价,需要物流组织、物流技术、物流管理、经营制度等各个方面集成,主观客观评价相结合。诸如,物流服务质量是顾客感知的对象,物流服务质量不能由企业单方面决定,必须适应顾客的需求和愿望。物流服务质量不能完全用客观方法制定,更多的是顾客主观上的认识。

14.1.2 物流服务质量特性值及其测量

1. 物流服务质量特性值指标

物流服务质量特性值是反映物流服务质量水平数量化的表示方法,它是衡量整个物流过程质量好坏的关键指标体系。每一种物流服务项目都有其本身的质量状况,用数量化的形式表示这些质量状况,就称为质量特性值。如准时性、差错率等。质量特性值可以分为计量值和计数值两种。计量值是可以用量具等进行测量而得到的具有连续性的数值,其表现形式可以是小数,如载质量、长度、直径、容积、化学成分等。计数值是非连续性的正整数值,可以用计数的方法得到,如物品件数、次品数、疵点数、差错件数等都可称为计点数。

质量特性值是数据,具有数据特点:①波动性;②规律性。数理统计方法就是帮助质量管理人员从产品、部件、零件、服务等质量特性值的波动中找出其中规律,根据规律分析设计、生产、销售、服务等过程中存在的质量问题。掌握了质量特性及其规律性,就能掌握质量控制的主动权。

2. 物流服务质量特性值指标设计

物流服务质量不是物流作业各个环节的简单相加,物流运作过程应是作业对象增值和物流服务质量提高的过程,因此,物流服务质量测量以整体物流系统实现合理化为目标对物流全过程质量进行全面测量。为达到这个目的,必须采用合适的物流合理化目标和物流运作指标体系,以便于测量质量水平,明确改进目标,提高物流运作水平和效率。物流服务质量的主要评价指标考虑范围包括:物流服务时间、服务时间差迟率、物流服务供给能力指数、物流服务合格率、物流订单合格率、物流订单完成率、物流服务柔性等分别可以用具体指标进行测量。

3. 质量特性值的表示方式和分布

在物流服务质量特性值中,计量值的理论分布规律最常见的是正态分布;计数值的理论分布最常见的是二项分布和泊松分布。下面主要讨论正态分布下的物流服务质量特性值分布。正态分布是概率论和数理统计中最重要的一种分布,其数学表达式为:

$$f(x) = \frac{1}{\sigma\sqrt{2\pi}}e^{-\frac{(x-\mu)^2}{2\sigma^2}} \quad (14\text{-}2)$$

正态分布如图 14-1 所示。

正态分布曲线有下面几个特征:两头小,中间大,有一个单峰($y'=0$);$f(x)$的图形以 $x=\mu$ 为对称轴对称;当 $x=\mu$ 时,取得最大值 $f(\mu)=1/\sigma\sqrt{2\pi}$;$\mu$ 决定曲线的位置,σ 决定曲线的中峰陡峭程度。由

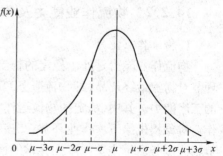

图 14-1 正态分布示意图

概率的性质可知,正态分布的总和概率为1。正态分布面积为 $\Phi(z) = 1/\sqrt{2\pi}\int_0^z l^{-\frac{z^2}{2}}dz$,当正态分布曲线的总面积取为1时,物流服务合格率 = 1 − 物流服务不合格率。当物流服务质量计量值分布曲线符合正态分布时,几乎整个物流服务质量计量值都落在 $\pm 3\sigma$ 的范围内。通过查表可分别求出随机变量 X 在上述范围内的概率:

$P(\mu - \sigma < X \leqslant \mu + \sigma) = 0.68268 \approx 0.683$,即 $\mu \pm \sigma$ 时,该面积为 68.3%;

$P(\mu - 2\sigma < X \leqslant \mu + 2\sigma) = 0.9545 \approx 0.955$,即 $\mu \pm 2\sigma$ 时,该面积为 95.5%;

$P(\mu - 3\sigma < X \leqslant \mu + 3\sigma) = 0.9973 \approx 0.997$,即 $\mu \pm 3\sigma$ 时,该面积为 99.7%。

可见,若 $X \sim N(\mu, \sigma^2)$,其大部分落入 $(\mu - \sigma, \mu + \sigma)$ 内,几乎全部落入 $(\mu - 3\sigma, \mu + 3\sigma)$ 内,即 X 取值落入 $(\mu - 3\sigma, \mu + 3\sigma)$ 之外的概率不到3‰。

物流服务质量控制是以物流服务质量数据为基础的管理活动。在物流服务质量控制中,当对物流服务质量连续性的计量值作直方图时,随着其数目不断增加、组距不断减小、分组越来越小,物流服务质量计量值直方图表明的分布情况越接近正态分布,因而物流服务质量变化也遵循正态分布。

14.2 物流服务质量变异及控制方法

14.2.1 影响物流服务质量变异的两种因素

在同一物流生产技术组织条件下,按照同一物流运作标准产生的服务效果仍然存在差异,这种差异可称为物流服务质量变异。引起这种质量变异的因素主要有两大类:一类是偶然性因素,这些因素虽在物流运作过程中经常发生,但对物流服务质量影响较小。如在装卸搬运环节装卸机械的振动、在仓储环节库房温度的变化等因素。另一类是系统性因素,指的是那些不经常发生,但一旦发生就会对物流服务质量影响较大且具有一定规律性的因素。如运输环节各种运输设备因其性能降低而引起的交通事故(加强运输设备维护和更新力度可减少此类事故的发生)等因素。

在物流服务质量控制中,偶然性因素一般认为是不可避免的,而系统性因素则是可以避免的,其中能否避免是相对的。一般情况下,相对于消除偶然性因素来说,寻找并消除系统性因素更为经济可行。所以,当物流运作过程出现质量变异时,要正确分析两种引起质量变异的因素,针对性的采用合适的质量控制方法。

14.2.2 物流作业能力及作业能力指数

1. 物流作业能力

物流作业能力是处于稳定的物流运作状态下物流作业环节的实际操作能力,是该作业环节对物流最终产品(即物流服务)质量的保证程度,物流作业能力对应于有形产品生产中的工序能力。其中,稳定的物流运作状态是指:①物流运作中上一个作业环节按标准要求把作业对象提供给下一作业环节;②该物流环节按作业标准要求进行操作,并保证在影响本环节物流服务质量主要因素无异常的情况下进行;③物流作业对象经物流各环节的实际运作后,物流最终服务质量的评价检验按照制定的标准进行。物流作业能力只有在稳定的物流运作状态下才是有意义的。

在稳定的物流运作状态下，影响物流作业能力偶然因素的量化结果近似的服从正态分布，因此在物流作业能力量化和满足运作质量控制及经济要求下，可采用3σ原则来确定其分布范围。根据前面的计算结果可知，当分布范围取为$\mu \pm 3\sigma$时，物流服务质量合格的概率为99.7%，所以在一般情况下可取物流作业能力为6σ。

物流作业能力指数指在物流系统设计时对物流服务质量标准的要求与物流实际运作时各作业环节满足要求能力的比值。该指数表示了物流服务质量特性值的分布与公差范围之间的关系，这种关系用指数表示就代表了物流作业能力的大小，一般用C_P或C_{KP}表示。其中质量特性值的公差范围是在物流系统设计时就给定的，是物流企业在承认物流服务质量变异客观存在的基础上按照顾客要求对物流服务质量的限定。分布曲线和公差范围的对比关系如图14-2所示。

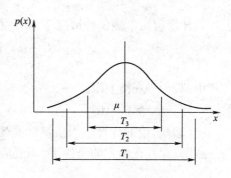

图14-2 分布曲线与公差范围的对比关系

2. 工序能力及工序能力指数*

(1)工序能力是指工序处于稳定的生产状态下工序的实际加工能力。它是通过该工序生产的产品质量特性值的分布表示工序的实力，即每道工序对产品质量的保证程度。所谓的稳定的生产状态是指：①原材料或上一道工序半成品按标准要求供应本工序；②本工序按作业标准进行加工，其加工无异常情况下进行；③本工序完成加工后，成品检验按标准进行。在非稳定的生产状态下测得的工序能力没有实际意义。

在稳定的生产状态下，影响工序能力的偶然性因素的最终结果，即在该工序上加工的产品质量特性值近似地服从正态分布。为了便于工序能力量化，依据质量控制及经济上的要求，可以采用$\pm 3\sigma$原则来确定其分布范围。根据概率的性质，正态分布$N(\mu,\sigma)$随机变量X的三个重要参数是：

$$P(\mu - \sigma < X \leq \mu + \sigma) = 0.6826$$
$$P(\mu - 2\sigma < X \leq \mu + 2\sigma) = 0.9544$$
$$P(\mu - 3\sigma < X \leq \mu + 3\sigma) = 0.9974$$

由上述参数可知，当分布范围取$\mu \pm 3\sigma$时，产品质量合格的概率可达99.7%，因此，以$\pm 3\sigma$即6σ为标准来衡量工序能力符合精确性和经济性的要求。于是在一般情况下可取工序能力为6σ。

(2)工序能力指数，是指设计时对产品质量标准规格的要求与加工时工序所具有的能够满足质量标准规格要求的能力之比。工序能力指数表示了质量特性值的分布与公差范围之间的关系，这种关系用指数表示就代表了工序能力的大小。工序能力指数又称工程能力指数、工艺能力指数，用C_P或C_{KP}表示。

3. 工序能力指数的计算*

(1) C_P值的计算。适用于设计标准规格的中心值与测定的质量特性值分布中心一致的情况下，即无偏差条件下的工序能力指数计算。

计量值在双侧公差情况下的C_P值为：

$$C_P = \frac{T}{6\sigma}$$

(14-3)

式中：T——公差范围；

σ——工序的标准差。

在质量控制过程中，σ 可以用实际测出的样本标准差 S 来估计，即：

$$C_p = \frac{T}{6S}$$

计量值为单侧公差情况下的 C_p 值可用下式计算：

$$C_p = \frac{T_u - \mu}{3S} \approx \frac{T_u - \bar{x}}{3S} \quad \text{或} \quad C_p = \frac{\mu - T_e}{3S} \approx \frac{\bar{x} - T_e}{3S}$$

式中：T_u——规格上限；

T_e——规格下限。

(2) C_{KP} 值的计算。当质量标准规格的中心值 $(T_u - T_e)/2$ 与分布中心 μ（以 $\bar{x}$ 估计）不一致时，即存在偏差的条件下，不能应用 C_p 值，而需应用 C_{KP} 值来计算工序能力指数，即：

$$C_{kp} = (1-k)\frac{|T_u - T_e|}{6\sigma}$$

其中：

$$k = \frac{|\mu - \bar{x}|}{T/2} = \frac{2e}{T}$$

式中：e——分布中心与公差中心的绝对偏移量。

4. 工序能力分析

求出工序能力指数后，就可以依据其值大小对工序能力进行分析和判定。一般情况下，$C_p = 1.33$ 时的工序能力较为理想，当 $C_p > 1.33$ 时，工序能力充分满足，但需要考虑经济性。对工序能力的判定可参考表 14-2。

工序能力分析判断表　　　　　　　　　　　　表 14-2

级别	工序能力指数 C_p（或 C_{kp}）	不合格品率 P	工序能力判定
特级	$C_p > 1.67$	$P < 0.00006\%$	过于充分
一级	$1.67 \geq C_p > 1.33$	$0.00006\% \leq P < 0.006\%$	充分
二级	$1.33 \geq C_p > 1.00$	$0.006\% \leq P < 0.27\%$	尚可
三级	$1.00 \geq C_p > 0.67$	$0.27\% \leq P < 4.45\%$	不足
四级	≤ 0.67	$P \geq 4.45\%$	严重不足

针对不同级别的工序能力，一般可采用的措施有：

(1) 特级，工序能力足以满足要求，可适当放松控制和检验，可考虑采用降低工序生产成本的措施。

(2) 一级，允许质量特性值有小的波动，若不是重要工序，可考虑放松控制和检验。

(3) 二级，需要严格控制和检验，防止超差，产生不合格品。

(4) 三级，应采取措施提高工序能力，如已出现不合格品，需要严格检验，必要时实行全检。

(5) 四级，追查原因，采取果断措施，实行产品全检。

现阶段，物流企业大部分的作业环节并不刻意要求进行能力测量，但建立物流作业能力的概念、分析与控制的思想及方法是十分必要的，它能够对物流服务质量控制提供技术方法与实施途径。

14.2.3 物流服务质量评价模型

1. SERVQUAL 模型

Parasuraman、Zeithaml 和 Berry 等人(1988 年)提出 SERVQUAL 模型,意为"Service Quality"(服务质量)的缩写,是目前最流行的服务质量评价模型之一。该模型衡量物流服务质量的五个尺度为:有形性、可靠性、响应速度、信任和移情作用,根据上述五个尺度,依据全面质量管理(Total Quality Management,TQM)理论构建了 SERVQUAL 评估方法,该方法是建立在对顾客期望物流服务质量和顾客接受物流服务后对物流服务质量感知的基础上,采取评分量化的方法测量企业的物流质量,其理论核心是"物流服务质量差距模型"。

上述 SERVQUAL 模型的应用可以将其评价服务质量的五个尺度进一步细分为若干个问题,通过调查问卷的方式,让用户对物流服务质量各个方面的期望值、实际感受值及最低可接受值进行评分。并由其确立相关的 22 个具体因素来说明,见表 14-3。然后通过问卷调查、顾客打分和综合计算得出服务质量的分数。

SERVQUAL 模型量化表 表 14-3

要素		组 成 项 目
服务质量(SQ)	有形性	(1)有现代化的服务设施($X1$); (2)服务设施具有吸引力($X2$); (3)员工有整洁的服务和外表($X3$); (4)公司设施与他们所提供的服务相匹配($X4$)
	可靠性	(5)公司向顾客承诺的事情能及时地完成($X5$); (6)顾客遇到困难时,能表现出关心并提供帮助($X6$); (7)公司是可靠的($X7$); (8)能准确地提供所承诺的服务($X8$); (9)正确记录相关的服务($X9$)
	响应性	(10)不能指望他们告诉顾客提供服务的准确时间($X10$)※; (11)期望他们提供及时的服务是不现实的($X11$)※; (12)员工并不总是愿意帮助顾客($X12$)※; (13)员工因为太忙以至于无法立即提供服务,满足顾客需求($X13$)※
	保证性	(14)员工是值得信赖的($X14$); (15)在从事交易时顾客会感到放心($X15$); (16)员工是有礼貌的($X16$); (17)员工可以从公司得到适当的支持,以提供更好的服务($X17$)
	移情性	(18)公司不会针对不同的顾客提供个别的服务($X18$); (19)员工不会给予顾客个别的关怀($X19$); (20)不能期望员工了解顾客的需求($X20$); (21)公司没有优先考虑顾客的利益($X21$); (22)公司提供的服务时间不能符合所有顾客的需求($X22$)

2. 物流服务质量(LSQ)模型

Mentzer 等学者在调查了美国国防物流局(DLA)及其客户样本后,结合实体配送服务质量(Physical Distribution Service Quality,PDSQ)概念,从药品供应商、燃料、电子、服装/纺织、建筑、生产资料供应商、生活资料和普通供应商等 8 个市场,提出了基于整体质量的物流服务质量定义,认为物流服务质量的研究应该与传统的服务质量一致,包括提货和交付产品的人员以及订货和处理差异性的过程。因此，Mentzer 等学者把实体配送服务质量的影响因素和顾客服务的影响因素整合起来，共同构建了物流服务质量测度模型，该模型包含了订货过程与收货过程两阶段，人员沟通质量、误差处理、货品完好程度、货品质量、货品精确率、时间性、订单释放质量、订货过程、信息质量等 9 个要素。随后，Mentzer 等学者考察了物流服务的过程及时间性，以及这 9 个要素之间的相关性，提出了基于产品市场的顾客为导向的物流服务质量模型。该模型就是比较有影响力和较为完整的 Tenessee 大学 Mentzer 的 LSQ 模型，如图 14-3 所示。

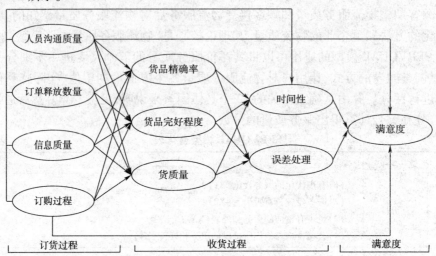

图 14-3　LSQ 模型

14.2.4　物流服务质量过程控制方法

1. 物流服务质量常用控制方法的种类

物流企业在质量控制中，可以应用各种质量工具来保证并改进服务的质量。其中最常用的质量工具有 14 种，包括定量方法与定性方法。质量工具是为质量控制服务的，在使用过程中，必须了解各个工具的特点，才能合理选择有效使用，见表 14-4，各种工具的具体应用可以参考质量管理学领域的相关书籍。

质量工具特点表　　　　　　　　　　　　　　　表 14-4

质量工具	特　点
统计分析表	系统搜集资料和积累数据，并对数据进行粗略整理和分析的统计图表
直方图	整理整个过程，看问题的分布情况，发现异常存在，集中力量进行改进
散布图	表示成对出现的两组相关数据之间相关关系
排列图	将改进项目从最重要到最次要顺序排列而采用的一种图表，看问题的分布情况，找出主要原因
矩阵数据分析法	用纵横交叉的数据表示因素之间关系，再进行数量计算与定量分析，确定哪些因素相对比较重要
控制图	分析生产过程稳定与否
因果图	理清思路，寻找原因，把握重要原因，采取相应行动
关联图	将混沌现象的结果与原因的关系进行整理

质量工具	特　　点
分层法	将搜集的数据依照使用目的进行合理分类,从而把错综复杂的影响质量因素分析清楚
系统图	把要实现的目的与需要采取的措施或手段系统地展开,以明确问题的重点,寻找最佳手段或措施
KJ法	整理混沌不清的语言,加以明确,抓住问题的实质
矩阵图	用纵横交叉点表示各个因素之间的关系
PDPC法	预先预测状况变化,整理对策,做好准备
箭条图法	应用网络图制订质量管理日程计划、明确质量管理的关键和进行进度控制的方法

2. 物流服务质量控制图的应用

在物流运作相关数据和质量特性值处理的过程中,需要有静态和动态的处理方法,而控制图法就是动态处理数据的方法。根据所采取的统计量不同,控制图可分为:单值控制图(x控制图);平均值与极差控制图($\bar{x}$-R控制图);中值与极差控制图(Me-R控制图);不合格品数控制图(pn控制图);不合格品率控制图(p控制图);缺陷数控制图(c控制图);单位缺陷数控制图(u控制图)。例如,通过单值控制图来说明在物流运作实务当中控制界限的求解方法。该方法在物流企业发现运作质量变异原因但又因经费和时间关系且只能获得一个测量值时采用,通过把直接测得的数据无须计算而直接在图上打点获得。它具有快速及时的特点,但不能发现离散情况。其图形如图14-4所示。

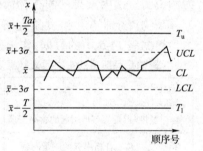

图14-4　x控制图

图14-4的横坐标表示按物流作业时间先后排列的顺序号,即1、2、3……纵坐标表示物流服务质量特性值,其中T表示公差范围。

x控制图的中心线和上下控制界限用以下方法确定:当物流运作条件无多大变化且过程稳定时,可利用以往同期的数据,按照3σ的方式控制图建立控制界限的要求得:

$$CL = \mu$$
$$UCL = \mu + 3\sigma$$
$$LCL = \mu - 3\sigma$$

当无历史数据可查时可随机抽取,抽样数量一般取$n \geq 50$,然后进行测量得到物流服务质量特性值,其平均值$\bar{x}$和标准偏差S由下列公式计算:

$$\bar{x} = \frac{x_1 + x_2 + \cdots + x_n}{n}$$

$$S = \sqrt{\frac{(x_1 - \bar{x})^2 + (x_2 - \bar{x})^2 + \cdots + (x_n - \bar{x})^2}{n}}$$

此时μ和σ可由上述结果近似代替,得到以下结果:

$$CL = \bar{x}$$
$$UCL = \bar{x} + 3S$$
$$LCL = \bar{x} - 3S$$

其他类型控制图的相关数值可利用上述类似方法结合概率论和数理统计知识得到。

作控制图的目的是观测物流运作过程是否处于控制状态,控制状态是指物流运作过程仅受偶然因素的影响,物流服务的质量特性分布基本不随时间而变化;否则就是异常状态。

其判断标准有两条:一是控制图上点不超过控制界限;另一个是控制图上点的排列分布没有缺陷。当点落在控制界限上时看作是超出了控制界限。

由于物流服务质量数据资料的统计、处理、分析过程会受诸多因素的影响,控制图法理论上也存在无法完全避免的错误,即把正常物流运作过程判断为异常或把异常的状态认为正常,从实践上一般采用 3σ 原则确定控制界限以使总损失最小。

3. 主次因素排列图在物流服务质量控制中的应用

在物流运作过程(整个物流系统或某一运作环节)中把出现的各种质量问题的具体项目和相关数据搜集起来,而后把这些数据归类,按每个质量问题所统计数据的多少和影响因素的主次进行从大到小的排列并以此作为横坐标,同时把各项数据发生的频数作为纵坐标,最后得出的直方图就是主次因素排列图。

在物流仓储、运输、流通加工等环节,物品质量因环境变化而改变,诸如:物理机械(冲击、振动、压力等)、气候(温度、湿度等)、化学(引起质量变异的各种化学反应)、生物(微生物、啮齿动物等)等因素的作用都会影响到物流运作过程的质量。下面以生鲜食品的储存为例说明主次因素排列图在物流服务质量控制中的应用。

某物流企业在生鲜食品仓储环节存在质量问题,某调查期采集的数据见表 14-5。

根据表 14-5 中的数据,作出的影响食品质量主次因素排列图如图 14-5 所示。

影响食品质量的主次因素数据表 表 14-5

序号	项目	频数(次)	频率(%)
1	温度、湿度等不适引起的食品变质	52	26
2	包装不合格引起的质量问题	24	12
3	操作不当引起的污染	22	11
4	物品堆放不合理造成的损坏	86	43
5	其他因素	16	8
	合　　计	200	100

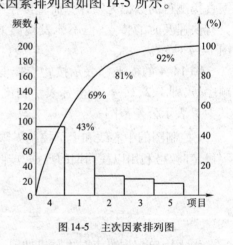

图 14-5　主次因素排列图

根据物流企业运作实务内容和要求,制作物流服务质量主次因素排列图的一般步骤如下:

(1)把影响物流服务质量的主次因素的相关数据进行分类,可按物流运作环节、物流运作结果、影响质量的原因、运作质量考核项、物流作业对象等进行分类。

(2)确定质量数据采集的时间,一般要搜集 50 个以上的数据,当采集期限过长时可按一定期限的数据作排列图。

(3)按分类的运作项目进行统计,汇总成表,以所有被考核质量项目的 100% 计算各项目所占的百分比。

(4)计算累计频率,其计算过程及公式见表 14-6。

(5)在坐标上以项目(按发生频数大小排列)为横坐标、以频数为纵坐标作直方图,按累计频率作排列曲线。

计 算 表　　　　　　　　　　　　　　　表 14-6

序号	项目	频数(次)	频率(%)	累计频率(%)
1	A	n_1	$f_1 = \dfrac{n_1}{N} \times 100$	$F_1 = f_1$
2	B	n_2	$f_2 = \dfrac{n_2}{N} \times 100$	$F_2 = f_1 + f_2$
3	C	n_3	$f_3 = \dfrac{n_2}{N} \times 100$	$F_3 = f_1 + f_2 + f_3$
…	…	…	…	…
合　计		N		100

其中：n_1、n_2、n_3…是按频数的大小顺序排列。

(6)把主次因素排列图的标题、数据来源、统计时限等需要说明的信息列出即可。

另外，主次因素排列图纵坐标也可用由于物流服务质量原因造成的损失金额来表示。同时，在作排列图时常用的处理方法有：当考查的物流服务质量项目较多时，可按时间、作业人员等因素进行分层；当需要对某一问题深入分析时，可将最主要的问题进一步细分后再作排列图；对一些影响较小或不易形成独立项目的问题，可归为其他项。

根据物流服务质量过程控制的特点，主次因素排列图有以下几个方面的应用：

(1)通过主次因素排列图，可找出需重点改进的物流作业环节和具体项目。在主次因素排列图上排在前面的几项是对物流(整个系统或环节或具体的考查项目)质量影响最主要的因素，根据其重要程度可把其定为 A 级，这些项目占全部项目的 75% 左右；占余下项目中 95% 的可定为 B 级；剩下的全为 C 级，如在图 14-5 的排列图中，项目 4 和 1 可定 A 级，项目 2 和 3 为 B 级，项目 5 为 C 级。排列图各项如此分类的优点是通过解决问题的主要影响因素来有效地达到控制的目的，经验表明，重要程度被定为 B、C 级的一般都难以控制，而解决 A 级项目比解决它们容易得多。

(2)主次因素排列图也可用来循环鉴定物流服务质量的改进效果。为了对物流运作过程进行持续改进，在运用排列图发现问题并采取控制措施后，要再次采集相关数据并依此作出主次因素排列图检验控制效果，通过排列顺序的变化找出持续改进物流服务质量的有效途径。

(3)许多物流运作过程的改善均可利用主次因素排列图来分析。图 14-6 所示就是主次因素排列图在物流运作过程中仓储管理方面的应用，从图中可以看出出库项目的改善将有助于仓储管理相关目标的实现。

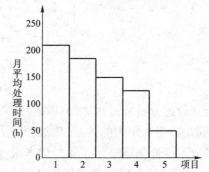

图 14-6　物流仓储管理各业务累积时间排列图
1-物品出库；2-进货检验；3-库存调整；4-财务核算；5-其他项目

14.3　质量成本控制

14.3.1　质量成本构成

质量成本是将质量预防和鉴定活动的费用与产品质量不合格所引起的损失一起考虑，

并形成质量成本报告,它是企业高层管理者了解质量问题对企业经济效益的影响以及与中低层管理者之间沟通的桥梁,是进行质量决策的重要依据。企业运行中的质量成本由四部分组成:①预防成本(prevention cost)是为避免或减少不合格产品(如质量故障、不能满足质量要求或无效工作等)而投入的费用。②鉴定成本(appraisal cost)是为了评定是否存在不合格产品而投入的费用,诸如试验、检验、检查和评判的费用。③内部损失成本(internal failure cost)是出现的不合格产品在交货前被检出而构成的损失。诸如为消除不合格而重新提供服务、重新加工、返工、重新鉴定或报废等。④外部损失成本(external failure cost)是出现的不合格产品在交货后被检出而造成的损失。诸如保修、退货、折扣处理、货物回收、责任赔偿等。质量成本是构成产品成本的因素,质量成本的变化必然影响着产品总成本的变化,且直接影响企业净利润的变化。

$$质量成本 = 质量保证费用 + 质量损失成本 \tag{14-4}$$

质量成本有一个最佳值,即最适宜的质量成本水平。企业可以通过实践,不断积累数据,建立自己的定量模型,不断探索并向最佳区域探求预防成本、鉴定成本、内部损失成本、外部损失成本之间合适的比例关系,如图14-7所示。

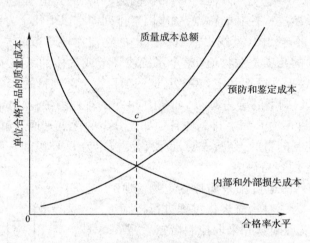

图14-7 质量成本结构示意图

通过分析质量成本结构图,可以揭示出降低质量成本的关键所在。各项之间存在着相互影响、相互作用的关系,比如预防成本、鉴定成本的增加,会引起质量损失成本的减少。质量成本特性曲线显示了质量成本最佳值的概念。

【案例14-2】 亮菌甲素注射液反应的药瓶供应链质量监控问题

2006年5月3日,广东省食品药品监督管理局发现部分患者使用了齐齐哈尔第二制药有限公司生产的"亮菌甲素注射液",出现了严重不良反应。随即该药品被暂停生产,封存了库存药品,并要求全国停售。"亮菌甲素注射液"在临床上一般用于急性胆囊炎、慢性胆囊炎、其他胆道疾病并发急性感染及慢性浅表性胃炎、慢性浅表性萎缩性胃炎等疾病的治疗。经查,江苏省泰兴市不法商人王桂平以中国地质矿业总公司泰兴化工总厂的名义,伪造药品生产许可证等证件,于2005年10月将工业原料二甘醇假冒药用辅料丙二醇,出售给齐二药。齐二药采购员钮忠仁违规购入假冒丙二醇,化验室主任陈桂芬等人严重违反操作规程,未将检测图谱与"药用标准丙二醇图谱"进行对比鉴别,并在发现检验样品"相对密度值"与标准严重不符的情况下,将其改为正常值,签发合格证,致使假药用辅料投入生产,制造出假药"亮菌甲素注射液"并投放市场。广州中山三院和广东龙川县中医院使用此假药后,11名患者出现急性肾功能衰竭并死亡。

现已查明,这是一起不法商人销售假冒药用辅料,齐齐哈尔第二制药有限公司采购和质量检验人员严重违规操作,使假冒药用辅料制成假药投放市场导致的恶性案件。这个假药形成的供应链过程,本可以有三个环节杜绝假药进入市场过程:原料采购、原料检验、成品检验。加强这三个环节的预防、鉴定工作,可能会形成一定的预防鉴定成本,但是可以避免严重的内部和外部故障损失。因此必须强化其药品的供应链预防、鉴定的制度建设。

资料来源:根据中国政府网相关报道进行整理。

在案例14-2中,如果齐二药厂加强购进制药辅料的检验,在发现原料相对密度不符规定时,进一步加强检测力度,就可以将假冒辅料拒之门外,避免造成11人死亡的重大外部故障损失;案例14-1中,没有及时发现购进原料中含有苏丹红,使肯德基店在4天里至少损失了2600万元,即企业的外部故障成本,如果加强预防检测、鉴定工作,及时采取措施,就可能大大降低企业外部故障成本。针对药品供应链管理问题,美国食品药品管理局(FDA)和卫生机构等共同建立了一个较为完善的管理制度和业务指导网络,从多方面采取行动,建立一个现代的、防止药物造假的综合系统,即采取多种手段建立一个控制网络,这个网络应该包括三个主要作用:①威慑作用:对违法行为的严厉处罚和高额罚款;②工艺控制:让伪劣药品的生产变得十分困难;③控制供应链:防止伪劣药品的流通,同时加强检查。

将图14-7中表示质量成本的曲线c上的最低点附近的区域加以放大,并将此区域划分为三个活动区域,如图14-8所示。通过质量成本项目构成的比例可以说明各活动区域的特点及在质量管理方面应采取的对策建议。

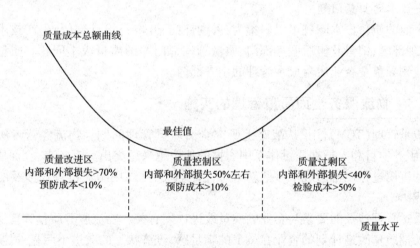

图14-8 质量成本最佳区域图

(1)质量改进区域。内外部损失成本占主导地位,说明生产工艺过程很不稳定,预防性措施不利,在这种情况下,应加强质量管理,采取突破性措施予以改进,以降低质量总成本。

(2)质量控制区。损失成本接近50%,预防成本大于10%。这种情况说明生产过程比较稳定,不易找到更大的潜力,应将质量管理活动的重点转向控制。

(3)质量过剩区。鉴定成本大于损失成本,鉴定成本占主导地位。说明有许多鉴定检验措施失去了经济意义,应该重新审查各项鉴定检验活动的有效性,降低质量标准中过多的部分,使鉴定成本降下来。

企业质量成本管理的目的在于找到最适宜的质量成本水平,并通过质量改进活动将质量成本控制在最适宜的范围之内。寻找质量改进的机会,检查质量改进的效果,最终实现企业经济效益的提高。

14.3.2 质量成本管理的作用和主要任务

1. 质量成本管理的作用和主要任务

随着企业国际化进程的加快,在实现企业发展目标的过程中,对于风险、成本和利益的最佳化要求,将迫使企业在开展质量管理工作中着手于质量成本管理活动。

质量成本管理的作用归纳起来主要有以下三方面:①在产品质量标准一定的情况下,质量成本的高低不是反映每个合格产品的质量水平,而是显示了可能的合理化潜力和改进机会;②质量成本数据是企业产品的质量缺陷和质量管理体系薄弱环节的重要指示器,开展质量成本管理就意味着为质量改进活动和提高企业收益寻求突破口;③质量成本管理采用货币形式使得质量管理工作与企业领导有了共同语言,有助于企业领导很快明确质量要求和支持实施质量改进措施。

质量成本管理的主要任务是揭示企业质量管理体系运行中的不合格(无效)工作和不合格(有缺陷)产品,为企业质量改进活动和整体管理水平的提高指明方向。具体的任务有三个方面:①建立识别不合格产品的工具,包括设置质量成本的财务账户、原始凭证、记录和建立核算制度、报告形式等;②制定质量成本差异分析和趋势分析程序,寻找造成不合格产品的原因和影响因素;③支持管理决策,即有效地进行管理方案的综合评价,追求高效益、低成本、可操作性的统一。

2. 质量成本的归集问题

物流企业的质量成本问题可以归集为:采购部门、开发与设计部门、生产技术与制造部门、物流管理部门、销售及售后服务部门、质量管理部门等的质量成本问题。质量管理部门是代表企业领导负责企业质量成本管理的主管部门。

14.3.3 物流服务全面质量管理的实施

全面质量管理(TQM)注重从战略上研究全面质量管理问题。物流经营者所提供的是服务,物流服务项目和人员在质量体系中占据的地位越来越突出。近年来,全面质量管理在物流领域的应用过程中也形成了一些新概念,这些概念可以用物流链管理涉及的要素描述其内容构成。

全面质量管理涉及的要素与企业的质量改进计划有关。物流服务质量管理研究中所揭示的具有长期质量改进计划的企业在员工的满足感、经济状态的改进不明显,以及物流数据获得、想象力等方面进步不大的情况下,分析其中原因,可能有调查设计方面的问题,也可能包括更深刻的管理理论应用方面的问题。例如,满足感不足是否与卡兹曲线有关? 管理者和非管理者的士气低落,是否与组织人员减少、经济状态、领导者的领导风格灵活性不足有关? 这些为物流系统全面质量管理提出了更深层次的研究问题。

全面质量管理、质量改进计划非常适宜物流企业的过程管理,与物流服务项目设计、物流服务组织结构、物流服务质量测量、物流基础设施、设备等诸多方面有关。然而,物流服务全面质量管理的实践还表明,成功的质量计划的主要障碍是对计划的一般性满意。一般性满意的计划其结果是不会有满意的高质量水平的成效;对不成熟的物流服务质量计划的评价和改进过程是一个不断延伸的过程;持之以恒地搞好物流全面质量管理,对物流企业经营和长期发展是十分有益的。物流企业结合转机建制要求,精心设计和选好物流服务经营项目,搞好过程质量控制、内部质量审核,实现全面质量管理的目标,也是提高物流企业管理水平的战略措施。

【案例 14-3】 实施 TQM 和非实施 TQM 企业比较的启示

物流全面质量管理或持续性的工作改进计划已经被一些学者肯定。进一步而言,物流领域管理者对全面质量管理、过程重新设计和其他与持续性工作改善等相关课题非常关注。人们虽然判定 TQM(全面质量管理)确实创造价值,但是还没有从经验研究中得到证实,实施 TQM 的公司的工作性能指标确实优于没有实施 TQM 的公司。安德森(R. D. Anderson)、克拉姆(M. R. Crum)和杰曼(R. E. Jerman)进行了有关调查,他们认真选择调查对象(主要是货主企业),主要目的是调查物流服务质量计划在物流绩效、物流作业现场方面的效果。以公司是否经历了正式的物流服务质量计划过程而将被调查公司分为三类:没有物流服务质量计划经历的公司、有过短期(1~4 年)物流服务质量计划经历的公司和有长期(5 年以上)物流服务质量计划经历的公司。

因为物流服务质量计划的成效不是立即实现的,因而以前大多数与此有关的研究都是通过个别的或有组织的产业已得到利益进行验证,这种方法存在一定缺陷。R. D. Anderson 等人认为,用两组公司的总绩效的平均值进行研究没有实际意义,因而需要对刻画构成公司绩效的几种因素进行分析。他们调查了近百家企业的物流服务质量管理状况,研究了一种比较实施 TQM 的公司和非实施 TQM 的公司绩效的方法。把调查对象分为甲、乙、丙三组,在所选择的 17 项要素之间分别进行两两成对比较,比较的两列数据均看作随机变量,p 值为所观察到的组间随机变量平均变化值的概率,相关性反映了在质量管理要素和组间多序列的相关程度,有这样的规律:①具有 1~4 年正式实施 TQM 或过程重新设计经历的企业,在制定基准、团队工作和可靠性方面明显地优于没有正式实施 TQM 或过程重新设计经历的企业。②具有 5 年以上正式实施 TQM 或过程重新设计经历的企业,在团队工作、供应商管理、制定基准、承诺、培训、参与、统计方法使用等诸多方面明显地优于没有正式实施 TQM 或过程重新设计经历的企业,成本等方面一般性地优于没有正式实施 TQM 或过程重新设计经历的企业。③具有 5 年以上正式实施 TQM 经历或过程重新设计经历的企业,在供应商管理、成本等方面明显地优于具有 1~4 年正式实施 TQM 或过程重新设计经历的企业,在团队工作、承诺、参与、竞争绩效等方面一般性地优于具有 1~4 年正式实施 TQM 或过程重新设计经历的企业。更详细的研究表明在竞争绩效方面,尽管具有 5 年以上正式实施 TQM 经历或过程重新设计经历的企业表现出进步很大,其他各组企业表现出有比较突出的改进。这是市场竞争的必然结果。从有关研究可以得出以下结论:

(1)有长期物流服务质量改进计划的企业绩效十分明显,用户对长期物流服务质量管理的企业满意程度最高。

(2)人员数量近 5 年的统计表明无质量改进计划的企业人员总数增加,而有短期质量管理计划和长期质量改进计划人员减少数量依次变大,首先是非管理人员明显减少,其次是管理人员也有所减少,组织结构变得更为精简、高效。

(3)调查研究的统计结果反映具有长期物流服务质量改进计划的企业在数据系统的完善、员工的满足感、经济状态等方面存在一些问题,需要进一步解决。

14.4 质量认证的形式与内容

14.4.1 质量认证

1. 质量认证

认证(Certification)是指由授权机构出具证明。质量认证是第三方从事的活动,即指独立于供方和需方之外的一方,与供方和需方之间均无行政隶属关系,也无经济利害关系的机构或组织。ISO 8402 将质量认证定义为:由第三方确认产品、过程或服务符合特定要求并给予书面保证的程序。质量认证的对象可以是产品,如产品质量认证;也可以是过程,如质量体系认证。质量体系是质量保障过程、是组织网络体系。质量认证是国际上通行的加强质量评价、质量监督和质量管理的有效手段,质量认证对搞好物流服务质量管理有十分重要的作用。按认证的性质可以分为强制性认证和自愿性认证,质量体系认证是自愿性认证。质量认证的表现方式有认证证书和认证标志。

质量体系认证是针对企业的质量管理和质量保证体系,要求其满足所申请的质量标准要求和必要的补充要求。质量体系认证证书、认证标志都不能用于产品。质量体系认证只具有自愿性的认证方式,获得体系认证资格的企业可以再申请特定产品认证,但免除对质量体系通用要求的检查。

2. 2008 版 ISO 9000 标准

ISO 9000 族标准是由国际标准化组织 ISO(International Organization for standardization)在 1987 年提出的概念。国际标准化组织(ISO)于 1999 年 11 月完成了第二阶段的修订,正式提出了 2000 版 ISO 9000、ISO 9001、ISO 9004 三个国际标准,于 2000 年 12 月 15 日由 ISO/TC176 正式发布 2000 版 ISO 9000 族标准。ISO 9001:2008 国际标准已于 2008 年 11 月 15 日正式发布,我国国家标准 GB/T 19001—2008 已经发布并于 2009 年 3 月 1 日实施。

新的标准文件结构见表 14-7。

2008 版 ISO 9000 族标准　　　　　　表 14-7

核 心 标 准	
ISO 9000:2005　质量管理体系　基础和术语	ISO 9004:2009　质量管理体系业绩改进指南
ISO 9001:2008　质量管理体系　要求	ISO 19011:2002　质量和(或)环境管理体系　审核指南
支持性标准和文件	
ISO 10012　测量控制系统	ISO/TR10014　质量经济性管理指南
ISO/TR1006　质量管理 项目管理指南	ISO/TR10015　质量管理 培训指南
ISO/TR1007　质量管理 技术状态管理指南	ISO/TR10017　统计技术指南
ISO/TR10013　质量管理体系文件指南	小册子:质量管理原则 选择和使用指南　小型企业的应用

ISO 核心标准每五年进行复审和更新,以防滞后于技术的最新发展。我国是 ISO/TC176 的成员国,等效采用 ISO 9000 系列标准,颁布了中国质量管理和质量保证系列国家标准。

2000 版 ISO 9000 是一个通用型的认证标准,所有行业和企业均可以运用。此外还有以下一些特点:对标准的裁减做了明确的规定,着重于顾客满意度的监控,更加强调最高层管理者的作用,突出"持续改进"是提高质量管理体系有效性和效率的重要手段,减少了对文件化的强制要求,更注重实际效果,明确要求质量管理体系要以顾客为中心,同时考虑所有利益相关方的要求,提高了与环境管理体系的相容性,采用"过程方法"(图14-9)模式的结构,逻辑性更强,相关性更好。修改后的 2008 版 ISO 9000 系列与 2000 版 ISO 9000 系列基本保持一致,对局部进行调整,更多的强调过程方法的思路和顾客满意。

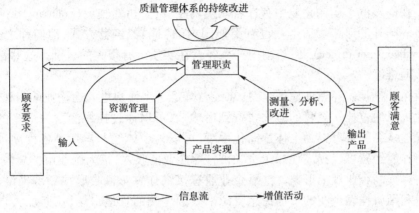

图 14-9 以过程为基础的质量管理体系模式

3. 质量体系及其建设

质量体系是指供方企业质量体系的质量管理和质量保证。质量体系首先是为满足企业内部要求设计的,在一般情况下,需方和第三方评价(评审)所提出的质量保证要求,应当是质量体系中的一部分,而不是全部。质量体系是由组织结构、职责、程序、资源(包括人员与设备)和过程组成的体系结构。质量体系是达到质量目标需要的综合性系统,其实质就是人、设备、工作项目、信息构成的过程网络,它包括了为达到质量方针和目标所必需的所有活动。

质量体系结构是由质量责任和权限、组织结构、资源和人员工作程序等组成。质量体系的构成包括所有质量的活动,即产品生命周期环阶段(原质量环)、质量体系结构、质量体系文件、质量体系审核和质量体系复审等五个方面。

建立质量体系一般分为五个阶段:准备阶段、分析阶段、要素选择阶段、文件编制阶段和体系运行阶段。其循环过程为:质量体系建立→运行→审核→纠正措施(审核)→复审(体系完善)→运行。一般这种循环进行两次,即可对本企业的质量体系运行得出客观的结论。

一个合格的认证机构必须具有法律地位,掌握严格的管理制度和方法,有足够的能力处理消费者的意见和要求。我国重要的认证机构主要有:中国方圆标志认证委员会、中国国家进出口商品检验局、中国电子元件质量认证委员会、中国电工产品认证委员会等。

14.4.2 八项质量管理原则

八项质量管理原则是:①以客户为关注焦点;②领导作用;③全员参与;④过程方法;⑤管理的系统方法;⑥持续改进;⑦基于事实的决策方法;⑧与供方互利的关系。互利的关系可增强双方创造价值的能力,双赢或多赢是现代企业发展的必然趋势。只有与客户结成伙伴型的合作关系,不断和客户共同努力,帮助客户解决问题,实现共同发展,才是谋求企业发展的最好策略。

14.4.3 经营模式与质量认证的问题

20世纪80年代以后,汽车运输企业开始全面走向运输市场,面临经营转型的汽车运输企业开始重视各种方式的承包经营本无可厚非,但许多企业出现了将大化小、以包代管、以钱代管现象,全面质量管理的理论在货物运输领域的推广和实践出现停滞、后退甚至完全放弃的现象。在许多汽车运输企业中存在着两类驾驶员:公司驾驶员(company driver)和挂靠经营驾驶员。国外的道路货运企业也有类似国内的"挂靠"经营方式,他们称之为"转包合同驾驶员(subcontract driver)"但与国内挂靠经营在实质上有很大的区别。这些都给质量管理带来很大的难度。

道路货运车辆挂靠经营的原因是:挂靠经营降低了个体户进入运输业的门槛,业主只需买一辆车就可以通过挂靠经营的方式投资到运输业,可以通过挂靠经营在最短的时间内进入经营状况。挂靠经营可以为个体户简化手续,可以为个体经营户代办各种烦琐的手续和代缴税费。挂靠经营可以提高挂靠车主和被挂靠企业的收入,扩大企业市场规模和占有率,做得好还可以提高企业规模形象。挂靠企业通过接纳挂靠车辆收取挂靠费来增加收入,而个体户通过利用所挂靠企业的市场信息资源来获取广阔的货运市场,从而加大自身的营业收入,与此同时,由于个体户是以被挂靠企业的名义来运作的,因此相应的扩大了企业的市场占有率,提高企业在货运市场中的形象。在物流企业分类等级评定中所规定的各项指标是个体经营户所达不到的,也就意味着个体经营户也不能成为运输型的物流企业。因此,一些个体经营户为了获得相应的经营资格(如:取得从事物流服务,危险品运输,省际间或全国范围的货物运输等的资格),只能采取挂靠的形式,借助被挂靠企业的经营资质从事区域间运输或物流活动。

【案例14-4】 挂靠经营驾驶员的液氯泄漏事件分析

以2005年3月29日晚发生在京沪高速公路淮安段的液氯泄漏事件为例,肇事的槽罐车是挂靠在济宁科迪化学危险品货运中心的车辆,按照《道路货物运输企业经营资质管理办法(试行)》规定个体经营业户不能从事危险品运输,而该车主通过挂靠的方式取得了经营权。由于该肇事驾驶员缺乏常识,并且没有根据质量手册的要求对待这种特殊情况,在肇事后逃逸,延长了液氯的危害时间,造成28人死亡。如果该肇事车辆是济宁科迪化学危险品货运中心的车辆,或者车主根据济宁科迪化学危险品货运中心的质量手册来进行实际运作,驾驶员就应该知道在出现这种问题时首先报警告诉所运危险品是何物,也不至于逃逸造成如此大的损失。类似这样的事例不少。

国外一些物流企业有"公司驾驶员(company driver)"和"转包合同驾驶员(subcontract driver)"两种经营情况,但其运作和国内的挂靠经营方式存在很大差异。例如,原澳大利亚TNT就有一些转包合同驾驶员,他们与公司签订一年以上的长期合同,公司将其所有的车辆按照TNT集团的标志、标准字、标准色统一喷涂,承揽TNT分配给其的业务,这些转包合同驾驶员在运作过程中按照TNT集团的机制进行运作,并承担自身车辆的所有风险,而TNT公司的驾驶员驾驶公司的车辆,完全按照公司要求进行即可,不需要承担许多车辆风险。这与国内的挂靠经营相比,客户服务质量能够得到充分保证。加拿大挑战者(challenger)公司通过了ISO 9000系列质量管理体系认证,它有与TNT相类似的转包合同驾驶员来完成公司一定的业务,并且可以通过合同保证货运服务质量和公司声誉不会受影响。

14.5 物流服务质量持续改进

14.5.1 质量杠杆和持续改进理念

1. 质量杠杆理论

在传统质量改进的过程中,通常是依靠检验和审查工序来控制质量。但这种方法只能控制低劣产品流入市场,并不能改进质量,都只能起到治疗症状的作用。从集成物流服务质量杠杆(图 14-10)的原理可以看出:要提高物流服务(产品)质量,如果用传统的方法,则需要施加很大的作用力(如经济代价);如果从产品周期的顾客需要和产品概念阶段寻找控制物流服务质量的方法,则只需要施加很小的作用力,就可以提高集成物流服务(产品)质量。

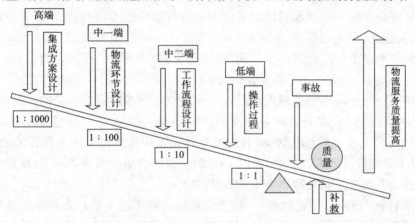

图 14-10 集成物流服务质量杠杆

物流服务质量是设计出来的,而不是制造出来的,这是强调集成物流方案设计质量的原因。显然,在集成物流方案设计源头上进行安排,才是最有效和最经济的质量控制方法。这也是集成物流服务价值和质量的重点。

2. 持续改进思路

质量持续改进是为企业及其顾客提供增加的效益,提高质量管理活动和过程效益与效率的措施。其目标是减少系统性普通变差、提高质量、消除浪费、降低成本、改善交付和服务,最终使所有的顾客、供方及本企业的员工都受益。质量持续改进是一种解决系统问题的措施,所以要求有切实的改进计划,从创造质量持续改进的环境入手,建立改进活动的组织,进行具体策划,并对实施计划进行评审,采用有效可行的方法与工具,持续不断地坚持改进,最终才会达到目标。

企业的产品、服务质量是由使用它们的顾客的满意程度、形成和支持它们的过程效益和效率所决定的。因此,质量持续改进的原理主要有:

(1)管理突破原理。管理突破是质量持续改进的基本原理。旧的标准水平与提出的新水平的差异是一个"长期性"的问题,企业最高管理者及各级管理层要解决这一被看作是"正常"的问题,并决心取得成效,从而达到一个新的较高的质量水平,这就是"突破"。

(2)过程原理。目的是追求比过去更高的过程效率和过程效益。企业内的每一项活动或每一项工作均包含着一个或多个过程,过程是各种可利用的资源、技术和方法的组合与活动。质量持续改进是一项持续活动,通过持续地改进工作过程,协调各方面的关系和克服各种阻力,才能取得更高的过程效益和效率。

(3)预防原理。在质量所展示的各个阶段中,从质量成本、文件控制、质量记录、设计评审到人员培训都可以找到持续改进的机会。这就要求必须不断地致力于新产品、新工艺以及新的工作方法、新的管理技术等的研究,并进行必要的试验,以避免产生新的长期性问题,而且也可以减少过程的普通变差或系统性缺陷,将过程的特殊变差或偶然性故障的发生概率降到最低。

14.5.2 物流服务质量改进的步骤

(1)对顾客服务进行市场调查。顾客服务是以满足顾客需求为中心和出发点,以提供高品质服务为经营核心,在达成顾客满意、提高顾客忠诚度的基础上实现企业自身更好的发展。因此,物流企业的一切活动都以顾客为中心进行准确的市场调查,从顾客的角度出发设计和规划物流服务,预先把顾客的不满因素从设计中尽可能地去除,并且顺应顾客的需求趋势,预先在服务本身上创造顾客的深层满意,从而使顾客满意,获得顾客的忠诚。

(2)根据顾客需求确定物流功能水平(QFD)。质量功能展开(QFD)就是将顾客的需求转换成质量特性,保证顾客的关键需求以及企业的核心技术展开到产品的各功能部件、过程变量等质量特性,从而形成满足顾客要求的产品质量。QFD是一种通过调查获取顾客需求,利用"质量屋"关系矩阵将其转化、分解成设计和管理决策过程中可执行的功能,在一定的定性和定量研究以及各部门紧密合作的基础上,保证产品或服务的质量,使设计和制造的产品、提供的服务能真正满足顾客需求的方法。

(3)基准目标的确定(标杆管理)。物流企业标杆管理的实质是企业在明确物流服务和流程方面的最高标准的基础上,通过必要的改进来达到这些标准。标杆管理是企业进行绩效评估和获得持续改进的工具,能给企业带来巨大的实效。物流企业在为目标顾客提供服务时,需要按照标杆管理的方式自主设定符合自身实情的基准目标,以使物流企业得到更好的发展。

(4)实施物流服务。服务质量是服务管理方面研究最为集中的问题,物流企业服务质量是物流企业管理最为核心的问题之一。物流服务质量指物流服务满足市场需要的能力,我们提出以物流服务过程为基础建立物流服务质量模型,将顾客服务划分为交易前、交易中和交易后三个阶段,每个阶段包含不同的服务要素,在实施物流服务时要注意不同阶段各服务要素的协同发展。

(5)评估差距。目前,我国大多数物流企业在服务理念、内容及质量管控方面还存在着一些问题,为了更好地服务目标顾客,物流企业需要不断地提高物流服务质量。这就需要物流企业在实施具体的物流服务时,能够按照不同阶段的内容更准确地制定契合自身的基准目标。如果在这个过程中存在差距,需要及时的评估并进行适当修正。

(6)业绩评价。在建立了物流企业内部和外部的质量指标体系后,物流企业可利用该质量指标体系对物流服务质量进行综合评价,了解作业质量的状况及顾客对服务质量的满意程度,为质量管理提供依据。物流企业质量改进的最终目的是提高服务质量,质量管理体系运行的好坏不在于资料是否详尽、标识是否全面等表面现象,而要看工作质量和服务质量是否得到大幅度的提高。因此物流企业要做好质量考核工作,每季度或每半年进行一次全面的考核和总结。

(7)制定服务标准。物流企业经营管理的核心是提供物流服务,物流企业服务的对象是顾客,因此物流企业对服务质量进行管理控制,并制定服务质量的相关标准和规定必须建立在详细分析顾客感知服务质量影响要素的基础上。提高物流企业的服务质量时,物流企业管理者应该从顾客感知的角度来分析物流企业的服务质量,并通过制定统一的服务标准来进行有效的控制和管理。

14.5.3 物流服务质量持续改进的方法

目前,质量改进的方法要点可以概括为:思想认识要关注"三部曲"、质量保证体系要PDCA 四循环和持续改进作业要实施 DMAIC 五阶段,物流链参与企业在改进物流服务质量过程中也可以借鉴采用这三种方法。

1. 思想认识要重点关注"三部曲"

物流服务质量的改进活动是一个过程,必须按照一定的步骤进行。解决质量危机需要突破传统,制定新的行动路线。制定新的行动路线首先必须确定一种普遍适用的质量方法,也就是一种适用于公司集团中各个层次(从行政领导者、办公室人员到普通工人)和各种职能的方法。借鉴朱兰(1987 年)提出的质量管理三部曲,即质量计划、质量控制和质量改进三个过程,在物流服务质量每个重点过程都由这一套固定的执行程序来实现。

(1)质量计划。质量计划是为实现质量目标做准备的过程,改进物流服务质量必须从认知质量差距开始。看不到差距,就无法确定目标。为了消除各种类型的质量差距,并确保最终的总质量差距最小,质量计划包括六个步骤:①必须从外部和内部认识顾客;②确定顾客的需要;③开发能满足顾客需要的产品;④制定质量目标,并以最低综合成本来实现;⑤开发出能生产所需要产品的生产程序;⑥验证上述程序的能力,证明其在实施中能达到质量目标。

(2)质量控制。为确保各项工作过程按原设计方案进行并最终达到目标,需要制定和运用一定的操作方法进行控制。物流服务质量控制不单是优化一个过程,质量控制还表现在质量计划和质量改进之中,物流服务质量控制可借鉴的七个步骤:①选定控制对象——控制什么;②配置测量设备;③确定测量方法;④建立作业标准;⑤判断操作的正确性;⑥分析与现行标准的差距;⑦对差距采取行动。总体上讲,质量控制就是在经营中达到质量目标的过程控制,关键在于把握何时采取何种措施,最终结果是按照质量计划开展经营活动。

(3)质量改进。质量改进是指突破原有计划从而实现前所未有的质量水平的过程,管理者通过打破旧的平稳状态而达到新的管理水平。质量改进的步骤是:①证明改进的需要;②确定改进对象;③实施改进,并对这些改进项目加以指导;④组织诊断,确认质量问题的产生原因;⑤提出改进方案;⑥证明这些改进方法有效;⑦提供控制手段,以保持其有效性。

物流服务质量改进与质量控制性质完全不一样。物流服务质量控制是要严格实施计划,而物流服务质量改进是要突破计划,通过质量改进,达到前所未有的质量性能水平,最终结果是以明显优于计划的质量水平进行经营活动。质量改进有助于发现更好的管理工作方式,诸如,六西格玛管理哲学的运用。

2. 质量保证体系要四循环

PDCA 循环是产品质量改进的基本过程,任何一个活动都要遵循 PDCA 循环规则,它是全面质量管理的基本工作方法。PDCA 循环是由美国质量管理统计学专家戴明(W. E. Deming)于 20 世纪 60 年代初创立的,故也称戴明环活动。它反映了质量改进和完成各项工作必须经过的四个阶段,即计划(plan)、执行(do)、检查(check)、处理(action)。这四个阶段不断循环下去,周而复始,使质量不断改进。图14-11、图14-12所示为质量保证体系PDCA循环及质量管理体系不断上升示意图。

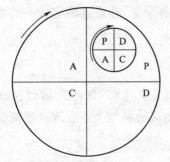

图14-11　质量保证体系PDCA循环　　　图14-12　质量管理水平不断上升的循环

3. 持续改进作业五阶段

持续改进作业五阶段(DMAIC),DMAIC是指定义、测量、分析、改进、控制五个阶段构成的过程改进方法,一般用于对现有流程的改进,我们运用DMAIC模型对物流服务质量过程进行持续改进。每个要素的具体内容如下。

(1)定义。物流服务质量管理的最终目标在于满足顾客对服务(产品)的要求。所以必须从顾客要求的所有项目中选定顾客最在意的事项(CTQ)。将CTQ作为项目要解决的关键问题,并且要确定对经营成本影响最大的事项加以改进。在六西格玛管理中可以利用以下工具来进行CTQ的选定:顾客调查、焦点小组访谈(focus group interview,FGI)、顾客要求事项图(CNM)、质量功能展开(QFD)、逻辑树、因果图、帕累托图、故障模式失效分析(FEMA)等。

(2)测量。测量阶段需要确认执行标准、定义缺陷、确定问题的最小单位,并对搜集的资料进行表示。测量系统分析是对流程进行测量的方法、结果进行重复性、再现性、可靠性分析。测量系统是关键的因素,除非证明测量系统能满足要求。确定流程能力,对现行的流程表现进行分析,判断流程的改进范围和空间。确定流程目标,建立流程的标杆,确立改进的目标。

(3)分析。分析阶段是解决统计数据分析的问题,目的是了解各种因果关系,通过这种分析得到的信息,可以启发我们对产生波动根源的认识,这将有助于改进流程。使用统计分析工具和图形工具对搜集的资料进行分析,找出所有的影响因素,分析确定影响输出"Y"的关键因素"X"(致命因子),即确定过程的关键影响因素。对各个因子"X"做统计性检验之后去掉多数因子,分析阶段的常用工具有假设检验、"Y"的变动有致命影响的"X"因子回归分析、分散分析等。

(4)改进。通过实验设计(DOE)的应用,寻找优化过程,通过对同时改变流程中几个因素的运行水平来获得对流程的了解,这种流程信息使我们能够确定影响流程优化和改变机会的关键变量的设定值,使过程的缺陷或变异(波动)降低。在不对过程进行任何改变的情况下,利用方差分析和回归分析的方法,可以帮助我们确定产生变异或波动的根源。但是方差和回归分析无法描述最有效过程的改善行为。而实验设计就能够克服这个问题,它提供了一种结构优化的途径,一次性地改变过程中许多因素的设定值,并且能够整体上观察改善或者退化的数据,分析不仅能够处理一组输入因素所有可能的组合,也能处理所有组合中的一个子集。改善阶段常用的工具有实验设计、田口方法等。

（5）控制。改进后的过程程序化后应继续搜集资料,观察改善的状况。通过有效的检验方法保持过程改进的成果,确认并完成控制,保证改善的结果得到保持。用控制图或防错设计监测和控制流程中的变异。制订移交计划,使其能持续控制和检查。

具体的模型运行见表14-8。

DMAIC 过程各阶段的主要工作　　　　　　　　　　　表14-8

阶　段	主　要　工　作
	（1）定义阶段 D:确定顾客的关键需求并识别需求改进的产品或过程,将改进项目界定在合理的范围内
	（2）测量阶段 M:通过对现有过程的测量,确定过程的基线以及期望达到的目标,识别影响过程输出 Y 的输入 X,并将测量系统的有效性做出评价
	（3）分析阶段 A:通过数据分析确定影响 Y 的关键 X,即确定过程的关键影响因素
	（4）改进阶段 I:寻找优化过程输出 Y 并且消除或减少关键 X 影响的方案,使过程的缺陷或变异(或称为波动)降低
	（5）控制过程 C:使改进后的过程程序化并通过有效的检测方法保持过程改进的成果

根据六西格玛管理哲学规范了并改进了 DMAIC 的五个阶段,从顾客入手一步一步找到问题的关键所在,加以解决并保持成果。

思考题

1. 简述质量的内涵及构成、现代质量观与传统质量观的区别。
2. 影响物流服务质量变异的因素有哪些?什么是物流作业能力?
3. 企业为什么要开展质量成本管理,其主要任务是什么?
4. 从案例实施 TQM 和非实施 TQM 企业的比较可以得出什么启示?
5. 物流链参与企业开展质量认证体系的必要性体现在哪些方面?实施的难点是什么?
6. 物流服务质量控制和持续改进的方法有哪些?企业应该如何提升物流服务质量?

第15章 物流成本及时间控制与管理

物流企业的物流服务项目、物流技术及组织管理水平,与物流成本的相关性很大。掌握物流成本分析和控制方法,做好物流运作成本和时间控制,是科学地设计、组织物流过程,进行各层次物流系统决策分析与物流管理的重要内容。

本章研讨重点:
(1) 物流成本的构成及分类。
(2) 典型系统的物流成本构成及分析方法。
(3) 物流成本的分析方法及物流作业成本法的应用。
(4) 时间控制在物流管理中的应用及时间控制技术。

15.1 物流成本及分类

15.1.1 物流企业与物流成本

1. 物流成本及构成

物流成本核算涉及物流成本如何汇集、物流成本项目如何规定及具体核算方法等。物流成本是指物料、产品、商品等的空间位移过程中所消耗的各种活劳动和物化劳动的货币表现,具体表现为物流各个环节所支出的人力、物力和财力等的总和。物流成本主要由以下几部分构成:

(1) 人工成本。为物流从业人员支出的成本,如工资、奖金及各种补贴。
(2) 作业物质消耗。物流作业过程的各种物质消耗,如包装材料、燃料、电力等的消耗,车辆、设备、场站设施等的磨损。
(3) 利息支出。属于再分配项目的支出,用于各种物流环节占有银行贷款的利息的支付等。
(4) 管理成本。组织物流过程的各种成本,如上网费、入会费、线路租用费、办公费、差旅费等。

一切由物料、产品、商品等实体物理性空间运动所引起的货币支出都是物流费用,物流费用按一定对象汇集就构成了物流成本。物流费用控制也称为物流成本控制。

2. 物流总成本

从不同角度考察物流总成本其详细内容不尽相同。本书仅从一般性的角度进行概括,物流总成本 TLC 主要内容概括在式(15-1)中：
$$TLC = T_C + F_C + C_C + I_C + H_C + P_C + M_C \tag{15-1}$$

式中：T_C——运输成本；
F_C——设备成本；
C_C——通信信息成本；
I_C——库存成本；
H_C——搬运成本；
P_C——外包装成本；
M_C——物流管理成本。

上述物流成本存在相互作用、相互制约的关系。物流成本管理不单是降低某一环节的成本支出，而是追求物流总成本最低，需要用系统集成的观点分析和控制物流成本消耗。

15.1.2 物流成本的分类

1. 按成本形成形式的物流成本分类

按成本支出形式，物流成本可以分为本企业支付的物流成本和支付给其他物流服务组织的物流成本。前者称为直接物流费，包括材料费(包装材料费、工具消耗费等)、人工费(工资、奖金、补贴等)、燃料动力费(燃料费、水电费等)、折旧费(设备设施折旧、大修理费)、银行利息支出、维护费、管理费(物流管理信息费、办公费、差旅费等)及其他成本等；后者称为委托物流费，包括包装费、运输费、手续费、保管费和其他成本等。这种分类法的优点是便于检查物流成本在各项日常支出中的数额和所占比重及分析各项成本水平的变化情况。这种方法比较适用于生产企业和专项物流服务部门。

2. 按物流主要活动部分的物流成本分类

按物流主要活动部分，物流成本可以大致分为物流作业环节成本、物流信息成本和物流管理成本。这种分类便于检查各物流环节成本支出情况，对于衔接各环节物流活动管理十分有用，通常可用于综合物流部门物流成本分析与管理。

3. 按物流运作的逻辑过程进行物流成本分类

按物流运作的逻辑过程，物流成本一般可划分为：物流筹备成本、生产物流成本、销售物流成本、退货物流成本、废品物流成本等。这种分类法便于分析物流各阶段的成本支出情况，在专项物流部门和综合物流部门都有较大的实用性。

15.1.3 对物流成本的认识

按企业劳动成果的性质划分，企业成本可以分为生产性成本与劳务性成本，物流成本属于后者。按成本在企业经营管理中的作用划分，可以将企业成本划分为财务成本与管理成本。物流管理所涉及的规划、运营与管理，主要研究的是管理成本，这是一个很大的概念范畴。在物流系统管理成本中包含了决策成本、控制和考核成本等主要内容。所谓决策成本是指物流企业用于物流服务经营决策方面的成本，主要包括预测成本、设计成本、目标成本、功能成本、相关成本、差别成本、沉没成本、质量成本、机会成本、资金成本等内容。控制和考核成本是指物流企业用于控制物流服务运行和经营过程中的劳动消耗，考核企业物流活动耗费水平的成本指标，主要包括标准成本、定额成本、责任成本、可控成本、计划成本等内容。物流系统的规划、设计、运行与管理的科学性、合理性将直接影响到物流成本的高低和总成本的节约,物流系统组织设计与决策的质量水平对物流各环节成本和物流总成本节约有重要的影响。

15.2 典型系统的物流成本分析

15.2.1 生产企业的物流成本分析

生产企业的物流成本最终都体现在所生产的产品成本中,具有与产品成本不可分割性的特点。生产企业的物流成本分析,往往带有一定的战略意义。例如,是由企业自己完成本企业内外全部或部分后勤活动,还是租用第三方物流服务更为划算?是自己投资物流设施、设备,还是租用第三方物流企业的设施、设备更为划算?主要分析内容包括:

(1)根据物品流动的过程,可以分析供应物流成本、生产物流成本、销售物流成本和退货物流成本、废弃物流成本各自所占比例,分析其中的问题和可改进之处。

(2)根据成本形成的形式,可以分析企业自备力量所耗费的物流成本和租用其他物流企业服务支付的物流成本的关系,分析利用自备力量还是利用第三方物流服务更为划算。利用本企业自备力量完成的物流作业支付的物流费,应包括物流基础设施、运输设备折旧、维护、修理等成本,各种车辆收费等,在很多企业中将其遗漏掉了。生产企业完全或基本利用第三方物流服务支付的总成本,是指用第三方物流力量完成材料采购、产品销售等业务而发生的有关的各种包装、发送、运输、验收等物流成本,其中已包括了上述成本,此外还需要在物流服务质量和成本水平之间进行比较,进而作出抉择。

(3)根据物流功能特点,可以分析各物流环节作业费、物流信息费和物流管理费及其之间的关系,怎样匹配比较合理。

(4)根据物流成本与有关业务量、供应量、生产量、销售量之间的变换关系,可以分析固定物流成本和变动物流成本(包括直接物流成本和间接物流成本),研究物流运营成本的变化规律,有效控制物流成本支出。

(5)根据其他物流管理项目进行分析。为了有效地制订物流计划、控制物流成本,还可以根据部门、交通、销售地域、用户群、物流活动机能等其他不同项目对物流成本进行分析。

15.2.2 流通企业物流成本分析

流通企业物资与商品可以由自备车队或营业性运输企业承担运输任务,也可以通过外包实现,许多流通企业展开了多元化经营,运输企业也涉及物流、后勤保障服务领域,对于流通企业而言,存在选择物流经营者的决策问题。

(1)根据成本的经济性质,分析生产性流通成本和纯粹流通成本的数量和构成关系。在流通企业中仍存在运用自备运输设施、设备完成运输集散过程,还是购买营业性运输(后勤保障)服务的决策问题。

(2)根据物流成本与商品流转额的关系,分析可变成本和相对不变成本及其关系。

(3)根据成本发生的流转环节(进货、存储和销售),分析进货成本、商品储存成本和销售成本,找出节约成本的途径。

15.2.3 汽车运输企业货运成本分析

汽车运输是货物运输、配送服务过程中唯一不可缺少的运输方式。从物流高级化观点分析汽车运输业务成本,应包括时间效应(速达性、准时性)、服务质量和运行成本比较分析。

1. 汽车运输业务成本及构成

汽车货物运输业务成本是汽车运输企业向社会提供货物运输及相关劳务所发生的营运成本。汽车运输企业成本核算与其他运输企业成本项目有所不同,但也有一些相近之处。汽车运输成本项目的设置,贯彻了"制造成本法"的基本要求。目前,运输成本可设置下列 2 个项目:

(1) 车辆直接成本:工资、职工福利费、燃料、轮胎、修理费、车辆折旧、养路费、公路运输管理费、车辆保险费、事故费、其他营运成本。

(2) 营运间接成本:营运间接费。

2. 货运成本与载运系数

汽车运输业务成本也可分为固定成本和变动成本,其中变动成本还可进一步分为随吨公里变动的变动成本和随周转量变动的变动成本。单位运输劳务量所负担的吨公里变动成本直接受车辆运用效率的影响。汽车运输的载运系数是一个十分重要的车辆运用效率参数,载运系数一般用 Z_e 表示:

$$Z_e = \frac{L_r t_a t_r}{1 - t_t} \tag{15-2}$$

式中:L_r——里程利用率;
　　　t_a——平均吨位;
　　　t_r——吨位利用率;
　　　t_t——拖运率。

只有当载运系数一定时,吨公里变动成本与运输周转量的比例关系才能稳定。由于客观条件不同,反映车辆利用效率的载运系数随时都可能发生变化。汽车运输企业车辆运用效率高,单位货运成本就比较低。单位货运成本与运行里程的关系如图 15-1 所示。

3. 车辆租赁业务成本

实行车辆租赁承包的企业,在合同期内,车辆所有权仍归企业,承租人在按合同规定交纳租金后,经营权归个人。在这种情况下,汽车运输总成本由企业和承租人共同负担,企业只核算由企业统一支付和承担的成本,一般不再计算由承租人控制的运营过程所发生的各项消耗。不同企业具体做法各有差异,因此租赁业务成本所包含内容也不尽相同。一般分为两个部分,一部分是企业代收、代付费,一部分是由企业支付和承担的各项成本。

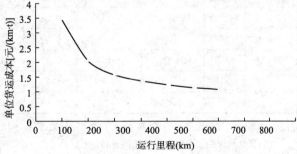

图 15-1　单位货运成本与运行里程的关系

4. 功能成本比较分析

根据物流高级化发展和物流管理理论,追求物流总成本的节约目标应考虑以下内容。

(1) 在同样服务质量水平条件下,如何进行运输集散一体化的物流过程成本控制;

(2) 在同样运输集散成本的条件下,如何取得使用户更为满意的物流服务质量,包括所能带来的时空效应。

(3) 物流服务水平与物流成本的权衡比较。

【案例 15-1】 乘用车辆物流成本分析

乘用车辆物流是技术性、专业性、风险性较强且投入大、回收期长的一类汽车物流。某企业乘用车辆物流的固定、变动成本见表 15-1 及如图 15-2 所示。

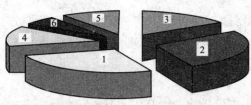

1：燃油费 27.5%　　　2：路桥费 27.3%
3：固定费用 16.3%　　4：工资 13.1%
6：维修费 5.4%　　　　5：其他变动费用 10.4%

图 15-2 乘用车辆物流运营成本分割图

乘用车辆固定、变动成本明细表　　表 15-1

成本类别	序号	成本名称	金额（元）	时间（年）	成本 元/km	成本 %	备注
一 固定费用	1	车辆折旧	280000	10	0.31	5.1	平均行驶 90000km/a（下同）,不计残值
	2	保险	25000	1	0.28	4.6	
	3	养路费	20364	1	0.23	3.8	含车船使用税 17 元/月/辆
	4	运营费	3150	1	0.04	0.7	
	5	三超费	1600	1	0.02	0.3	
	6	场地费	200000	1	0.01	0.2	办公用（按 200 辆车进行摊销计算,下同）
	7	系统费	1500000	10	0.01	0.2	含系统开发、维护、升级
	8	停车费	9000	1	0.1	1.6	含洗车费
	9	小计			1	16.3	
二 变动成本	1	燃料费	151200	1	1.68	27.5	4.8 元/L,油耗 35L 100km,7500km/mon
	2	路桥费	150000	1	1.67	27.3	包含约 8% 的行政处罚款（全国平均数）
	3	驾驶员工资	72000	1	0.8	13.1	含装车费
	4	维修费	30000	1	0.33	5.4	含车辆大修基金
	5	轮胎费	25000	1	0.28	4.6	
	6	管理费	8100	1	0.09	1.5	含财务成本
	7	税金	24300	1	0.27	4.4	
	8	小计			5.12	83.7	
合计		成本类别 "一"+"二"			6.12	100	

注:(1) 车辆正常耗油量参照 90kW 牵引车的实际耗油指标(不同的车型、功率,油耗不尽相同);

(2) 某些线路的实际路桥费可能还要高;

(3) 上述数据均为实际运行数据或平均数,误差在于路桥费以及车辆实际有效运行里程不能达到上述里程而造成实际成本要高于 6.12 元/km;

(4) 部分成本摊销以 200 辆车为准,少于 200 辆车,成本相应增大。

从表 15-1 可以看出,现在物流企业的成本结构发生了变化,运营设备的成本结构中属于乘用车物流企业控制的只是一小部分。在成本费用构成中,路桥通行成本几乎与燃料消耗一样,达到 27.3%。

15.3 物流系统成本核算及分析方法

物流系统规划、设计、运营和管理涉及物流成本的预测、决策和控制等内容。

15.3.1 物流系统管理会计与决策成本

1. 物流系统管理会计

物流系统管理会计是根据物流成本的分析,对物流活动进行预测、决策、计划与控制的一个系统,它是管理会计理论与方法在物流成本管理中的应用。其目的在于通过物流成本的习性研究、成本水平预测和物流活动决策方案的成本比较,来指导物流系统的规划、设计、运行、管理决策,以达到物流活动效率最大化和物流效益最大化。

物流成本计算与管理的一般条件范围有以下三方面:

(1) 物流范围,是指在原材料供应物流、企业内部物流、销售物流等的广泛物流领域中,从哪里开始到哪里终止作为物流成本考核计算范围,对物流成本构成的影响很大。

(2) 物流功能范围,是指在运输、保管、包装、装卸、信息等诸物流功能中,把哪些功能、哪些业务、哪些活动作为物流成本的计算对象。把所有物流功能作为计算对象的成本与只把运输、保管两个功能作为计算对象的成本相比,显然有较大差别。

(3) 计算科目的范围,是指在计算物流成本时,把哪些科目列为计算对象。

2. 物流系统的决策成本及种类

物流系统的决策成本是进行物流系统规划、设计、运营与管理过程中决策所使用的成本数值。物流系统涉及的决策成本的种类与概念主要有:机会成本、沉没成本、现付成本、可避免成本、重置成本、差量成本、差额成本等。

15.3.2 量本利分析原理及应用

1. 物流成本的划分

物流总成本包括:运输成本、设备(仓库)成本、通信(订货加工等)成本、库存成本、物资搬运成本、外包装成本、物流管理成本。根据物流成本与物流服务业务量的变动关系可以将物流成本划分为固定成本与变动成本(半变动成本)。

2. 盈亏平衡模型

在构思、设计物流服务项目时,有时需要运用盈亏平衡模型帮助决策分析。该模型是由固定成本 F、变动成本 $V = v_c \times Q$、总成本 C_T、总收入 R,盈亏平衡点 B,盈利区和亏损区等组成,如图 15-3 所示。

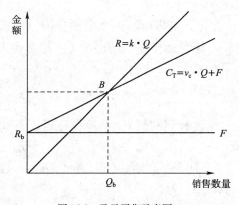

图 15-3 盈亏平衡示意图

在不考虑销售税金的情况下,物流系统量本利三者之间的关系可用以下基本计算公式表示:

$$P = R - (V + F) = k \times Q - (v_c \cdot Q + F)$$
$$= (k - v_c) \cdot Q - F$$

式中: P ——销售利润;

F——固定成本总额；

v_c——单件产品（单位业务量）变动成本；

k——单位产品（业务量）销售价格；

Q——销售（业务）量；

R——销售收入。

用以上关系进行分析物流系统有关问题，就构成了物流量本利分析。

(1) 盈亏平衡分析。物流系统在盈亏平衡时有以下关系：

$$k \times Q = v_c \times Q + F$$

此时的业务量 Q 就是盈亏平衡时的业务量 Q_b，即

$$Q_b = \frac{F}{k - v_c} \tag{15-3}$$

为了深入分析物流系统的盈亏平衡点，需再引入三个基本概念：

① 单位边际贡献 d_{kv}，指单位业务量（产品）售价与单位业务量（产品）变动成本之差。它表示不考虑固定成本分担额时，每完成单位业务量（产品）可望获得的毛利润。用公式表示为：

$$d_{kv} = k - v_c$$

② 边际贡献率 λ，指单位边际贡献与单件产品售价之比。用公式表示为：

$$\lambda = \frac{d_{kv}}{k} = \frac{k - v_c}{k}$$

③ 边际贡献总额 D，是指单位边际贡献与销售（业务）量的乘积。用公式表示为：

$$D = Q \cdot d_{kv} = Q \cdot (k - v_c)$$

可以看出，只有当边际贡献总额完全抵偿了企业固定成本才可以盈利。因此，可以用边际贡献来表示盈亏平衡点，即：

$$Q_b = \frac{F}{d_{kv}} \tag{15-4}$$

(2) 销售（业务）量变动分析。

① 目标销售（业务）量 Q_p，是企业为达到目标利润 P 所应达到的目标销售业务量，其计算公式为：

$$Q_p = \frac{F + P}{k - v_c} = Q_b + \frac{P}{k - v_c}$$

② 计划利润 P_0，企业在计划业务量 Q_0 下可获得的利润，其计算公式为：

$$P_0 = Q_0 \times (k - v_c) - F$$

③ 当企业实际销售（业务）量 Q 与计划销售（业务）量 Q_0 不相符合时，对企业利润的影响额 ΔP 为：

$$\Delta P = \lambda \times S_0 \times \eta$$

式中：λ——边际贡献率；

S_0——计划销售额；

η——销售额变化率 $[\eta = (Q - Q_0)/Q_0]$。

(3) 销售价格变动分析。当其他因素不变时，销售价格会引起边际贡献率 λ 的变化，从而会影响企业盈利变化。在价格变动的情况下，企业的目标销售（业务）量 Q_p 发生变化的计算公式为：

$$Q_{\mathrm{P}} = \frac{F+P}{k_0(1-\beta)-v_{\mathrm{c}}} \tag{15-5}$$

式中：k_0——原销售价格；

β——售价降低率 $[(k-k_0)/k_0]$。

(4) 成本变动率。当变动成本改变时，其目标利润 P_0 为：

$$P_0 = Q_0 \cdot [k - v_{\mathrm{c}0}(1 \pm i)] - F_0$$

式中：Q_0——计划销售（业务）量；

F_0——原固定成本总额；

$v_{\mathrm{c}0}$——单件产品（单位业务量）的原变动成本；

i——单位变动成本变化率 $[i = (v_{\mathrm{c}} - v_{\mathrm{c}0})/v_{\mathrm{c}0}]$。

(4) 安全边际分析。用于反映物流企业经营状况的安全程度。主要指标有：安全边际 S_{m}、危险边际 D_{m} 和经营安全率 S_{r}。

其中安全边际 S_{m} 的计算公式为：

$$S_{\mathrm{m}} = Q_{\mathrm{s}} - Q_{\mathrm{b}}$$

式中：Q_{s}——正常销量；

Q_{b}——盈亏平衡点销量。

其中危险边际 D_{m} 的计算公式为：

$$D_{\mathrm{m}} = Q_{\mathrm{b}} - Q_{\mathrm{s}}$$

其中企业经营安全率 S_{r} 的计算公式为：

$$S_{\mathrm{r}} = \frac{S_{\mathrm{m}}}{Q_{\mathrm{S}}} = \frac{Q_{\mathrm{S}} - Q_{\mathrm{b}}}{Q_{\mathrm{s}}} \tag{15-6}$$

一般可根据表 15-2 中的数据来判定企业经营的安全状态。

企业经营的安全状态判定参数　　　　表 15-2

经营安全率 S_{r}（%）	>30	25~30	15~25	10~15	<10
经营安全状态	安全	较安全	不太好	要警惕	危险

15.3.3 物流成本核算方法及应用

1. 物流成本的核算对象

物流成本的核算对象应根据物流成本计算的目的及企业物流活动的特点予以决定。一般来说，物流成本核算的对象有：某种物流功能、某一物流部门、某一服务客户、某一产品、企业生产的某一过程、某一物流成本项目、企业全部物流活动等，还能以某一种物流设备和工具或以某一地区等为对象进行核算。

2. 物流成本核算方法

物流成本核算方式分为会计式的物流成本核算和统计式的物流成本核算。不同方式的成本核算针对不同的对象，具有自己不同的特点。

(1) 会计方式的物流成本核算。会计方式的物流成本核算是要通过凭证、账户、报表的完整体系，对物流耗费予以连续、系统、全面地记录的计算方法。这种核算方法又可分为三种具体形式：

① 独立的物流成本核算体系。该体系把物流成本核算与财务会计核算体系分开，单独建立起物流成本的凭证、账户和报表体系。对于每项物流业务，均由车间成本核算员或者基

层成本核算员根据原始凭证编制物流成本记账凭证,并一式两份,一份连同原始凭证转交财务科,据以登记财务会计账户;另一份留给基层成本核算员,据以登记物流成本账户。

这种计算模式的优点是提供的成本信息比较系统、全面、连续、准确、真实。同时,两套计算体系分别按不同要求进行,向不同的信息要求者提供各自需要的信息,对现行成本计算的干扰不大。但这个计算模式的工作量较大,在目前财会人员数量不多,素质有限的情况下容易引起核算人员的不满。另外,由于基层核算员财务核算知识的缺乏,也会影响物流成本核算的准确性。

②结合财务会计体系的物流成本计算。它是把物流成本核算与企业财务会计和成本核算结合起来进行,即在产品成本计算的基础上增设一个"物流成本"科目,并按物流领域、物流功能分别设置二级、三级明细账,按成本形态设置专栏。当成本发生时,借记"物流成本"及有关明细账,月末按照会计制度规定,根据各项成本的性质再还原分配到有关的成本科目中去。

这种计算模式所提供的成本信息比较全面、系统、连续;且由于与产品成本计算结合,从一套账表中提供两类不同的信息,可以减少一定的工作量。但是为了实现资料数据的共享,需要对现有的产品成本计算体系进行较大的甚至是彻底的调整;同时为了保证产品成本计算的真实性和正确性,需要划分现实物流成本、观念物流成本(如物流利息)的界限,将责任成本、质量成本等管理成本与产品成本相结合,再将物流成本也与之结合,这些在实际操作中难度很大。

③物流成本二级账户(或辅助账户)核算形式。这是指在不影响当前财务会计核算流程的前提下,通过在相应的成本账户下设置物流成本二级账户,进行独立的物流成本二级核算统计。以制造企业为例,进行货主物流成本核算的二级账户核算方法如下:

在制造企业的各级含有物流成本的一级科目下设置供应物流成本、生产物流成本、销售物流成本等二级科目或增设成本项目,或者在编制记账凭证时设置"物流成本"辅助账户,在各二级账户(或辅助账户)下按物流功能设置运输费、保管费、装卸费、包装费、流通加工费、物流信息费和物流管理费等三级账户,并按成本支付形态(如人工费、材料费等)设置专栏。在按照财务会计制度的要求编制凭证、登记账簿,进行正常的财务会计成本核算的同时,根据记账凭证上的二级科目或辅助账户,登记有关的物流成本辅助账户及明细账,进行账外的物流成本计算。将各种物流成本归入二级科目或辅助账户中,最后将各物流成本的二级科目分类汇总即可求得总的物流成本。

这些物流成本账户不纳入现行成本计算的账户体系,是一种账外计算,具有辅助账户记录的性质。这种计算模式的优点是:物流成本在账外进行计算,既不需要对现行成本计算的账表体系进行调整,又能提供比较全面、系统的物流成本资料,其计算方法也较简单,易为财会人员所掌握。

(2)统计方式的物流成本核算。该方式是指在不影响当前财务会计核算体系的基础上,通过对有关物流业务的原始凭证和单据进行再次的归类整理,对现行成本核算资料进行解剖分析,从中抽出物流成本的部分,然后再按物流管理的要求对上述成本按不同的物流成本核算对象进行重新归类、分配、汇总,加工成物流管理所需的成本信息。

由于统计计算不需要对物流成本做全面、系统和连续的反应,所以运用起来比较简单、灵活和方便。但是由于不能对物流成本进行连续、系统和全面的追踪反应,所以得到的信息的精确程度受到很大影响,而且易流于形式,使人认为物流成本管理是权宜之计,容易削弱物流管理的意识。

15.3.4 物流作业成本法及其应用

作业成本分析法不同于传统的成本分配、成本分析方法,近年来在许多国家很流行,对物流系统而言,既重要又实用。

1. 作业成本法的含义

所谓作业成本法(Activity-Based Costing,ABC)是一种以作业(包括业务、活动、附加价值等)为对象的成本核算与分析方法体系,其基本原理如图 15-4 所示。它不同于传统的以产品为对象的核算与分析方法。作业成本法的"作业"是指在生产产品或提供劳务过程中不可缺少的作业活动、操作环节、加工工序等。作业成本法可以为物流企业不断改善经营管理提供准确、及时的关于活动、活动量、活动对象(产品或用户)的信息,用来改善企业物流成本管理过程。同时通过对所有与产品相关作业活动的追踪分析,可以为企业消除不增值作业、改进增值作业、优化作业链和价值链,以及实现顾客价值最大化,提供有用的会计信息,从而提高决策、计划、控制的科学性和有效性,最终达到提高企业的市场竞争能力和盈利能力的目的。该方法非常适宜在第三方物流企业中运用。

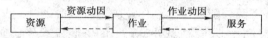

图 15-4 作业成本法基本原理图

作业成本法的基本特点是基于活动成员承担的活动及其变革所引起的成本增加和减少。在物流企业(组织)中应用作业成本法,并进行物流活动成本管理的要点是:成本分摊和成本分析,在这两个过程中体现了作业成本法的基本特点。

2. 作业成本法的分析要点

作业成本法分析成本的基础是活动(包括作业、业务等)。作业成本法的成本分析要点如下:

(1)分析活动(作业)。分析活动的内容要点包括:范围、性质、数量、比较和联系。

①活动的必要性。对不必要的活动进行确认。判断一项活动是否必要,通常可以从两个方面进行考察,即对用户是否必要及对成功运营是否必要。

②活动(作业)量比较。将本公司活动业务量的效率、效益与其他公司相近的活动进行比较分析,从而发现相对差距和值得改进之处。

③各项活动之间的联系分析。要达到一定目标需要经过一系列相互协调的物流活动,从而将重复性活动、不必要活动的时间降至最小。

(2)挖掘成本动因。寻找导致不必要活动或不佳活动产生的原因,从而为最终消除不必要的活动和活动成本找到依据。

(3)建立活动计量体系。活动分析、成本动因分析都是定期进行的,但是活动是每一天都在进行的,为了确保每一项活动都对生产、服务、经营均有贡献,需要建立活动计量体系。该体系的要点如下:

①确定目标。即满足用户需求和成功经营的目标体系。

②目标落实到参与活动的人员。每一参与活动的人员都应了解企业目标的重要性,以及各目标之间的关系。

③采用多种计量方法。寻找对每项作业进行计量的方法,正确反映每项活动对总目标

的贡献大小,作为改进活动和进行奖励的依据。

在美国运输与物流企业的相关调查中可以看到,29%左右的企业用作业成本法取代了现有的传统成本方法,超过50%的企业使用作业成本法作为传统成本系统的补充,另外还有15%的企业用作业成本法作为辅助成本系统和分析的工具。

3. 作业成本法计算的基本步骤

目前,作业成本法被认为是确定和控制物流成本最有前途的方法。其把成本核算深入到作业层次,以作业为单位收集成本,并把"作业"或"作业成本池"的成本按作业动因分配到产品。因此,应用作业成本法核算企业物流成本进而进行管理的基本思路如下:

①界定企业物流系统中涉及的各个作业。作业是工作的各个单位(Units of Work),作业的类型和数量会随着企业的不同而不同。例如,在一个顾客服务部门,作业可以包括处理顾客订单、解决服务问题以及提供顾客报告三项。

②确认企业物流系统中涉及的资源。资源是成本的源泉,一个物流企业的资源成本包括运输工具、设施设备(仓储、搬运装卸等)的购置成本,信息技术、管理系统开发成本及物流服务之外产生的成本(市场开发费、宣传费等)。资源的界定是在作业界定的基础上进行的,每项作业必涉及相关的资源,与作业无关的资源应从物流成本核算中剔除。

③确认资源动因,将资源分配到作业。作业决定着资源的耗用量,这种关系称作资源动因。资源动因联系着资源和作业,它把总分类账上的资源成本分配到作业。

④确认成本动因,将作业成本分配到各项服务中。作业动因反映了成本对象(即服务)对作业消耗的逻辑关系。例如,客服部接到的电话中最多的是反映物流服务质量好坏及投诉电话,按照电话数的多少及顾客的意见(此处的作业动因)把解决顾客问题的作业成本分配到相应的服务中去。

作业成本法计算物流成本的逻辑如图15-5所示。

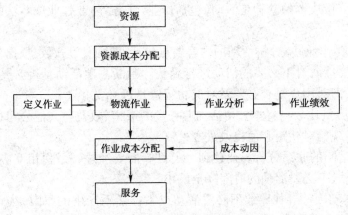

图15-5 作业成本法计算物流成本的逻辑

4. 降低活动成本的途径

从以上的分析可知,结合价值工程理论也可以找到第三方物流企业降低活动成本的途径,途径具体如下:

(1)注重价值流设计,消除不必要的物流作业活动。精心设计物流服务项目的实现过程,是作业成本法降低活动成本乃至整个物流总成本的关键所在。

(2)减少物流活动时间和物流活动作业量。

(3)选择合适的物流活动成本。

(4)尽可能共享活动,节省资源消耗。若顾客需求有共性,在可能的情况下,尽可能采用共享活动的服务方式。

(5)重新分配未使用资源。挖掘企业现有资源潜力,富余资源可考虑重组、出租、出售。

5. 作业成本法的应用

作业成本法在物流组织中应用领域较宽。例如,物流系统对采用EDI技术的决策进行分析,内部约束条件分析与采用EDI的外部驱动力的分析结果往往是不一致的,其中有些部分就涉及运用作业成本法进行分析评价。采用EDI决策的活动成本分析法(ABC分析法)评价的逻辑框图如图15-6所示。

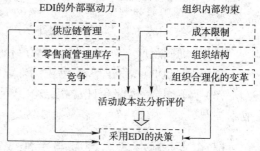

图15-6 作业成本法用于EDI决策评价

美国在部分运输与物流企业中的随机抽样的调查结果说明:作业成本法使用频率较高的部门主要是运输部门,而后依次是仓储、会计和外购部门。这与人们认为会计部门使用较多的设想有较大不同。在货主和运输企业被调查者的反映意见中,赞成使用(包括极为赞成、很赞成)作业成本法的人数占90%以上。作业成本法在物流组织中应用前景广阔,在物流系统管理中将会充分发挥作用。

15.4 物流系统成本控制

物流成本控制不仅是货主企业考虑的内容,也是物流企业考虑的内容。

15.4.1 物流成本控制的含义与方法

1. 物流成本控制的含义

控制是利用使系统能达到预期目标的一切手段来调节系统。物流成本控制是采用特定的理论、方法、制度等对物流各环节发生的成本进行有效的计划和管理。

2. 物流成本控制的方法

成本控制方法,包括绝对成本控制和相对成本控制。

(1)绝对成本控制,是把成本支出控制在一个绝对金额以内的成本控制方法。绝对成本控制从节约各种成本支出,杜绝浪费的途径进行成本控制,要求把营运生产过程发生的一切成本支出都列入成本控制范围。标准成本和预算控制是绝对成本控制的主要方法。

(2)相对成本控制,是通过成本与产值、利润、质量和功能等因素的对比分析,寻求在一定制约因素下取得最优经济效益的一种控制方法。绝对成本控制与相对成本控制存在一定的差异,见表15-3。

绝对成本控制与相对成本控制的比较　　　　　　　　表15-3

比较项目	绝对成本控制	相对成本控制
控制对象	成本支出	成本与其他因素的关系
控制目的	降低成本	提高经济效益
控制方法	成本与成本指标之间的比较	成本与非成本指标之间的比较
控制时间	主要在成本发生时或发生后	主要在成本发生前
控制性质	属实施性成本控制	属决策性成本控制

相对成本控制扩大了物流成本控制领域,要求人们在努力降低物流成本的同时,充分关注与成本关系密切的诸如产品结构、项目结构、服务质量水平、质量管理等方面的工作,目的在于提高控制成本支出效率,即减少单位产品成本投入,提高整体经济效益。

3. 成本控制的原则

物流系统的成本控制要贯彻以下几项原则:

(1)正确制定成本标准,运用标准严格贯彻成本责任制。

(2)一般和重点相结合,着重按例外原则办事。

(3)上下结合、定期和日常相结合、专业和群众相结合、单项和群众相结合,全面地进行成本控制。

15.4.2 标准成本控制与定额成本控制

标准成本控制在生产企业应用比较成熟,物流企业也可在其基础上,结合作业成本法进行成本控制的实践。

1. 标准成本及其制定

(1)标准成本的含义。标准是比较各数量值或各质量值的指标或基准,标准成本是指在一定假设条件下应该发生的成本。由于对标准宽严程度的看法不同,理论上有多种不同的标准成本概念。

①理想业绩标准。理想标准是指在现有最理想、最有利的作业情况下,达到最优水平的成本。

②过去业绩标准。依据以前各期成本实际水平制定的标准。

③良好业绩标准(正常标准)。它是在目前的生产经营条件下,尽力提高生产效率,避免损失耗费的情况下所应达到的水平。良好业绩标准广泛应用于企业的标准成本控制中。

(2)标准成本的制定。产品的标准成本由产品的直接材料费、直接人工费和制造成本组成,其基本形式是以各自"数量"标准乘以相应的"价格"标准。制定物流作业的标准成本时,通常依从以下规定:业务数量标准由技术部门研究确定;成本(价格)标准由会计部门和有关责任部门研究确定,同时尽可能吸收负责执行标准的职工参加各项标准的制定,从而使所制定的标准符合实际物流服务活动的要求。

2. 定额成本控制法*

(1)定额成本控制的含义。定额成本控制法是在成本计算的基本方法(简单法、分批法、分步法)的基础上,为达到及时控制产品成本的目的而汇集生产成本的一种特殊方法。

(2)定额成本法的基本原理与应用。为了及时揭示实际成本脱离定额的差异,定额成本法在实际成本发生时,将其划分为定额成本和定额差异两部分来汇集,从中揭示成本差异并分析差异产生的原因,反馈到管理部门予以纠正。

月终以产品定额成本为基础,加减所汇集和分配的成本定额差异,就得到了产品、业务的实际成本 C_r,即

$$C_r = C_q + \Delta C_{rq}$$

式中:C_q——定额成本;

ΔC_{rq}——定额成本差异。

3. 定额成本法和标准成本制度的比较

(1)两者的相同之处是都需要制定目标成本,将实际耗用水平与定额成本或标准成本

相比较。

（2）两者的不同之处主要表现在以下几方面：

①定额成本法中的差异是通过每一笔领用材料或加工零件来揭示，并通过差异凭证来反映。标准成本制度往往根据一定时期(3d、5d)的实际业务量、实际消耗量与标准业务量、标准消耗量的计算比较来揭示差异，没有专用的差异凭证，工作量相对小一些，但查明的原因较粗一些。

②标准成本制度强调将标准成本划分为变动成本和固定成本分别进行控制。在制造业将差异分为九种：材料数量差异、材料价格差异、人工效率差异、工资率差异、变动制造成本效率差异、变动制造成本消耗差异、固定制造成本效率差异、固定制造成本消耗差异、固定制造成本生产能力差异，以分清引起差异的原因。定额成本法的定额成本是按成本报表要求划分成各成本项目，这种控制方法比较粗，难以分清职责。

③标准成本制度下，人们认为真实的成本是标准成本，实际成本与标准成本之间的差异，只是对改进管理有作用。定额差异法要把定额差异、定额变动摊到产品成本中，将定额成本调整成实际成本。

④对差异处理办法不同。

⑤定额成本法下还要计算定额变动，需设计一套定额变动差异的计算方法。

具体采用哪种成本控制方法，要结合物流企业具体情况加以应用，以达到有效地控制物流成本的目的。

15.4.3 降低物流成本的途径

（1）加强物流的价值流设计，根据价值工程原理，做好物流系统的规划、计划阶段工作，做好物流系统组织设计工作，减少物流中转环节。

（2）扩大物流量、加快物流速度，处理好货运枢纽与配送中心、不同部门间物流设施的兼容运行，形成物流活动规模经济，降低单位物流成本。

（3）强化电子信息技术的应用，使物流各环节密切联系。减少或杜绝物流环节之间因物流信息不畅造成的不必要停滞。

（4）采用先进的、适用的物流技术，协调各项物流作业，促进物流高级化水平的提高。

（5）改善物流管理，选用恰当的成本控制方法，加强经济核算。

（6）改善激励机制，调动物流各个环节人员的积极性。

15.5 物流时间控制方法

15.5.1 时间控制在物流管理中的应用

1. 时间控制理论依据

基于时间控制战略是以减少完成各项活动（包括开发新产品或劳务并销售）所需要的时间为中心，对顾客需求变化作出反应、交付产品或完成一项服务等。通过该战略的实施，企业可提高对顾客的服务水平，并在战略上取得优势。时间控制的重点放在减少完成各项活动的时间上。其理论依据是：通过减少用在各项活动上的时间，使成本下降、生产率提高、质量提升、产品创新加快和顾客服务得到改进。体现时间控制的相关理论包括零库存、准时生产制、排队论、网络图管理等,因此,时间控制已成为现代管理理论的一个基础考虑因素。

时间控制在物流企业的应用涉及很多方面的内容,具体我们可以从以下几个方面来缩短物流操作的时间:计划时间、物流项目设计开发的时间、作业时间、作业衔接时间、交付时间、对投诉的反应时间等。

2. 物流企业时间控制方面制定的各项考核指标及常见的问题

时间控制是面向全过程和全员的设计,体现了对计划与结果的考核。物流企业的操作是"门到门"的业务过程,其在作业过程中所涉及的时间考核指标包括:发货客户时间考核、客户服务时间考核、车队时间考核、现场时间考核、调度时间考核、外发运输时间考核、目的地企业时间考核和目的地收货客户时间考核八个方面。

15.5.2 以时间为基础的物流控制技术

物流行业竞争日趋激烈,企业在采取措施降低本身物流成本的同时,越来越重视以时间为基础的物流控制技术的研究与应用。

1. 供给拉动技术

两种供给驱动的控制技术是准时(JIT)和需求计划(RP)。这些技术被设计用来协调精确的库存要求以满足所计划的事项。最通常的应用是完成计划的原材料及部件的生产。

(1)准时战略——JIT。JIT 是 20 世纪 50 年代丰田公司在市场需求多样化、生产多品种小批量混合化要求下,创造大规模生产制过程中诞生的。JIT 的强大吸引力在于消除了潜在工作过程中的库存,采用的方法是引导采购的部件生产限制。在完成装配生产计划所需的精确数量方面,JIT 的最初应用集中于将原材料和部件以精确的数量、在精确的时间内、运到要求的地点。最近对 JIT 概念进行延伸,引进了"JIT Ⅱ"。"JIT Ⅱ"的目的是寻找出一种能够将人力资源专项融入计划和协调过程的方法,这个理念是共同参加计划和执行原材料的要求,能通过对潜在中断的早期警告帮助整个系统的运作。

(2)需求计划。最普遍的综合需求计划的技巧是原材料/物料需求计划(MRP)和配送需求/资源计划(ERP),这些已在第 3 章中讨论和阐述过。当 ERP 被应用到对整体渠道的补充计划时,它的应用是非常接近需求-拉动技术的。然而,分销运作环境是不同的,制造商与客户的关系对生产计划并无稳定性的影响,零售商和批发商是按客户的购买订购商品的。

2. 需求拉动技术

需求拉动技术最适宜在要求独立的情况下应用。不管市场发生什么均能对之做最大反应的技术,被归类为需求拉动。用于以反应为基础的物流技术有:以规则为基础的重新订货(ROP)、快速反应(QR)、持续补充(CR)和自动补充(AR)。重新订货技术常应用于计划安全存货,以适应需求和领先时间的变化。ROP 技巧的应用依靠准确的预测,而预测成功的几率很小,因此只是用在预估库存上,而大多数反应系统是使用各种重新订货的推动方法以引导前方库存点补充库存的。

QR、CR 及 AR 这些以反应为基础的控制都是围绕着一个主题而变化的,其主题集中在根据销售经验快速补充前方库存方面。为了适应客户要求的"独立性质",世界级的物流组织正在完善以时间为基础的战略。较大的零售商,诸如 WAL-MART 和 TARGET 在应用这些系统方面一直是领导者。以时间为基础的战略是以减少整个供应链库存为目标的。

15.5.3 物流集成场的集成效应

物流集成效应就是物流集成所能带来的实际效果,体现为供应链物流顶层设计和运行的效果。物流集成效应主要体现在功能目标、协同目标和供应链整体目标的比较、权衡和创新上。

1. 权衡比较机制

物流系统经常存在二律背反现象,物流集成过程权衡主要体现在二律背反现象权衡比较的结果,最典型的主要有最佳经济批量的确定。最佳经济批量的确定,就是在采购订货成本与仓储维持成本寻求最低的总成本所对应的经济批量,如图15-7所示,采购订货成本与库存维持成本两者之间的权衡关系,是可以用最小二乘法得出最优模型来计算求解。但是,在物流集成实践中有很多是难以建立模型来进行求解的。

(1)物流服务质量与物流运营成本两者之间经常存在二律背反现象的权衡。物流服务质量越高,对供应链反应的速率越快,这就对物流设施数量的要求相对较高;而物流设施数量多,物流设施运营成本就高,这需要供应链物流服务水准的提高,在物流服务质量,即供应链物流响应速率与运行应成本之间进行权衡。图15-8反映了供应链响应时间与设施数量的关系,响应时间越短,设施要求越多;图15-9反映了设施数量与库存成本之间的关系,设施数量越多,库存成本越高;图15-10反映了设施数量与运输成本的关系,设施数量较多且恰当,运输成本才比较低,而参见图15-11,物流设施数量多则设施成本高;图15-12反映了物流总成本和反应时间变动与设施数量的关系。

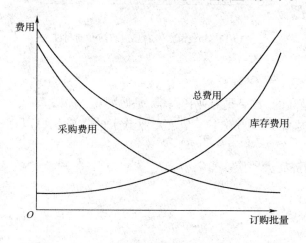

图15-7 最佳经济批量的确定示意图

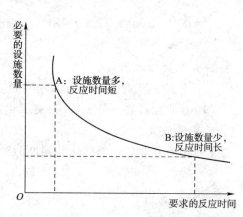

图15-8 供应链响应时间与设施数量的关系

(2)仓储与运输组织过程也存在二律背反现象的权衡。一般而言,运输批量越大,单位运输成本越低。如运输(配送)涉及路径、网络、方式、时间、运营组织与管理、成本与费用、技术装备、绩效;库存涉及品种、数量、地点、价格、预测成本与费用、批量、时间等。

(3)集中控制与分散控制的二律背反现象。多个仓库之间的库存控制实行集中控制,可以有效地降低安全库存水平,但可能配送成本比较高;分散库存的安全库存成本比较高,配送成本可能比较低。库存信息可以在一定程度上替代库存,进而降低了实物库存成本;仓库库存管理信息化有利于提高仓库物资利用水平和仓库库存控制水平;集中库存控制可以降低安全库存等,这些都需要进行权衡来决策。

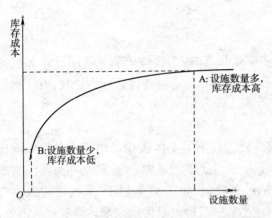

图 15-9　设施数量与库存成本之间的关系

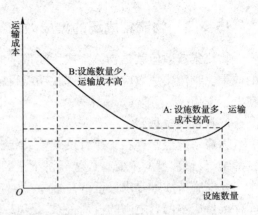

图 15-10　设施数量与运输成本的关系

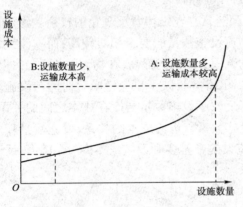

图 15-11　设施数量与设施成本之间的关系图

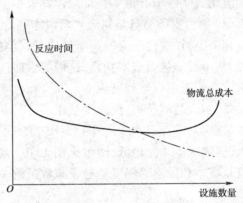

图 15-12　物流总成本和反应时间变动与设施数量的关系

2. 分工协作机制

物流集成效率是从两个方面发展而提高的，其一是专业化，其二是协同化。

（1）专业化提高了分工效率；集成化提高了协同效率。基于专业分工的集成化可以创造物流集成放大效应。

（2）物流专业化与集成化共同创造经济放大效应。

1. 物流成本包括哪些内容？根据不同的分类方法分为哪几类？
2. 汽车运输企业的物流成本包括哪些？由乘用车物流成本案例分析可以得出什么结论？
3. 怎样用盈亏平衡分析法分析物流成本？
4. 什么是作业成本法？通过作业成本法的分析，得出降低物流成本的途径有哪些？
5. 比较绝对成本控制与相对成本控制的异同点。

第16章 物流高级化发展动态及趋势

> 物流高级化发展体现为信息技术、前沿管理理论在物流管理领域的应用,这些应用具有多角度、全方位和继承发展特点,促进了物流系统化、信息化、电子化、网络化的发展趋势。
>
> **本章研讨重点:**
> (1)电子信息技术在物流高级化发展中的应用。
> (2)前沿管理理论在物流高级化发展中的应用。
> (3)物流高级化发展动态与趋势评述。

除在物流活动中广泛运用的固定通信、移动通信技术以外,电子信息技术对物流高级化的技术支持,还表现在:电子数据交换、国际互联网、企业内联网和企业管理信息系统、全球定位系统技术以及智能运输系统,以及对物流与供应链管理信息化、计算机化、网络化的重要支持。

16.1 电子信息技术及其在物流系统中的应用

电子信息技术是物流高级化发展的核心技术。在物流高级化过程中,需要将商流、物流用信息流联系起来进行物流与供应链管理,其过程与电子信息技术关系最为密切。

16.1.1 物流信息概述

1.物流信息的组成

从发生的范围分析,物流信息一般可以分为系统内部信息和外部信息两大部分。

(1)物流系统内部信息,主要指伴随着物流活动过程发生的各种数据、资料。主要包括:①物品流转信息,物料种类、数量、流向、流距、时间等;②物流作业层信息,货源状况,车辆数目、车辆技术状态,作业人员数目及状态,作业场所、所需设施、设备情况等;③物流控制层信息,货物跟踪信息、车辆跟踪信息、仓储与库存控制信息等;④物流与供应链管理层信息,仓储、库存控制、成本信息,各物流环节能力、平衡与利用信息,瓶颈资源、瓶颈部位识别信息,能力利用状况、可利用的外部资源信息等。

(2)物流系统外部信息,是指来自物流系统外部的数据、资料。主要包括:①市场信息,货主信息、用户信息、签订的合同、运输供求等信息,市场发展趋势分析等;②同行信息,行业主导者、挑战者、跟随者的动向,主要竞争者情况,主要竞争者的策略,同业合作伙伴的情况等;③政策信息,产业结构与变化信息等;④区域物流系统信息等。

2. 物流信息特点

与其他领域信息相比,物流信息具有以下特点。

(1) 信息源点多、分布广、信息量大。物流系统服务的范围越大,信息源点就越多,信息量越大。

(2) 物流信息种类繁多。物流系统内部各环节有不同种类的信息,物流系统(如多式联运)之间以及与其他系统,如供应系统、生产系统、销售系统、消费系统的有关信息都需要分别搜集。

(3) 信息的动态性强。物流信息的动态性越强,其价值衰减速度一般越快,因此对物流信息掌握、利用的及时性要求很高,它甚至决定了物流经营活动的成败。

物流信息的上述特点,表明了物流系统的信息分类、筛选、研究难度大;信息处理技术要求高。因此,计算机及网络化信息处理技术、通信技术在物流系统中具有特别重要的地位。

3. 物流信息的作用

物流信息的基本功能包括:信息采集、信息传输、信息存储、信息处理、信息输出。物流信息在物流系统中体现了中枢神经和支持保障的基本作用,具体表现如下:

(1) 沟通的作用。使货主、用户、物流服务提供者能够沟通并取得联系,满足各类货主、用户、中介服务人的需要,满足不同物流环节协调运作的需要。

(2) 控制的作用。通过移动通信、计算机信息网、EDI、GPS 等技术能够实现物流信息处理电子化、货物实时跟踪及车辆实时跟踪。畅通的信息通道是物流运作控制、服务质量控制、成本控制的基本前提。

(3) 管理的作用。物流链规划决策、运营线路设计与选择、仓库作业计划、库存管理、运行实时监控,利用外部资源补充内部瓶颈资源、物流系统运行中的短期决策等管理工作。

16.1.2 射频技术及其应用

1. 射频技术概述

无线射频识别(RFID,Radio Frequency Identification)是一种非接触式的自动识别技术,它通过射频信号自动识别目标对象并获取相关数据,识别工作无须人工干预,可工作于各种恶劣环境。RFID 技术可识别高速运动物体并可同时识别多个标签,操作快捷方便。

短距离射频产品不怕油渍、灰尘污染等恶劣的环境,可在这样的环境中替代条码,例如用在工厂的流水线上跟踪物体。长距离射频产品多用于交通,识别距离可达几十米,如自动收费或识别车辆身份等。RFID 标签有两种:有源标签和无源标签。

2. 条码技术与射频技术的区别与联系

射频技术与条形码从概念上来说,两者很相似,目的都是快速地追踪目标物体,但两者也存在一定的区别。

①两种技术的适用范围不用。条形码是"可视技术",即扫描仪在人的指导下工作,只能接收它视野范围内的条形码。相比之下,射频识别不要求看见目标。射频标签只要在接收器的作用范围内就可以被读取。条形码本身还具有其他缺点,如果标签被划破、污染或是脱落,扫描仪就无法辨认目标。条形码只能识别生产者和产品,并不能辨认具体的商品,贴在所有同一种产品包装上的条形码都一样,无法辨认哪些产品先过期,而射频技术却能很好地处理这些问题。

②两种技术的成本不同。在成本方面,由于组成部分不同,智能标签要比条形码成本高得多,条形码的成本就是条形码纸张和油墨成本,而有内存芯片的主动射频标签成本在2美元以上,被动射频标签的成本也在1美元以上。但是没有内置芯片的标签成本只有几美分,它可以用于对数据信息要求不高的情况,同时又具有条形码不具备的防伪功能。

由于条形码成本较低,有完善的标准体系,已在全球散播,所以已经被普遍接受,从总体来看,射频技术被局限在有限的市场份额之内。条形码与射频技术的具体区别见表16-1。

条形码与射频技术的区别　　　　　　　　　　表16-1

比较对象	信息载体	信息量	读/写性	读取方式	保密性	智能化	抗干扰能力	寿命	成本
条码	纸、塑料薄膜、金属表面	小	只读	CD或激光束扫描	差	无	差	较短	最低
RFID卡	EEPROM	大	读/写	无线通信	最好	有	很好	最长	较高

3. RFID标准问题

2006年6月9日,由国家科技部牵头,包括信息产业部等15个部委制定的《中国射频识别RFID技术政策白皮书》正式出台,作为中国RFID产业发展的指导性文件,白皮书就中国RFID技术和政策及RFID标准发展规划等作了说明。RFID白皮书介绍了中国的RFID技术发展计划——"建立独立自主的RFID产业链",并在"相关关键性行业与领域(RFID芯片设计与制造、天线的设计与制造、包装技术与设备、RFID读写器设计与生产、电子标签集成方面)取得跨越性突破"。并宣布,中国正在建立自己的RFID标签数据编码体系、中间件和系统集成技术、数据共享体制和测试平台。28日根据EPCglobal标准Class 1 Gen 2,ISO发布了其最新的超高频RFID技术标准——ISO 18000-6C,意味着该标准已经成为国际标准。目前国际上有RFID两个标准体系,欧美体系(EPC标准)和日本体系(UID标准),可见要建立中国自主的RFID标准还需面对技术和市场两大关口。

4. RFID在物流管理中的应用

射频识别技术在物流管理领域内主要适用于物料跟踪、运载工具和货架识别等要求非接触数据采集和交换的场合,尤其是在要求频繁改变数据内容的场合更加适用。

在物料跟踪方面,无论是在订购、运输途中,还是在仓库存储,通过射频识别技术,物料公司的各级人员都可以实时掌握物料的所有信息。运输途中部分管理功能就是依靠贴在集装箱和装备上的射频识别标签实现的。射频接收转发装置通常安装在运输线的一些检查点上,如门柱上、桥墩旁,以及仓库、车站、码头、机场等关键地点。接收装置收到射频标签信息后,连通接收地的位置信息,上传至通信卫星,再由卫星传送给运输调度中心,送入中心信息数据库中。国内也已经开始应用射频识别技术,如一些高速公路的收费站口使用射频识别技术之后可以不停车收费;铁路系统使用射频技术记录货车车厢编号的试点工作已经开始。此外,一些物流公司也正在准备将射频技术用于物流管理中。

5. 企业物流和供应链管理应用RFID技术的益处

在生产型企业中,RFID能确保在制造中使用正确的元器件。例如,企业员工只需要对生产线上的在制品进行扫描,然后再扫描元器件,以判断两者是否吻合。采用RFID标签后,通过验证元器件系列编码自动保证了选用元器件的正确性。企业还积极参与智能和安全贸易通道活动,对进入港口的集装箱状态、地点和安全性提供实时的可见度。

在企业分销中和零售业配送中,RFID从货物离开仓库的那一刻起就已经开始发挥作用。当整车货物离开分销中心时,系统对拖车上的货物进行扫描,因此,商店经理就可以跟踪来自于商店仓库信息系统的每一条发运信息,知道发出了哪些货物,它们将于什么时间到达。当拖车到达商店时,再经过一次扫描,查看是否丢失了货物,这样,就不再需要检查每一个拖车和实际统计货物数量。当货架商品量出现短缺时,嵌入的RFID阅读器向商店后端办公系统发送缺货消息,随后货物就会按需补充,避免了由于商品短缺造成的销售损失。RFID阅读器还可以跟踪商品的销售速度,并具有安全防盗功能,只要标签中的防窃功能处于激活状态,商店出口处的传感器就能发出告警信息,而在收款台,防窃程序会自动取消。在收款台,带有标签的货物再经过最后一次扫描,同时更新库存。另外,商店的顾客可以直接了解他们所想要的商品,并立刻得到带有标签的商品的有关信息。

16.1.3 电子标签技术

1. 电子标签技术概述

电子标签技术是计算机串行通信技术、远程数据显示技术在配送中心应用的典型高新技术。利用小型化的数据显示与交互终端,消除配送中心分拣作业点与计算机主机系统之间的距离,使信息快速、准确传到作业点,并及时反馈作业结果,实现作业的无纸化,大大提高作业效率,降低作业强度,提高作业的准确性。

电子标签信息管理系统是计算机辅助拣货系统最常用的方式之一。其为分布式管理系统,以中央计算机为上位机,以多组安装在货物储位上的电子标签为下位机。该系统通过中央计算机控制电子标签的指示灯信号、蜂鸣器声音、数码显示等,使作业人员正确、快速、轻松地完成补货(入库)和去货(出库)任务。它具有弹性控制作业时间、即时现场控制、紧急订单处理等功能,从而达到有效降低拣货错误率、加快拣货速度、提高工作效率、合理安排拣货人员行走路线等目的。

2. 计算机辅助拣选系统及其应用

计算机辅助拣选系统CAPS(Computer Assisted Picking System)又称电子标签拣货系统,其工作原理是通过电子标签进行出库品种和数量的指示,从而代替传统的纸张拣货单,提高拣货效率。电子标签在实际使用中,主要有两种方式——摘取式电子标签拣货系统(DPS)和播种式电子标签分拣系统(DAS)。

DPS(Digital Picking System)是利用电子标签实现摘果法出库的系统。首先要在仓库管理中实现库位、品种与电子标签对应。出库时,出库信息通过系统处理并传到相应库位的电子标签上,显示出该库位存放货品需出库的数量,同时发出光、声音信号,指示拣货员完成作业。DPS使拣货人员无须费时去寻找库位和核对商品,只需核对拣货数量,因此在提高拣货速度、准确率的同时,还降低了人员劳动强度。采用DPS时可设置多个拣货区,以进一步提高拣货速度。

DPS一般要求每一品种均配置电子标签,对很多企业来说,投资较大。因此,可采用两种方式来降低系统投资。一是采用多屏显示的电子标签,用一个电子标签实现多个货品的指示;另一种是采用DPS加人工拣货的方式:对出库频率最高的20%~30%产品(占出库量50%~80%),采用DPS方式以提高拣货效率;对其他出库频率不高的产品,仍使用纸张的拣货单。这两种方式的结合在确保拣货效率改善的同时,可有效节省投资。

DAS(Digital Assorting System)是利用电子标签实现播种式分货出库的系统。DAS中的储位代表每一客户(各个商店、生产线等),每一储位都设置电子标签。操作员先通过条码扫描把将要分拣货物的信息输入系统中,下订单客户的分货位置所在的电子标签就会亮灯、发出蜂鸣,同时显示出该位置所需分货的数量,分拣员可根据这些信息进行快速分拣作业。因为 DAS 是依据商品和部件的标识号来进行控制的,所以每个商品上的条形码是支持 DAS 的基本条件。当然,在没有条形码的情况下,也可通过手工输入的办法来解决。

企业是否应引入电子标签,衡量方法比较简单,主要看三方面:一是服务时间要求,二是准确率要求,三是成本要求。从成本角度来说,现阶段中国劳动力成本低,电子标签的成本似乎要高很多,但市场竞争对服务时间和准确率不断提出更高要求,企业必须要平衡费用和效率间的关系,仅靠增加人力来满足需求一方面不可能从根本上提高效率,另一方面长期的人工成本也是可观的。可以预见未来几年,电子标签在中国会有较大的发展。

16.1.4　电子数据交换技术(EDI)

电子数据交换(Electronic Data Interchange,EDI)是根据认同的标准进行构造,将所定义的报文在计算机应用系统之间进行电子交换。EDI 与其他一些电子传输方法的区别在于,EDI 必须使用预先规定的标准化格式进行计算机到计算机之间的数据传输交换。虽然有些方法都能提高贸易、物流效率,并给物流与供应链管理带来很多方便,但它们都不是 EDI,诸如电子邮件、传真、远距离摇控输入、输出系统和专用格式下的部门间工作系统等。

在区域、全国乃至国际物流系统及物流与供应链管理中应用 EDI 的目的主要是:简化工作程序和信息流,大量削减纸质单证、单据工作量,实现无纸化贸易;消除重复和交接作业中可能造成的错误,提高单证、单据作业质量。EDI 通过把商务文件的数据标准化,使它具有统一的格式和规定的顺序,从而使各个单位的计算机都能识别和处理。使物流业务程序与贸易、运输和后勤保障等方面更加紧密地联系起来,满足便利性、快捷性、可靠性等要求。将信息需求限制到基本数据,减少不必要的冗余操作,满足低成本运作要求,从而降低物流全过程作业成本。将不可避免的政府机关监控措施,如"一关两检"和其他时间间隔所造成的延误尽可能地降低到最小。EDI 可以实现物流企业与用户之间建立长期贸易伙伴关系,从而,物流经营者与供应商、生产商、消费者(用户)的关系就变得相对稳定,使得货源和市场就有了一定程度的保障,这一点对于不掌握货主,也不掌握消费用户的第三方物流经营者是极为重要的。

EDI 建立和使用全球范围的统一标准,EDI 用户不用支持多种标准,就能进行国际间的电子数据交换。目前世界上影响最大的跨行业 EDI 标准组织是 X12 组织和 EDIFACT 组织。EDIFACT 为 EDI 提供了一系列综合性标准,并得到全世界广泛的认可。

EDI 中心能提供电子数据交换的主要服务。电子邮箱功能是 EDI 中心的核心内容,它可以对报文进行存储、转发和进行文件处理。另外,EDI 中心可以提供从电子信箱到专门的 EDI 服务及网关功能。任何一个增值网系统原则上都是一个 EDI 中心,因为所有增值网系统都可以为 EDI 提供延伸服务。从最终用户来看,EDI 中心的最大优点是提供一系列可选用的服务,以便最好地满足用户具体要求。

EDI 中心可以是公共型的,面向各类用户服务;也可以是封闭型的,即专为某一特定团体服务。在中国,许多部门已经做好准备或者已经开始进行建立 EDI 中心,所以我国引进 EDI 中心条件是非常充分的,但应注意的是,EDI 中心应与国际上应用类似的系统兼容。

16.1.5　物流信息管理系统(MIS)

在物流范畴内建立的,从事信息搜集、整理、存储、加工、传输以及服务、管理的系统称为物流管理信息系统(MIS)。在物流所涉及的领域中,建立若干从事此项工作的网点,并以一定的形式连接,就构成了物流信息网络。各种公用信息网,如国际互联网(internet)与物流企业内联网(Intranet)连接,便形成了意义更完整的物流管理信息系统。

物流 MIS 按系统的结构可以划分为:单功能系统和多功能系统。由于系统的开发重点是软件开发,一般依据系统所完成的主要职能的复杂程度和软件的使用环境而定,常见的单功能系统有财务管理系统、合同管理系统等;常见的多功能系统有运输管理系统、仓储管理系统、经营决策系统等。

按系统的功能性质可以划分为:操作型系统和决策型系统。操作型系统是指主要处理日常业务的系统,如订货管理信息系统、成本管理信息系统等。决策型系统是在日常业务的基础上,运用数学模型等手段进行数量分析并选择不同方案等,这类系统通常称为辅助决策系统或决策支持系统。

按系统所采用的设备和技术可以划分为:单机系统和网络系统。单机系统只采用一台计算机或与若干个终端相连。网络系统采用多台计算机,相互间以通信网络连接起来,可以实现局域或更大范围的资源共享。

物流 MIS 的具体功能因物流系统服务的对象不同而差异很大,物流服务侧重点不同的物流 MIS 的主要功能也不同,比较典型的物流 MIS 功能有运输管理、订货管理、仓储管理、配送管理、成本管理、综合管理等。

16.2 全球定位导航与智能物流系统发展与应用

16.2.1 全球定位系统(GPS)与北斗系统(BDS)的结合应用

国内的定位导航技术主要有全球定位系统(GPS)和北斗卫星导航系统(BDS),其中后者在国内将具有广阔的发展前景。

1. 全球定位系统

全球定位系统(Global Positioning System,GPS)是可以利用于载运工具定位的资源,现已被应用于军事、测量、交通运输等领域,例如,在大范围货运车辆实时定位管理中起着非常重要的作用。GPS 由空间部分、地面监控部分和用户接收机三大部分组成。GPS 是利用卫星星座(通信卫星)、地面控制部分和信号接收机对对象进行动态定位的系统。GPS 能对静态、动态对象进行动态空间信息的获取,并快速、精度均匀、不受天气和时间限制的反馈空间信息。

GPS 技术在物流业中的主要应用有:配送车辆的定位、跟踪调度、陆地救援;内河及远洋轮船的最佳航程和安全航线的测定、航向的实时调度、监测及水上救援;航空的空中交通管理、精密进场着陆、航路导航和监视等。尤其是在货物配送领域中,对可能涉及的货物的运输、仓储、装卸、送递等环节,以及各个环节涉及的问题,如运输路线的选择、仓库位置的选择、仓库的容量设置、合理装卸策略、运输车辆的调度和投递路线的选择,都可以通过运用 GPS 技术的导航功能及车辆跟踪、信息查询等功能进行有效的管理和决策分析,这将有助于配送企业有效地利用现有资源、降低消耗、提高效率。

2. 北斗卫星导航系统(BDS)

北斗卫星导航系统简称北斗系统(BeiDou Navigation Satellite System,BDS),是中国自行

研制的全球卫星定位与通信系统（BDS），是继美全球定位系统（GPS）和俄 GLONASS 之后第三个成熟的卫星导航系统，由中国自主建设并独立运行，与世界其他卫星导航系统兼容共用的全球卫星导航系统。

北斗卫星导航系统由空间段、地面段和用户段三部分组成，空间段包括 5 颗静止轨道卫星和 30 颗非静止轨道卫星，地面段包括主控站、注入站和监测站等若干个地面站，用户段包括北斗用户终端以及与其他卫星导航系统兼容的终端。北斗卫星导航系统致力于向全球用户提供高质量的定位、导航和授时服务，包括开放服务和授权服务两种方式。开放服务是向全球免费提供定位、测速和授时服务，定位精度 10m，测速精度 0.2m/s，授时精度 10ns。授权服务是为有高精度、高可靠卫星导航需求的用户，提供定位、测速、授时和通信服务以及系统完好性信息服务。我国即将发射的新一代北斗导航卫星，在技术以及管理上具有诸多创新：①精度再提高 2 倍，即由目前的 10m 提升至 2.5m；②达到全球覆盖设计目标；③新增自主运行管理能力，即可不依赖地面控制系统，而靠空间运行卫星的星间链路构成管理新体系；④新建平台多达十几个，新技术启用 160 多项。北斗卫星导航系统形成突出区域、面向世界、富有特色的发展道路。北斗卫星导航系统的应用深度和广度逐步提升，我国计划于 2020 年前后覆盖全球。国内自主研发的北斗芯片等基础产品，已进入规模应用阶段，随着芯片小型化、低功耗、低成本的发展，北斗卫星导航系统将全面走向大众应用，服务大众生活。国内以往由 GPS 垄断市场的局面就此改变。

【案例 16-1】 物流系统应用导航系统

运输车辆装备了 GPS 接收机，汽车驾驶员在行驶途中可以通过 GPS 接收机和电子地图选择最佳行驶路线，随时了解所处地理位置、海拔、汽车行驶方向、行驶里程、行车速度、燃料消耗及储存情况等。运输企业调度人员可以通过 GPS 接收机对汽车进行跟踪和监控等，特别是装载有重要物品、贵重物品时，通过这一技术可以得到实时控制的效果。GPS 进一步发展的方向是汽车 GPS 接收机电子地图的开发与无线通信设备的接口技术、工作保密性技术、工作可靠性技术的研究。综合利用卫星定位技术、电子地图匹配技术、移动通信技术、差分校正技术、信息系统技术等多种先进技术，可以形成集定位、导航、监测、报警、通信、指挥于一体的多功能系统，在物流系统运行中有广泛的应用。

16.2.2 地理信息系统（GIS）的应用

地理信息系统（Geographical Information System，GIS）是 20 世纪 60 年代开始迅速发展起来的，它以地理空间数据为基础，采用地理模型分析方法，适时地提供多种空间和动态的地理信息，是一种为地理研究和地理决策服务的计算机技术系统。GIS 技术囊括了数据库管理、图形图像处理、地理信息处理等多方面的基础技术，在计算机软件和硬件的支持下，运用系统工程和信息科学的理论，科学管理和综合分析具有空间内涵的地理数据，为各行业提供规划、管理、研究、决策等方面的解决方案。一个典型的 GIS 包括了三个部分：计算机系统（硬件、软件）、数据、应用人员与组织机构。

GIS 应用于物流主要是指利用 GIS 强大的地理数据功能来完善物流分析技术。完整的 GIS 物流分析软件集成了车辆路线模型、最短路径模型、网络物流模型、分配集合模型和设施定位模型等。

（1）车辆路线模型。用于解决一个起始点、多个终点的货物运输中，如何降低物流作业费用，并保证服务质量的问题，包括决定使用多少辆车，每辆车的行驶路线等。

(2) 网络物流模型。用于解决寻求最有效的货物路径分配问题，也就是物流网点布局问题。如将货物从 n 个仓库运往到 m 个商店，每个商店都有固定的需求量，因此需要确定在运输代价最小情况下，给商店配送货物的仓库和配送路线。

(3) 分配集合模型。可以根据各个要素的相似点把同一层上的所有或部分要素分为几个组，用以解决确定服务范围和销售市场范围等问题。如某一公司要设立三个分销点，要求这些分销点要覆盖某一地区，而且要使每个分销点的顾客数目大致相等。

(4) 设施定位模型。用于确定一个或多个设施的位置。在物流系统中，仓库和运输线路共同组成了物流网络，仓库处于网络的节点上，节点决定着线路，如何根据供求的实际需要并结合经济效益等原则，在既定区域内设立多少个仓库，每个仓库的位置、规模，以及仓库之间的物流关系等问题，运用此模型均能很容易地得到解决。

16.2.3 智能运输系统（ITS）的应用

智能运输系统（Intelligent Transport Systems，ITS）是将先进的信息技术、数据通信传输技术、电子控制技术以及计算机处理技术等有效地综合运用于整个交通管理体系，而建立起来的在大范围内、全方位发挥作用的，实时、准确、高效的运输综合管理系统。其价值在于大幅度提高公路通过能力，减少交通阻塞、拥挤，降低能源消耗，大大提高公路交通的安全性，提高运输能力，增强国家的竞争能力。

智能运输系统是一个涉及道路、铁路、航空、水运等多种运输方式，计算机、通信、电子、自动化等多种高新技术的系统。ITS 是由若干高科技开发项目组成的。这些技术项目加强了道路、车辆和驾驶员之间的联系，借助系统的智能，驾驶员对实时交通状况了如指掌，管理人员则对车辆的行驶状况一清二楚，因此提高了道路的安全性、系统的工作效率、环境质量等。目前，ITS 开发项目有三个系列，北美、西欧和日本，不同系列 ITS 的特色不同，一般可分为七类：①先进的交通运输管理系统；②先进的驾驶员信息系统；③先进的车辆控制系统；④营运车辆调度管理系统；⑤先进的公共交通系统；⑥先进的城间交通系统；⑦自动高速公路系统。

对物流管理而言，ITS 构成重要的物流通道，应用这一系统的内容包括：车辆定位和导航、自动防撞制动、指挥调度营运车辆等。IC 卡等高新技术成果的应用配合，将有利于实现交通控制等的智能化。智能运输系统是物流管理跨世纪的目标，但其技术基础已经成熟，第一代智能运输系统及有关产品已经投放市场，对未来的区域物流、特定运输通道物流会产生较大影响。

16.2.4 物联网技术在物流业的应用

物联网是建立在无线射频和互联网技术相互结合之上的，概括其主要特征是：①互联网特征，即对需要联网的物能够实现互联互通的网络联系；②识别与通信特征，即纳入物联网的"物"要具备自动识别与物物通信（M2M）的功能；③智能化特征，即网络系统应具有自动化、自我反馈与智能控制的特点。功能主要有三层架构：感知层、网络层和应用层。

传感技术与 RFID 技术，都仅仅是信息采集技术之一。除传感技术和 RFID 技术外，GPS、视频识别、红外、激光、扫描等所有能够实现自动识别与物物通信的技术都可以成为物联网的信息采集技术。

很多物流系统采用了红外、激光、无线、编码、认址、自动识别、传感、RFID、卫星定位等高新技术,已经具备了信息化、网络化、集成化、智能化、柔性化、敏捷化、可视化等先进技术特征。新信息技术在物流系统的集成应用就是物联网在物流业应用的体现。概括起来,目前相对成熟的物联网应用主要有四大领域。

(1) 产品的智能可追溯网络系统。在医药、农产品、食品、烟草等行业领域,产品追溯体系在货物追踪、识别、查询、信息采集与管理等方面发挥着巨大作用,已有很多成功应用。

(2) 物流过程的可视化智能管理网络系统。这是基于 GPS 卫星导航定位技术、RFID 技术、传感技术等多种技术,在物流过程中实现实时车辆定位、运输物品监控、在线调度与配送可视化与管理的系统。

(3) 智能化的企业物流配送中心。这是基于传感、RFID、声、光、机、电、移动计算等各项先进技术,建立的全自动化的物流配送中心。借助配送中心智能控制、自动化操作的网络,可实现商流、物流、信息流、资金流的全面协同。目前一些先进的自动化物流中心,基本实现了机器人堆码垛,无人搬运车搬运物料,分拣线上开展自动分拣,计算机控制堆垛机自动完成出入库,整个物流作业与生产制造实现了自动化、智能化与网络化系统。

(4) 企业的智慧供应链。在竞争日益激烈的今天,面对着大量的个性化需求与订单,怎样能使供应链更加智慧?怎样才能作出准确的客户需求预测?这些是企业经常遇到的现实问题。这就需要智慧物流和智慧供应链的后勤保障网络系统支持。

【案例 16-2】 "看得见的全球物流过程"

近铁运通(Kintesu World Express,KWE)是在全球范围内从事物流服务的跨国性集团。它装备了先进的网络和国际运输的设施,包括清关、仓储和不同国家间的运输,时刻响应与世界经济发展的动态联系和用户的高级期望和要求。KWE 集团注意反映全球物流时代的用户需求,了解它的发展趋势,预测未来市场的需求;KWE 物流服务质量管理获得国际 ISO 9000 系列认证。全球物流即国际物流管理是 KWE 计划的核心,集团努力与用户肩并肩地工作建立长期合作伙伴关系,导致公司业务量持续增长。KWE 成功的关键是国际物流管理信息系统,KWE 开发了以 EDI 为依托的货运信息系统,称之为"葵花"系统。葵花系统使得有关物流的所有信息都是实时计算机化管理,为用户提供全球物流与供应链管理的支持。KWE 集团安全、可靠的货物信息控制和信息服务能提高用户货物经营的效率,提高时间价值,节约费用。获得建立在高质量服务和货物数据控制基础上的及时发货信息和货运反馈信息。从仓储、库存控制到包装、送至最终用户,KWE 综合货运服务的先进系统,在生产、营销和产品配送等战略领域支持用户的各种需要。通过持续的监控,可以从最初接收货物的状态直到送至目的地,为用户提供一个可以"看得见的"全球物流过程。

16.2.5 云计算和大数据在物流行业的应用

云计算是硬件资源的虚拟化,是针对数据处理方法的质的提升;大数据就是海量数据获取、提炼、分类和应用的高效处理。大数据直接应用于物流系统,而大数据的处理需要用云计算方法。

1. 云计算及其在物流业的应用

(1) 云计算的含义。"云计算"(Cloud Computing)可以从广义和狭义角度去认识。广义的云计算是指服务的交付和使用模式,这种服务可以是信息技术与软件、互联网相关,也可以是提供计算能力在内的其他服务,这就说明计算能力可作为一种商品通过互联网进行流通;狭义的云计算是指信息技术基础设施的交付和使用模式,指通过网络以按需、易扩展的方式获得所需的资源（硬件、平台、软件、数据）。由于"云计算"具有快速部署资源或获得服务、按需扩展和使用、按使用量付费、通过互联网提供等特征，包括基础设施即服务、软件即服务和平台即服务等。

（2）云计算的应用。主要应用有计算能力的汇集、数据检索服务、信息系统软件能力的支付、云安全、云存储等。将"云计算"应用于物流业，即利用"云计算"强大的通信能力、运算能力和匹配能力，集成众多物流用户的需求，形成物流需求信息集成平台，实现所有信息的交换、处理、传递，整合零散的物流资源，使物流效益最大化。

（3）云计算应用的方便性。云计算的终端用户只需使用终端设备得到所需最终结果。云计算结果可能经过多种处理方式，甚至多个云计算供应商都对数据进行整合，而作为物流终端用户并不直接管理物流的中间过程，交由第三方物流、集成物流服务商、集成物流管理商去运作物流业务，即由几家专业物流公司配合形成的物流链完成的，作为终端用户不需要了解中间过程，只关心集成物流服务的最终结果。

（4）云计算在物流业的主要应用模式包括：

①基于云计算模式的基础设施服务。该模式提供中小物流企业所需的服务器、存储设备及网络等硬件设施，并按实际使用量收取费用。用户可以在虚拟的硬件设施上安装并运行各种软件，无须配置实际的硬件设备，节约了企业的购置固定资产的费用。

②基于云计算的业务模式。该模式为企业提供运输管理、仓储管理、配送管理、货代管理、报关管理、安全追溯、客户服务等功能。该模式的关键是利用分析处理过的各类感知数据（包括射频识别、多源传感、定位导航等），通过可靠地网络为企业提供相应的服务。

③基于云计算模式的数据存储中心。该模式通过业务平台为企业提供数据存储，并通过海量数据资源管理技术，实现对上层业务的支撑。

2. 大数据及其在物流业的应用

（1）大数据的含义与特点。在信息时代，越来越多的数据成为资产，成为具有竞争性的因素。云计算为数据资产提供了保管、访问的场所和渠道。大数据使企业直接了解和掌握物流活动，能够消除物流领域所谓的"黑大陆"。充分分析和挖掘海量数据的价值，就能够找到物流市场的潜力所在，也就是未来物流领域的新蓝海。所谓大数据的特点是：数据体量（Volumes）大、数据级别（Variety）繁多、价值（Value）密度低、处理速度（Velocity）快，即4"V"。

（2）大数据的价值。"大数据"的价值在于从海量的数据中发现新的知识，创造新的价值。将数据转化为信息，并通过信息的提炼成为规律，运用规律预测未来状态或事件，便于采取相应的措施为企业创造利润。这使得市场对数据分析与挖掘的需求与日俱增。数据分析还能帮助企业作出正确的决策。通过数据分析，可以看到具体的业务运行情况，能够看清楚哪些业务利润率较高、增长较快等，把主要精力放在真正能够给企业带来高回报的业务上，避免无端的浪费，从而实现高效的运营。

（3）电商物流与大数据结合是电商物流发展的必然趋势。在大数据时代，因为物流业的应用特点与大数据技术有较高的契合度，在主客观条件上也有较高的应用可能性，是未来大数据时代赢取的选择。因此，物流企业特别是电商物流企业要高度关注大数据时代的机遇。

电商物流企业在大数据时代更好的发展，需要关注两个方面的建设：①物流仓储平台建设，在全国产业布局调整完以后，物流仓储平台在全国如何布局将成为提高企业竞争力的决定性因素。②物流信息平台建设，将成为基于大数据的中转中心或调度中心、结算中心。物流信息平台会根据以往快递公司的表现、各个阶段的报价、即时运力等信息,进行相关的"大数据"分析,得到优化线路选项,并对集成物流商主导的物流链进行优化组合配置,系统将订单数据发送到各个环节,由相应的物流企业去完成。

电商、快速准确及时的物流服务、突发事件的预测、评估和处理,需要大数据技术的支持。因此,如何获得所需要的数据、如何处理所获得的数据、如何应用所处理的数据,是大数据应用于物流与供应链的重要问题。

3. 云计算与大数据应用重点的差异

云计算与大数据应用在物流业的差异主要表现在两个方面:

(1)云计算改变了物流信息技术(IT),而大数据改变了物流业务。然而大数据必须有云计算作为基础架构,才能使物流业务得以顺畅运营。

(2)大数据和云计算的目标受众不同。云计算是支持企业内部信息系统、信息资源规划和资源整合方面的高级行政管理人员,所提供的技术和产品是一个进阶的IT解决方案。而大数据支持一个企业集团或行政单位中的最高行政负责人,所提供的是业务层产品,大数据应用的决策者处于业务层。物流业务层面可以直接感受到来自市场竞争的压力,必须在业务上以更有竞争力的方式战胜对手。

16.2.6　物流作业电子化、信息化和智能化发展途径

物流作业机械化作为现代物流区别于传统物流的基本特征之一,其实现的基础是集装单元的标准化,在此基础上进一步完成物流设施、设备和工具的标准化,从而实现物流作业的机械化。目前,物流作业机械化已基本在欧美发达国家的物流作业过程中实现,但在中国由于诸多方面的原因,目前实现程度较低。常见的物流作业机械化系统诸如:一贯托盘化运输系统、散装水泥系统等。

物流作业自动化同样也是现代物流区别于传统物流的基本特征之一,其实现基础与发展现状与物流作业机械化基本相同。常见的物流作业自动化系统诸如:计算机辅助分拣系统、物品自动分拣系统、自动化立体仓库等。

物流作业电子化是建立在internet/Intranet/Extranet网络平台基础上的电子商务作业系统,其具有代表性的系统如果品光电自动分拣系统等。

伴随着物流国际化、物流高级化发展以及现代高新技术的迅速发展,物流系统各环节的作业将以机械化、自动化、智能化作业为主。在构筑物流信息系统、控制系统方面,EDI、移动通信、GPS、IC卡、CD-ROM电子地图将会大范围普及。在internet、Intranet等信息网及电子信息技术支持下,物流与供应链管理将走向电子化、智能化。物流经营组织的交流和关系将是全球性的,组织结构也将会从金字塔式的组织结构向网络化方向发展,形成更为科学合理的企业物流系统、区域物流系统、全国物流系统和国际物流系统。

16.3　物流高级化发展趋势展望

16.3.1　物流专业化发展趋势

物流企业形成专项物流系统,比较典型的有粮食物流系统、散装水泥物流系统、烟草物流系统等,经营的主体为第三方物流企业。无论是转型或新建物流企业,作为第三方物流企

业都应当有高起点、全视角、大手笔的胆略,在起步时就应注意"抓住客户源头、利用信息技术、构建经营网络、整合物流资源",抓住源头就是要利用市场营销策略,获得稳定的客户。在市场营销的11Ps策略中,探索、细分、优选、定位称"战略4Ps组合"。产品、价格、渠道、促销,称为"战术4Ps组合",进行战略营销组合,还必须运用"政治权力"和"公共关系"这2P,以便排除通往目标市场的各种障碍,在正确的战略指导下,针对具体的目标市场,进行战术营销组合,企业从事物流服务活动的最终目的还是为了"人"这个P,在实现其目标的过程中,还必须依托企业的人员,因此市场营销应以人为本。在市场营销新理念的冲击下,如何应对营销理念的新突破,如何将营销因素组合高效地作用于目标市场,使之成为应付激烈竞争的有力手段,是每个企业都需要认真考虑的问题。针对客户需求,基于集成概念,在服务地域、业务规模、设备投资、技术水平、服务价格等方面应具备与外资物流服务商相抗衡的专业化、系统化、网络化物流竞争能力。

16.3.2 物流信息化发展趋势

物流信息化是由物流信息技术、计算机网络、管理方法集成形成的物流实务经济活动转向物流信息经济活动综合性的过程。物流信息化包括物流系统设计信息化、物流运作过程信息化、物流基础设施信息化、物流管理理念和手段信息化、物流信息技术产业化等内容。

1. 企业信息化发展问题

物流信息化工作的重点集中在关注"建立联盟、构筑网络、形成优势和技术创新"这四个方面:在加强企业间的联合或联盟,增强信息共享机能的基础上,健全和完善货运网络;在货运网络基础上建设物流信息网络,为融入物流提供重要条件;积极发掘和创建自身优势;调整车辆结构,提高运输装备技术水平,积极进行技术组织创新。处理好业务转型与信息化互动的"三个关系":信息网络有助于形成货运企业的核心能力和向物流转型的能力;信息化融合使货运企业获得创新能力和向物流转型的能力;货运转型促进了企业的信息化建设。通过采用"三种措施":通过分类和评估引导企业业务转型;通过激励机制调动企业开展物流的积极性;加强物流基础设施建设,为企业开展物流业务提供宽松的平台环境,实现货运业务转型物流战略。

企业物流信息化可选择策略包括:分步骤实施企业物流信息化过程;借助社会公共信息平台加速企业物流信息化过程;自建企业物流信息系统等。企业物流信息化实施步骤要点包括:①总体规划,分步实施;②合理选择信息化方式;③突出重点;④打好流程再造基础;⑤信息化与流程再造相结合;⑥借助通信技术、数据交换技术及其他物流技术。采用层次分析法(AHP)对企业的信息化方案进行了决策分析和评价。

2. 物流信息平台对接与集成问题

物流信息平台体系由省域级公用信息平台、物流园区(含货运交易市场)信息平台、行业物流信息平台和企业物流信息平台(系统)四种类型信息平台所组成的互联互通系统。在云计算和大数据的支持下,平台功能的集成是一个新趋势。

省域级公用物流信息平台是四种类型信息平台的中心。它通过基础功能子系统为各方参与者提供一种信息沟通的平台,建立一套完整的共用数据采集、分析、处理系统。在政府的统一规划和协调下,寻找或引导部分企业设立相关企业(集团)作为投资经营主体。协调部门包括:省发改委、省信息办、出入境检验检疫局、交通系统、税务系统、工商系统、海关系统等。根据省域级实际情况,平台的切入点应放在电子通关技术、大通关和区域通关模式上,即先围绕能在平台上实现大通关的要求,建设相应的功能模块,然后以该切入点为核心,由点及面。平台建设运营主体承建具体项目建设,设计营运模式。政府行业主管部门负责建设组织及协调,做好法规政策配套工作,研究出台支持物流信息平台投资主体的相关税收政策和信贷等优惠政策,以支持平台的建设。

物流园区信息平台主要为各产业不同类型的用户,提供有效的信息交换和传递等服务,实现物流园区社会效益和经济效益的显著提升。

四种类型物流信息平台在功能上有所不同,但在系统结构构成上有一定的相似之处。它们的系统都是部分或全部由以下几个模块构成:信息接口模块、信息初步处理模块、各类信息存储和显示模块、信息管理和分层调用模块、用户主体的服务响应模块、信息服务决策模块等,其中涉及支撑物流信息平台的关键技术包括 EDI 技术、GIS 技术、信息集成技术、数据仓库技术、安全技术等。

3. 促进物流信息化的措施

物流信息化建设是一项涉及对象多,业务关系复杂,技术水准要求高,而且是费时、费力,但战略意义深远重大、战术选择关键的系统工程。它涉及政府部门职能和各类企业的切身利益,因此必须处理好相应的关系、设计适宜的机制、制定相应的方针、措施,以保障物流信息化的顺利实施。将方针、措施概括为四个"三"构成的十二项措施体系,并在此基础上因地制宜进一步细化其相应内容。

(1) 处理好行业物流与行业竞合的"三个关系",即物流服务与信息平台关系、行业物流间相互渗透关系、政府规划与企业运作的关系。这些是创造物流信息化的良好环境因素,是外因条件中的关键部分。

(2) 建立物流信息化的"三个基本点",即基于动力主体建立系统,基于物流过程建立系统,基于标准建立系统。这些是创造物流信息化的优秀素质,是内因条件的基核部分。

(3) 鼓励和发挥"三个作用"是:典型企业示范作用、产学研互动作用、行业协会平台作用。高校、研究所和企业应当积极结合起来,互通有无,相互支撑,形成推动物流信息化的机制。

(4) 完善信息化的"三个机制"是指:规划、咨询和培训机制,投资、维护和利益机制,竞争、合作和共享机制,它们分别体现了外围服务机制、内在发展机制和过渡关系机制。这些是创造物流信息化的系统机制,是内因要素的运作机理部分。

不同行业、企业可以基于以上内因要素和外因条件,因地、因行业、因企业制宜,进一步创造和细化方针措施,具体加快落实物流信息化的步骤。

16.3.3 物流网络化的发展趋势

网络化是物流高级化发展的组织形式,企业物流根据自己的产品,第三方物流根据自己服务的对象和范围构筑物流运作网络。物流企业不是局限于某一个点上运作,因此需建立相应的网络,以实现其物流运作。企业进入目标市场一般有收购现有企业、自我发展和合资合作等方式方法。当国外物流企业进入中国市场时,它需要构筑自己的物流服务网络,其所面临的一个核心问题便是采用何种运营模式,是建立全资子公司还是合资公司?虽然不少外资物流企业选择了自我发展,但由于难以较快地进入角色而错失市场机会。外资物流企业在中国建立合资公司,通常希望中国合作伙伴能够带来以下方面的优势:整体上更为快速地进入市场、与地方政府和中央政府建立良好关系、利用本土人才提升其在中国的网络能力、客户关系能力。而外国物流企业则会提供整合的物流解决方案、对某一具体行业领域的深入了解、构建国际网络能力、建立跨国公司客户关系以及管理技巧等。

物流网络化经营建立基础网络是非常重要的,通过收购现有企业或与其合资合作从而拥有其相应网络是一个重要思路,也是目前运用较为成功的物流网络构建方法。在构建物流网络时,选择合作伙伴可以从企业资源互补的角度考虑。一些物流业务运营是需要经营资质的,通过合作获得相应的经营资质。这些经营资质主要分为四个部分:①企业组织效能。国内不同的物流企业,其组织结构差别迥异。一些企业采用分散式结构,各地区子公司占主导地位;而另一些企业的总部则对大客户关系、解决方案设计以及服务定价等实施更为集中化的控制,应该说,后者更合外资企业的胃口;②管理团队素质。外资对企业内部所有重要经理人的教育背景非常关注;③企业市场声誉。通过货主和行业专家了解情况,将候选合作企业与其他中国物流企业从服务质量以及行业道德标准的角度进行比较;④企业财务实力。这对合资企业的初期投资非常重要,而且在长期合作过程中对合资公司持续投资来说也起决定作用。进入中国市场的外国物流企业自行建立网络很难,尤其是在中国的内地。因此需要和中国物流企业合资合作,在这一过程中需要考虑与合作伙伴的战略、文化的一致性,如果双方之间缺乏战略一致性,将很难成长期的合作伙伴,实现双赢。

16.3.4　集成物流服务技术综合化发展趋势

在上述知识、技术、组织和管理技术发展趋势支持下,集成物流服务技术综合化发展趋势更为明显,这样能够更好地满足客户需求。诸如,智慧供应链与智慧生产融合;智慧物流网络开放共享,融入社会物联网;多种物联网技术集成应用于智慧物流。例如,温度的感知用于冷链;侵入系统的感知用于物流安全防盗;视频的感知用于各种控制环节与物流作业引导等。物流领域物联网创新应用模式将不断涌现。将各种感知技术与敏感物品仓储配送相结合,实时了解其温度、湿度、库存、配送等信息,打造物品配送与质量检测管理结合的智慧物流体系等。

1. 简述 RFID 技术、电子标签(CAPS,包含 DPS、DAS)技术的特点及其在物流管理中的应用。
2. 什么是 GPS、GIS？如何结合 internet\Intranet\Extranet 网络平台在物流管理中应用？
3. 物流系统技术、组织和发展的趋势和可能方式是什么？
4. 物联网技术对物流高级化发展能起到什么支持作用,我们应当如何去做?
5. 简述云计算、大数据在物流行业的应用及特点。

参 考 文 献

[1] 董千里.高级物流学[M].北京:人民交通出版社,1999.
[2] 董千里.高级物流学[M].北京:人民交通出版社,2006.
[3] 董千里.物流集成场:国际陆港理论与实践[M].北京:社会科学文献出版社,2012.
[4] 董千里,鄢飞.物流集成理论及实现机制[M].北京:社会科学出版社,2011.
[5] 董千里.物流运作管理[M].北京:北京大学出版社,2010.
[6] 董千里,等.功能型物流[M].大连:东北财经大学出版社,2009.
[7] 董千里.交通运输组织学[M].北京:人民交通出版社,2008.
[8] 董千里.物流工程[M].大连:东北财经大学出版社,2012.
[9] 长安大学经济与管理学院.物流现代化实践(教学片)[M].北京:人民交通出版社,2002.
[10] M. A. Waller, R. A. Novock, Using policy capturing to identify performance, Transportation Journal,1995,spring.
[11] R. D. Anderson, M. R. Crum, R. E. Jerman, Relationship of work improvement program experience and logistics quality management factors Transportation Jornal,1996,Fall.
[12] Lisa Williams Walton, The ABC's of EDI: The Role of Activity——Based Costing (ABC) in Determining EDI Feasibility in Logistics Organizations, Transport Journal, fall.
[13] Steven E. LEAHY, Paul R. Murphy, Richard F. Poist. Determinant of Successful Logistical Relationships: A Third-Party Provider Perspective, Transportation Journal, 1995. Winter.
[14] Pobert C. Lieb, Hugh L. Randall. 1997 CEO Perspective on the Current Status and Future Prospects of the Third Party logistics industry in the Unite State. Transportation Journal. 1999. Spring.
[15] P. R. Murphy, R. F. Poist. Third-Party Logistics Usage: An Assessment of Propositions Based on Previous Research. Transportation Journal. 1998. Summer.
[16] Christine Harland, Supply Chain Operation Performance Roles, Integrated Manufacturing System, Vol. 8, No. 2, 1997.
[17] ALLEN W. KIEFER, ROBERT A. NOVACK. An Empirical Analysis of Warehouse Measurement Systems in the Context of Supply Chain Implementation. Transportation Journal 1998. Spring.
[18] 根本敏则.OCEDシンボジウム-経済の国際化と高度ロジスティクス[J].道路交通経済,1997-1.
[19] 谷口栄一.地域ロジスティクス[J].交通工学.Vol. 30 No. 6. 1995.
[20] 何明珂.物流系统论[J].北京:中国审计出版社,2001.
[21] 董千里.物流工程[J].北京:中国人民大学出版社,2012.
[22] 董千里,陈树公,王建华,等.物流运作管理[J].北京:北京大学出版社,2010.
[23] 董千里,陈树公,等.物流市场营销学[J].2版.北京:电子工业出版社,2010.
[24] 董千里.物流市场营销学[J].2版.北京:电子工业出版社,2005.

[25] 董千里.物流工程学[J].2版.北京:人民交通出版社,2008.

[26] 董千里.供应链管理[M].北京:人民交通出版社,2002.

[27] 大卫.辛奇-利维,菲利普.凯明斯基,艾迪斯.辛奇-利维.供应链设计与管理——概念、战略与案例研究[M].季建华,等.译.上海:上海远东出版社,2000.

[28] 唐纳德 J.鲍尔索克斯,戴维 J.克劳斯.物流管理——供应链过程一体化[M].林国龙,等.译.北京:机械工业出版社,1999.

[29] 马士华,林勇,陈志祥.供应链管理[M].北京:机械工业出版社,2000.

[30] 卡利斯,Y.鲍德温,等.价值链管理[M].北京:中国人民大学出版社,2001.

[31] 朱道立,龚国华,罗齐.物流和供应链管理[M].上海:复旦大学出版社,2001.

[32] 陈文玲.对发展我国物流产业的调查与思考[M].中国经济时报,2002.

[33] 董千里.基于供应链管理的第三方物流战略[J].中国软科学,2000.

[34] 董千里.注重第三方物流的培育和发展[J].中国道路运输,1999(10).

[35] 董千里,李荣国,张宇航.道路货运企业贯彻ISO 9001:2000标准的有关问题研究[J].物流技术,2005(12).

[36] 董千里,董展.提升国际陆港物流集成力的战略思考[J].综合运输,2011(8):25-29.

[37] 董千里,董展.物流集成场视角的港口内陆腹地延伸战略思考[J].中国港口码头,2011(4):11-16.

[38] 董千里.物流企业竞争优势及竞争力体系的构建[J].物流技术,2005(9).

[39] 董千里,朱长征.产业供应链及其物流信息化问题研究[J].物流技术,2005(10).

[40] 董千里.对"寻找最佳送货路径"的实战案例点评[J].环球供应链,2005(20).

[41] 董千里.区域物流信息平台与资源整合[J].交通运输工程学报,2002,4(3):58-62.

[42] 董千里.第三方物流商提升供应链管理价值的思路与途径——道路运输企业集约化发展战略思考,《面向21世纪的中国道路运输——2002年中国道路运输发展论坛论文集》[M].北京:人民交通出版,2002(10).

[43] 董千里,袁毅.区域综合物流信息平台的构建与功能研究[J].交通运输系统工程与信息,2002,1(2).

[44] 董千里,国强,江红.第三方物流发展的问题与对策研究[J].交通运输系统工程与信息,2002,3(2).

[45] 董千里.第三方物流三种服务模式评析[J].中国道路运输,2002(1).

[46] 董千里,等.我国物流业发展中的几个问题思考[J].综合运输,2001(7).

[47] 董千里.第三方物流战略设计与实现的思路[J].综合运输,2000(7).

[48] 董千里.第三方物流形成理论及实践的基础研究.公路交通经济与管理问题研究,西安:西北大学出版社,2000(10).

[49] 董千里.注重第三方物流的培育和发展[J].中国道路运输,1999(10).

[50] 董千里,等.关于区域物流理论在我国的应用研究[J].重庆交通学院学报,1998(6).

[51] 董千里.区域性物流战略设计与组织实施的思考[J].北方交通大学学报,1997(7):21.

[52] 董千里.物流战略管理研究[J].西安公路交通大学学报,1997(2B):91-94.

[53] 董千里.区域物流有关理论和应用问题研究[J].汽车运输研究,1997(9).

[54] 董千里.物流系统化的组织设计研究[J].学术论文集(1995),西安:西北大学出版社,1996(5).

[55] 董千里.关于我国道路运输物流信息技术开发的思考[J].中国道路运输,1996(5).

[56] 董千里.道路货运集散战略的设计与实现[J].西安公路交通大学学报,1995(2):91-94.

[57] 董千里.站场规划方案综合评价的AHP-F隶属度合成法[J].西安公路交通大学学报,1995(4).

[58] 董千里.物流中心初探[J].汽车运输研究,1995(3):14.

[59] 董千里,高学用,董展.西部地区物流业发展报告.中国西部经济发展报告(2013)[M].北京:中国人民大学出版社,2013:246-264.

[60] 董千里,董展.制造业与物流业联动发展模式的识别与应用研究——集成场视角的案例研究[J].物流技术,2013,32(12):8-11,150.

[61] 董千里,董展.制造业与物流业联动集成场中的联接键形成与运行研究[J].物流技术,2013(11):1-4.

[62] 董千里,董展.集成体主导的基核区位分布与两业联动发展关系研究[J].物流技术,2013(10):36-38,101.

[63] 董千里.基于集成场的省域制造业与物流业联动发展水平研究[J].物流技术,2013(02):1-4.

[64] 董千里.基于集成场理论的制造业与物流业网链融合发展机理研究[J].物流技术,2013(03):1-3,8.

[65] 董千里,董展.制造业与物流业联动集成场的场线形成及推论研究[J].物流工程与管理,2013(2):68-71.

[66] 董千里,董展,关高峰.低碳物流运作的理论与策略研究[J].科技进步与对策,2010(11)100-102.

[67] 关高峰.物流成本管理[M].北京:北京大学出版社,2014.

[68] 董千里,刘正平.货运挂靠经营隐患堪忧[J].运输经理世界,2005(12):62-63.

作者及联系方式

董千里:教授、博士;长安大学物流与供应链研究所所长、长安大学经济与管理学院物流管理系主任,中国物流学会常务理事

地址:西安市南二环中段长安大学本部北院校区323信箱(经济与管理学院)

邮编:710064

电邮:dongql169@vip.sina.com

手机:13991810256